Edition Fachdidaktiken

Die Reihe ‚Edition Fachdidaktiken' reagiert auf die inter- und multidisziplinär wachsenden Diskurse, die sich in den Schnittmengen fachwissenschaftlicher und erziehungswissenschaftlicher Zusammenhänge verdichten.

Fachdidaktiken stehen mehr und mehr im Dialog und es zeichnen sich innovative und moderne Formen zunehmender Kommunikation und Kooperation ab.

Die Buchreihe will diese Forschungsentwicklung fördern und eine wissenschaftliche Publikationsfläche bieten, auf der Fachdidaktiken aller Disziplinen eine interdisziplinäre Öffnung in fachübergreifenden Arbeitskontexten ermöglichen.

Heike de Boer · Daniela Merklinger
Hrsg.

Dialog als interaktive Praxis

Grundschüler*innen im kollektiven Fachgespräch

Hrsg.
Heike de Boer
FB 1 Bildungswissenschaften
Universität Koblenz-Landau
Koblenz, Deutschland

Daniela Merklinger
Universität Erfurt
Erfurt, Deutschland

ISSN 2524-8677 ISSN 2524-8685 (electronic)
Edition Fachdidaktiken
ISBN 978-3-658-48375-3 ISBN 978-3-658-48376-0 (eBook)
https://doi.org/10.1007/978-3-658-48376-0

Die Deutsche Nationalbibliothek verzeichnet diese Publikation in der Deutschen Nationalbibliografie; detaillierte bibliografische Daten sind im Internet über https://portal.dnb.de abrufbar.

© Der/die Herausgeber bzw. der/die Autor(en), exklusiv lizenziert an Springer Fachmedien Wiesbaden GmbH, ein Teil von Springer Nature 2025

Das Werk einschließlich aller seiner Teile ist urheberrechtlich geschützt. Jede Verwertung, die nicht ausdrücklich vom Urheberrechtsgesetz zugelassen ist, bedarf der vorherigen Zustimmung des Verlags. Das gilt insbesondere für Vervielfältigungen, Bearbeitungen, Übersetzungen, Mikroverfilmungen und die Einspeicherung und Verarbeitung in elektronischen Systemen.
Die Wiedergabe von allgemein beschreibenden Bezeichnungen, Marken, Unternehmensnamen etc. in diesem Werk bedeutet nicht, dass diese frei durch jede Person benutzt werden dürfen. Die Berechtigung zur Benutzung unterliegt, auch ohne gesonderten Hinweis hierzu, den Regeln des Markenrechts. Die Rechte des/der jeweiligen Zeicheninhaber*in sind zu beachten.
Der Verlag, die Autor*innen und die Herausgeber*innen gehen davon aus, dass die Angaben und Informationen in diesem Werk zum Zeitpunkt der Veröffentlichung vollständig und korrekt sind. Weder der Verlag noch die Autor*innen oder die Herausgeber*innen übernehmen, ausdrücklich oder implizit, Gewähr für den Inhalt des Werkes, etwaige Fehler oder Äußerungen. Der Verlag bleibt im Hinblick auf geografische Zuordnungen und Gebietsbezeichnungen in veröffentlichten Karten und Institutionsadressen neutral.

Planung/Lektorat: Katrin Emmerich
Springer VS ist ein Imprint der eingetragenen Gesellschaft Springer Fachmedien Wiesbaden GmbH und ist ein Teil von Springer Nature.
Die Anschrift der Gesellschaft ist: Abraham-Lincoln-Str. 46, 65189 Wiesbaden, Germany

Wenn Sie dieses Produkt entsorgen, geben Sie das Papier bitte zum Recycling.

Inhaltsverzeichnis

**Einleitung in den Band: Dialog als interaktive Praxis.
Grundschüler*innen im kollektiven Fachgespräch** 1
Heike de Boer und Daniela Merklinger

Grundlagen

Dialog als interaktive und kollektive Praxis – doing dialogue 17
Heike de Boer

Lehrer*innenhandeln in dialogischen Fachgesprächen 37
Christine Pauli

Exploratory Talk and Conversational Ground Rules 53
Alison Twiner

**The Importance of Metatalk for Establishing Dialogue in the
First Years of Schooling** 69
Christine Edwards-Groves und Christina Davidson

**Spannungsfelder des Gesprächshandelns in dialogischen
Unterrichtsgesprächen** 89
Heike de Boer und Daniela Merklinger

Kollektive Fachgespräche zwischen Schüler*innen im Deutschunterricht

Dialogic teaching und dialogisch-kollektive Prozesse literarischen
Lernens im Vorlesegespräch 113
Daniela Merklinger

Kinder im Gespräch – Revoicing als Möglichkeit zur Förderung
von Diskurspraktiken 133
Christina Bär und Stella Heinrich

Im Gespräch über digitale Literatur 151
Alexandra Ritter und Michael Ritter

Rechtschreibgespräche als kollektive Fachgespräche 167
Barbara Geist

Kollektive Fachgespräche zwischen Schüler*innen im Mathematikunterricht

Ko-konstruktive Bearbeitungsprozesse mit der App Book Creator
zu Fermi-Aufgaben: „das ist doch nicht in der Wirklichkeit so" 183
Birgit Brandt und Christoph Schäfer

Miteinander und voneinander lernen: Peer-interaktive
Aufgabenbearbeitung im Mathematikunterricht 199
Simona Geissbühler und Stefan Hauser

Ko-konstruktive Entdeckungen von Zahlbeziehungen unter
Lernenden im Mathematikunterricht der Grundschule – „Und
daran liegt es, dass es Zick-Zack ist" 215
Gyde Höck

Anregung kollektiver mathematischer Fachgespräche durch den
grundvorstellungsorientierten Einsatz von Material 233
Judith Jung, Alexander Salle und Marcus Schütte

Kollektive Fachgespräche zwischen Schüler*innen im Sachunterricht und in überfachlichen Gesprächen

Kinder argumentieren – zum ko-konstruierten Begründen in Kleingruppendiskussionen 253
Judith Kreuz

„Was heißt eigentlich ‚profitieren'?" – Kooperative Klärung einer Aufgabenstellung 271
Nadine Nell-Tuor und Alexandra Schiesser

„Aber mit Fahrrädern halt und aus Plastemüll" – Die Erfindung eines Wasserfahrzeugs im kollektiven Gespräch 285
Matthea Wagener

„Kendrick musst du fragen!" – Die Vernetzung von sprachlichem und fachlichem Lernen in der gemeinsamen Wissenskonstruktion 301
Vera Beckmann

Autor*innen

Dr.in Christina Bär PH Heidelberg, Heidelberg, Deutschland

Dr.in Vera Beckmann Hermann-Gmeiner-Schule Hamm, Hamm, Deutschland

Prof.in Dr. Heike de Boer Universität Koblenz, Koblenz, Deutschland

Prof.in Dr. Birgit Brandt Universität Chemnitz, Chemnitz, Deutschland

Dr.in Christina Davidson Charles Sturt University, Wagga Wagga, Australia

Prof.in Dr. Christine Edwards-Groves Griffith University, Gold Coast, Australia

Simona Geissbühler PH Zürich, Zürich, Schweiz

Prof. in Dr. Barbara Geist Technische Universität Kaiserslautern-Landau, Landau, Deutschland

Prof. Dr. Stefan Hauser PH Zug, Zug, Schweiz

Stella Heinrich Seminar Mannheim, Hirschberg, Deutschland

Dr. Gyde Höck Studienseminar GHRF Frankfurt, Frankfurt am Main, Deutschland

Judith Jung Universität zu Köln, Köln, Deutschland

Dr.in Judith Kreuz PH Zug, Zug, Schweiz

Prof.in Dr. Daniela Merklinger Universität Erfurt, Erfurt, Deutschland

Dr.in Nadine Nell-Tuor PH Zug, Zug, Schweiz

Prof.in Dr. Christine Pauli Universität Fribourg, Freiburg, Schweiz

Dr.in Alexandra Ritter Universität Halle, Halle (Saale), Deutschland

Prof. Dr. Michael Ritter Universität Halle, Halle (Saale), Deutschland

Prof. Dr. Alexander Salle Universität Bielefeld, Bielefeld, Deutschland

Christoph Schäfer Universität Chemnitz, Chemnitz, Deutschland

Dr.in Alexandra Schiesser PH Zug, Zug, Schweiz

Prof. Dr. Markus Schütte Universität Hamburg, Hamburg, Deutschland

Dr.in Alison Twiner Hughes Hall, University of Cambridge, Cambridge, UK

Prof.in Dr. Matthea Wagener Technische Universität Dresden, Dresden, Deutschland

Einleitung in den Band: Dialog als interaktive Praxis. Grundschüler*innen im kollektiven Fachgespräch

Heike de Boer und Daniela Merklinger

1 Dialogisches Gesprächshandeln im Unterricht

Unterrichtsgespräche haben eine hohe Relevanz für die alltägliche Unterrichtspraxis. Sie können zu einer vertieften Auseinandersetzung mit dem fachlichen Gegenstand führen und Lernprozesse anregen. Dies geschieht in Abhängigkeit davon, ob Schüler*innen die Möglichkeit erhalten, ihre Gedanken, Argumente, Erklärungen u. ä. im Gespräch zu entfalten. Um das zu ermöglichen, stehen Lehrkräfte im situativen und dynamischen Unterrichtsgeschehen vor der Herausforderung, flexibel und situationsbezogen zu handeln. Forschungsbefunde zeigen, dass das Gesprächshandeln im Grundschulunterricht in den letzten Jahren verstärkt in den Blick gerät. Das Zusammenwirken zwischen dem sprachlichen Handeln der Lehrkräfte und der Äußerungsqualität der Schüler*innenbeiträge wird zunehmend als Ko-Konstruktion gesehen (de Boer 2024). Untersuchungen im internationalen Kontext zeigen, dass ein Konsens darüber besteht, dass qualitätsvolle dialogische Klassengespräche ein besonderes Lernpotenzial für fachliche und überfachliche Bildungsziele aufweisen,

H. de Boer (✉)
Universität Koblenz, FB 1, Institut für Grundschulpädagogik, Koblenz, Deutschland
E-Mail: hdeboer@uni-koblenz.de

D. Merklinger
Universität Erfurt, Erziehungswissenschaftliche Fakultät, Fachgebiet Grundschulpädagogik und Kindheitsforschung: Didaktik Deutsch für die Primarstufe, Erfurt, Deutschland
E-Mail: daniela.merklinger@uni-erfurt.de

© Der/die Autor(en), exklusiv lizenziert an Springer Fachmedien Wiesbaden GmbH, ein Teil von Springer Nature 2025
H. de Boer, D. Merklinger (Hrsg.), *Dialog als interaktive Praxis*, Edition Fachdidaktiken, https://doi.org/10.1007/978-3-658-48376-0_1

weil sie vermehrte Gesprächshandlungen der Schüler*innen untereinander, elaborierte Äußerungen, Ko-Konstruktionen und kollektive Argumentationen hervorbringen (vgl. z. B. Pauli et al. 2022, S. 4; Mercer et al. 2020). Schüler*innen erzielen in Klassen mit einer dialogischen Gesprächskultur bessere Leistungen als in Klassen, die eher im Sinne des klassischen dreischrittigen Initiation-Response-Evaluation Gesprächsmusters unterrichtet werden (vgl. Mercer 2019; T'sas und Daems 2024). Im klassischen Unterrichtsgespräch initiieren Lehrkräfte ein Thema im Gespräch (Initiation). In der Regel folgt eine Antwort durch die Schüler*innen (Reply) und eine unmittelbare Bewertung durch die Lehrkraft (Evaluation) (vgl. Mehan 1979, S. 35 ff.; siehe auch Abschn. 1.2 in diesem Beitrag).

In den letzten Jahren gibt es vermehrt Veröffentlichungen, in denen empirische Ergebnisse zur Lehrer*innen-Schüler*innen-Interaktion im dialogischen Unterrichtsgespräch gebündelt und diskutiert werden (z. B. Lipowsky und Rzejak 2022; Pauli et al. 2022; Weil et al. 2020). Dabei wird die Professionalisierung des Gesprächshandelns der Lehrkräfte fokussiert. Weniger Beachtung findet hingegen die Frage danach, wie es gelingt, dass Schülerinnen und Schüler im Unterricht miteinander fachliche Bedeutungen aushandeln, wie sie gemeinsam Aufgaben im Gespräch lösen, nachdenken und dabei Neues kreieren.

Im Mittelpunkt dieses Buches steht deswegen die zentrale Frage danach, wie Schüler*innen im Unterricht zum dialogischen Gesprächshandeln *untereinander* angeregt werden können und wie sie dabei Sprache als Werkzeug des gemeinsamen Denkens und für die Entwicklung produktiver Dialoge nutzen lernen.

1.1 Dialog als interaktive Praxis

Mit der Begrifflichkeit „Dialog als interaktive Praxis" wird der Blick auf den Vollzug des Dialogs als interaktiv hervorgebrachte Gesprächshandlung gerichtet. Die Formulierung *Dialog als interaktive Praxis* verweist darauf, dass die Handlungen der Sprechenden und der Nichtsprechenden, der Schüler*innen und der Lehrkraft, der soziale Kontext in der Klasse, der fachliche Kontext, das eingesetzte Material, die Aufgabenformen, Frageformulierungen und vermutlich noch vieles mehr einen Einfluss darauf haben, dass und ob es zu einem dialogischen Gespräch kommt.

Unterricht wird aus der Perspektive des symbolisch-interaktionistischen Verständnisses als konkreter Alltag verstanden, der durch und in sozialen Interaktionen erzeugt wird. Mit diesem Verständnis geht einher, dass Gespräche formal durch die sequenzielle Strukturierung von Interaktionsbeiträgen hervorgebracht werden, in denen Bedeutungsaushandlungen stattfinden und Interaktion als sozialer Prozess der kollektiven Bedeutungsgenese verstanden wird (vgl. Naujok et al. 2008, S. 780). Die interaktive Praxis des Dialogs in kollektiven Fachgesprächen umfasst in diesem Sinne die gemeinsam in der Interaktion ausgehandelte und hervorgebrachte Fachlichkeit. Mit der Begrifflichkeit des ‚kollektiven Fachgesprächs' wird die Bedeutung der gegenseitigen Bezugnahme der Schüler*innen *aufeinander* hervorgehoben und vor dem Hintergrund unterschiedlicher Fachkontexte rekonstruiert.

1.2 Interaktionsforschung

Unterrichtsgespräche sind seit den 70er-Jahren Untersuchungsgegenstand verschiedener Disziplinen. Bereits in den 1970ern hat Mehan (1979) ein basales Muster der Interaktion gesprächsanalytisch rekonstruiert, das als I-R-E-Muster (Initiation-Reply-Evaluation) bekannt geworden ist und bis in die Gegenwart national und international bestätigt wird (vgl. z. B. Mercer et al. 2020; Lüders 2014). Dieses Muster der sequenziellen Ordnung unterrichtlicher Gespräche wurde bis heute in verschiedenen Schulformen und Fächern wiederholt rekonstruiert und als maßgebliches Muster der unterrichtlichen Interaktion in der Institution Schule beschrieben (vgl. Meister und Hollstein 2018). Auch wenn die sequenzielle Ordnung unterrichtlicher Gespräche mit dem beschriebenen IRE-Sequenzmuster offensichtlich schwer zu durchbrechen ist, zeigt die internationale Unterrichtsforschung, dass es in der Unterrichtskommunikation Entwicklungen gibt, die von diesem Sequenzmuster abweichen. Im ‚Routledge International Handbook of Research on Dialogic Education' (Mercer et al. 2020) werden Ansätze gebündelt, die dialogisch ausgerichtete Unterrichtsgespräche untersuchen und aus einer sozio-kulturell ausgerichteten Perspektive auf die interaktive Bedeutungsaushandlung in Unterrichtsgesprächen blicken; die verwendeten Begrifflichkeiten, unter denen die Forschungsansätze zum Ausdruck gebracht werden, sind vielfältig, z. B. *collaborative meaning-making* (Kumpulainen und Kaartinen 2000), *dialogic inquiry* (Kumpulainen und Lipponen 2010); *exploratory talk* (Littleton und Mercer 2010; Barnes und Todd 1995), *interthinking* (Littleton und Mercer 2013), *dialogic teaching* (Alexander 2020) oder *accountable talk* (Michaels et al. 2008). Der von Alexander entwickelte Ansatz zum *dialogic teaching* ist in der deutschsprachigen Unterrichtsforschung besonders bekannt (vgl. Lipowsky und Rzejak 2022; Weil et al. 2020; Pauli et al. 2022; vgl. die Beiträge von de Boer, von Merklinger und von Pauli in diesem Band).

Auch wenn es keine explizite Forschungstradition in Deutschland gibt, die sich mit dialogischen Gesprächen im Fachunterricht beschäftigt, gibt es eine Tradition der interaktionsanalytisch ausgerichteten Unterrichtsforschung (z. B. Naujok et al. 2008; Schütte et al. 2021). Fokussiert wird z. B. das polyadische Interaktionsgeschehen im Mathematikunterricht der Grundschule. Mittels interpretativer Unterrichtsforschung (Naujok et al. 2008) wird untersucht, wie mathematische Lernprozesse interaktiv hervorgebracht werden. Krummheuer und Fetzer (2005) unterscheiden das Gesprächsmuster „unterrichtlicher Gleichfluss", als Muster mit gleichförmiger sequenzieller Ordnung, der den überwiegenden Anteil unterrichtlicher Gespräche kennzeichnet, von der „interaktionalen Verdichtung" (Krummheuer und Fetzer 2005, S. 145 ff.). In diesem Kontext entstehen z. B. kollektive Argumentationen und Ko-Konstruktionsprozesse (Höck 2015). Die Analyse von Partizipationsprozessen durch die Untersuchung von Schüler*innenäußerungen hinsichtlich der Merkmale Autonomie, Originalität und Adressat*innenschaft führt z. B. zur Ausdifferenzierung unterschiedlicher Beteiligungsrollen im mathematischen Gespräch (Brandt 2004). De Boer untersucht das ‚joint meaning making' in philosophischen Gesprächen (de Boer 2018a) und rekonstruiert ebenfalls unterschiedliche Beteiligungsrollen (de Boer 2018b). Merklinger (2020) rekonstruiert die Entstehung dialogischer Interaktionen in literarischen Gesprächen.

Auch in der linguistischen Pragmatik (Ehlich und Rehbein 1986) gibt es eine lange Tradition, in der untersucht wird, wie Unterrichtsgespräche sprachlich und fachdidaktisch organisiert sind (Becker-Mrotzek 2009). In einem gesprächsanalytisch und erwerbstheoretisch ausgerichteten Kontext untersuchen Morek und Heller (2021, S. 383), wie das „kontext- und lernersensitive Setzen lokaler und globaler Zugzwänge" in Gesprächen im Deutschunterricht dazu beitragen kann, Schüler*innen mit unterschiedlichen sprachlichen Voraussetzungen in sprachlich komplexe und fachliche Aufgaben zu involvieren. Dabei werden die gattungsspezifischen Anforderungen, z. B. an das Beschreiben, Erklären und Argumentieren (Morek und Heller 2021, S. 419), durch konkretes Unterstützungshandeln der Lehrkräfte gesprächsanalytisch ausdifferenziert.

1.3 Fachlichkeit in Interaktionsprozessen

Doch was genau ist unter Fachwissen, was ist unter Fachlichkeit zu verstehen? Fachlichkeit ist, so Reh (2018), „ein bestimmter Modus der Organisation eines Wissens und des Umgangs mit ihm, eine bestimmte ‚Wissenspraxis', die im Sortieren, Ordnen, Vereinheitlichen und Verknüpfen von Wissen in Wissensbeständen und in Abgrenzung gegenüber anderen besteht" (Reh 2018, S. 66). Fachlichkeit kann in diesem Sinne „nicht mit Inhalten und Konzepten universitärer Disziplinen gleichgesetzt werden, sondern kennzeichnet die jeweils sortierenden Wissenspraktiken in den unterschiedlichen Institutionen" (Reh 2018, S. 66). Martens et al. (2018) heben als entscheidendes Charakteristikum die „Konstruktivität der Fachlichkeit" hervor, die sich „durch Vereinheitlichung und Abgrenzung in Praktiken des Sortierens und Verknüpfens von Wissen auszeichnet" (Martens et al. 2018, S. 11). Breidenstein und

Heinzel (2024) sehen aktuell ein Desiderat in der „Untersuchung der Bedeutung der Interaktionsordnung für die Bedingungen und Möglichkeiten fachlichen Lernens" und verweisen in diesem Kontext auf aktuelle Forschungen im DFG-Graduiertenkolleg INTERFACH (Breidenstein und Heinzel 2024, S. 462).

Erkennbar wird, dass es keine einheitliche Fachlichkeitsnorm gibt. Bezogen auf den Titel dieses Bandes ‚Dialog als interaktive Praxis. Grundschüler*innen im kollektiven Fachgespräch' wird die interaktiv und kollektiv hervorgebrachte fachliche Bedeutungsaushandlung fokussiert.

So wird z. B. in deutschdidaktischen Kontexten das fachliche Argumentieren als bildungssprachliche Praktik kollektiver Gespräche untersucht. Wie Argumentierende, neben den allgemeinen Gesprächsfähigkeiten, auch spezifisch argumentative Fähigkeiten anwenden und argumentativ Ko-Konstruktionen entwickeln, wird ebenfalls rekonstruiert (vgl. Kreuz 2021; Beckmann 2022).

In einer mathematischen Interaktionsstudie zeigt Höck (2015), wie in fachlichen Gesprächen soziale, organisatorische und fachlich-inhaltliche Ebenen zusammenwirken; Last (2025) wiederum untersucht diesen Zusammenhang für den schriftsprachlichen Anfangsunterricht. In ihrer jüngst erschienenen Dissertation arbeitet sie einen Zusammenhang zwischen der Qualität der fachlichen Interaktion und der Aufgabenformulierung heraus. So verweisen ihre Interaktionsanalysen darauf, dass geschlossen formulierte Aufgaben ein eher arbeitsorganisatorisch ausgerichtetes Gesprächshandeln nach sich ziehen und das fachlich-inhaltliche Gespräch nicht befördern (vgl. Last 2025, S. 272). Die fachlich-inhaltliche Interaktion kann deswegen nicht losgelöst von der Aufgabenstellung, dem Aufgabenformat und den Frageformulierungen der Lehrkraft betrachtet werden.

Damit entsteht die Frage, was alles zur fachlichen Interaktion gehört. Ist die interaktiv und kollektiv hervorgebrachte Arbeitsorganisation einer Gruppenarbeit zu einer mathematischen Aufgabe Teil der fachlichen Auseinandersetzung? Muss die Analyse dialogisch-kollektiver Interaktionen in fachlichen Kontexten die Verwobenheit der Auseinandersetzung von thematisch-inhaltlichen Fragen mit Fragen der Arbeitsorganisation und der Peeraktivität berücksichtigen (vgl. Breidenstein 2018)? Die Beiträge in diesem Band zeigen, dass hier eine enge Fokussierung auf die thematisch-inhaltliche Perspektive zu kurz greift und der Komplexität fachlich ausgerichteter, dialogisch-kollektiver Interaktion nicht gerecht würde. Untersuchungen im internationalen Kontext machen darüber hinaus sichtbar, wie auch das soziale Klassenklima, klassenkulturelle Gesprächspraktiken oder die Fähigkeit, in der Klasse gemeinsam Gespräche rückblickend zu reflektieren und auf ihre gemeinsam hervorgebrachte Gesprächsqualität hin zu untersuchen, auf fachliche Gespräche zurückwirken (vgl. Mercer et al. 2020; Edwards-Groves und Davidson 2020). Denn ob sich Schüler*innen in fachliche Interaktionen einbringen, eigene Überlegungen äußern und sich aktiv am gemeinsamen Fachdiskurs beteiligen, hängt auch von der jeweiligen Gesprächskultur und dem sozialen Zusammenhalt der Klasse ab. Der Fragenüberhang ist beispielsweise ein empirisch nachgewiesenes Phänomen, was darauf hinweist, dass Schüler*innen aus Ängsten vor Blamagen und Gesichtsverlust in der Klasse Äußerungen zurückhalten (de Boer 2006; Sembill und Gut-Sembill 2004). Die Qualität der interaktiv hervorgebrachten Fachlichkeit kann eben auch nur an den tatsächlich hervorgebrachten Äußerungen gemessen werden. Werden Schüler*innen z. B. zur Qualität unterrichtlicher Gespräche gefragt, konstatieren sie, dass immer nur die Gleichen sprechen, dass sie sich nicht trauen, sich zu äußern oder Sorge haben, Fehler zu machen (vgl. Finlay 2015). Zur fachlichen Aktivierung gehört deswegen nicht nur das fachwissenschaftliche und fachdidaktische Hintergrundwissen, sondern es umfasst auch die Herausforderung, einen gesprächskulturellen Kontext zu schaffen, in dem sich Schüler*innen ermutigt fühlen, ihre fachlichen Überlegungen, Fragen, Meinungen, Argumentationen usw. zu äußern (vgl. auch de Boer und Merklinger 2021). So dokumentieren aktuelle empirische Untersuchungen den Rückgang der sozialen Kohäsion bereits in Grundschulklassen (vbw 2024) sowie den Rückgang des schulischen Wohlbefindens (Robert Bosch Stiftung 2024). Die Entwicklung dialogisch-kollektiver Gespräche kann in diesem Kontext dazu beitragen, ein Fundament für das soziale Miteinander in Klassen aufzubauen.

Vor dem Hintergrund dieser Überlegungen gliedert sich der Band in vier Kapitel.

2 Gliederung des Bandes

Im ersten Kapitel werden überfachliche Grundlagen dargestellt und diskutiert, die zur Entstehung dialogisch-kollektiver Unterrichtsgespräche beitragen.
Heike de Boer bündelt in ihrem Beitrag „Dialog als interaktive und kollektive Praxis – doing dialogue" Forschungsansätze, in denen dialogische und zugleich kollektiv ausgerichtete Unterrichtsgespräche untersucht werden. Sie diskutiert den Zusammenhang eines von Bewertungspraktiken durchzogenen Unterrichts und die Herausforderung, dialogisch-kollektive Gespräche zu etablieren. Vor dem Hintergrund des Dialogbegriffs nach Bohm und der im internationalen Diskurs bekannten Ansätze *exploratory talk* und *metatalk* wird ein Modell des *doing collective dialogue – Dialog als kollektive und interaktive Praxis* entwickelt.

Christine Pauli beantwortet in ihrem Beitrag zum „Lehrer*innenhandeln in dialogischen Fachgesprächen" die Frage, wie es Lehrpersonen gelingt, Unterrichtsgespräche mit der Klasse dialogisch zu gestalten und den fachlichen Wissensaufbau zu fördern. Sie diskutiert theoretische und empirische Grundlagen und stellt ein didaktisches Gesprächskonzept vor, das zeigt, wie Lehrpersonen ihre Gesprächsleitungskompetenz in dieser Richtung weiterentwickeln können.

Alison Twiner reflektiert die Bedeutung von „Exploratory talk and conversational ground rules". Sie gibt einen Überblick über Forschungsergebnisse, stellt Beispiele für explorative Gespräche vor und diskutiert, wie die ‚ground rules' dazu beitragen, einen von Respekt getragenen, kollektiv ausgerichteten und zum Sprechen ermutigenden Gesprächsrahmen zu etablieren.

„The importance of metatalk for establishing dialogue in the first years of schooling" lautet der Titel des Beitrags von *Christine Edwards-Groves* und *Christina Davidson*. Die Autorinnen diskutieren die Wechselwirkungen zwischen metatalk und der Veränderung der dialogischen Interaktion von Lehrer*innen und Schüler*innen. Mit empirischen Beispielen wird illustriert, wie metatalk nicht nur dazu beiträgt, das interaktionale Repertoire der Schüler*innen zu erweitern, sondern auch, wie dies zur Entwicklung sozialer Kompetenzen beiträgt.

Der Beitrag „Spannungsfelder des Gesprächshandelns in dialogischen Unterrichtsgesprächen" von *Heike de Boer* und *Daniela Merklinger* stellt Interventionsstudien zur Entwicklung des Gesprächshandelns vor und diskutiert typische Herausforderungen, die während der Gestaltung fachlicher und dialogisch ausgerichteter Unterrichtsgespräche entstehen. Auf der Basis kurzer Gesprächssequenzen werden sechs Spannungsfelder expliziert. Diskutiert werden Gesprächshandlungen, die dialogisch-kollektives Gesprächshandeln in fachlichen Kontexten situativ unterstützen können.

Im zweiten Kapitel werden kollektive Fachgespräche aus dem Deutschunterricht vorgestellt.

Daniela Merklinger zeigt in ihrem Beitrag „*Dialogic teaching* und dialogisch-kollektive Prozesse literarischen Lernens im Vorlesegespräch" anhand von zwei Transkriptausschnitten, wie Schüler*innen in einem Vorlesegespräch, das vor dem Hintergrund des *dialogic teaching* konzipiert wurde, Figurenverstehen im dialogisch-kollektiven Gespräch interaktiv entfalten. Reflektiert wird, welche Rolle dabei das Gesprächsverhalten der Erwachsenen spielt und inwiefern, ausgehend von der Auseinandersetzung mit dem literarischen Text, auch sprachliches Lernen stattfindet.

„Kinder im Gespräch – Revoicing als Möglichkeit zur Förderung von Diskurspraktiken" lautet der Beitrag von *Christina Bär* und *Stella Heinrich*. Beantwortet wird die Frage, inwiefern das Konzept des Revoicings als interaktives Verfahren in kollektiven Gesprächen dazu beitragen kann, Diskurskompetenzen von Grundschulkindern im Unterrichtsgespräch anzuregen. Am Beispiel eines Vorlesegesprächs in einer jahrgangsgemischten Klasse 1/2 wird illustriert, wie das Gesprächshandeln der Lehrperson Gesprächsräume eröffnen kann, in denen Schüler*innen Erfahrungen mit den Diskurspraktiken des Erklärens und Argumentierens machen.

Barbara Geist untersucht in dem Beitrag „Rechtschreibgespräche als kollektive Fachgespräche" anhand eines Kleingruppengesprächs einer jahrgangsgemischten Klasse 1–4, wie Schüler*innen ein kollektives Fachgespräch über Rechtschreibung führen, wie sie Sprache als Werkzeug für den gemeinsamen Austausch über Schreibungen nutzen und worin dabei das Spezifische des Lerngegenstandes ‚Rechtschreibung' im Gespräch liegt. Anhand von zwei Transkriptausschnitten wird gezeigt, wie die Schüler*innen eigenständig und gemeinsam die Schreibungen kollektiv erklären und wie sie sich dabei flexibel des Sprach- und Schriftsystems bedienen.

In ihrem Beitrag „Im Gespräch über digitale Literatur. Veränderte Praktiken der Begleit- und Anschlusskommunikation bei der Lektüre von Bilderbuch-Apps" reflektieren *Alexandra Ritter* und *Michael Ritter* den medienspezifischen Einfluss von Bilderbuch-Apps auf die interaktive Einbindung der Schüler*innen im Vorlesegespräch. Am Beispiel einer Lektüresequenz wird der Umgang einer Lerngruppe mit einer Bilderbuch-App sequenzanalytisch rekonstruiert und vor dem Hintergrund der Ergebnisse eines größeren Forschungsprojektes kontextualisiert und diskutiert.

Kollektive Gespräche im Mathematikunterricht stehen im Mittelpunkt des dritten Kapitels.
Gyde Höck analysiert in ihrem Beitrag „,Und daran liegt es, dass es Zick-Zack ist' – Ko-konstruktive Entdeckungen von Zahlbeziehungen" kollektive Begründungszusammenhänge. Sie zeigt auf, wie Drittklässler*innen in einem Plenumsgespräch ko-konstruktiv einen komplexen Argumentationsprozess zu Entdeckungen an Minustürmen entwickeln.

„Zur Rolle von Grundvorstellungen und inhaltsbezogenen Rahmungen beim kollektiven Mathematiklernen" lautet der Beitrag von *Judith Jung, Alexander Salle* und *Markus Schütte*. Inwiefern ein kollektives Fachgespräch beim interaktionsbasierten Mathematiklernen entsteht, diskutieren die Autor*innen am Beispiel einer videografierten Bearbeitung einer Lernumgebung, in der drei Zweitklässler*innen Grundvorstellungen der Subtraktion mit Rechengeld bearbeiten. Sie zeigen, welche Möglichkeiten zur gemeinsamen Bedeutungsaushandlung in kollektiven Fachgesprächen durch die Nutzung von Material entstehen.

Birgit Brandt und *Christoph Schäfer* stellen in ihrem Beitrag „Ko-konstruktive Bearbeitungsprozesse mit der App Book Creator zu Fermi-Aufgaben: ‚das ist doch

Einleitung in den Band: Dialog als interaktive Praxis. Grundschüler*innen im ... 9

nicht in der Wirklichkeit so'" ein Unterrichtsbeispiel vor, das den diskursiven Austausch von Schüler*innen durch die Bearbeitung komplexer Sachprobleme anregt. Der ko-konstruktive Lösungsprozess sowie die Gruppenlösung werden dabei in einem E-Book dokumentiert.

„Miteinander und voneinander lernen: Peer-interaktive Lernsequenzen im Mathematikunterricht" lautet der Beitrag von *Simona Geissbühler* und *Stefan Hauser*. Beschrieben wird, wie zwei Schüler der zweiten Klasse zusammen Handlungs- und Problemlöseprozesse koordinieren. Die dafür notwendige kommunikative und kognitive Koordinationsleistung wird als wechselseitige „epistemische Involvierung" dargestellt.

*Kollektive Fachgespräche zwischen Schüler*innen im Sachunterricht und in überfachlichen Gesprächen stehen im Zentrum des vierten Kapitels.*
Judith Kreuz zeigt in ihrem Beitrag „Kinder argumentieren – zum ko-konstruierten Begründen in Kleingruppendiskussionen", wie Kinder in Peer-Gesprächen zu einem kontroversen Thema diskutieren und u. a. durch die Praktik des „ko-konstruierten Begründens" gemeinsam Konsens entwickeln. Sie rekonstruiert argumentative Ko-Konstruktionen, in denen die Schüler*innen Meinungen anderer mit Begründungen stützen oder bei der Wortsuche helfen. Die Peer-Interaktionen werden als Übungsmöglichkeit für sprachliches Lernen und als fruchtbares Lernsetting diskutiert.

Vera B. Beckmann analysiert in ihrem Beitrag „,Kendrick musst du fragen!' – Die Vernetzung von sprachlichem und fachlichem Lernen in der gemeinsamen Wissenskonstruktion" eine Posterpräsentation, in der die Schüler*innen miteinander in ein kollektives Fachgespräch treten. Gezeigt wird, wie eingeübte Rollen und Routinen die Schüler*innen darin unterstützen, ihre bildungssprachlichen Kompetenzen zu entwickeln und die komplexen sprachlichen wie inhaltlichen Anforderungen zu bewältigen.

Der Beitrag „„Was heißt eigentlich ‚profitieren'? – Kooperative Klärung einer Aufgabenstellung" von *Nadine Nell-Tuor* und *Alexandra Schiesser* stellt ein kooperatives Lernsetting vor, in dem die Schüler*innen den Arbeits- und Lernprozess weitgehend selbst organisieren. Ausgehend von einzelnen Transkriptausschnitten wird die Frage beantwortet, welche fachunabhängigen interaktiven Aufgaben Lernende dabei bewältigen.

„,Aber mit Fahrrädern halt und aus Plastemüll' – Die Erfindung eines Wasserfahrzeugs im kollektiven Gespräch" lautet der Beitrag von *Matthea Wagener*. Übereinstimmend mit den wenigen Forschungen zum kollektiven Fachgespräch zwischen Schüler*innen im Sachunterricht diskutiert die Autorin am Beispiel der Analyse eines Transkriptes Lernzugänge, Aneignungsprozesse und die Komplexität spezifischer Handlungsmuster von Schüler*innen in der Kooperation.

3 Fachliches und überfachliches Lernen in dialogisch-kollektiven Gesprächen

Die in diesem Band zusammengestellten Beiträge machen sichtbar, dass die Antwort auf die Frage, wie Schüler*innen im Unterricht zum dialogischen Gesprächshandeln untereinander angeregt werden und Sprache als Werkzeug des gemeinsamen Denkens und für produktive Dialoge nutzen können, vielschichtig ist.

Mit den versammelten Beiträgen wird deutlich, dass jedes fachliche Gespräch zugleich auch überfachliche Gesprächsanforderungen stellt:

- Es bedarf einer von Schüler*innen und Lehrkräften gemeinsam etablierten und von gegenseitigem Respekt und Vertrauen getragenen Gesprächskultur. Die im englischen Sprachraum etablierten *ground rules* konkretisieren, wie die Bildung einer solchen Kultur durch entsprechende Regeln aufgebaut werden kann.
- Die regelmäßige gemeinsame Reflexion der kollektiven Gespräche, z. B. im *metatalk*, kann dazu beitragen, dass Schüler*innen lernen, ihr interaktionales Repertoire zu erweitern und gemeinsam für die Entstehung dialogisch-kollektiver Gespräche Verantwortung zu tragen.
- Lehrkräfte können mit ihren Gesprächshandlungen entscheidend zur Etablierung einer Gesprächskultur beitragen, indem sie anstelle von Bewertungen z. B. Verständnisrückfragen, Fragen nach weiteren Erklärungen oder Präzisierungen u. ä. formulieren.
- Vorschnelle Bewertungen zurückzuhalten, kombiniert mit offenen Anschlussfragen und Gesprächshandlungen, die im Sinne des *Revoicings* das Wort an die Schüler*innen zurückgeben, Begründungsverpflichtungen etablieren und Schüler*innen direkt aufeinander verweisen, unterstützen die Entstehung dialogisch-kollektiver Gespräche.
- Erhalten Schüler*innen im Unterricht wiederholt Gelegenheiten, z. B. während einer Präsentation, eigenverantwortlich die Gesprächsorganisation zu übernehmen, können sie lernen, Gesprächsphasen in Klein- und Großgruppen selbstständig zu moderieren und zu gestalten.
- Jede Gruppenarbeit bringt fachunabhängige, interaktiv zu bewältigende Aufgaben mit sich, die Zeit und Raum für die Lösung beanspruchen. Kooperative Lernsettings tragen dazu bei, diese Erfahrungen zu machen und auszuhandeln.
- Ein unterrichtlicher Rahmen, in dem die Schüler*innen vor dem kollektiven Klassengespräch die Möglichkeit haben, in Kleingruppen selbstständig Lösungsversuche für anspruchsvolle Aufgaben zu erarbeiten, kann sich für die Entfaltung dialogisch-kollektiver Gespräche im gesamten Klassenverband als produktiv erweisen.

Darüber hinaus wird mit den Analysen der fachlichen Gespräche in Gruppen- oder Klassensituationen erkennbar:

- Materialgestütztes Gesprächshandeln, z. B. im Kontext von Vorlesesituationen, kann einerseits durch anspruchsvolle Bilderbuchliteratur, die Raum für Leerstellen und Ungewissheiten lässt und dadurch zum Sprechen einlädt, andererseits unabdingbar durch eine dialogisch ausgerichtete Gesprächsführung zur Entstehung von kollektivem Gesprächshandeln beitragen.
- Kollektive Rechtschreibgespräche unter Schüler*innen sind an wichtige Voraussetzungen geknüpft: die fachliche Fokussierung des Materials, das Impulse beinhaltet, die die Schüler*innen darin unterstützen, miteinander zu sprechen.
- Auch digitale Apps können zu einem wichtigen Bestandteil, sogar zum eigenständigen Akteur des Gesprächshandelns werden und neue Partizipationsspielräume eröffnen.
- Die Verwendung von Material in mathematischen Gesprächen kann eine verstärkte kollektive Zugänglichkeit zu Deutungsprozessen aller Beteiligten schaffen, sprachlich unterstützend wirken und einen deiktischen Zugang zu Argumentationsideen ermöglichen.
- Komplexe individuelle und kollektive Denkprozesse können durch mathematische Problemlöseaufgaben, z. B. Fermi-Aufgaben, angeregt werden und die Nutzung von Alltagswissen fördern (Überschlagen und Schätzen, Anwendung von heuristischen Strategien sowie Argumentieren und Kommunizieren insbesondere im Umgang mit Größen).
- Schüler*innen sind dazu in der Lage, anspruchsvolle argumentative Verbalisierungen zu musterhaften mathematischen Phänomenen hervorzubringen.

Wir freuen uns sehr darüber, dass mit diesem Band erstmalig ein Lehrbuch entstanden ist, das die Forschung zu kollektiven Fachgesprächen im Grundschulunterricht über die Fachgrenzen hinweg zusammenträgt und zugleich wichtige didaktische Impulse für die Gesprächsführung gibt.

Unser Dank richtet sich an alle Autor*innen, die mit ihren Beiträgen diesen Band „Dialog als interaktive Praxis. Grundschüler*innen im kollektiven Fachgespräch" zu einer ertragreichen Lektüre machen. Wir freuen uns darüber, dass wir mit ihnen Expert*innen gewonnen haben, die die Thematik des Bandes fachlich ausdifferenziert und sichtbar gemacht haben, wie Schüler*innen im Unterricht zu dialogischem Gesprächshandeln untereinander angeregt werden können und wie sie dabei interaktiv und kollektiv Fachlichkeit hervorbringen.

Für die wertvolle Unterstützung bei den Korrekturen und der Formatierung danken wir den Studentinnen Louisa Braastad-Tiffon und Lea Mackensy.

Literatur

Alexander, Robin (2020): *A dialogic teaching companion*. London: Routledge.
Barnes, Douglas/Todd, Frankie (1995): *Communication and Learning Revisited. Making meaning through talk*. Portsmouth, NH: Boynton/Cook Heinemann.
Becker-Mrotzek, Michael (Hrsg.) (2009): *Mündliche Kommunikation und Gesprächsdidaktik* (Deutschunterricht in Theorie und Praxis). Hohengehren: Schneider.
Beckmann, Vera (2022): Bildungssprachliche Praktiken in Unterrichtsgesprächen. Analysen aus einer videobasierten Unterrichtsstudie zu sprachbildendem Lehrerhandeln im Regelunterricht sprachlich heterogener Schulklassen. Diss. Hamburg: Universität Hamburg. https://ediss.sub.uni-hamburg.de/handle/ediss/9693. [Zugriff 15.01.2025].
de Boer, Heike (2024): Unterrichtsgespräche in der Grundschule. In: Götz, M./Hartinger, A./Heinzel, F./Kahlert, J./Miller, S./Sandfuchs, U. (Hrsg.): *Handbuch Grundschulpädagogik und Grundschuldidaktik*. 5. Auflage, S. 467–471.
de Boer, Heike (2018a): ‚Joint meaning making' im Forschungsdiskurs zu philosophischen Gesprächen mit Kindern. In: de Boer, H./Michalik, K. (Hrsg.): *Philosophieren mit Kindern: Forschungszugänge und -perspektiven*. Opladen/Berlin/Toronto: Barbara Budrich, S. 33–46.
de Boer, Heike (2018b): Forschend Lehren und Lernen in und durch philosophische Gespräche mit Kindern. In: de Boer, H./Michalik, K. (Hrsg.): *Philosophieren mit Kindern – Forschungszugänge und -perspektiven*. Opladen/Berlin/Toronto: Barbara Budrich, S. 146–161.
de Boer, Heike (2006): *Klassenrat als interaktive Praxis. Auseinandersetzung – Kooperation – Imagepflege*. Wiesbaden: VS.
de Boer, Heike/Merklinger, Daniela (2021): Mehrsprachige Kinder zum Sprechen ermutigen: Dialogische Gespräche führen. In: de Boer, Heike/Merklinger, Daniela (Hrsg.): *Grundschule im Kontext von Flucht und Migration*. Stuttgart: Kohlhammer, S. 83–104.
Brandt, Birgit (2004): *Kinder als Lernende – Partizipationsspielräume und -profile im Klassenzimmer*. Frankfurt am Main u.a.: Peter Lang.
Breidenstein, Georg (2018): Schülerpraktiken. In: Proske, M./Rabenstein, K. (Hrsg.): *Kompendium Qualitative Unterrichtsforschung*. Bad Heilbrunn: Klinkhardt 2018, S. 189–206.
Breidenstein, Georg/Heinzel, Friederike (2024): Unterricht als Interaktionsordnung. In: Götz, M./Hartinger, A./Heinzel, F./Kahlert, J./Miller, S./Sandfuchs, U. (Hrsg.): *Handbuch Grundschulpädagogik und Grundschuldidaktik*. 5. Auflage. Bad Heilbrunn: Klinkhardt, S. 458–463.
Edwards-Groves, Christine/Davidson, Christina (2020): Metatalk for a dialogic turn in the first years of schooling. In: Mercer, N./Wegerif, R./Major, L. (Hrsg.): *International Handbook of Research on Dialogic Education*. London: Routledge, S. 125–138.
Ehlich, Konrad/Rehbein, Jochen (1986): *Muster und Institution. Untersuchungen zur schulischen Kommunikation*. Tübingen: Gunter Narr.
Finlay, Mark (2015): Establishing the Ground Rules for talk: influencing attitudinal change towards talk as a tool for learning. In: *The STEP Journal* 2, 3, S. 5–17.

Höck, Gyde (2015): *Empirische Studien zur Didaktik der Mathematik: Ko-konstruktive Problemlösegespräche im Mathematikunterricht. Eine Studie zur lernpartnerschaftlichen Entwicklung mathematischer Lösungen unter Grundschulkindern.* Münster: Waxmann Verlag.

Krummheuer, Götz/Fetzer, Marei (2005): *Der Alltag im Mathematikunterricht: Beobachten – Verstehen – Gestalten.* Heidelberg, Neckar: Spektrum Akademischer Verlag.

Kreuz, Judith (2021): Ko-konstruiertes Begründen unter Kindern. Eine gesprächsanalytische Studie von Kleingruppeninteraktionen in der Primarschule. In: *Stauffenburg Linguistik,* Band 120, Stauffenburg: Tübingen.

Kumpulainen, Kristina/Kaartinen, Sinikka (2000): Situational mechanisms of peer group interaction in collaborative meaning-making. In: *European Journal of Psychology of Education* 15, 4, S. 431–454.

Kumpulainen, Kristina/Lipponen, Lasse (2010): Productive interaction as agentic participation in dialogic enquiry. In: Littleton, K./Howe, Chr. (Hrsg.): *Educational Dialogues. Understanding and promoting productive interaction.* Oxon/New York: Routledge, S. 48–63.

Last, Sandra (2025): *Interaktive Aufgabenbearbeitung im sprachlichen Anfangsunterricht. Eine videografische Studie über die Bearbeitung von Lese- und Schreibaufgaben in Klasse 1.* Opladen/Berlin/Toronto: Budrich Academic Press. https://shop.budrich.de/wp-content/uploads/2024/05/9783966659123.pdf [Zugriff: 15.01.2025].

Lipowsky, Frank/Rzejak, Daniela (2022): Unterrichtsgespräche erfolgreich führen. Eine zentrale Kernpraktik von Lehrpersonen. In: *Journal für LehrerInnenbildung* 22, 3, S. 58–73.

Littleton, Karen/Mercer, Neil (2010): The significance of educational dialogues between primary school children. In: Littleton, K./Howe, Chr. (Hrsg.): *Educational Dialogues. Understanding and Promoting Productive Interaction.* London: Routledge, S. 271–289.

Littleton, Karen/Mercer, Neil (2013): *Interthinking: Putting talk to work.* London: Routledge.

Lüders, Manfred (2014): Lehrer-Schüler-Interaktion, Unterrichtskommunikation. In: Terhart, E./Bennewitz, H./Rothland, M. (Hrsg.): *Handbuch der Forschung zum Lehrerberuf.* 2., vollst. überarb. u. erw. Auflage. Münster: Waxmann, S. 774–797.

Martens, Matthias/Rabenstein, Kerstin/Bräu, Karin/Fetzer, Marei/Gresch, Helge/Hardy, Ilonca/Hericks, Uwe/Schelle, Carla (2018): Einleitung in den Band: Konstruktionen von Fachlichkeit. Ansätze, Erträge und Diskussionen in der empirischen Unterrichtsforschung. In: Martens, M./Rabenstein, K./Bräu, K./Fetzer, M./Gresch, H./Hardy, I./Hericks, U./Schelle, C. (Hrsg.): *Konstruktionen von Fachlichkeit: Ansätze, Erträge und Diskussionen in der empirischen Unterrichtsforschung.* Bad Heilbrunn: Klinkhardt, S. 9–18.

Mehan, Hugh (1979): *Learning Lessons: Social Organization in the Classroom.* Cambridge/Mass.: Harvard University Press.

Meister, Nina/Hollstein, Oliver (2018): Leistung bewerten. In: Proske, M./Rabenstein, K. (Hrsg.): *Unterricht beobachten – beschreiben – rekonstruieren. Eine Bestandsaufnahme qualitativ-sinnverstehender Unterrichtsforschung.* München: Julius Klinkhardt, S. 123–137.

Mercer, Neil/Wegerif, Rupert/Major, Louis (2020): *The Routledge International Handbook of Research on Dialogic Education.* Abingdon: Routledge.

Mercer, Neil (2019): *Language and the Joint Creation of Knowledge: the selected works of Neil Mercer.* Abingdon: Routledge.

Merklinger, Daniela (2020): „Oder Wen sieht die Tigerin wie seine Mutter …" Perspektiven literarischer Figuren im kollektiven Gespräch über Bilderbücher interaktiv entfalten. In:

Scherer, G./Heintz, K./Bahn, M. (Hrsg.): *Das narrative Bilderbuch. Türöffner zu literarästhetischer Bildung, Erzähl- und Buchkultur.* Trier: WVT, S. 57–82.

Michaels, Sarah/O'Connor, Catherine/Resnick, Lauren (2008): Deliberative Discourse Idealized and Realized: Accountable Talk in the Classroom and in Civic Life. In: *Studies in Philosophy and Education* 27, S. 283–297.

Morek, Miriam/Heller, Vivien (2021): Individualisierter Zuschnitt diskursiver Anforderung und Unterstützung. In: Quasthoff, U./Heller, V/Morek, M. (Hrsg.): *Diskurserwerb in Familie, Peergroup und Unterricht: Passungen und Teilhabechancen.* Berlin, Boston: de Gruyter, S. 381–424.

Naujok, Natascha/Brandt, Birgit/Krummheuer, Götz (2008): Interaktion im Unterricht. In: Helsper, W./Böhme, J. (Hrsg.): *Handbuch der Schulforschung.* Wiesbaden: Verlag für Sozialwissenschaften, S. 779–799.

Pauli, Christine/Zimmermann, Matthias/Wischgoll, Anke/Moser, Miriam/Reusser, Kurt (2022): Klassengespräche lernförderlich gestalten lernen: Entwicklung von Strategien für die Analyse von Unterrichtsgesprächen im Kontext einer Interventionsstudie mit Geschichts- und Mathematiklehrpersonen. In: *Zeitschrift für sprachlich-literarisches Lernen und Deutschdidaktik (SLLD-Z)* 2/2022.

Reh, Sabine (2018): Fachlichkeit, Thematisierungszwang, Interaktionsrituale. Plädoyer für ein neues Verständnis des Themas von Didaktik und Unterrichtsforschung. In: *Zeitschrift für Pädagogik* 64, 1, S. 61–70.

Robert Bosch Stiftung (2024): *Deutsches Schulbarometer: Befragung Schüler:innen. Ergebnisse von 8- bis 17-Jährigen und ihren Erziehungsberechtigten zu Wohlbefinden, Unterrichtsqualität und Hilfesuchverhalten.* Robert Bosch Stiftung. https://www.bosch-stiftung.de/sites/default/files/documents/2024-11/241112_rbs_studie_schulbarometer_Q4-2024_V3.pdf [Zugriff: 15.01.2025].

Sembill, Detlef/Gut-Sembill, Katrin (2004): Fragen hinter Schülerfragen – Schülerfragen hinterfragen. In: *Unterrichtswissenschaft* 32, 4, S. 321–333.

T'Sas, Jan/Daems, Frans (2024): Exploratory talk in times of globalization and digitalization: A narrative review. In: *L1-Educational Studies in Language and Literature* 24, S. 1–38.

Schütte, Markus/Jung, Judith/Krummheuer, Götz (2021): Diskurse als Ort der mathematischen Denkentwicklung – Eine interaktionistische Perspektive. In: *Journal für Mathematik-Didaktik, 42,* S. 525–551. https://doi.org/10.1007/s13138-021-00183-6

vbw 2024 = vbw – Vereinigung der Bayerischen Wirtschaft e. V./Aktionsrat Bildung (Hrsg.) (2024): *Bildung und sozialer Zusammenhalt.* Münster: Waxmann. https://www.waxmann.com/index.php?eID=download&buchnr=4870 [Zugriff: 15.01.2025].

Weil, Maralena/Gröschner, Alexander/Schindler, Ann-Kathrin/Böheim, Ricardo/Hauk, Dennis/Seidel, Tina (2020): *Dialogische Gesprächsführung im Unterricht. Interventionsansatz, Instrumente und Videokodierungen.* Münster: Waxmann.

Grundlagen

Dialog als interaktive und kollektive Praxis – doing dialogue

Heike de Boer

Zusammenfassung

Der Beitrag bündelt Forschungsansätze, in denen dialogische und zugleich kollektiv ausgerichtete Unterrichtsgespräche untersucht werden. Diskutiert wird der Zusammenhang eines von Bewertungspraktiken durchzogenen Unterrichts und die Herausforderung, dialogisch-kollektive Gespräche zu etablieren, die die sequenzielle Ordnung von Unterricht durchbrechen. Vor dem Hintergrund des Dialogs nach Bohm und der im internationalen Diskurs bekannten Ansätze *exploratory talk* und *metatalk* wird ein Modell des *doing collective dialogue – Dialog als kollektive und interaktive Praxis* entwickelt.

Schlüsselwörter

Dialog · Exploratory talk · Interaktive Praxis · Doing dialogue · Metatalk

---

H. de Boer (✉)
Universität Koblenz, FB 1, Institut für Grundschulpädagogik, Koblenz, Deutschland
E-Mail: hdeboer@uni-koblenz.de

© Der/die Autor(en), exklusiv lizenziert an Springer Fachmedien Wiesbaden GmbH, ein Teil von Springer Nature 2025
H. de Boer, D. Merklinger (Hrsg.), *Dialog als interaktive Praxis*, Edition Fachdidaktiken, https://doi.org/10.1007/978-3-658-48376-0_2

1 Einleitung

„When groups learn to think together, individuals gain the advantage of collective learning." (Ellinor und Gerard 1998, S. 306)

Gespräche sind konstitutiver Bestandteil des Unterrichts und haben eine hohe Relevanz für die alltägliche Unterrichtspraxis. Doch Ergebnisse der Unterrichtsforschung zeigen, dass Schüler*innen zu selten die Möglichkeit erhalten ihre Gedanken *miteinander* zu entfalten und *dialogisch* sowie *kollektiv* im Gespräch zu kommunizieren (Edwards-Groves und Davidson 2020, S. 126). Der Begriff *Dialog* lässt sich vom griechischen Wort *dialogos* herleiten, was *durch das Wort* oder *durch die Bedeutung des Wortes* bedeutet *(dia* = durch; *logos* = Wort) (vgl. Beucke-Galm 2015, S. 104). Das Word *kollektiv* lässt sich auf das lateinische Wort *collectivus* zurückführen und bedeutet gemeinschaftlich und zugleich *alle* Beteiligten betreffend.[1] Mit dialogisch-kollektiven Unterrichtsgesprächen ist der gemeinschaftliche Austausch im Unterricht gemeint, in dem entweder Schüler*innen und Lehrkraft oder die Schüler*innen in einer Gruppe gemeinsam fachliche Bedeutungen erzeugen. In dialogisch-kollektiven Unterrichtsgesprächen wird das klassische Gesprächsmuster „Initiation-Reply-Evaluation" (vgl. Mehan 1979; Sinclair und Coulthard 1975)[2] durchbrochen, indem die Lehrkraft die Evaluation/Rückmeldung zurückhält und die Schüler*innen miteinander und mit Unterstützung der Lehrkraft, aber zunehmend auch ohne sie den thematischen Fokus des Gesprächs weiterentwickeln. Dies geschieht z. B., indem sich Schüler*innen

- auf die Äußerungen ihrer Vorredner*innen beziehen,
- inhaltlich anschließende oder weiterführende Ideen entwickeln,
- Widersprüche und eigene Positionen formulieren,
- Rückfragen an ihre Mitschüler*innen stellen,
- zuvor Gehörtes wiederholen, paraphrasieren oder ergänzen,
- gegenseitig Begründungen und Erklärungen einfordern,
- kollektive Argumentationen entwickeln.

---

[1] https://www.duden.de/rechtschreibung/kollektiv [Zugriff: 15.01.2025].
[2] Im klassischen Unterrichtsgespräch vollzieht sich unterrichtliche Interaktion entlang einer empirisch mehrfach bestätigten sequenziellen Ordnung, die mit dem I-R-E Schema eine dreischrittige Abfolge umfasst, die darin besteht, dass Lehrkräfte ein Thema im Gespräch initiieren (Initiation). In der Regel folgt eine Antwort durch die Schüler*innen (Reply) und eine Bewertung durch die Lehrkraft (Evaluation) (vgl. Mehan 1979, S. 35 ff.).

Dialogisch-kollektive Gespräche fokussieren besonders *die kollektive Bedeutungsaushandlung der Schüler*innen untereinander*. In den letzten Jahren gibt es vermehrt Veröffentlichungen, in denen empirische Ergebnisse zur Lehrer*innen-Schüler*innen-Interaktion im dialogischen Unterrichtsgespräch, allerdings nicht zum dialogisch-*kollektiven* Gespräch, gebündelt und diskutiert werden (z. B. Lipowsky und Rzejak 2022; Pauli et al. 2022 und in diesem Band; Weil et al. 2020). Dabei wird die Professionalisierung des Gesprächshandelns der Lehrkräfte fokussiert. In der deutschsprachigen Forschung wird diesbezüglich die zentrale Bedeutung des Zusammenhangs vom kognitiven Niveau der Fragen und Impulsen der Lehrkraft einerseits und dem kognitiven Niveau der Antworten der Schüler*innen andererseits hervorgehoben (vgl. Weil et al. 2020; Lipowsky und Rzejak 2022; Denn et al. 2019; Heller et al. 2022; Rank et al. 2021). Gleichzeitig führen kognitiv anspruchsvolle Fragen der Lehrkräfte nicht automatisch zu dialogisch-kollektiven Gesprächen, in denen Schüler*innen auch miteinander sprechen.

2 Dialogisch-kollektive Gespräche

Zu kollektiv-dialogischen Gesprächsformen liegen im internationalen Forschungsdiskurs Untersuchungen vor, die begrifflich mit unterschiedlichen Schwerpunktsetzungen genauer ausdifferenziert worden sind; z. B. *collaborative meaning-making* (Kumpulainen und Kaartinen 2000), *dialogic inquiry* (Kumpulainen und Lipponen 2010); *exploratory talk* (Littleton und Mercer 2010; Barnes und Todd 1995), *interthinking* (Littleton und Mercer 2013), *dialogic teaching* (Alexander 2018) oder *accountable talk* (Michaels et al. 2008). Besonders der von Alexander entwickelte Ansatz zum *dialogic teaching* wird in der deutschsprachigen Unterrichtsforschung häufig als bedeutende Bezugsquelle genannt. *Dialogic teaching* ist durch die folgenden fünf Merkmale gekennzeichnet: „collective, reciprocal, supportive, cumulative, purposeful" (vgl. Alexander 2020, S. 131; vgl. die Beiträge von Pauli und von Merklinger in diesem Band). Alexanders Ansatz unterstützt dialogische Handlungen im Unterricht, führt allerdings nicht selbstläufig zu dialogisch-kollektiven Gesprächshandlungen auch zwischen den Schüler*innen.

Alle oben genannten Ansätze eint, dass sie aus einer sozio-kulturell ausgerichteten Perspektive auf die interaktive Bedeutungsaushandlung in Unterrichtsgesprächen blicken und die Qualität dialogischer Gespräche darin sehen, dass Schüler*innen und Lehrkräfte im Gespräch *miteinander komplexe Inhalte* entfalten und Schüler*innen im Besonderen darin unterstützt werden, komplexe sprachliche Äußerungen hervorzubringen.

So wurde der Zusammenhang zwischen der Qualität fachlicher Leistungen und der Qualität der Unterrichtskommunikation verschiedentlich bestätigt (vgl. u. a. Mercer 2019; T'Sas und Daems 2024).

2.1 Bewertungspraktiken und sequenzielle Ordnung in Unterrichtsgesprächen

Das internationale Interesse an dialogischen Gesprächsformen im Unterricht hat bereits eine lange Forschungstradition. Einen aktuellen Forschungsüberblick gibt z. B. *The Routledge International Handbook of Dialogic Education* (Mercer et al. 2020). Dort fassen Edwards-Groves und Davidson Untersuchungen zur Unterrichtskommunikation zusammen:

> „classrooms are arenas of rapid-fire and complicated patterns of talk consisting of systems of direction and compliance, usually in some form of routine question- and answer sequences" (Edwards-Groves und Davidson 2020, S. 126).

Möglicherweise lassen sich Erklärungen dieses Phänomens nicht nur in der *wenig* verankerten Professionalisierung von Lehrkräften für dialogisch und auch kollektiv ausgerichtete Gespräche finden; sondern auch darin, dass Lehrkräfte Teil des institutionell verankerten Schulsystems sind, dessen Aufgabe in der Allokation und Selektion (vgl. Meister und Hollstein 2018, S. 134) liegt. So erstaunt es nicht, dass besonders qualitative Studien herausgearbeitet haben, dass Unterricht in allen Fächern und Schulformen von *Bewertungspraktiken* durchzogen ist. Untersuchungen, die sich mit der kommunikativen Struktur unterrichtlicher Gespräche beschäftigen, zeigen, dass Bewertungen Teil der *sequenziellen Ordnung* von Unterricht sind (vgl. Bonanati 2022, S. 285) und in jede kommunikative Unterrichtsstruktur eingelagert sind.

Die dreischrittige Kernstruktur unterrichtlicher Kommunikation, bestehend aus Eröffnung (Initiation), Schüler*innenantwort (Reply) und Rückmeldung (Evaluation) (vgl. z. B. Mehan 1979), endet mit der Rückmeldung, die oft eine *Bewertung* enthält (z. B. gut, richtig, genau, stimmt nicht falsch, usw.). In diesen dritten Schritt der sequenziellen Ordnung von Unterricht sind oft nicht nur Bewertungen eingelagert, sondern darüber hinaus entstehen Positionierungen und Hierarchisierungen im Unterrichtsgespräch. Aussagen werden dem Verdienst oder Vergehen einzelner Schüler*innen zugerechnet (vgl. Meister und Hollstein 2018, S. 128). Mit der dritten Position im dreischrittigen Sequenzmuster wird quasi jede Schüler*innenäußerung als eine Leistung bewertet. Meister und Hollstein (2018) resümieren, dass schulische Bewertungen einer gesellschaftlichen Aufgabe dienen. Sie tragen zur Selektion und Zuweisung von Statuspositionen bei und „fungieren gleichzeitig als systeminternes Disziplinierungs-, Hierarchisierungs- und Legitimierungsinstrument in der alltäglichen Unterrichtspraxis" (Meister und Hollstein 2018, S. 134).

Dialogisch orientierte und auf Kollektivität ausgerichtete Unterrichtsgespräche möchten diese *sequenzielle Ordnung* durchbrechen; zugleich finden sie in der Institution Schule statt, in der Bewertungspraktiken zur Herstellung von Positionierung und Hierarchisierung im Klassenraum tagtäglich genutzt werden und tief verankert sind (vgl. Meister und Hollstein 2018, S. 128). Damit wird sichtbar, dass unterrichtliche Gespräche, die auf Kollektivität und gedankliches Explorieren ausgerichtet sind, möglicherweise auch an den Grundfesten unterrichtlicher Kommunikation rütteln. Sie bedürfen besonderer Kontextbedingungen.

Mit der Perspektive bedeutender Kontextbedingungen für den Dialog hat sich auch David Bohm beschäftigt. Bohms Arbeiten zum Dialog wurden in der Unterrichtsforschung kaum rezipiert, enthalten jedoch weiterführende Impulse, die im Folgenden vorgestellt werden.

2.2 Dialog aus der Perspektive David Bohms

Für den Quantenphysiker David Bohm (1917–1992) ist der Dialog in seinen letzten Lebensjahren von zentraler Bedeutung gewesen. Er hat sich mit dem *fragmentierenden Denken* in wissenschaftlichen Diskursen auseinandergesetzt und nach Kontextbedingungen geforscht, in denen potenziell Neues und zuvor noch nicht Gedachtes entstehen kann, ohne dass es durch Fragmentierung und Wettbewerb im Gespräch im Keim erstickt wird. Ihn interessierte, wie das zunächst Implizite und Unsagbare an die Oberfläche treten kann (vgl. Bohm 1996, S. 39). Ihm ging es darum, polarisierende Gegensätze (*polarization*) zu überwinden, sodass ein *greater common sense* entstehen kann.[3]

Bohm differenziert zwischen „thinking" und „thought" (vgl. Bohm 1996, S. 52). Während *thought* rückwärtsgewandt ist und bereits Gedachtes umfasst (auf individueller, kollektiver Ebene und auch auf kultureller Ebene), ist *thinking* ein nach vorne gerichteter Prozess mit offenem Ausgang.

---

[3] Die Ausführungen zum Dialog nach David Bohm sind eine gekürzte Fassung aus Merklinger und de Boer (2021, Kap. 3).

„'Thinking' implies the present tense [...]. 'Thought' is the past participle of that. We have an idea after we have been thinking something, it just evaporates. But thinking doesn't disappear. It goes somehow into the brain and leaves something – a trace – which becomes thought. And thought then acts automatically. So thought is the response from memory – from the past, from what has been done. Thus we have thinking and thought." (Bohm 1996, S. 52 ff.).

Ein Beispiel für kollektives Denken, so wie Bohm es versteht, ist z. B., wenn jemand eine Idee hat, die eine andere Person aufgreift, während eine dritte noch etwas hinzufügt. Das Denken beginnt hier zu fließen, so Bohm, anstatt dass sich Personen im Gespräch gegenseitig von etwas überzeugen und miteinander konkurrieren (vgl. Bohm 2005, S. 65). Ziel des gemeinsamen Dialogs mit der Gruppe ist, *thinking* zu ermöglichen, also in den Prozess des *miteinander Denkens* zu gelangen. An Bohm anschließend differenzieren Isaacs (1999) und Ellinor und Gerard (1998) vier Praktiken aus, mit denen in einem Dialog *thinking* erreicht werden kann (vgl. z. B. Isaacs 1999, Kap. 4–7; Ellinor und Gerard 1998):

- *Voicing*: Der *eigenen Stimme* Ausdruck zu verleihen und *nur* das zu äußern, was den gemeinsamen Denkprozess voranbringt. Das bedeutet, zwischen wichtig und unwichtig zu unterscheiden und eigene Äußerungen gezielt zu dosieren.
- *Listening*: Dem Gegenüber und der Gruppe im Sinne des generativen Zuhörens zuzuhören, d. h.: Eigene Gedanken werden zurückgestellt, um die Gedanken der anderen Person nachzuvollziehen und gegebenenfalls Rückfragen zu stellen. Dies führt unmittelbar zur nächsten Praktik.
- *Respecting*: Die andere Person mit ihrer Meinung auch dann zu respektieren, wenn sie nicht der eigenen Meinung entspricht.
- Diese drei Praktiken sind eng verbunden mit der vierten Praktik, dem *suspending*.
- *Suspending:* Ellinor und Gerard sprechen in diesem Zusammenhang von „Suspension of Judgement" (Ellinor und Gerard 1998, S. 65) und bezeichnen das Suspendieren der eigenen Gedanken, Annahmen und Deutungsroutinen auch als „foundation for the other skills" (Ellinor und Gerard 1998, S. 65), denn: „judgements will limit your ability to listen" (Ellinor und Gerard 1998, S. 69).

Dass es eine große Herausforderung ist, die eigenen Bewertungen zu suspendieren und zu erkennen, dass es sich dabei lediglich um „assumptions" (Bohm 1996, S. 71) handelt, zeigt Bohm an der Unterscheidung zwischen *„the observer and the observed"* (Bohm 1996, Kap. 5). Denn jede Beobachtung erzeugt das Beobachtete durch zu Grunde liegende Annahmen mit:

> "In a way, we are looking through our assumptions; the assumptions could be said to be an observer in a sense." (Bohm 1996, S. 71)

Dementsprechend sieht jede Person in der gleichen Situation etwas anderes. Die eigenen Gedanken und Annahmen sind dem *observer* nur schwer zugänglich, weil das, wonach er oder sie dabei Ausschau hält, in ihm oder ihr selbst verborgen liegt:

> "Hide them in the looker, and the looker will never find them." (Bohm 1996, S. 72)

Im Dialog nach Bohm geht es dementsprechend nicht darum, die eigene Meinung durchzusetzen. Ganz im Gegenteil geht es darum, auf eigene Meinungen, Vorurteile und Denkmuster aufmerksam zu werden; es geht darum, sie zu *suspendieren*. Für Bohm ist das *suspending* eine grundlegende Fähigkeit für den Dialog (vgl. Bohm 2005, S. 55 ff.), um die Entfaltung der Gedanken der Gesprächspartner*innen nicht zu behindern. Das *suspending* ist möglicherweise die wichtigste Praktik, um die sequenzielle Ordnung von Unterricht (vgl. I-R-E Mehan 1979) zu durchbrechen. Wird die Evaluation, der letzte Schritt im sequenziellen Ordnungsmuster, in der ‚Schwebe' gehalten, kann sich eher ein dialogisch-kollektives Gespräch herausbilden.

Angesichts der alltäglichen unterrichtlichen Kommunikation, die von Bewertungen durchsetzt ist (vgl. Meister und Hollstein 2018; Bonanati 2022), ist dies ein wichtiger Ansatzpunkt.

Die spanischen Unterrichtsforscherinnen Costa-Carvalho und Mendoça (2017) sprechen in diesem Kontext von der Fähigkeit, *translations* vorzunehmen, d. h., Äußerungen von Gesprächspartner*innen nicht zu bewerten, sondern produktiv Anschluss zu nehmen und sie wohlwollend zu interpretieren (vgl. Costa-Carvalho und Mendoça 2017, S. 131 ff.).

2.3 Kollektive Gesprächsformen: Das Beispiel *exploratory talk*

Dass dialogische Unterrichtsgespräche besonderer Rahmenbedingungen bedürfen, beschäftigt auch die Unterrichtsforschung zum *exploratory talk*. Zum *exploratory talk* gibt es in England eine mittlerweile fast 50-jährige Forschungstradition. Barnes schreibt bereits 1976:

„Exploratory talk often occurs when peers collaborate in a task, when they wish to talk it over in a tentative manner, considering and rearranging their ideas. The talk is often but not always hesitant, containing uncompleted or inexplicit utterances as the students try to formulate new understandings; exploratory talk enables students to represent to themselves what they currently understand and then if necessary to criticize and change it [….]" (Barnes 1976, S. 50 in T'Sas und Daems 2024, S. 10)

Auch Mercer beschäftigt sich mittlerweile seit über 30 Jahren mit dem *exploratory talk*. Anschließend an die Überlegungen von Barnes (1976) definiert er *exploratory talk* als Gesprächsform, in der

„partners engage critically but constructively with each other's ideas. Statements and suggestions are offered for joint consideration. These may be challenged and counter-challenged, but challenges are justified and alternative hypotheses are offered. […] Knowledge is made publicly accountable and reasoning is more visible in the talk. Progress then emerges from the eventual joint agreement reached." (Mercer 1996, S. 369)

In späteren Untersuchungen sprechen Littleton und Mercer von *thinking together – talking for success* (Littleton und Mercer 2010, 2013). Im Fokus der Analyse stehen Prozesse des *interthinking* (Littleton und Mercer 2010, 2013). Die Forschenden heben hervor, dass die Bedeutung der fachlichen und prozessorientierten Impulse der Lehrkraft für die Entstehung dialogischer und explorierender Gespräche entscheidend ist. Littleton und Mercer (2013) explizieren drei unterschiedliche Typen des kollektiven Gesprächs: Sie schließen in ihren Überlegungen an die Ergebnisse von Barnes und Todd (1995, S. 127)[4] an und heben „the significance of exploraty talk" (Littleton und Mercer 2010, S. 275) hervor. In ihrer Untersuchung differenzieren sie drei Typen des *thinking together* aus und unterscheiden zwischen:

- „disputational talk (disagreement and individual decision making)
- cumulative talk (speakers build positively and uncritically on what the others have said);
- exploratory talk (partners engage critically but constructively with each other's ideas)" (Littleton und Mercer 2010, S. 113).

---

[4] Barnes und Todd (1995/2000) können in ihren empirischen Untersuchungen „collaborative moves" herausfiltern, die für das „joint meaning making" wesentlich sind. Sie arbeiten verschiedene Faktoren heraus, die für das Gelingen von Gruppenarbeitsprozessen entscheidend sind: „initiating, eliciting, extending, qualifying" (Barnes und Todd 1995, S. 7 ff.).

Das mit *exploratory talk* begrifflich gefasste Gespräch wird als die anspruchsvollste Form beschrieben. Es ist gekennzeichnet durch das *koordinierte und kollektive Begründen, das Teilen von Ideen und Wissen sowie dem Austausch von Meinungen und Bedeutungen in gleichberechtigter Form.* Dabei finden Ko-Konstruktionsprozesse statt, die zur kooperativen Entwicklung von neuen Ideen oder erfolgreichen Problemlöseprozessen führen (vgl. Littleton und Mercer 2013, S. 15 ff.). Dies gelingt, so Littleton and Mercer, wenn die Schüler*innen darin unterstützt werden, Sprache als Werkzeug für das miteinander Denken zu nutzen und spezifische Strategien angeboten bekommen, um produktive Interaktionen zu gestalten (vgl. Littleton und Mercer 2013, S. 285); sie sprechen von *ground rules* (Littleton und Mercer 2013, S. 38) die jedem Gespräch zu Grunde liegen (vgl. auch den Beitrag von Twiner in diesem Band). Hier geht es nicht um gattungsspezifische Äußerungsformen und spezifische Unterstützungspraktiken durch die Lehrkraft, sondern darum, einen vertrauensvollen gesprächskulturellen Rahmen zu erschaffen, in dem die Sprechenden sich ermutigt fühlen, das Gespräch mit ihren Äußerungen voranzubringen. Die *ground rules* werden als Eckpfeiler der Gesprächskultur in der Klasse etabliert: als Voraussetzung dafür, dass Vertrauen, Reziprozität, Unterstützung und Commitment interaktiv hervorgebracht werden können.

Für die *ground rules* lassen sich im englischsprachigen Diskurs unterschiedliche Ausführungen finden (vgl. T'Sas und Daems 2024, S. 20 ff.). Die hier beispielhaft zitierten *ground rules* liegen dem „Toolkit for Systematic Educational Dialogue Analysis (T-SEDA 2023)" zu Grunde:

- „We listen without interrupting when others are speaking
- Contributions respond to what has gone before
- It's ok to disagree with someone
- People give reasons for their ideas
- Everyone's ideas and opinions are treated with respect
- Taking part means thinking and listening, not just talking
- People ask each other questions
- There is an atmosphere of trust
- There is a sense of shared purpose" (T-SEDA 2023, S. 16)

Die *ground rules* verweisen darauf, dass das kollektiv und interaktiv hervorgebrachte Unterrichtsgespräch an entsprechende klassenkulturelle Voraussetzungen gekoppelt ist und nicht losgelöst von der Gesprächskultur in der einzelnen Klasse betrachtet werden kann. Die hier zitierten *ground rules* gehen auf Forschungserkenntnisse zur Lernförderlichkeit dialogischer Gesprächsformen im

Unterricht zurück, die Forscher*innen aus England und Mexiko in einem „Scheme for Dialogue Analysis (SEDA)" entwickelt haben und die im besten Fall dazu beitragen können, dass in diesem Kontext auch kollektive Lernprozesse hervorgebracht werden.

Exkurs: kollektive Lernprozesse

Mit dialogisch-kollektiven Unterrichtsgesprächen wird die Frage nach Lernen im kollektiven Gespräch virulent. *Eine* Antwort darauf rückt die Prozessqualität von Lernen in den Fokus. Naujok und Krummheuer (1999) heben die interaktive Herstellung von Bedeutung in mathematischen Lernprozessen hervor und verstehen Lernen als kommunikativen und kollektiven Akt der gemeinsamen Bedeutungsaushandlung (vgl. Naujok und Krummheuer 1999). Darauf aufbauend entsteht ein Konzept zum „Alltag im Mathematikunterricht" (Krummheuer und Fetzer 2004), in dem das „polyadische Interaktionsgeschehen" im Mathematikunterricht der Grundschule mittels interpretativer Unterrichtsforschung untersucht wird. Es interessiert sich dafür, wie mathematische Lernprozesse interaktiv hervorgebracht werden (vgl. die Beiträge von Salle et al., von Höck sowie von Brandt/Schäfer in diesem Band; Brandt et al. 2023). In diesem Kontext werden z. B. Argumentationen, Ko-Konstruktionsprozesse (vgl. Höck 2015) und Formen der Partizipation analysiert und rekonstruiert (vgl. Brandt 2004).

Explizit von kollektiven Lernprozessen spricht der Soziologe Miller (1986). Kollektive Lernprozesse versteht er als dialogische Prozesse und als Koordination mentaler Fähigkeiten zwischen mindestens zwei Individuen. Er verortet sich mit dieser Position im genetischen Interaktionismus[5] (vgl. Miller 1986, S. 17) und schließt damit an Durkheim, Mead, den frühen Piaget und Wygotsky an. Miller konstatiert, dass Fundamentales Lernen kollektive Lernprozesse voraussetzt (vgl. Miller 1986, S. 17). Er versteht kollektive Lernprozesse als Form des an Verständigung orientierten, sozialen und kommunikativen Handelns, dass sich wesentlich in Form von kollektiven Argumentationen ausdrückt.

---

[5] Psychologisch orientierte Konzepte legen einen anderen Lernbegriff zu Grunde. Sie verstehen Lernen vor allem als *individuelle Konstruktion* von Wissen und Erfahrungen und interessieren sich u. a. für den überprüfbaren Lerngewinn in verschiedenen fachdidaktischen Settings. Die Orientierung an Kompetenzen und Teilkompetenzen ist einerseits auf die Fähigkeiten und Fertigkeiten der Schüler*innen ausgerichtet; andererseits erfassen solche psychologisch orientierten Konzepte den Prozesscharakter von Gesprächen nicht und laufen Gefahr, z. B. lehrgangsorientierte, kleinteilige Teilkompetenzen zu betrachten.

3 Stärkung der sozialen Kohäsion durch dialogisch-kollektive Gespräche

Die Auseinandersetzung mit dem *exploratory talk* hat eine lange internationale Forschungstradition. Jüngst ist eine Studie erschienen, die in diesem Kontext verfasste Beiträge bündelt und auswertet. T'Sas (2018) analysiert in seiner Dissertationsstudie 116 Beiträge inhaltlich, die von 1976 bis Juni 2016 zum *exploratory talk* erschienen sind (vgl. T'Sas 2018); in einer Anschlussstudie, gemeinsam mit Daems, werden weitere 49 Beiträge, die in der Zeit von Juli 2016 bis Dezember 2023 entstanden sind, inhaltsanalytisch kodiert. Die neueren Studien (2016–2023) diskutieren u. a. auch die besondere Leistung des *exploratory talk* im Kontext von Diversity. So heben T'Sas und Daems (2024, S. 27) hervor, dass sie in den inhaltsanalytisch untersuchten Studien wiederkehrende Begriffe wie „gemeinsam", „Verständnis" und „Respekt", aber auch „Offenheit" und „Vertrauen" (vgl. T'Sas und Daems 2024, S. 27) finden. Interessanterweise können diese Begriffe *nicht* im Kontext der Studien zu *disputational talk* oder *cumulative talk* expliziert werden. Im Gegenteil: Beim *disputational* und beim *cumulative talk* ist der Wettbewerb größer, es treten negative Emotionen auf, besonders verbunden mit Niederlagen, was mitunter negativ auf das Gemeinschaftsempfinden zurückwirkt, genauso wie auf die Motivation und die Selbst- oder Gruppeneffektivität (vgl. Polo et al. 2015, S. 306, zitiert nach T'Sas und Daems 2024, S. 19).

3.1 Bedeutung der *ground rules*

In dem von T'Sas und Daems (2024) untersuchten Beitragskorpus wird mehrfach hervorgehoben, dass im explorativen Gespräch die *ground rules* für das gemeinsame Gespräch die Voraussetzung sind, um den Weg für kollektive und auf die Gemeinschaft ausgerichtete Gespräche zu ermöglichen (vgl. auch den Beitrag von Twiner in diesem Band). Die systematische Berücksichtigung der *ground rules* ermöglicht im Gespräch eine Verschiebung von der individuellen Identität zur Entstehung einer Gruppenidentität. Dies wirkt neben vielen anderen Effekten besonders positiv auf Gespräche zurück, die in Gruppen geführt werden, die durch eine große Diversität gekennzeichnet sind. Diese emotionale Verschiebung wurde in mehreren Studien bestätigt (vgl. Mannion und Mercer 2016; Murphy 2015 in T'Sas und Daems 2024, S. 19).[6] Es ist interessant, dass die Begriffe Vertrauen, Res-

---

[6] Darüber hinaus wurden vielfältige psychologische-soziale und pädagogische Effekte erwirkt, genauso wie Effekte auf den Spracherwerb und auf Kognitionsprozesse gezeigt werden können (vgl. T'Sas und Daems 2024, S. 22 ff.).

pekt, Gemeinschaft, Offenheit auch mit dem Dialogansatz nach Bohm in Verbindung stehen. Gemeinsam ist beiden Gesprächsansätzen, dass es um ein Gesprächsformat geht, in dem das *gemeinschaftliche Nachdenken*, die *kollektive Bedeutungsaushandlung*, die *gegenseitige Bezugnahme* und die *kreativ inhaltliche Auseinandersetzung* im Zentrum stehen, ohne Sieger*innen oder Verlierer*innen zu produzieren, mit dem Ziel zu lernen, gemeinschaftlich Verantwortung für das Gespräch zu übernehmen und damit auch Gemeinschaft zu stiften.

3.2 Soziale Kohäsion

Gemeinschaft ist zugleich eine wichtige Dimension für die Identifikation von Schüler*innen mit der eigenen Schulklasse und der Schule; sie ist die Voraussetzung für die Entstehung von sozialem Zusammenhalt. Der Aktionsrat Bildung verweist in einer aktuellen Veröffentlichung darauf, dass Kinder und Jugendliche in der Schule weniger sozial vernetzt sind (vgl. vbw 2024). Auch die Daten des IQB-Bildungstrend 2021 zeigen, dass ein erheblicher Anteil der Viertklässler*innen sich nicht genügend oder nur ‚mittel' sozial eingebunden fühlen, Kinder mit Zuwanderungshintergrund sind davon noch etwas mehr betroffen (vgl. Stanat et al. 2022, S. 213).

Bereits in Grundschulen wächst der Anteil der Kinder, die Erfahrungen mit Mobbing machen und ausgrenzendes Verhalten von Mitschüler*innen erfahren (vgl. vbw 2024, S. 98). Hiervon sind wiederum im Besonderen Kinder mit Zuwanderungshintergrund betroffen (vgl. Strang et al. 2021). Diese Erfahrungen beeinträchtigen ihre Leistungsfähigkeit und ihr Zutrauen darin, sich im Klassenverband in Gesprächen zu äußern (vgl. Finlay 2015).

In einer aktuellen Studie von Cipriano et al. (2023) wird ein positiver Zusammenhang zwischen schulischen Interventionen zum sozialen und emotionalen Lernen und der Qualität von Schulleistungen, Peer-Beziehungen, individuellen Kompetenzen und Schulklima gefunden (vgl. vbw 2024, S. 116). In einer aktuellen Studie der Robert-Bosch-Stiftung (2024) wird ebenso deutlich, dass aus der Perspektive von Schüler*innen im schulischen Alltag die positiven Sozialbeziehungen an erster Stelle stehen (vgl. Robert-Bosch-Stiftung 2024, S. 11). Darüber hinaus geben 20 % der Schüler*innen ein geringes schulisches Wohlbefinden und weitere 71 % nur ein mittleres schulisches Wohlbefinden an. Aus Sicht der Befragten (38 %) stellen Lehrkräfte auch zu selten Aufgaben, über die sie gerne nachdenken oder im Unterricht sprechen mögen (vgl. Robert-Bosch-Stiftung 2024, S. 11 f.). Offensichtlich fehlt es in vielen Unterrichtsgesprächen an ansprechenden Fragestellungen, genauso wie an *ground rules*, die grundgelegt werden und dazu beitragen, dass auch im Gespräch Gemeinschaft und Zusammenhalt entwickelt werden können. Dabei sind die *ground rules*, anders als allgemeine Gesprächsregeln, die in vielen Klassen zur Anwendung kommen, darauf ausgerichtet, Vertrauen herzustellen, gemeinsame Verantwortung für das Gespräch zu entwickeln, verschiedene Ansichten und Positionen respektieren zu lernen und auszutauschen, argumentativ abzuwägen und gemeinsam auszuwerten (siehe Abschn. 2.3 in diesem Beitrag).

Dialogisch-kollektiv ausgerichtete Gespräche werden in diesem Sinne nicht nur für den fachlich-gehaltvollen Austausch produktiv, sondern können zugleich auch zur Entstehung des sozialen Zusammenhalts in der Klasse, genauso wie zur Identifikation mit der Klassengemeinschaft beitragen.

4   Dialog als kollektiv hergestellte interaktive Praxis

Sichtbar wird, dass die Durchführung dialogisch-kollektiver Unterrichtsgespräche höchst voraussetzungsvoll ist und an verschiedene Kontextbedingungen rückgebunden werden kann. Wie dargestellt (s. o.) wird im internationalen Diskurs vielfach darauf hingewiesen, dass neben einer dialogisch ausgerichteten Gesprächsführung, z. B. mittels des *dialogic teaching* (Alexander 2006) mit den *ground rules* (vgl. den Beitrag von Twiner in diesem Band) ein vertrauensvoller Kontext aufgebaut wird, der dazu beiträgt, dass eine Klasse Dialogregeln kennt, ihre Anwendung lernt und gemeinschaftlich den Dialog als geteilte kollektive Praxis interaktiv hervorbringt. Die Hervorbringung des *dialogisch-kollektiven* Unterrichtsgesprächs ist damit nicht nur an die dialogisch ausgerichtete Gesprächssteuerung der Lehrkraft gebunden, sondern bedarf auch eines transparenten Rahmens, der von allen Beteiligten verstanden und aufrechterhalten werden kann.

4.1   Doing *metatalk*

Darüber hinaus zeigen die Forschungen der Australierinnen Edwards-Groves und Davidson (2020 und der Beitrag in diesem Band), dass der regelmäßige *metatalk* als explizites Sprechen über das zurückliegende gemeinsame Gespräch bedeutungsvoll ist. Mit ihren qualitativen Forschungen in der Kita und in der Primarstufe können Edwards-Groves und Davidson sichtbar machen, dass Kinder bereits im Kindergartenalter dazu in der Lage sind, das eigene Sprechen und auch das der Gesprächspartner*innen zu reflektieren. Edwards-Groves und Davidson finden einen Zusammenhang zwischen hochwertigem *metatalk* und offenen dialogischen Räumen im fachlichen Unterrichtsgespräch mit Kindern im Grundschulalter (vgl. Edwards-Groves und Davidson 2020, S. 125). Mit ihren Forschungsergebnissen zu *metatalk* zeigen sie eindrucksvoll, wie Kinder in jungen Jahren bereits in der Lage sind, ihr Gesprächshandeln und das der Gruppe zu reflektieren, z. B.: wie es ihnen gelungen ist, möglichst viele Kinder am Gespräch zu beteiligen, wechselseitige Bezüge herzustellen, Ideen zu entwickeln, verschiedene Standpunkte zu hören, Streitigkeiten zu klären und gemeinsame Ergebnisse zu finden (vgl. Edwards-Groves und Davidson 2020, S. 125). Die Autorinnen arbeiten heraus, dass *metatalk*, der sich explizit auf die Reflexion durchgeführter Dialoge bezieht, dazu beiträgt, dass Schüler*innen erkennen, inwiefern die Entstehung eines gemeinsamen dialogischen Gesprächs auch davon abhängt, wie sie sich in das Gespräch einbringen und die etablierten Regeln anwenden.

Edwards-Groves und Davidson sprechen von *doing metatalk,* in dem die praktische und konzeptionelle Bedeutung von Unterrichtsgesprächen als *wechselseitig produzierte Handlungsabläufe* (vgl. Edwards-Groves und Davidson 2020, S. 128) sichtbar werden können. Auf diese Weise können Schüler*innen realisieren, dass sie das dialogische Gespräch bewusst steuern und unterstützen können.

4.2 Doing dialogue

Dialogisch-kollektive Gespräche werden gemeinsam von den Schüler*innen und der Lehrkraft hervorgebracht. Wie in der Abbildung skizziert, trägt die Etablierung der *ground rules* und des *metatalk* zum *doing dialogue* bei. Lehrkräfte und Schüler*innen teilen sich die Verantwortung für die Koproduktion der Gespräche und die Anwendung der damit verbundenen kontextrelevanten Faktoren (vgl. Abb. 1).

Auch wenn die Lehrkraft den Prozess des *doing dialogue* vielfältig unterstützen kann, zeigt sich erst im gemeinsam hervorgebrachten Gespräch, ob auch die Schüler*innen *miteinander* sprechen, *Anschlüsse herstellen, laut Nachdenken* und sich *generativ Zuhören* können. Auf diese Weise können Schüler*innen nicht nur lernen, gemeinsam Gespräche zu entwickeln, die *dialogisch-kollektiv* sind, sondern auch, *Verantwortung* für die Umsetzung zu tragen und zu verstehen, inwiefern ihre Äußerungen mit denen der Mitschüler*innen zusammenhängen. Gelingt es der Lehrkraft darüber hinaus als Rollenvorbild im Gespräch Bewertungen und Kommentierungen zu *suspendieren*, wird die Chance größer, dass auch die Schüler*innen dies lernen.

Dialog als interaktive und kollektive Praxis – doing dialogue

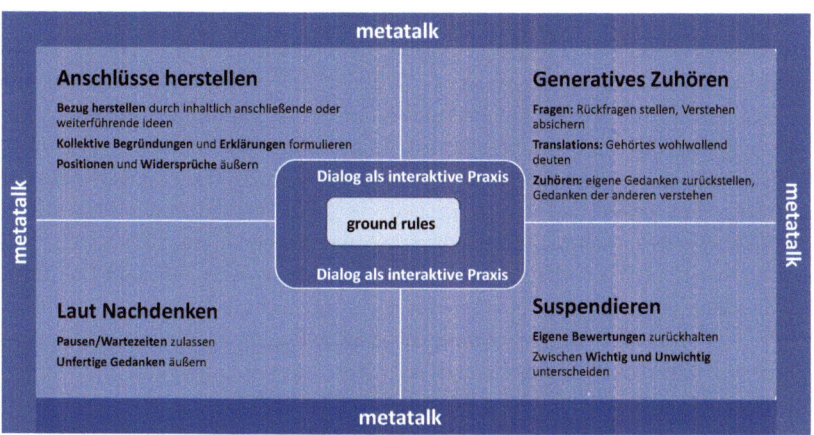

Abb. 1 Modell für dialogisch-kollektive Gespräche. (© Heike de Boer)

5 Schlussbetrachtung

„Denken zu können bedeutet, sich auf eine für andere verstehbare Weise auf eine auch anderen zugängliche Welt beziehen zu können [und] damit dem subjektiv Gedachten intersubjektive Kontur zu geben." (Seel 2014, S. 16)

Ein solcher Denkprozess vollzieht sich im Spannungsfeld von innerem Sprechen einerseits und den nach außen getragenen Gedanken andererseits. Doch welche Überlegungen nach außen getragen werden, hängt in unterrichtlichen Gesprächen von verschiedenen Faktoren ab, die eben nicht nur auf der fachlich-inhaltlichen Ebene liegen. Schüler*innen haben bereits in der Grundschule Bewertungen als grundlegendes Muster unterrichtlicher Kommunikation kennen gelernt. Ihre Beteiligung am Unterrichtsgespräch ist auch mit dem Risiko verbunden, z. B. negativ bewertet, beschämt oder vorgeführt zu werden; genauso wie von den Peers ausgelacht, überhört und ignoriert zu werden. Das unterrichtliche Gespräch mit der gesamten Klasse ist damit auch eine *Bühne* (vgl. de Boer 2006), auf der man sich bewähren muss. Die aktuellen Diskurse zur geringen sozialen Kohäsion in Schulklassen und zur wachsenden Erfahrung von Ausgrenzung und Mobbing (vgl. vbw 2024; Robert-Bosch-Stiftung 2024) machen auch sichtbar, dass Gespräche im Klassenverband einer *vertrauensvollen Gesprächskultur* bedürfen, die nicht selbstläufig existiert, sondern die nur gemeinsam hergestellt werden kann.

Die unterschiedlichen Untersuchungen im dargestellten Forschungsdiskurs zeigen, dass die Entstehung kollektiv geteilter und dialogisch ausgerichteter unterrichtlicher Gespräche an sehr viel mehr Bedingungen geknüpft ist, als an das gemeinsame *fachliche Thema* und qualitativ hochwertige Impulse der Lehrkraft. Erstaunlich ist, dass die grundlegenden Regeln zur Etablierung dialogischer Gespräche, wie sie T'Sas und Daems (2024, S. 19) in ihrem Forschungsbericht zusammengefasst haben und wie sie in T-SEDA (2023) dokumentiert sind, offensichtlich oftmals als vorausgesetzt gelten und zu selten gemeinsam mit Schüler*innen erarbeitet und aufgebaut werden. Der von Edwards-Groves und Davidson (2020 und in diesem Band) thematisierte *metatalk* macht darüber hinaus sichtbar, wie bedeutungsvoll es ist, gemeinsam entwickelte Regeln in ihrem Anwendungsprozess zu reflektieren und darüber zu sprechen, was schon gut läuft und wie gemeinsame Gespräche noch weiter verändert werden können.

Dies ist hilfreich, damit sich ein von der Partizipation aller Beteiligten geprägtes Bewusstsein (vgl. Bohm 2005, S. 67) entwickeln und *dialogisch-kollektives Denken* als *doing collective dialogue* entstehen kann, in dessen Zentrum es nicht darum geht, Auseinandersetzungen zu gewinnen, sondern *gemeinsam* zu denken, Ideen aufzugreifen und weiter zu entwickeln; die Ideen der Anderen zu verstehen, wohlwollende Interpretationen von Äußerungen, im Sinne von *translations* (s. o.) oder der *Explizierung des Impliziten* vorzunehmen.

Schüler*innen wissen viel mehr, als sie in unterrichtlichen Gesprächen äußern, sie haben einen *Überhang* von Fragen und Wissen und fühlen sich oft nicht genügend eingebunden.

Vor diesem Hintergrund stehen Untersuchungen aus, die sich für den Zusammenhang der Gesprächskultur in der Klasse und dialogisch-kollektiv ausgerichteten Fachgesprächen und sozialem Zusammenhalt interessieren.

Literatur

Alexander, Robin (2020): *A dialogic teaching companion.* London: Routledge.
Alexander, Robin (2018): Developing dialogic teaching: genesis, process, trial. In: *Research Papers in Education* 33, 5, S. 561–598.
Alexander, Robin (2006): *Towards Dialogic Teaching: rethinking classroom talk.* Cambridge: Dialogs.
Barnes, Douglas (1976): *From communication to curriculum.* London: Penguin.
Barnes, Douglas/Todd, Frankie (1995): *Communication and Learning Revisited. Making meaning through talk.* Portsmouth, NH: Boynton/Cook Heinemann.

Beucke-Galm, Mechtild (2015): Dialogische Gespräche. In: de Boer, Heike/Bonanati, Marina: *Gespräche über Lernen – Lernen im Gespräch*. Wiesbaden: Springer VS Verlag, S. 103–125.

Bohm, David (2005): Der Dialog. Das offene Gespräch am Ende der Diskussionen, 4. Aufl., Reutlingen: Klett-Cotta.

Bohm, David (1996): *On Dialogue. The Art of Thinking Together*. London/New York: Routledge.

Bonanati, Marina (2022): Leistungen aus Schüler*innensicht. In: Bennewitz, H./de Boer, H./Thiersch, S.: *Handbuch Schüler- und Schülerinnen Forschung*. Münster: Waxmann, S. 283–292.

Brandt, Birgit (2004): *Kinder als Lernende. Partizipationsspielräume im Klassenzimmer*. Frankfurt am Main: Peter Lang.

Brandt, Birgit/Schreiber, Christof/Schütte, Marcus/Gerlach, Kerstin (2023): Qualitative mathematikdidaktische Forschung: Das Wechselspiel zwischen Theorieentwicklung und der Adaption von Untersuchungsmethoden. In: Bruder, R./Büchter, A./Gasteiger, H./Schmidt-Thieme, B./Weigand, H.-G. (Hrsg.): *Handbuch der Mathematikdidaktik*. Berlin/Heidelberg: Springer Spektrum, S. 747–773.

Cipriano, Christina/Strambler, Michael J./Naples, Lauren H./Ha, Chereon/Kirk, Megan/Wood, Miranda/Sehgal, Kavari/Zieher, Almut K./Eveleigh, Abigail/McCarthy, Michael/Funaro, Melissa/Ponnock, Annett/Chow, Jason C./Durlak, Joseph (2023): The state of evidence for social and emotional learning: A contemporary meta-analysis of universal school-based SEL interventions. In: *Child Development* 94, 5, S. 1181–1204. https://doi.org/10.1111/cdev.13968 [Zugriff 15.01.2025].

Costa-Carvalho, Magda/Mendoça, Dina (2017): Thinking as a Community: reasonableness and emotions. In: Gregory, M. R./Haynes, J./Murris, K. (Hrsg.): *The Routledge International Handbook of Philosophy for children*. London: Taylor and Francis, S. 127–134.

de Boer, Heike (2018a): ‚Joint meaning making' im Forschungsdiskurs zu philosophischen Gesprächen mit Kindern. In: de Boer, H./Michalik, K. (Hrsg.): *Philosophieren mit Kindern: Forschungszugänge und -perspektiven*. Opladen/Berlin/Toronto: Barbara Budrich, S. 33–46.

de Boer, Heike (2018b): Forschend Lehren und Lernen in und durch philosophische Gespräche mit Kindern. In: de Boer, H./Michalik, K. (Hrsg.): *Philosophieren mit Kindern – Forschungszugänge und -perspektiven*. Opladen/Berlin/Toronto: Barbara Budrich, S. 146–161.

de Boer, Heike (2006): *Klassenrat als interaktive Praxis. Auseinandersetzung – Kooperation – Imagepflege*. Wiesbaden: VS.

Denn, Ann-Katrin/Gabriel-Busse, Katrin/Lipowsky, Frank (2019): Unterrichtsqualität und Schülerbeteiligung im Mathematikunterricht des zweiten Schuljahres. In: Verrière, K./Schäfer, L. (Hrsg.): *Interaktion im Klassenzimmer. Forschungsgeleitete Einblicke in das Geschehen im Unterricht*. Wiesbaden: Springer VS, S. 9–30.

Edwards-Groves, Christine/Davidson, Christina (2020): Metatalk for a dialogic turn in early years Classrooms. In: Mercer, N./Wegerif, R./Major, L. (Hrsg.): *The Routledge International Handbook of Research on Dialogic Education*. Abingdon: Routledge, S. 125–138.

Ellinor, Linda/Gerard, Glenna (1998): *Dialogue. Rediscover the Transforming Power of Conversation*. New York/Chichester/Weinheim/Brisbane/Singapore/Toronto: John Wiley & Sons.

Finlay, Mark (2015): Establishing the Ground Rules for talk: influencing attitudinal change towards talk as a tool for learning. In: *The STEP Journal* 2, 3, S. 5–17.

Heller, Vivien/Morek, Miriam/Kinalzik, Noelle/Schneider, Vivien (2022): Von der Gesprächsanalyse zur Entwicklung des interaktionssensiblen Kodierinstruments ISKODIL: Ausprägungen diskurserwerbsförderlicher Unterrichtsgespräche erfassen. In: *SLLD-Z* 2, 1–29. https://doi.org/10.46586/SLLD.Z.2022.9608 [Zugriff 15.01.2025].

Höck, Gyde (2015): *Ko-Konstruktive Problemlösegespräche im Mathematikunterricht der Grundschule. Eine Studie zur lernpartnerschaftlichen Entwicklung mathematischer Lösungen unter Grundschulkindern.* Münster: Waxmann.

Stanat, Petra/Schipolowski, Stefan/Schneider, Rebecca/Sachse, Karoline A./Weirich, Sebastian/Henschel, Sofie (Hrsg.) (2022): *IQB-Bildungstrend 2021. Kompetenzen in den Fächern Deutsch und Mathematik am Ende der 4. Jahrgangsstufe im dritten Ländervergleich.* Münster: Waxmann.

Isaacs, William (1999): *Dialogue and the Art of Thinking Together.* New York: Currency.

Krummheuer, Götz/Fetzer, Marei (2004): *Der Alltag im Mathematikunterricht. Beobachten. Verstehen. Gestalten.* München: Spektrum Akademischer Verlag.

Kumpulainen, Kristina/Kaartinen, Sinikka (2000): Situational mechanisms of peer group interaction in collaborative meaning-making. In: *European Journal of Psychology of Education* 15, 4, S. 431–454.

Kumpulainen, Kristina/Lipponen, Lasse (2010): Productive interaction as agentic participation in dialogic enquiry. In: Littleton, Karen/Howe, Christine H. (Hrsg.): *Educational Dialogues. Understanding and promoting productive interaction.* Oxon/New York: Routledge, S. 48–63.

Lipowsky, Frank/Rzejak, Daniela (2022): Unterrichtsgespräche erfolgreich führen. Eine zentrale Kernpraktik von Lehrpersonen. In: *Journal für LehrerInnenbildung* 22, 3, S. 58–73.

Littleton, Karen/Mercer, Neil (2010): The significance of educational dialogues between primary school children. In: Littleton, K./Howe, C. (Hrsg.): *Educational Dialogues. Understanding and Promoting Productive Interaction.* London: Routledge, S. 271–289.

Littleton, Karen/Mercer, Neil (2013): *Interthinking: Putting talk to work.* London: Routledge.

Mannion, James/Mercer, Neil (2016). Learning to learn: improving attainment, closing the gap at Key Stage 3. In: *The Curriculum Journal* 27, 2, S. 246–271. https://doi.org/10.1080/09585176.2015.1137778 [Zugriff 15.01.2025].

Meister, Nina/Hollstein, Oliver (2018): Leistung bewerten. In: Proske, M./Rabenstein, K. (Hrsg.): *Unterricht beobachten – beschreiben – rekonstruieren. Eine Bestandsaufnahme qualitativ-sinnverstehender Unterrichtsforschung.* München: Julius Klinkhardt, S. 123–137.

Mercer, Neil (2019): *Language and the joint creation of knowledge: The selected works of Neil Mercer.* London: Routledge. https://doi.org/10.4324/9780429400759 [Zugriff: 15.01.25]

Mercer, Neil (1996). The quality of talk in children's collaborative activity in the classroom. *Learning and Instruction* 6, 4, S. 359–377. https://doi.org/10.4324/9780429400759-4 [Zugriff: 15.01.25]

Mercer, Neil/Wegerif, Rupert/Major, Louis (2020): *The Routledge International Handbook of Research on Dialogic Education.* Abingdon, UK: Routledge.

Mehan, Hugh (1979): *Learning Lessons: Social Organization in the Classroom.* Cambridge/Mass.: Harvard University Press.

Merklinger, Daniela/de Boer, Heike (2021): Musterbrüche im Kontext des Dialogs erkennen: Studierende hinterfragen gewohnte Gesprächsroutinen. In: *Leseräume. Zeitschrift für Literalität in Schule und Forschung* 8, 7, S. 1–15. https://xn%2D%2Dleserume-4za.de/wp-content/uploads/2022/03/lr-2021-1-Merklinger-de-Boer.pdf [Zugriff 15.01.2025].

Michaels, Sarah/O'Connor, Catherine/Resnick, Lauren (2008): Deliberative Discourse Idealized and Realized: Accountable Talk in the Classroom and in Civic Life. In: *Studies in Philosophy and Educ*ation 27, S. 283–297.

Miller, Max (1986): *Kollektive Lernprozesse. Studien zur Grundlegung einer soziologischen Lerntheorie.* Frankfurt am Main: Suhrkamp.

Murphy, Carol (2015): Changing Teachers' Practices through Exploratory Talk in Mathematics: A Discursive Pedagogical Perspective. In: *Australian Journal of Teacher Education* 40, 5, S. 61–84. https://doi.org/10.14221/ajte.2015v40n5.4 [Zugriff 15.01.2025].

Naujok, Natascha/Krummheuer, Götz (1999): *Grundlagen und Beispiele Interpretativer Unterrichtsforschung.* Opladen: Leske & Budrich.

Polo, Claire/Lund, Kristine/Plantin, Christian/Niccolai, Gerald Peter (2015): *Analyzing Exploratory Talk as a Socio-Cognitive Practice: Identity, Group Argumentation, and Class Debate Quality.* HAL. https://hal.science/hal-01208319/document [Zugriff 15.01.2025].

Pauli, Christine/Zimmermann, Matthias/Wischgoll, Anke/Moser, Miriam/Reusser, Kurt (2022): Klassengespräche im Fachunterricht lernförderlich gestalten lernen. Entwicklung von Strategien für die Analyse von Unterrichtsgesprächen im Kontext einer Interventionsstudie mit Geschichts- und Mathematiklehrpersonen. In: *SLLD-Z* 2, S. 1–23.

Rank, Astrid/Deml, Isabell/Lenske, Gerlinde (2021): Eva-Prim. Evaluation von Sprachförderkompetenz und (bildungs)sprachlichen Leistungen von Schülerinnen und Schülern in Mathematik. In: Gentrup, S/Henschel, S./Schotte, K./Beck, L./Stanat P. (Hrsg.): *Sprach- und Schriftsprachförderung gestalten: Evaluation von Qualität und Wirksamkeit umgesetzter Konzepte.* Stuttgart: Kohlhammer, S. 105–124.

Robert Bosch Stiftung (2024): *Deutsches Schulbarometer. Befragung Schüler:innen. Ergebnisse von 8- bis 17-Jährigen und ihren Erziehungsberechtigten zu Wohlbefinden, Unterrichtsqualität und Hilfesuchverhalten.* https://www.bosch-stiftung.de/sites/default/files/documents/2024-11/241112_rbs_studie_schulbarometer_Q4-2024_V3.pdf [Zugriff: 15.01.2025].

Seel, Martin (2014): *Aktive Passivität: Über den Spielraum des Denkens, Handelns und anderer Künste.* Frankfurt am Main: Fischer Verlag.

Sinclair, John McHardy/Coulthard, Malcolm (1975): *Towards an analysis of discourse: The English Used by Teachers and Pupils.* Oxford: Oxford University Press.

Strang, Justine/König, Sabrina/McElvany, Nele (2021): Implizite Einstellungen von Kindern im Grundschulalter gegenüber Menschen mit Migrationshintergrund. In: *Zeitschrift für pädagogische Psychologie* 35, 4, S. 1–14.

T'Sas, Jan (2018): *Learning outcomes of exploratory talk in collaborative activities.* Doctoral thesis, University of Antwerp. https://repository.uantwerpen.be/docman/irua/9b26a1/151301.pdf [15.10.2025].

T'Sas, Jan/Daems, Frans (2024): Exploratory talk in times of globalization and digitalization: A narrative review. In: *L1-Educational Studies in Language and Literature 24*, S. 1–38.

T-SEDA Collective (2023): Toolkit for Systematic Educational Dialogue Analysis (T-SEDA): A resource for inquiry into practice. https://www.educ.cam.ac.uk/research/programmes/tseda/T-SEDA%20v9/T-SEDA_V9_toolkit_printing_09_06_23.pdf [Zugriff: 15.01.2025].

vbw – Vereinigung der Bayerischen Wirtschaft e. V./Aktionsrat Bildung (Hrsg.) (2024): Bildung und sozialer Zusammenhalt. Münster: Waxmann. https://www.waxmann.com/index.php?eID=download&buchnr=4870 [Zugriff: 15.01.2025].

Weil, Maralena/Gröschner, Alexander/Schindler, Ann-Kathrin/Böheim, Ricardo/Hauk, Dennis/Seidel, Tina (Hrsg.) (2020): *Dialogische Gesprächsführung im Unterricht. Interventionsansatz, Instrumente und Videokodierungen.* Münster/New York: Waxmann.

Lehrer*innenhandeln in dialogischen Fachgesprächen

Christine Pauli

Zusammenfassung

Gelingt es Lehrpersonen, ihre Unterrichtsgespräche mit der Klasse dialogisch zu gestalten, werden diese zu wirksamen Lernkontexten nicht nur für den fachlichen Wissensaufbau, sondern auch für den Erwerb von wichtigen Gesprächs- und Argumentationskompetenzen der Schüler*innen. Nach einem Blick auf theoretische und empirische Grundlagen sowie auf ein didaktisches Gesprächskonzept wird in diesem Kapitel das Lehrer*innenhandeln bei der Leitung dialogischer Fachgespräche beleuchtet und gezeigt, wie Lehrpersonen ihre Gesprächsleitungskompetenz in dieser Richtung weiterentwickeln können.

Schlüsselwörter

Dialogisches Unterrichtsgespräch · Sozial-konstruktivistisches Lehr-Lernverständnis · Kognitiv aktivierendes Unterrichtsgespräch · Gesprächsleitungskompetenz von Lehrpersonen · Mehrdimensionale Gesprächsqualität

---

C. Pauli (✉)
Universität Freiburg/Fribourg (CH), Zentrum für Lehrerinnen- und Lehrerbildung für die Sekundarstufen, Freiburg, Schweiz
E-Mail: christine.pauli@unifr.ch

© Der/die Autor(en), exklusiv lizenziert an Springer Fachmedien Wiesbaden GmbH, ein Teil von Springer Nature 2025
H. de Boer, D. Merklinger (Hrsg.), *Dialog als interaktive Praxis*, Edition Fachdidaktiken, https://doi.org/10.1007/978-3-658-48376-0_3

1 Einleitung

Auch wenn heute mehr über individualisierte Unterrichtsformen und selbstorganisiertes Lernen als über Klassenunterricht und geleitete Fachgespräche nachgedacht wird, lohnt es sich nach wie vor, sich mit solchen Gesprächen zu befassen, genauer gesagt mit der Frage, wie diese dialogisch(er) gestaltet werden können. Denn sei es in individualisierten oder traditionellen Unterrichtskulturen, gesprächsförmiger Ganzklassenunterricht („Klassengespräche") wird immer noch häufig praktiziert (Stebler et al. 2021), auch wenn er seit Jahrzehnten kritisiert wird (Hoetker und Ahlbrand 1969; Pauli 2010). Kritisiert wird u. a., dass alltägliche Unterrichtsgespräche vielfach alles andere als dialogisch verlaufen. Vielmehr folgen sie meistens dem sog. Frage-Antwort-Bewertungs- oder IRE-Muster (IRE: Initiation-Reply-Evaluation; Mehan 1979) und sind durch enge, gängelnde Lehrpersonenfragen gekennzeichnet, die eher zum Erraten einer erwarteten Antwort als zum Nachdenken einladen. Heute wissen wir jedoch, dass solche Fehlformen keineswegs zwingend sind. Klassengespräche im Fachunterricht können auch so gestaltet werden, dass Lernende mehr Verantwortung übernehmen und sich mit eigenen Gedanken und Argumenten aktiv an einem ko-konstruktiven Prozess der gemeinsamen Wissensbildung beteiligen können (vgl. u. a. Mehan und Cazden 2015; Resnick et al. 2018b; Reznitskaya und Wilkinson 2017). Solche Gespräche werden im Folgenden als *dialogische* Fach- oder Klassengespräche bezeichnet. Was sie auszeichnet, hat z. B. Alexander (2020, S. 131, Übersetzung C.P.) anhand einer Reihe von Merkmalen beschrieben, die sich wie folgt zusammenfassen lassen:

- *Kollektiv*: Die Klasse versteht sich als Wissensbildungsgemeinschaft, die gemeinsam an einer Problemstellung arbeitet.
- *Unterstützend*: Die Schüler*innen fühlen sich ernst genommen, Beiträge werden nicht bewertet, sondern wertgeschätzt als Bausteine des gemeinsamen Problemlöseprozesses.
- *Reziprok*: Die Gesprächsteilnehmenden hören sich gegenseitig zu, stellen Fragen, formulieren Gegenargumente und können von den anderen Teilnehmenden dasselbe erwarten.
- *Deliberativ*: Das Bemühen um eine gemeinsam erarbeitete Problemlösung oder Entscheidung durch den kritisch-konstruktiven Austausch von Ideen und Argumenten steht im Zentrum.
- *Kumulativ*: Die Gesprächsbeiträge bauen aufeinander auf, sodass ein kohärenter Denk- und Verstehensprozess ko-konstruiert wird.
- *Zielorientiert*: Der gemeinsame Austausch hat einen klaren Zielbezug.
(vgl. Alexander 2020, S. 131, Übersetzung C.P.)

Mittlerweile besteht ein breiter Konsens darüber, dass dialogische Fachgespräche im Unterricht ein spezifisches Lernpotenzial bieten. Als kognitiv aktivierender und motivierender Lernkontext fördern sie nicht nur das verständnistiefe fachliche Lernen, sondern auch den Aufbau von wichtigen Denk- und Gesprächskompetenzen (Becker-Mrotzek 2015; Resnick und Schantz 2015), wie sie z. B. für die Teilnahme an kollektiven Argumentations- und Wissensbildungsprozessen – auch in Gesprächen zwischen Lernenden – erforderlich sind (vgl. den vorliegenden Band). Es wäre deshalb ein Fehler, auf (qualitätsvolle) Klassengespräche zugunsten individualisierter und kooperativer Unterrichtsformen gänzlich zu verzichten.

Wie Lehrpersonen Fachgespräche im Unterricht dialogisch(er) gestalten können, wird in diesem Kapitel auf der Grundlage des sozial-konstruktivistischen Lehr- und Lernverständnisses und anhand aktueller Konzepte dialogischer Klassengespräche, insbesondere des „Accountable Talk" (Michaels et al. 2008; Resnick et al. 2018a) dargestellt, einem Gesprächskonzept, das sich als besonders produktiv erwiesen hat. Es zeichnet sich dadurch aus, dass es die mehrdimensionalen Qualitätsanforderungen an die Leitung von (und Teilnahme an) dialogischen Fachgesprächen sichtbar macht und die praktische Umsetzung im Unterricht mit handlungsnahen, fach- und stufenübergreifend anwendbaren Gesprächsleitungsstrategien für Lehrpersonen unterstützt, die sich leicht auch fachspezifisch differenzieren und erweitern lassen (vgl. Pauli und Reusser 2018 und Abschn. 3.2).[1]

2 Dialogische Klassengespräche: Lernpotenzial und Qualitätsanforderungen aus lernpsychologischer Sicht

Dass die Qualität der Unterrichtskommunikation für schulische Bildungsprozesse aller Fächer eine zentrale Rolle spielt, lässt sich theoretisch sowohl auf kognitions- als auch motivationspsychologischer Grundlage begründen. Aus der Sicht des

---

[1] „Accountable Talk" ist nicht das erste und auch nicht das einzige didaktische Konzept dialogischer Klassengespräche. Zahlreiche Autor*innen haben sich mit der Frage nach Merkmalen produktiver Unterrichtskommunikation befasst und Ratschläge und Handreichungen formuliert, sowohl im deutschsprachigen (z. B. Beinbrech 2019; Schneider und Draken 2020; Tausch und Tausch 1970; Wagenschein 1989; Weil et al. 2020) als auch englischsprachigen Raum (z. B. Alexander 2020; Murphy 2018; Reznitskaya und Wilkinson 2017). Vor allem im Kontext des kooperativen Lernens hat sich auch das Konzept des „Exploratory Talk" als Beschreibung qualitätsvoller Schüler*innengespräche verbreitet (vgl. z. B. Mercer und Howe 2012, S. 16 f.).

sozial-konstruktivistischen Lehr- und Lernverständnisses (Piaget 1947; Vygotsky 1978) wird das Lernpotenzial von Unterrichtsgesprächen zum einen unter dem Gesichtspunkt der *kognitiven Aktivierung* der Schüler*innen im Hinblick auf die Förderung des Wissensaufbaus betrachtet (vgl. Lipowsky et al. 2021; Pauli 2006). Wissenserwerb bedeutet in dieser Perspektive Aufbau kognitiver Strukturen, und diesen müssen die Lernenden grundsätzlich selbst leisten, indem sie durch die aktive geistige Auseinandersetzung mit dem Lerngegenstand auf der Grundlage ihres Vorwissens neue Verknüpfungen bilden und sich so eine tief verstandene begriffliche Struktur erarbeiten (vgl. Chi und Wylie 2014; Reusser 2006). Diese geistige Aktivität kann ihnen keine Lehrperson abnehmen. Anhand geeigneter Lernaufgaben können Lehrpersonen jedoch im Gespräch bei den Schüler*innen jene kognitiven Aktivitäten anregen und unterstützen, die für den verständnistiefen und nachhaltigen Strukturaufbau erforderlich sind, wie es z. B. auch Hans Aebli (1983) in seinem didaktischen Standardwerk „Zwölf Grundformen des Lehrens" anhand des „problemlösenden, fragend-entwickelnden Unterrichts" erläutert hat. Die aktive und interaktive Auseinandersetzung der Schüler*innen mit dem Lerninhalt anzuregen, ist aus dieser Sicht die hauptsächliche Funktion der Lehrpersonenfragen im Unterrichtsgespräch. Ein solches Gespräch ist zwar von der Lehrperson gelenkt, sollte aber nicht zu einem gängelnden Ratespiel verkommen, das die Lernenden durch enge Fragen ohne Denkspielräume in die Rolle von Stichwortgebenden versetzt. Vielmehr geht es darum, die Schüler*innen zum Denken und zum Formulieren von eigenen Gedanken und Lösungsideen einzuladen, unterschiedliche Ideen ins Spiel zu bringen und sie zielbezogen zu verknüpfen, um einen gemeinsamen, ko-konstruktiven Denkprozess in Gang zu setzen und voranzubringen.

Gestützt auf das Denkmodell der „*Cognitive Apprenticeship*" bzw. der „kognitiven Meisterlehre" (Collins 2006) wird die Qualität von Unterrichtsgesprächen zum anderen auch unter dem Gesichtspunkt der Partizipationsstruktur, insbesondere der Rolle der Lernenden im Gespräch betrachtet. Demnach werden Klassengespräche zu Lernkontexten für die Förderung von Denk-, Argumentations- und Gesprächskompetenzen, wenn sie den Lernenden durch eine dialogische(re) Gesprächsführung eine aktive Rolle als verantwortliche Gesprächsteilnehmer*innen zugestehen (vgl. Reusser und Pauli 2015), die gemeinsam eine überzeugende Position, Problemlösung oder Erklärung erarbeiten (vgl. Resnick et al. 2018a, S. 14 f.). In solchen Gesprächen werden Denk- und Gesprächsfähigkeiten modelliert und durch die aktive, verantwortliche Gesprächsteilnahme – mit Unterstützung der Lehrperson – geübt. Deshalb können durch dialogische Klassengespräche auch die Voraussetzungen für produktive *Schüler*innen*gespräche beim kooperativen Lernen verbessert werden, wie z. B. die Forschungsergebnisse von Webb et al. (2019) zeigen.

Auch aus motivationspsychologischer Sicht lohnt sich eine dialogische(re) Gestaltung der Klassengespräche im Fachunterricht. Dies legt vor allem die von Deci und Ryan (1993) entwickelte Selbstbestimmungstheorie nahe. Je mehr sich die Schülerrolle von bloßen Stichwortgebenden hin zur verantwortlichen Teilnahme an einem gemeinsamen Wissensbildungsprozess verschiebt, desto eher können sich die Lernenden auch in ihren grundlegenden psychologischen Bedürfnissen nach erlebter Kompetenz und Autonomie unterstützt sowie eingebunden in eine Gemeinschaft erleben. Dass sich dialogische Unterrichtsgespräche und eine aktive Gesprächsteilnahme positiv auf motivationale Aspekte des Lernens auswirken, haben beispielsweise Böheim et al. (2021) und Kiemer et al. (2015) empirisch nachgewiesen.

Insgesamt werden dialogische Fachgespräche im Unterricht aus theoretischer Sicht somit als motivierende, kognitiv aktivierende Lernkontexte für den verständnistiefen Wissensaufbau und den Erwerb von Denk- und Gesprächskompetenzen betrachtet. Die theoretischen Annahmen werden durch eine wachsende Zahl empirischer Untersuchungen gestützt, sowohl in Bezug auf den fachlichen Lernerfolg (z. B. begriffliches Verständnis) und die Förderung von Gesprächs- und Argumentationskompetenzen (u. a. Alexander 2020; Chen et al. 2020; Heller und Morek 2019; Pauli und Reusser 2015; Resnick et al. 2018b; van der Veen et al. 2021; van der Wilt et al. 2022; Wilkinson et al. 2023) als auch auf motivationale Aspekte des Lernens (vgl. oben).

3 Lehrer*innenhandeln in dialogischen Fachgesprächen

Die Leitung dialogischer Fachgespräche im Unterricht stellt für die meisten Lehrpersonen eine beträchtliche Herausforderung dar, da stets verschiedene Anforderungen gleichzeitig berücksichtigt werden müssen (vgl. Resnick et al. 2018b; Sedova et al. 2014; Walshaw und Anthony 2008). Sowohl die Entwicklung geeigneter Gesprächsanlässe als auch die eigentliche Leitung des Gesprächs durch kognitiv und partizipativ aktivierendes Gesprächshandeln setzt fachlich und fachdidaktisch versierte Lehrpersonen voraus, die ein Gespräch auf der Basis gründlicher Kenntnis des Lerngegenstands und möglicher Verständnisklippen, Schwierigkeiten und Fehlkonzepte zielorientiert und sorgfältig planen. Dabei müssen sie auch das Vorwissen und weitere Lernvoraussetzungen der Klasse und der einzelnen Schüler*innen berücksichtigen. Erforderlich sind zudem ausgeprägte Gesprächsleitungskompetenzen und eine hohe kognitive Flexibilität, damit sie möglichst viele Lernende in das Gespräch einbinden und die einzelnen Gesprächsbeiträge wertschätzend und konstruktiv aufnehmen, verknüpfen und für den kollektiven Wissensbildungsprozess nutzbar machen können. Es gilt, den Lernenden mehr Verantwortung für ihre eigenen Beiträge und den gemeinsamen Austausch zuzumuten, ohne dabei die Kohärenz, Transparenz und das Ziel des gemeinsamen Wissensbildungsprozesses aus den Augen zu verlieren (vgl. auch de Boer 2015; Walshaw und Anthony 2008).

3.1 Lehrer*innenhandeln *vor* dem dialogischen Fachgespräch

Wer das Lehrer*innenhandeln in dialogischen Fachgesprächen beschreiben möchte, kommt nicht umhin, auch einen Blick auf das Handeln *vor* dem eigentlichen Gespräch zu werfen. Denn das Gelingen dialogischer Fachgespräche hängt wesentlich von den Rahmenbedingungen ab, die schon im Voraus geschaffen werden, insbesondere von einer geeigneten Problemstellung oder Aufgabe, die hinreichend Denkspielräume für einen dialogischen Austausch eröffnet. Wichtig ist zudem die Orchestrierung des Gesprächs durch eine sinnvolle Einbettung in den Unterrichtsablauf, z. B. mit Blick auf vor- und nachbereitende Lernaktivitäten (Smith und Stein 2018). Beispielsweise zeigen Analysen von Fachgesprächen in Geschichtsstunden im Rahmen einer Fortbildungsstudie, dass es für die dialogische Qualität der Klassengespräche besonders förderlich war, wenn sich die Schüler*innen zuvor in Kleingruppen mit unterschiedlichen historischen Quellen auseinandergesetzt und eine gemeinsame Position erarbeitet hatten (vgl. Zimmermann 2022). In Mathematikstunden haben sich selbstständige Lösungsversuche anspruchsvoller Aufgaben in Einzel- und/oder Kleingruppenarbeit vor dem dialogischen Klassengespräch als produktiv erwiesen (vgl. u. a. Pauli et al. 2022; Prediger et al. 2022).

Bezogen auf den Mathematikunterricht haben Smith und Stein (2018) die Bedeutung vorbereitender Aktivitäten für das Gelingen dialogischer Fachgespräche deutlich gemacht. Zum einen helfen sie den *Lernenden*, sich aktiv am anschließenden Gespräch zu beteiligen, weil sie sich zuvor schon mit dem Gegenstand befasst und ggf. auch schon Ideen, Erklärungen oder Fragen formuliert haben. Zum andern helfen sie auch der *Lehrperson*, sich auf das Klassengespräch optimal vorzubereiten. Beispielsweise kann sie die Schüler*innengruppen beobachten und sich die in den einzelnen Gruppen ausgetauschten Lösungsvorschläge, Ideen, Schwierigkeiten oder Fragen notieren. Anhand der Notizen kann sie das Gespräch schon im Voraus strukturieren und organisieren, da sie weiß, bei wem oder in welcher Gruppe welche Lösungswege, Fehler oder Schwierigkeiten aufgetaucht sind. Dadurch kann sie z. B. schon eine Reihenfolge festlegen, in der Schüler*innen zu Beginn ihre Ergebnisse oder Positionen darstellen, sodass unterschiedliche Positionen oder Lösungswege auf den Tisch kommen und ein ko-konstruktiver und zielführender Austausch von Argumenten beginnen kann.

3.2 Lehrer*innenhandeln *während* des dialogischen Fachgesprächs

Ist ein geeigneter Gesprächskontext geschaffen, können Lehrpersonen den dialogischen Charakter von Klassengesprächen durch ihr Gesprächsleitungshandeln fördern und sichern, indem sie die Schüler*innen durch kognitiv aktivierende Fragen oder Impulse zum Nachdenken über den Lerngegenstand anregen und sie gleichzeitig dazu ermutigen und unterstützen, sich gegenseitig zuzuhören und mit substanziellen Gesprächsbeiträgen aktiv am gemeinsamen Lösungs- oder Wissensbildungsprozess zu beteiligen. Anstelle von „richtigen Antworten" auf enge Lehrpersonenfragen werden von den Lernenden eigenständige Beiträge erwartet, die auch auf frühere Beiträge anderer Schüler*innen Bezug nehmen und den gemeinsamen, ko-konstruktiven Denkprozess weiterbringen. Im dialogischen Gesprächsmodell des „Accountable Talk" (Resnick et al. 2018a) wird dies anhand einer dreifachen Verantwortung aller Gesprächsteilnehmer*innen beschrieben (zusammenfassende Übersetzung CP):

- *Verantwortung gegenüber der Lerngemeinschaft* („Accountability to community"; Resnick et al. 2018a, S. 20 f.): Sich verpflichtet fühlen, zum gemeinsamen Denk- oder Problemlösungsprozess beizutragen – durch aufmerksames Zuhören, das Bemühen, die Beiträge der anderen Teilnehmenden zu verstehen sowie das Bemühen, eigene Beiträge und Gedanken für die anderen verständlich auszudrücken.
- *Verantwortung gegenüber der Sache, einem Kulturgegenstand bzw. dem darauf bezogenen Wissen* („Accountability to knowledge"; Resnick et al. 2018a, S. 26 ff.): Sich um die fachlich-inhaltliche Qualität der eigenen Beiträge bemühen; sich haftbar fühlen für deren fachinhaltliche Korrektheit und Präzision sowie die Glaubwürdigkeit der Wissensquellen, auf die man sich bezieht.
- *Verantwortung gegenüber Regeln des folgerichtigen Erklärens, Denkens und Argumentierens* („Accountability to reasoning"; Resnick et al. 2018a, S. 22 ff.): Sich weder als Sprecher*in noch als Hörer*in mit oberflächlichen Aussagen und unbegründeten Behauptungen zufriedengeben, sondern unter Einhaltung von allgemeinen und fachspezifischen Regeln und Kriterien um bestmögliche Klarheit und kommunikative Nachvollziehbarkeit von Erklärungen, Argumenten, Begründungen und Schlussfolgerungen bemühen.

Lehrpersonen fördern und sichern durch ihr Gesprächsleitungshandeln die dialogische Qualität des Klassengesprächs, indem sie die verantwortliche Teilnahme im Sinne dieser drei Dimensionen von den Lernenden einfordern und bei Bedarf unterstützen. Dies geschieht durch gezielt eingesetzte Gesprächszüge – z. B. Fragen oder Impulse –, die auf die Anforderungen der Verantwortungsdimensionen zielen und als Antwort im Sinne von „Zugzwängen" (Morek und Heller 2021, S. 388) von den Schüler*innen entsprechende Gesprächshandlungen verlangen.

Von Gesprächen nach dem klassischen Frage-Antwort-Bewertungs-Muster unterscheiden sich dialogische Fachgespräche damit sowohl durch die Qualität der Lehrpersonenfragen und -impulse als auch durch die Art, wie mit den Schüler*innenantworten umgegangen wird. So zielen die Fragen nicht mehr primär auf das Wiedergeben bereits bekannter Fakten, sondern darauf, dass sich die Lernenden mit ihren inhaltsbezogenen Überlegungen beteiligen und den gemeinsamen Denkprozess weiterbringen. Entsprechend werden die Schüler*innenantworten nicht bewertet, sondern unter Berücksichtigung der drei Verantwortungsdimensionen entgegengenommen und aufgegriffen als Beitrag zum gemeinsamen Denk- oder Lösungsprozess. *An die Stelle von Bewertungen treten Verständnisrückfragen, Fragen nach weiteren Erklärungen oder Präzisierungen, nach Angaben von Quellen, nach Begründungen oder der Klärung und Beurteilung von Argumenten* (vgl. Beispiele im Anhang). Auf *Schülerseite* treten an die Stelle von Kurzantworten vermehrt längere und inhaltlich gehaltvollere Beiträge, die auch Erklärungen, Begründungen oder Schlussfolgerungen enthalten (vgl. Pauli und Reusser 2015) sowie Schüler*innenbeiträge, die explizit Bezug nehmen auf frühere Äußerungen anderer Schüler*innen, z. B. indem diese weitergeführt, kritisch hinterfragt oder mit einem Gegenargument konfrontiert werden (vgl. u. a. Chen et al. 2020; Moser et al. 2022; Osborne et al. 2019; Reznitskaya und Wilkinson 2021; Zimmermann 2022).

Schüler*innenbeiträge als Basis für weitere Denkschritte der Klasse verfügbar zu machen, stellt eine wichtige Funktion der dialogischen Gesprächsleitung dar. Viele Schüler*innen, v. a. jüngere und solche in Klassen, die noch wenig Erfahrung mit dialogischen Fachgesprächen haben, müssen erst lernen, ihre Gedanken verständlich, sachgerecht und folgerichtig im Sinne der drei Verantwortungsdimensionen zu formulieren. Damit ihre Beiträge von den andern Gesprächsteilnehmenden gehört, verstanden und produktiv weiterverarbeitet werden können (z. B. als Basis von weiterführenden Gedanken, Gegenargumenten, kritischen Fragen), bedarf es oft der Unterstützung durch die Lehrperson. Diese kann z. B. einer Schülerin durch gezielte Rück- und Verständnisfragen Gelegenheit geben, ihre Äußerung selbst zu präzisieren oder verständlicher zu formulieren („Revoicing";

O'Connor und Michaels 1996[2]). Insgesamt wird auf diese Weise die verantwortliche Teilnahme an Fachgesprächen nicht nur (durch Fragen, Impulse) *eingefordert*, sondern auch *modelliert* und *adaptiv unterstützt* („Scaffolding"; Morek und Heller 2021; Pauli et al. 2022). Dialogische Fachgespräche werden so auch zum Lernkontext für den Erwerb von Gesprächs- und Denkkompetenzen.

3.3 Dialogische Fachgespräche führen lernen

Mittlerweile zeigt eine wachsende Zahl von Fortbildungsstudien, dass Lehrpersonen wirksam darin unterstützt werden können, die Qualität ihrer Klassengespräche in Richtung dialogischer Fachgespräche weiterzuentwickeln (u. a. Hauk et al. 2022; Moser et al. 2022; Osborne et al. 2019; Resnick et al. 2018b; Zimmermann 2022). Besonders bewährt haben sich Fortbildungsformate und Gesprächskonzepte, die den Lehrpersonen praxisnahe „Werkzeuge" (Michaels und O'Connor 2015) für die dialogische Gesprächsführung zur Verfügung stellen. Mithilfe solcher „Werkzeuge" – z. B. Handreichungen mit einer Auswahl geeigneter Gesprächszüge, die auf eine verantwortliche Teilnahme der Schüler*innen zielen (vgl. Beispiele im Anhang und u. a. Beinbrech 2019; Murphy und Firetto 2018; Zimmermann und Fürst 2022) – können Lehrkräfte (und ihre Schüler*innen) dialogische Gespräche im eigenen Unterricht gezielt und wiederholt praktizieren und üben, vorzugsweise unterstützt durch videobasierte Formen der Coachings (Pauli und Reusser 2018; Pielmeier et al. 2018). Empirisch zeigt sich, dass sich so nicht nur das Gesprächsleitungsverhalten der Lehrpersonen, sondern auch die Qualität der Schülerbeiträge in den Gesprächen verbessern lässt. Darüber hinaus wurden auch positive Wirkungen auf die Gesprächs- oder Argumentationskompetenzen der Schüler*innen außerhalb der geleiteten Klassengespräche nachgewiesen (vgl. u. a. Osborne et al. 2019; Wilkinson et al. 2023; zusammenfassend Heller und Morek 2019). Die Qualität der Klassengespräche zu verbessern, erfordert allerdings von den Lehrpersonen meist viel Übung und Geduld. Oft zeigt sich im Verlauf von Fortbildungen keine stetige Verbesserung der Gesprächsqualität, sondern ein Auf

---

[2] „Revoicing" (O'Connor und Michaels 1996, S. 78) lässt sich übersetzen mit „der Schülerin/ dem Schüler eine Stimme geben" und beschreibt einen wertschätzenden und konstruktiven Umgang mit Gesprächsbeiträgen, der über das bloße Evaluieren oder Wiederholen hinaus geht. Schüler*innenbeiträge werden dabei in vielfältiger Weise aufgegriffen, akzentuiert, ggf. mittels Rückfragen geklärt, erweitert und so für die Klassendiskussion verfügbar gemacht (vgl. auch Pauli 2010, S. 149).

und Ab von Fortschritt, Stillstand und Rückschritten (vgl. Moser et al. 2022; Sedova 2017; Zimmermann 2022). Das liegt auch daran, dass die dialogische Qualität der Gespräche nicht allein von der Lehrperson, sondern ganz wesentlich auch von den Schülerinnen und Schülern abhängt. Auch sie müssen lernen, sich an dialogischen Gesprächen aktiv und verantwortlich zu beteiligen. Interessant ist in diesem Zusammenhang der Befund, dass der Anteil produktiver Gesprächszüge der *Lehrperson*, welche die Schüler*innen zur verantwortlichen Teilnahme auffordern, teilweise im Verlauf von Fortbildungen zunächst zu- und später wieder abgenommen hat. Vertiefende Analysen zeigen, dass dies auch auf den Kompetenzzuwachs der Schüler*innen hindeuten kann: Je höher die Kompetenz und Bereitschaft der Schüler*innen ist, sich substanziell und verantwortlich am dialogischen Fachgespräch zu beteiligen, desto geringer wird der Bedarf, eine solche Beteiligung durch entsprechende Gesprächszüge gezielt einzufordern und zu unterstützen, sodass sich das Gesprächsleitungshandeln der Lehrperson zunehmend auf eine zurückhaltendere Moderation (zum Teil nur noch durch Gesten oder durch Worterteilung) beschränken kann (vgl. Moser und Zimmermann 2024; Reznitskaya und Wilkinson 2021). Damit wäre dann auch das Ziel, die Schüler*innen durch dialogisch geleitete Klassengespräche für die kompetente Teilnahme an produktiven Fachgesprächen *zwischen Lernenden* zu befähigen, in greifbare Nähe gerückt.

Anhang

Dialogische Gesprächsleitung: Beispiele für Gesprächszüge der Lehrperson (Fragen, Impulse, Reaktionen auf Gesprächsbeiträge der Schüler*innen)

An die Stelle von engen Fragen nach bereits bekannten Fakten treten in dialogisch geleiteten Gesprächen *Fragen/Impulse der Lehrperson*, die auf *eigenständige, inhaltsbezogene Überlegungen* der Schüler*innen zielen (vgl. Abschn. 3.2), z. B.:

- Könnte jemand von euch erklären, wie ihr vorgegangen seid?
- Okay, nachdem ihr euch jetzt ausgetauscht habt, über die beiden Texte. Was ist die Erkenntnis, eigentlich? Was habt ihr jetzt gelesen, voneinander gehört? Janis?

An die Stelle von Bewertungen der Gesprächsbeiträge der Schüler*innen, wie sie für das Frage-Antwort-Bewertungs-Muster typisch sind (vgl. Abschn. 1,

Einleitung) treten Gesprächszüge der Lehrperson, die eine *verantwortliche Gesprächsteilnahme der Schüler*innen einfordern und unterstützen* (vgl. Abschn. 3.2 und Resnick et al. 2018a; Pauli und Reusser 2018; Zimmermann 2022; Zimmermann und Fürst 2022). Beispiele:

„Lerngemeinschaft"[3]
Ziel: Zuhören, sich verständlich für alle ausdrücken, Beiträge anderer wertschätzend aufnehmen, weiterentwickeln, z. B.:

- Sag noch etwas mehr dazu!
- Kann jemand in eigenen Worten wiederholen, was xy gesagt hat?
- Wenn ich dich richtig verstehe, sagst du also, dass …
- Wer möchte diesen Gedanken weiterführen?

„Sache/Wissen"
Ziel: Inhaltliche Klarheit, Korrektheit und Präzision sowie Transparenz in Bezug auf die Informationsquelle, auf die man sich bezieht, einfordern und unterstützen, z. B.:

- Was meinst du genau mit …?
- Bitte erkläre das noch etwas genauer!
- Worauf genau beziehst du dich hier?
- Du sagst, du bist nicht einverstanden mit B's Antwort. Womit genau bist du nicht einverstanden?

„Folgerichtiges Denken, Erklären, Argumentieren"
Ziel: Begründungen verlangen, Argumente klären und herausfordern, gemeinsame Argumentation vertiefen und erweitern, z. B.:

- Wie begründest du das?
- Wie bist du zu diesem Schluss gekommen?
- Ist dies ein Argument für oder gegen …?
- Könnte man das auch anders sehen? Wie?

---

[3] Die Zuordnung zu den drei Verantwortungsdimensionen ist nicht trennscharf, einige Gesprächszüge können mehr als einer Dimension zugeordnet werden.

Literatur

Aebli, Hans (1983): *Zwölf Grundformen des Lehrens*. Stuttgart: Klett-Cotta.

Alexander, Robin (2020): *A dialogic teaching companion*. London: Routledge.

Becker-Mrotzek, Michael (2015): Unterrichtskommunikation als Mittel der Kompetenzentwicklung. In: Becker-Mrotzek, M. (Hrsg.): *Mündliche Kommunikation und Gesprächsdidaktik*. Baltmannsweiler: Schneider Verlag Hohengehren, S. 103–115.

Beinbrech, Christina (2019): Argumentieren im Gespräch lehren und lernen. In: Labudde, P./Metzger, S. (Hrsg.): *Fachdidaktik Naturwissenschaft. 1.-9. Schuljahr*. Bern: Haupt/UTB, S. 243–258.

Böheim, Ricardo/Schnitzler, Katharina/Gröschner, Alexander/Weil, Maralena/Knogler, Maximilian/Schindler, Ann-Kathrin/Alles, Martina/Seidel, Tina (2021): How changes in teachers' dialogic discourse practice relate to changes in students' activation, motivation and cognitive engagement. In: *Learning, Culture and Social Interaction 28*: 100450.

Chen, Gaowei/Chan, Carol K. K./Chan, Kennedy K. H./Clarke, Sherice N./Resnick, Lauren B. (2020): Efficacy of video-based teacher professional development for increasing classroom discourse and student learning. In: *Journal of the Learning Sciences 29*, 4-5, S. 642–680.

Chi, Michelene T.H./Wylie, Ruth (2014): The ICAP framework: Linking cognitive engagement to active learning outcomes. In: *Educational Psychologist 49*, 4, S. 219–243.

Collins, Allan (2006): Cognitive Apprenticeship. In: Sawyer, R. K. (Hrsg.): *The Cambridge Handbook of the Learning Sciences*. Cambridge: Cambridge University Press, S. 47–60.

de Boer, Heike (2015): Einleitung: Gespräche über Lernen–Lernen im Gespräch. In: de Boer, H./Bonanati, M. (Hrsg.): *Gespräche über Lernen – Lernen im Gespräch*. Wiesbaden: Springer VS, S. 7–13.

Deci, Edward L./Ryan, Richard M. (1993): Die Selbstbestimmungstheorie der Motivation und ihre Bedeutung für die Pädagogik. In: *Zeitschrift für Pädagogik 39*, S. 223–238.

Hauk, Dennis/Gröschner, Alexander/Weil, Maralena/Böheim, Ricardo/Schindler, Ann-Kathrin/Alles, Martina/Seidel, Tina (2022): How is the design of teacher professional development related to teacher learning about classroom discourse? Findings from a one-year intervention study. In: *Journal of Education for Teaching 49*, 5, S. 826–840.

Heller, Vivien/Morek, Miriam (2019): Fachliches und sprachliches Lernen durch diskurs(erwerbs)orientierte Unterrichtsgespräche. Empirische Evidenzen und Desiderata mit Blick auf inklusive Settings. In: *Didaktik Deutsch 24*, 46, S. 102–121.

Hoetker, James/Ahlbrand, William P. (1969): The persistence of the recitation. In: *American Educational Research Journal 6*, 2, S. 145–167.

Kiemer, Katharina/Gröschner, Alexander/Pehmer, Ann-Kathrin/Seidel, Tina (2015): Effects of a classroom discourse intervention on teachers' practice and students' motivation to learn mathematics and science. In: *Learning and Instruction 35*, S. 94–103.

Lipowsky, Frank/Reusser, Kurt/Pauli, Christine (2021): Unterrichtsgespräche kognitiv aktivierend gestalten. In: *Pädagogik 73*, 11, S. 17–23.

Mehan, Hugh (1979): *Learning lessons: Social organization in the classroom*. Cambridge, Mass.: Harvard University Press.

Mehan, Hugh/Cazden, Courtney B. (2015): The study of classroom discourse: Early history and current developments. In: Resnick, L. B./Asterhan, Chr. S.C./Clarke, Sh. N. (Hrsg.):

Socializing intelligence through academic talk and dialogue. Washington DC: AERA, S. 13–34.

Mercer, Neil/Howe, Christine (2012): Explaining the dialogic processes of teaching and learning: The value and potential of sociocultural theory. In: *Learning, Culture and Social Interaction 1*, 1, S. 12–21.

Michaels, Sarah/O'Connor, Catherine (2015): Conceptualizing talk moves as tools: Professional development approaches for academically productive discussions. In: Resnick, L. B./Asterhan, Chr. S.C./Clarke, S. N. (Hrsg.): *Socializing intelligence through academic talk and dialogue.* Washington DC: AERA, S. 347–361.

Michaels, Sarah/O'Connor, Catherine/Resnick, Lauren B. (2008): Deliberate discourse idealized and realized: Accountable talk in the classroom and civic life. In: *Studies in Philosophy and Education 27*, 4, S. 283–297.

Morek, Miriam/Heller, Vivien (2021): Individualisierter Zuschnitt diskursiver Anforderung und Unterstützung. Finetuning diskurserwerbsförderlichen Lehrerhandelns in der Unterrichtsinteraktion. In: Quasthoff, U./Heller, V./Morek, M. (Hrsg.): *Diskurserwerb in Familie, Peergroup und Unterricht. Passungen und Teilhabechancen.* Berlin: De Gruyter, S. 381–424.

Moser, Miriam/Zimmermann, Matthias (2024): Meaning-Making Through Dialogic Classroom Discourse in History Classes: Multi-Perspective Case Studies From a Teacher Professional Development Program. In: *The Journal of Social Studies Research, 49,* 1, S. 51–70.

Moser, Miriam/Zimmermann, Matthias/Pauli, Christine/Reusser, Kurt/Wischgoll, Anke (2022): Student's vocal participation trajectories in whole-class discussions during teacher professional development. In: *Learning, Culture and Social Interaction 34*: 100633.

Murphy, P. Karen (Hrsg.) (2018): *Classroom discussions in education.* New York: Routledge.

Murphy, P. Karen/Firetto, Carla M. (2018): Quality talk: A blueprint for productive talk. In: Murphy, P. K. (Hrsg.): *Classroom discussions in education.* New York: Routledge, S. 101–133.

O'Connor, Catherine/Michaels, Sarah (1996): Shifting participant frameworks: orchestrating thinking practices in group discussion. In: Hicks, D. A. (Hrsg.): *Discourse, learning, and schooling.* Cambridge: Cambridge University Press, S. 63–103.

Osborne, Jonathan F./Borko, Hilda/Fishman, Evan/Gomez Zaccarelli, Florencia/Berson, Eric/Busch, K. C./Reigh, Emily/Tseng, Anita (2019): Impacts of a Practice-Based Professional Development Program on Elementary Teachers' Facilitation of and Student Engagement With Scientific Argumentation. In: *American Educational Research Journal 56*, 4, S. 1067–1112.

Pauli, Christine (2010): Klassengespräche – Engführung des Denkens oder gemeinsame Wissenskonstruktion selbstbestimmt lernender Schülerinnen und Schüler? In: Bohl, Th./ Kansteiner-Schänzlin, K./Kleinknecht, M./Kohler, B./Nold, A.(Hrsg.): *Selbstbestimmung und Classroom Management. Empirische Befunde und Entwicklungsstrategien zum guten Unterricht.* Bad Heilbrunn: Klinkhardt, S. 145–161.

Pauli, Christine (2006): „Fragend-entwickelnder Unterricht" aus der Sicht der soziokulturalistisch orientierten Unterrichtsgesprächsforschung. In: Baer, M./Fuchs, M./Füglister, P./Reusser, K./Wyss, H. (Hrsg.): *Didaktik auf psychologischer Grundlage. Von Aeblis kognitionspsychologischer Didaktik zur modernen Lehr-Lernforschung.* Bern: hep, S. 192–206.

Pauli, Christine/Reusser, Kurt (2018): Unterrichtsgespräche führen – das Transversale und das Fachliche einer didaktischen Kernkompetenz. In: *Beiträge zur Lehrerinnen- und Lehrerbildung 36*, 3, S. 365–377.
Pauli, Christine/Reusser, Kurt (2015): Discursive cultures of learning in (everyday) mathematics teaching: A video-based study on mathematics teaching in German and Swiss classrooms. In: Resnick, L. B./Asterhan, Chr. S.C./Clarke, S. N. (Hrsg.): *Socializing intelligence through academic talk and dialogue.* Washington DC: AERA, S. 181–193.
Pauli, Christine/Zimmermann, Matthias/Wischgoll, Anke/Moser, Miriam/Reusser, Kurt (2022): Klassengespräche lernförderlich gestalten lernen: Entwicklung von Strategien für die Analyse von Unterrichtsgesprächen im Kontext einer Interventionsstudie mit Geschichts- und Mathematiklehrpersonen. In: *Zeitschrift für sprachlich-literarisches Lernen und Deutschdidaktik (SLLD-Z) 2/2022.*
Piaget, Jean (1947): *Psychologie der Intelligenz.* Olten: Walter 1971 (Original: Psychologie de l'intelligence).
Pielmeier, Maralena/Böheim, Ricardo/Schindler, Ann-Kathrin/Gröschner, Alexander/Knogler, Maximilian/Jerabek, Martina/Seidel, Tina (2018): *Fostering Dialogic Teaching – The "Dialogic Video Cycle" as a video-based professional development program to enhance classroom discourse.* https://www.researchgate.net/publication/323399333 [Zugriff: 15.01.2025].
Prediger, Susanne/Götze, Daniela/Holzäpfel, Lars/Rösken-Winter, Bettina/Selter, Christoph (2022): Five principles for high-quality mathematics teaching: Combining normative, epistemological, empirical, and pragmatic perspectives for specifying the content of professional development. In: *Frontiers in Education, 7:969212.* doi: https://doi.org/10.3389/feduc.2022.969212.
Resnick, Lauren B./Asterhan, Christa S.C./Clarke, Sherice N. (2018a): *Accountable Talk: Instructional dialogue that builds the mind.* IBE, UNESCO International Bureau of Education. http://www.iaoed.org/images/educational-practices-29-v7.pdf [Zugriff 15.01.2025].
Resnick, Lauren B./Asterhan, Christa S.C./Clarke, Sherice N./Schantz, Faith (2018b): Next generation research in dialogic learning. In: Hall, G. E./Quinn, L. F./Gollnick, D. M. (Hrsg.): *Wiley Handbook of teaching and learning.* New York: Wiley, S. 323–338.
Resnick, Lauren B./Schantz, Faith (2015): Talking to Learn: The Promise and Challenge of Dialogic Teaching. In: Resnick, L. B./Asterhan, Chr. S.C./Clarke, S. N. (Hrsg.): *Socializing Intelligence Through Academic Talk and Dialogue.* New York: American Educational Research Association, S. 441–450.
Reusser, Kurt (2006): Konstruktivismus – vom epistemologischen Leitbegriff zur Erneuerung der didaktischen Kultur. In: Baer, M./Fuchs, M./Füglister, P./Reusser, K./Wyss, H. (Hrsg.): *Didaktik auf psychologischer Grundlage. Von Hans Aeblis kognitionspsychologischer Didaktik zur modernen Lehr- und Lernforschung.* Bern: hep, S. 151–168.
Reusser, Kurt/Pauli, Christine (2015): Co-constructivism in Educational Theory and Practice. In: Wright, J. D. (Hrsg.): *International Encyclopedia of the Social & Behavioral Sciences.* Oxford: Elsevier, S. 913–917.
Reznitskaya, Alina/Wilkinson, Ian A.G. (2017): *The most reasonable answer. Helping students build better arguments together.* Cambridge: Harvard Education Press.
Reznitskaya, Alina/Wilkinson, Ian A.G. (2021): The Argumentation Rating Tool: Assessing and supporting teacher facilitation and student argumentation during text-based discussions. In: *Teaching and Teacher Education 106*:103464.

Schneider, Frank/Draken, Klaus (2020): *Unterrichtsgespräche. Gespräche in der Klasse initiieren, moderieren, reflektieren.* Berlin: Cornelsen.

Sedova, Klara (2017): A case study of a transition to dialogic teaching as a process of gradual change. In: *Teaching and Teacher Education 67*, Supplement C, S. 278–290.

Sedova, Klara/Salamounova, Zuzana/Svaricek, Roman (2014): Troubles with dialogic teaching. In: *Learning, Culture and Social Interaction 3*, 4, S. 274–285.

Smith, Margaret S./Stein, Mary Kay (2018): *5 Practices for Orchestrating Productive Mathematics Discussions.* Reston, VA: NCTM.

Stebler, Rita/Pauli, Christine/Reusser, Kurt (2021): Personalisiertes Lernen in Schulen der Deutschschweiz. Ergebnisse der perLen-Studie. In: Brägger, G./Rolff, H.-G. (Hrsg.): *Handbuch Lernen mit digitalen Medien.* Weinheim: Beltz, S. 431–456.

Tausch, Reinhard/Tausch, Anne-Marie (1970): *Erziehungspsychologie. Begegnung von Person zu Person.* Göttingen: Hogrefe (11. Aufl. 1998).

van der Veen, Chiel/Michaels, Sarah/Dobber, Marjolein/van Kruistum, Claudia/van Oers, Bert (2021): Design, implementation, and evaluation of dialogic classroom talk in early childhood education. In: *Learning, Culture and Social Interaction 29*: 100515.

van der Wilt, Femke/Bouwer, Renske/van der Veen, Chiel (2022): Dialogic classroom talk in early childhood education: The effect on language skills and social competence. In: *Learning and Instruction 77*: 101522.

Vygotsky, Lev Semenovich (1978): *Mind in society. The development of higher psychological processes.* Cambridge, MA: Harvard University Press.

Wagenschein, Martin (1989): *Verstehen lehren: genetisch – sokratisch – exemplarisch* (8., erg. Aufl.). Weinheim: Beltz.

Walshaw, Margaret/Anthony, Glenda (2008): The teacher's role in classroom discourse: A review of recent research into mathematics classrooms. In: *Review of Educational Research 78*, 3, S. 516–551.

Webb, Noreen M./Franke, Megan L./Ing, Marsha/Turrou, Angela C./Johnson, Nicholas C./Zimmerman, Joy (2019): Teacher practices that promote productive dialogue and learning in mathematics classrooms. In: *International Journal of Educational Research 97*, S. 176–186.

Weil, Maralena/Gröschner, Alexander/Schindler, Ann-Kathrin/Böheim, Ricardo/Hauk, Dennis/Seidel, Tina (Hrsg.) (2020): *Dialogische Gesprächsführung im Unterricht. Interventionsansatz, Instrumente und Videokodierungen.* Münster: Waxmann.

Wilkinson, Ian A. G./Reznitskaya, Alina/D'Agostino, Jerome V. (2023): Professional development in classroom discussion to improve argumentation: Teacher and student outcomes. In: *Learning and Instruction 85*: 101732.

Zimmermann, Matthias (2022): *Dialogische Klassengesprächsführung im Geschichtsunterricht. Entwicklung einer fachlichen und transversalen Kompetenz von Lehrpersonen im Rahmen der Interventionsstudie Socrates 2.0.* Frankfurt: Wochenschau Verlag.

Zimmermann, Matthias/Fürst, Chiara (2022): *Werkzeugkasten „Lernförderliche Klassengespräche im Geschichtsunterricht planen"* (3. Fassung Juni 2022). Freiburg: Universität Freiburg (CH), Zentrum für Lehrerinnen- und Lehrerbildung. https://www.unterrichtstools.ch/produkte/fachbereiche/räume-zeiten-gesellschaften/ [Zugriff 15.01.2025].

Exploratory Talk and Conversational Ground Rules

Alison Twiner

Abstract

Humans use talk a lot, often successfully, to get things done. Sometimes, however, this is less effective: people misunderstand others, and some may be or feel excluded. This is where an intentional view to how we use talk, individually and together, becomes paramount. Substantial research advocates the value of talk for learning. In this chapter I will review research and share examples of 'exploratory talk'—known to support collaborative and critical engagement with learning—and 'ground rules'—as foundations for how to use talk to work and learn together—in the classroom and beyond.

Keywords

Exploratory talk · Ground rules · Dialogue · Interaction · Learning

1 Introduction

As reviewed comprehensively by Mercer and Dawes (2014), there has been research interest in educational talk since the early 1980s. Much of this is grounded in sociocultural theory, and Vygotsky's work (available in English in 1962 and 1978, translated from Russian), pinpointing talk as humans' key tool for thinking.

A. Twiner (✉)
Hughes Hall, University of Cambridge, Cambridge, UK
E-Mail: ajt213@hughes.cam.ac.uk

© Der/die Autor(en), exklusiv lizenziert an Springer Fachmedien
Wiesbaden GmbH, ein Teil von Springer Nature 2025
H. de Boer, D. Merklinger (Hrsg.), *Dialog als interaktive Praxis*, Edition Fachdidaktiken, https://doi.org/10.1007/978-3-658-48376-0_4

Following from this, to support education as a shared endeavour, researchers needed to address how talking and thinking are related, and how talk can be encouraged to support thinking, and so learning.

This research interest became more systematic and detailed in parallel with increased availability and power of technology to record for closer analysis, and to interrogate through qualitative and quantitative analytic tools—such as 'coding' talk moves in educational interaction (e.g. Hennessy et al. 2016). This coalescence of increased academic interest and technical capability enabled researchers—and practitioners—to explore patterns in talk in educational settings:

- to identify what types of talk seem to support learning,
- and to reflect where in hindsight and on close review, opportunities to extend learning could have been used differently.

Through such close attention to what is happening in talk in educational settings, and the outcomes of these interactions, researchers identified some key practices that particularly support learning. Most notable of these are encouraging 'exploratory talk' (initially introduced by Barnes 1976), and the establishing, ownership and maintenance of 'ground rules' (Mercer et al. 1999). These will be reviewed in this chapter, with examples and unpacking of how and why they are valuable for learners and educators, in the moment and beyond.

2 Common Patterns in Educational Talk

Early research into classroom talk revealed some stark patterns regarding who talks most, who manages the talking, and what kind of talk occurs. One of the dominant patterns, observed in multiple settings and across varying sectors, cultures and contexts, is IRF or IRE, denoting 'Initiation, Response, Feedback/Evaluation' (e.g. Barnes and Todd 1977; Mehan 1979; Sinclair and Coulthard 1975). In 2018, Robin Alexander—a key figure in the promotion of dialogic teaching—reviewed international literature to conclude that

> classroom research testifies to the way that the recitation or IRE (initiation-response-evaluation) exchange structure, which centres on closed questions, recall answers and minimal feedback and in many schools remains the pedagogical default, resists change despite abundant evidence that it wastes much of talk's discursive, cognitive and educational potential. (Alexander 2018: 562)

An example of this structure, taken from my earlier work, with a Year 2 pupil (6 or 7 years old) reading out some of her work to the teacher about the Great Fire of London, is presented below.

> 1. Teacher: Can you read this sentence to me?
> 2. Pupil: The fire spread because the houses were made out of wood.
> 3. Teacher: Good, next one. (Twiner 2011: 116)

This extract is taken out of context here, and more examples from this topic work are presented later. I have included it here to demonstrate the pattern of teacher question; pupil response; teacher evaluation which then verbally ushers attention on. Such instances are largely about memory—or in this case reading what has been written—rather than learning.

Whilst the learning gains of such quick-check techniques have therefore been questioned, amendments to its structure have been advocated—acknowledging IRF's sheer staying power and familiarity for teachers, whilst promoting learner engagement with content. An example is 'IDRF'—where 'D' indicates Discussion amongst learners before the 'Response', where Wegerif (1996) argued that IDRF describes

> the basic structure of the educational exchange activity of groups working together [...] Where the discussion element is exploratory this exchange structure combines an aspect of directive teaching with an aspect of exploratory learning. (Wegerif 1996: 13)

Alexander (2001) also commented that there is a place for such 'traditional' methods of classroom talk (talk management) as IRF, acknowledging that at times

> facts need to be imparted, information needs to be memorised, and explanations need to be provided, and even the deeply unfashionable rote has a place (memorising tables, rules, spellings and so on). (Alexander 2001: 526)

He continued, however, in a similar vein to IDRF and more dialogic approaches considered later, that a shift to more dialogic pedagogy involves risk and flexibility for teachers that not all are comfortable with:

> the joint solving of problems through discussion, and the achievement of common understanding through dialogue, are undeniably more demanding of teacher skill than imparting information or testing recall through rote or recitation. (Alexander 2001: 527).

Fig. 1 Different communicative approaches for different educational purposes (Mortimer and Scott: 2003: 35)

Similarly, in 2003, Mortimer and Scott offered a two-dimensional model (see Fig. 1) to highlight the value of different communicative approaches for different educational purposes. Mortimer and Scott argued there are times when it is appropriate for teachers to be authoritative and non-interactive: sharing information or giving task instructions for instance. It is also possible to be dialogic but non-interactive: where different perspectives are considered but one person (usually the teacher) is talking—such as summarising different opinions on a debate. Linked to the above, IRF chains could be interactive but authoritative. As Alexander, Mortimer and Scott, and Wegerif contend—amongst others—the real value for learning is when a teacher facilitates a dialogic, interactive approach: where multiple learners are verbally and conceptually engaged in sharing and considering different perspectives, and where learners are agentic in exploring and questioning content. Aligning this to the review by Mercer and Dawes in 2014, referring to dialogue, they summarised:

> children's learning and intellectual development will be best assisted if, for at least some of the time they are in class, they are encouraged and enabled to take an active and proportionally significant role in classroom talk. That is, dialogic teaching is that in which both teachers and pupils make substantial and significant contributions and through which pupils' thinking on a given idea or theme is helped to move forward. (Mercer and Dawes 2014: 437)

Here we see explicit reference to how learners' thinking is developed through verbal engagement in discussions—aligned to Mercer's earlier work where talk can be considered "a social mode of thinking" (Mercer 2004: 137). This is the space where exploratory talk becomes possible. Such an approach puts much of the onus for learning onto learners, but this still requires solid foundations and sensitive facilitation for group talk to become effective dialogue. As will be articulated, not just any talk can do this, and how—not just if—learners engage verbally is crucial. Thus effective dialogue and exploratory talk do not just happen, but require a teacher to relinquish control, and for learners to have ground rules that maintain a safe space to explore ideas and build understanding together. So what exactly is exploratory talk, and how can it be promoted?

3   What Is Exploratory Talk?

Drawing on his earlier work introducing the term 'exploratory talk' in 1976, Barnes summarised in 2008 that "two kinds of talk, 'exploratory' and 'presentational', contribute to learning, but each has a different place in the sequence of lessons" (Barnes 2008: 1). He continued that "learning is never truly passive" (Barnes 2008: 2)—we need to engage with it—and that "information that finds no place in our existing schemes is quickly forgotten" (Barnes 2008: 3), as learners need to "work on understanding" (Barnes 2008: 4). Linking to Mortimer and Scott's intersecting dimensions (Mortimer and Scott 2003: 35; see Fig. 1), presentational talk would largely be non-interactive, authoritative—content is known and one perspective is communicated. In contrast, exploratory talk would be interactive—multiple people speaking—and dialogic—multiple perspectives raised, engaged with and possibly critiqued. Thus both are important, for different reasons and at different times.

In describing the characteristics of exploratory talk, Barnes explained:

> Exploratory talk is hesitant and incomplete because it enables the speakers to try out ideas, to hear how they sound, to see what others make of them, to arrange information and ideas into different patterns. (Barnes 2008: 5)

An example illustrating some of these features is shown here, from the same series of lessons with a Year 2 class in England on the Great Fire of London. This extract is from the seventh of eight lessons on this topic, across four weeks (see Fig. 2). (Note all names are pseudonyms, T/Anwar = teacher; Lior in this case is a student; words in round brackets indicate inaudible talk.)

Lior had made a similar comment earlier in the same lesson where she voiced a personal and emotional response to the need for 'firebreaks' (pulling down wooden

1. Lior: Anwar [teacher], can I ask you a question?
2. T: Sorry
3. Lior: If erm, if, where does the King live in London in the past?
4. T: Where do you think he would live?
5. Lior: In, a castle.
6. (inaudible)
7. T: The King is telling them to pull down houses
8. Lior: But not, why all of them?
9. T: Well all, because the fire's raging everywhere, so he was just saying get rid of, as many
10.   houses as you can to stop the fire spreading.

Fig. 2 Transcript 1: "Where does the king live in London in the past?", Year 2 class in England. (© Alison Twiner)

houses to prevent the fire spreading)—stating "why couldn't they just pull down about five houses?". Thus for Lior, she was perhaps still uneasy in her meaning making of why so many houses were destroyed. In this exchange Lior does not just add to the information already given, but questions others' opinions and the historical narrative in forming her own views.

Mostly referred to in the context of talk between learners, we can consider the above as illustrative of some elements of exploratory talk: as the teacher participated to encourage Lior to expand on her query; the learner—Lior—asked most of the questions; and subsequent questions and comments built on previous ones rather than moving to a new focus. Broadly speaking, Lior was following the intended meaning-making trajectory (Twiner et al. 2014) of houses being destroyed to stop the fire. The teacher may not however have anticipated her curiosity about events and compassion for people at the time, that she needed to think aloud and question the given order of events to make meaning for herself.

Indeed, in a lesson from the previous week, Lior asked "did it [the Great Fire of London] actually happen?" (Twiner 2011: 304). It is highly unlikely in a History lesson that the teacher would have expected a question on whether an event happened (see Twiner 2011: 303–305 for a detailed exploration of these discussions). I note, however, the significance of the teacher's choice to build on and query these comments rather than exclude them as irrelevant—in the transcript above and in the glimpse just given to the previous week's lesson—and of Lior feeling comfortable to ask such questions. In response to such questions and interactions, in drawing out the learner's curiosity and current reasoning—making her thinking visible through her talk—the teacher was able to offer context and reasoning for the events, to validate her opinions and questions, and to identify where more support was needed.

It is acknowledged, however, that being flexible in this manner is potentially risky—for teacher and learners—and so needs a safe space to be already established. Mercer and Dawes (2008) suggested engaging in exploratory talk is 'brave' for pupils, necessitating pupils trust each other not to criticise contributions—that challenges are respectful; in challenging ideas not individuals. Therefore we can see that if pupils do not feel at *personal* risk of ridicule, they can take *intellectual* risks in opening their thinking to others through dialogue (see also Twiner 2011: 37). This safe space gives a preview of the importance of ground rules, to which I return shortly.

Furberg (2010) added a note of caution, however, underlining the need for teacher mediation, in that finding evidence of 'exploratory' talk does not necessarily mean students have understood a subject concept. Maine and Hofmann (2016) also cautioned us to be alert to learners and possibly teachers engaging in a "performance of dialogue" (Maine and Hofmann 2016: 51)—using talk moves that appear dialogic—but where the outcome is not always improved learning. Likewise, T'sas and Daems (2024) highlighted that "too often the only tangible outcomes [of using talk for learning] are decibels" (T'sas and Daems 2024: 3). A point to make here however is that genuinely exploratory talk offers teachers a space to observe how pupils construct understandings through their talk and interactions with objects and ideas: this can be used to explore the nature and source of any misunderstandings, which may in turn be more valuable than simply being able to produce a 'correct' answer. This aligns back to Barnes' comment that we need to "work on understanding" (Barnes 2008: 4), rather than everyone knowing everything or sharing the same understandings from the outset.

T'sas and Daems (2024) advocated the growing need for exploratory talk—and ground rules for its effective implementation—where in an increasingly connected but divided world, exploring difference respectfully is crucial:

> if controversial topics are to be addressed in the classroom in such a way that strong emotions and prejudice do not take the upper hand, a pedagogical approach is needed that makes students put rational thinking above emotional impulses. (T'sas and Daems 2024: 5)

Creating a safe space for learners to engage and expose their ideas through exploratory talk, with monitoring for respectful engagement, is critical in facilitating participation and learning. This space can be enabled by creating ground rules.

4 What Are Ground Rules and Why Are They Useful?

Some clarifications are helpful to start this section. Educational interaction, particularly in schools, is governed by many rules. These often mirror broader norms of expected behaviour, and frequently compliance. There may be class rules—like paying attention, getting homework in on time, not being late—as well as school rules—such as be resilient, be kind. Ground rules for talk (Mercer et al. 1999), do something different—in consciously promoting the types of talk known to be effective for learning. As I share through this section, they are designed to:

- encourage learner agency (to hold themselves and others to account),
- and foster intrinsic motivation to engage and to learn (because doing so helps individuals and the group; and because through engaging, they come to understand). (Mercer et al. 1999)

Ground rules are agreed by an educator and learners—ideally where learners have input into their creation, rather than a teacher introducing rules as given. Whilst there is benefit in creating rules locally, and this is a strong principle for why they are valuable as the group can and do hold each other to account in abiding by the rules, research reveals that ground rules most likely to support interaction conducive to learning frequently align around similar themes. These include rules like[1]:

- Everyone's opinion will be listened to.
- You should give reasons for your answers.
- Challenge the idea, not the person.
- We should be open to changing our mind.

I have given examples here of 'everyone', 'you', 'we', and a more general one, where specific groups can decide how such rules are phrased to best support agency and ownership.

An example set of 'group ground rules' (Major et al. 2021) from a project with 16–18-year-olds working together in a virtual, 3D, collaborative environment include:

- If someone talks more or louder, doesn't mean someone else can't say what they think.
- Being critical can be to find improvements, not just to criticize, so speak your mind.

To effectively support learning in a group, ground rules would ideally be negotiated and agreed when the group begin working together—such as the start of an academic year or module. These then set the scene for how people work together from the outset—especially if they are unfamiliar with each other. Despite the intention of ground rules being negotiated with learners, usually it will be the teacher's responsibility to introduce this activity and articulate its usefulness. The process could look like this:

1. A teacher asks learners for suggestions as to how they can use talk together to get the best out of their learning. This can be pair or small-group discussions initially, feeding back key ideas for whole-class consideration.

---

[1] Note these are examples, synthesised from sources cited in this chapter and intentionally phrased to illustrate certain key points, not an exhaustive list.

2. The teacher, or someone nominated, publicly writes suggested ground rules on a whiteboard or large sheet of paper.
3. Once all suggestions are collated, making the thinking and suggestions visible through being verbalised and written, the group discuss and refine wording before agreeing on 5–7 rules to be their ground rules for their time working together.
4. Agreed ground rules remain displayed in the setting, and referred to if they are not adhered to (e.g. if someone feels they are not getting a chance to speak, or as permission to respectfully disagree with someone—including the teacher).

Ground rules therefore exist to set the tone for how learners engage with each other, the teacher, and with ideas, in the pursuit of learning.

Reflecting on the wider implications where ground rules become a regular and embedded part of learning, Rojas-Drummond and Mercer (2003) suggested that "by internalizing or appropriating the ground rules [...] students have come able to carry on a kind of silent rational dialogue with themselves" (Rojas-Drummond and Mercer 2003: 106). By extension, and referring back to T'sas and Daems' call for the need for exploratory talk to engage with divisive differences in today's society, we can imagine the benefits of generalised ground rules for engaging in civilised, equitable, but sometimes provocative debate that can be essential to simultaneously understand and respect those with different views than our own. We can consider these generalised ground rules through a sense of dialogic ethos.

5 Dialogue as Ethos

> Dialogue has social and emotional as well as cognitive dimensions. Everyone's contributions need to be valued, and learners need to feel safe to take risk. (Hennessy et al. 2023: 187)

Supporting learners to feel safe to take risks should be accommodated in ground rules that groups set, regardless of context, as important foundations to using talk to show and develop thinking. Such attention to the emotional uncertainty of learning something new, or extending understanding, recognises that a dialogic ethos surrounding teaching and learning activities, nurtured and sustained by teacher and learners over time, is as critical as any specific words that may suggest or regulate its reinforcement. As the teacher involved in the Great Fire of London topic raised earlier articulated, in exploring engagement with subject ideas to support understanding particularly for learners who struggled to express their ideas verbally:

> My main aim is to get, get the middles and lowers with limited language to really use the visuals as an opportunity to explain themselves. To, you know have a go at, you know speaking and listening basically… Even if they're not coming up with exactly the right idea, the fact that they're speaking, they're listening, they're engaging is, you know is a big deal for us. We really want them to, er try… **the learning just becomes a, you know a context for them to do the talking within**. (Twiner 2011: 257f., emphasis added)

In this context, the ethos and safety needed for learners to try to explain their thinking, communicating across talk and visual scaffolds and reference points to support verbalising (and developing) understanding, was critical in their engagement in the lessons, and so in their learning.

The enthusiasm the same teacher gave for engaging learners with ideas—thinking across modes of talk, physical movement, digital tools, images and physical objects—was palpable, in espousing the essence of a dialogic ethos:

> All these things [using different tools and activities to explore subject ideas] get them more engaged. It gets them interested in their learning, and that's the main, that's my job really. Get them, you know, **make learning as irresistible as possible** (laughs), you know… if they're getting involved, physically, as well as you know, just through interaction on a whiteboard or whatever, they're definitely gonna learn more. It's just, you know hands down, beats teaching them, just listening. (Twiner 2011: 268, emphasis added)

So what does it mean to participate in dialogue, for exploratory talk and ground rules, when the dialogue is not just verbal?

6 Exploratory Talk as Multimodal

Considering the tools and communicative devices we can use to convey meaning alongside talk, we can explore dialogue from a multimodal angle. Such an approach to exploratory talk has strong, and not particularly new, foundations, as indicated by Hennessy recently and in citing work from 30 years ago:

> in developing joint understanding, the construction of collective records of activity is underscored by the fact that 'we think with and through artefacts [referring to physical or digital objects]' (Säljö 1995, 91). Such artefacts support and sustain dialogue, allowing for subsequent revisiting and revision (especially those in digital form: Hennessy 2011). (Hennessy et al. 2023: 187)

Exploratory Talk and Conversational Ground Rules

This can be evidenced in the example below of the teacher from the Great Fire of London lessons (lesson 7 of 8):

- inviting extended contributions around a digital image—or artefact in the above terms—of a painting on the interactive whiteboard,
- withholding evaluation,
- and using simple gesture to 'hold' the verbal space open for learners (Twiner 2011: 301).

Notes on the transcript indicate how the learning and interaction were multimodally enacted and resourced, using the digital shared object for focus (see Fig. 3), and the transient movement to reinforce the dialogic ethos. (T = teacher; P = pupils; words in square brackets and italicised indicate actions; ... = a noticeable pause).

The multimodal exchange that takes place in this situation is documented in the following transcript (see Fig. 4):

By the definition of exploratory talk, although this was the seventh topic lesson and the teacher perhaps intended this moment as a recap, it is apparent that:

Fig. 3 Image on interactive whiteboard shows a painting of the Great Fire of London. (© Alison Twiner)

1.	T:	And *[looks at and points to image of painting on slide]* we were talking *[looks at Ps]* about
2.		why the fire spread *[lowers hand]* so quickly
3.	*[Some Ps raise hands]*	
4.	T:	Looking at this *[looks at and points to slide]* picture *[looks at Ps and lowers hand]*, can
5.		anybody remember?
6.	*[More Ps raise hands]*	
7.	T:	... *[leans back]* The wind *[pushes arms forward in front of him, palms leading]* spread the
8.		fire by doing what?
9.	Ps:	Er
10.	T:	The wind was *[rolls hands away from him and back in, backs of hands leading, three times]*
11.		fanning the flames and blowing it. Yes *[points to Nina]* go on then.
12.	Nina: Cos the, houses were too close together, and	
13.	T:	*[gives 'thumbs up']*
14.	Nina: the houses were	
15.	T:	*[squeezes hands together]*
16.	Nina: the houses were too, too, together, because, the wind blows the houses down	
17.	T:	*[gives 'thumbs up']* Well, nearly, nearly
18.	*[Few Ps raise hands]*	
19.	T:	The houses were *[squeezes hands together]* very close together but *[points to P]* Lena?
20.	Lena: The houses were made out of wood	
21.	*[Ps lower their hands]*	
22.	T:	And the houses were made out of wood, that's why everything, *[uses slide outline to change*
23.		*IWB slide]* the houses were made out of wood *[points to 'wood' on slide]*, and the wind *[points to*
24.		*painting of fire on slide]* fanned the flames

Fig. 4 Transcript 2: Multimodal exchange around the spread of The Great Fire of London, Year 2 class in England

- the talk is tentative;
- there is disagreement but not shutdown of a suggestion;
- two students contribute to collectively and cumulatively extend or refine understanding;
- and the teacher used gesture to allow and hold space for this social thinking (Mercer 2004)—including not interrupting verbally himself—using the shared visual image as a scaffold and reminder.

The exchange is however still very mediated by the teacher. An example with more learners involved in tentative talk and co-constructing understanding can be found in the transcript below (see Fig. 5), reproduced here with permission, from van der Veen et al. (2017: 19—learners are aged 4–6.5 years). For a full consideration of this extract and its exploratory, multi-voiced nature, see the article by van der Veen et al. (2017).

Table 3
Example of a productive classroom dialogue (post-observation, intervention condition).

01	T:	Dex, will you explain again?	Say more move (1.2)
02	S1:	Look, I saw that red part [shield of the ladybug] when it was	
03		going to fly.	
04	S2:	And then – that was actually, I think he means that it is	S2 refers to
05		protection for his wing. Not for itself.	contribution S1
06	S3:	But also for itself a little bit.	
07	S1:	Yeah, that's also what I meant.	
08	T:	But – um, um – Dana, you were saying that it has protection for its?	Revoicing move (1.3)
09	S2:	Um, um – [wings]. For his wings [yeah]. Because otherwise it	
10		will damage its wings and then, then he won't be able to fly very good.	
11	S4:	Like a butterfly [yeah]	
12	S2:	No, because a butterfly has its own wings, but a ladybug goes	S2 disagrees with S4
13		like. If you look very carefully – his wings – that red thing goes up like this.	
14	T:	Yeah.	
15	S2:	So that's how they can fly.	
16	T:	So let me see if I understand. You are saying, the red part um	Revoicing move (1.3)
17		that's the shield. And that covers his wings [yeah] to protect	
18		its wings? [yeah]. Is that what you're saying?	
19	S2:	Yeah!	
20	S4:	No, its wings are *under* [emphasis added] the red things [yeah].	S4 refers to contribution S2
21	S1:	Yeah, that's what I meant.	

Fig. 5 Transcript 3: Example of a productive classroom dialogue. (© Chiel van der Veen)

In terms of practice, and research into practice, there are tools practitioners can use to analyse how dialogic or exploratory interaction is in their setting—for instance the Toolkit for Systematic Educational Dialogue Analysis (T-SEDA Collective 2023), to code instances of building on others' ideas, inviting others to give reasons, and respectfully challenging ideas. Computer-based and dashboard tools are also being developed to support learners to code and reflect on their own participation in educational talk (e.g. Hu et al. 2024). This intentional lens on how talk, and interaction more broadly, are being used to bring people into their own learning, based on solid research evidence of the benefit of doing so, offers scope for researchers, teachers and learners to identify how they could better support their own and others' learning.

7 Conclusions and Implications

In this chapter I have reviewed evidence as to why conversational ground rules and exploratory talk can be conductive to learning, with examples of what they might look and sound like in interaction. Despite the evidence in its favour, exploratory talk is still relatively rare—perhaps due to the 'risk' involved, and some flexibility of time to open up rather than move discussion on. Therefore, promoting, negotiating and sustaining a dialogic ethos remain an ongoing aim for even the most dialogic of teachers. As has been reviewed, the benefits of learners embracing a generalised sense of ground rules for engaging in educational and wider conversations have important implications that extend far beyond a school career: toward empowering individuals to engage thoughtfully, respectfully and critically with varied and emotive debates toward the intention of better understanding—of ourselves, of others, and of our place in the world.

Acknowledgements I am particularly grateful to Samantha Hulston, Nermin Karademir, Ramona Saraoru and Yi Zhao who generously commented on a first draft of this chapter.

References

Alexander, Robin (2001): *Culture and pedagogy: International comparisons in primary education*. Oxford: Blackwell.
Alexander, Robin (2018): Developing dialogic teaching: genesis, process, trial. In: *Research Papers in Education* 33, 5, pp. 561–598.
Barnes, Douglas (1976): *From communication to curriculum*. London: Penguin.
Barnes, Douglas (2008): Exploratory talk for learning. In: Mercer, N./Hodgkinson, S. (eds.): *Exploring talk in schools*. London: Sage, pp. 1–15.
Barnes, Douglas/Todd, Frankie (1977): *Communication and learning in small groups*. London: Routledge and Kegan Paul.
Furberg, Anniken (2010): *Scientific inquiry in web-based learning environments: Exploring technological, epistemic and institutional aspects of students' meaning making*. PhD thesis. Oslo: University of Oslo, Norway.
Hennessy, Sara (2011): The role of digital artefacts on the interactive whiteboard in mediating dialogic teaching and learning. In: *Journal of Computer Assisted Learning* 27, 6, pp. 463–586.
Hennessy, Sara/Rojas-Drummond, Sylvia/Higham, Rupert/Márquez, Ana María/Maine, Fiona/Ríos, Rosa María/García-Carrión, Rocío/Torreblanca, Omar/Barrera, María José (2016): Developing a coding scheme for analysing classroom dialogue across educational contexts. In: *Learning, Culture and Social Interaction* 9, pp. 16–44.
Hennessy, Sara/Calcagni, Elisa/Leung, Alvin/Mercer, Neil (2023): An analysis of the forms of teacher-student dialogue that are most productive for learning. In: *Language and Education* 37, 2, pp. 186–211.
Hu, Liru/Chen, Gaowei/Wu, Jiajun (2024): Improving participation equity in dialogic collaborative problem solving: A participatory visual learning analytical approach. In: *Journal of Computer-Assisted Learning* 40, 4, pp. 1632–1657.
Maine, Fiona/Hofmann, Riikka (2016): Talking for meaning: The dialogic engagement of teachers and children in a small group reading context. In: *International Journal of Educational Research* 75, pp. 45–56.
Major, Louis/Wegerif, Rupert/Twiner, Alison (2021): *Gaming2Development*. Project funded by Epic Games. University of Cambridge.
Mehan, Hugh (1979): *Learning lessons: Social organization in the classroom*. Cambridge/Mass.: Harvard University Press.

Mercer, Neil (2004): Sociocultural discourse analysis: Analysing classroom talk as a social mode of thinking. In: *Journal of Applied Linguistics* 1, 2, pp. 137–168.

Mercer, Neil/Dawes, Lyn (2008): The value of exploratory talk. In: Mercer, N./Hodgkinson, S. (eds.): *Exploring talk in schools*. London: Sage, pp. 55–71.

Mercer, Neil/Dawes, Lyn (2014): The study of talk between teachers and students, from the 1970s until the 2010s. In: *Oxford Review of Education* 40, 4, pp. 430–445.

Mercer, Neil/Wegerif, Rupert/Dawes, Lyn (1999): Children's talk and the development of reasoning in the classroom. In: *British Educational Research Journal* 25, 1, pp. 95–111.

Mortimer, Eduardo/Scott, Phil (2003): *Meaning making in science classrooms*. Buckingham: Open University Press.

Rojas-Drummond, Sylvia/Mercer, Neil (2003): Scaffolding the development of effective collaboration and learning. In: *International Journal of Educational Research* 39, 1-2, pp. 99–111.

Säljö, Roger (1995): Mental and physical artifacts in cognitive practices. In: Reimann, P./Spada, H. (eds.): *Learning in humans and machines: Towards an interdisciplinary learning science*. Oxford: Pergamon, pp. 83–96.

Sinclair, John McHardy/Coulthard, R. Malcolm (1975): *Towards an analysis of discourse*. Oxford: Oxford University Press.

T-SEDA Collective (2023): Toolkit for Systematic Educational Dialogue Analysis (T-SEDA): A resource for inquiry into practice. https://www.educ.cam.ac.uk/research/programmes/tseda/T-SEDA%20v9/T-SEDA_V9_toolkit_printing_09_06_23.pdf [Accessed: 15/01/2025].

T'Sas, Jan/Daems, Frans (2024): Exploratory talk in times of globalization and digitalization: A narrative review. In: *L1-Educational Studies in Language and Literature* 24, pp. 1–38.

Twiner, Alison (2011): *Sociocultural understandings of technology-mediated educational practices: Improvable objects and meaning-making trajectories in the ICT-literate classroom*. PhD thesis. The Open University, UK.

Twiner, Alison/Littleton, Karen/Coffin, Caroline/Whitelock, Denise (2014): Meaning making as an interactional accomplishment: A temporal analysis of intentionality and improvisation in classroom dialogue. In: *International Journal of Educational Research* 63, pp. 94–106.

van der Veen, Chiel/de Mey, Langha/van Kruistum, Claudia/van Oers, Bert (2017): The effect of productive classroom talk and metacommunication on young children's oral communicative competence and subject matter knowledge: An intervention study in early childhood education. In: *Learning and Instruction* 48, pp. 14–22. https://doi.org/10.1016/j.learninstruc.2016.06.001 [Accessed: 15/01/2025].

Vygotsky, Lev (1962): *Thought and language* (A. Kozulin, Trans). Cambridge, MA: MIT Press.

Vygotsky, Lev (1978): *Mind in society: The development of higher psychological processes*. Cambridge/Mass.: Harvard University Press.

Wegerif, Rupert (1996): Collaborative learning and directive software. In: *Journal of Computer Assisted Learning* 12, 1, pp. 22–32. Note: The quote in the chapter is taken form the author-submitted version of the article. It is accessible on academia where it is a Word document and the quote is on page 13. (99+) Exploring Collaborative Learning in Directive Software [Accessed: 15/01/2025].

The Importance of Metatalk for Establishing Dialogue in the First Years of Schooling

Christine Edwards-Groves and Christina Davidson

Abstract

This chapter brings into focus the importance of metatalk and what this means for establishing dialogue in classroom lessons from the first years of schooling. Capitalising on the *dialogic turn* in school education, the interdependencies between metatalk and establishing a dialogic sensibility through the in-practice attention to talk and interaction by teachers *and* students in lessons are explored. Empirical examples are used to illustrate ways metatalk, as an intentional focus, creates conditions for young students to expand their interactional repertoires with clarity and support. In turn, it contributes to students developing social competencies in ways that give them a greater sense of their interactional conduct and their shared responsibility for understanding, managing and sharing the conversational floor in classroom dialogues.

Keywords

Metatalk · Dialogic sensibility · Conversational floor · Turn taking · Co-production

---

C. Edwards-Groves (✉)
School of Education & Professional Studies, Griffith University | Gold Coast, Southport, Australia
E-Mail: c.edwards-groves@griffith.edu.au

C. Davidson
School of Education, Charles Sturt University, Wagga Wagga, Australia
E-Mail: cdavidson@csu.edu.au

© Der/die Autor(en), exklusiv lizenziert an Springer Fachmedien Wiesbaden GmbH, ein Teil von Springer Nature 2025
H. de Boer, D. Merklinger (Hrsg.), *Dialog als interaktive Praxis*, Edition Fachdidaktiken, https://doi.org/10.1007/978-3-658-48376-0_5

1 Introduction

The daily social life of children is saturated with interacting and communicating with others. Upon entering their life as a student as fundamentally competent conversationalists, when beginning school children encounter new forms of conversations, interactional arrangements and expectations. With the shift from interactions encountered in prior-to-school settings including their homes, children must learn to talk and interact differently as they become interactive participants among larger groups of people—their classroom cohort. This reality changes the interactive exigencies and contingencies influencing students since they need to acquire new purposes, discourses and patterns of discourse to participate in the multi-party talk that constitutes classroom discussions (Wells 1981). From the earliest days of their formal schooling, discussions in lessons figure prominently in the daily activity of students and teachers. The nature, efficacy and influence of classroom discussions as attributing to students' education form a critical concern for teachers' planning and in-practice pedagogical decision making.

Examining the enabling and constraining fundaments of pedagogical talk has elevated the promise of dialogic approaches as being productive of teaching that is generative of learning, knowledge, participation and engagement (Alexander 2017; Kim and Wilkinson 2019; Littleton and Mercer 2013; Michaels et al. 2008; Skidmore and Murakami 2016). However, amidst the groundswell of dialogic research (see for example the recent collection, *Routledge International Handbook of Research on Dialogic Education* edited by Mercer et al. 2020), research focused on the discussions taking place in early years classrooms falls short of attention. Additionally, *metatalk*, described simply as talk about talk and interaction, and what this means for learners as they participate in lessons, remains largely an under addressed field of study and a relatively neglected focus in learning to teach (Edwards-Groves and Davidson 2020; Faerch 1985). Consequently, the practice of metatalk has not translated more widely into pedagogical discourses, actions and interactions in overt ways, particularly in early years lessons (Edwards-Groves and Davidson 2017, 2020).

Explicit attention to metatalk necessitates both talk about spoken language production and how language and talk about language-in-use is integrated into classroom discourse (Schiffrin 1980). Metatalk, we argue, shifts how teachers and young students participate in discussions. It assists students to *cue in to* both the substantive content and the participatory workings of lessons in ways which overtly recognise and extend their interactional competencies (Gumperz and Hymes 1972). In this chapter, the interdependencies between metatalk and establishing a dialogic sensibility through an in-practice attention to talk in lessons are explored. To do this, we capitalise on insights drawn from the *dialogic turn* in school education which focuses on ways teachers *and* students attend to, manage, and talk about the lesson *talkscape* (Edwards-Groves et al. 2014; Edwards-Groves and Davidson 2017; Newman 2016).

The chapter is organised in two main sections. The first briefly addresses three underlying (and generally taken-for-granted) precepts which prefigure what is taken to be important in classroom discussions: understanding the lesson, metatalk, and a dialogic sensibility (a term coined by Edwards-Groves and Davidson 2021, to explain the shared sense of the talk and interaction practices employed by teachers and their students). Following this, the second section presents examples from empirical research illustrating some features of metatalk which teachers in early years classrooms developed to establish dialogues. Data are drawn from a yearlong nationally funded study examining the nature of dialogic pedagogies conducted in Australia (see Edwards-Groves and Davidson 2017 for a more comprehensive account). It shows ways metatalk is co-produced in interactions between early years teachers and their students in lessons, and what this means for accomplishing productive classroom discussions. It is concluded that metatalk is necessary for learning about and demonstrating 'how to participate' effectively in classroom discussions in ways that leverage the dialogue, suggesting metatalk forms an important interactional resource integral to the dialogic repertoires of teachers and students.

2 The Lesson, Metatalk and a Dialogic Sensibility

Drawing on seminal research on classroom talk (see e.g. Alexander 2017; Barnes 1976; Britton 1970; Freiberg and Freebody 1995; Littleton and Mercer 2013; Mehan 1979), this section considers the centrality of *metatalk* for both participating in and producing *lessons*, and what this means for establishing a *dialogic sensibility*. This position presupposes the need to closely examine ways talk and interaction produce the lesson, that talk about talk and interaction (metatalk) is co-produced in the talk, and how metatalk is integrated into lesson discourse as a resource for accomplishing a dialogic discussion.

To illustrate these concepts, we use the beginning of a classroom reading lesson involving a teacher and their composite class of 5- and 6-year-old students (in their first or second year of school). The aim is to show how talk produces the lesson and at the same time makes particular topics (like discussion) relevant as it unfolds sequentially in the turn-by-turn flow of talk (see Fig. 1).[1]

---

[1] Note, all names are pseudonyms; transcription conventions appear before the references.

1.	Tch:	So, we're going to have a discussion first, and we're going to tell all about the things we've been learning about our talking. So, what do you think we might need to do for that to happen, for us to have a conversation?
2.	Nate:	Um, well, when we talk with someone, we need to have eye contact
3.	Eve:	I agree ((nodding and looking at Nate)) because when we are listening to somebody else you, you have to have eye contact so you can understand what they're saying, it might help you hear it, so anyway, you might hear what they say properly, and you might not hear what they say so you might not learn the thing that they said, looking helps ya//
4.	Nate:	//yeah ((looking at Eve)), and [if you are eye contacting that means the other people who are talking to you, or you are talking to them, they know that you are paying attention
5.	Amy:	[°don't interrupt Nate°]((eyes directed towards Nate)) (0.8) ((eyes shifted towards Eve)) I agree with Eve too 'coz you can do eye contact, but you can also, um don't put up hands because when you piggyback then people come in and talk with their ideas
6.	Eli:	But I wonder why we piggyback?
7.	Amy:	((eyes towards Eli) well, you listen, you add on to other people's questions, suggestions and you say what you think, so you add on to other people's ideas=
8.	Flyn:	=but if I saw you didn't get to talk much, I would let you in the conversation=
9.	Amy:	=when people don't talk that means that there's no use doing the conversation, because they're not learning anything
10.	Flyn:	because I think ((nodding)), if you're not listening and learning anything, you're not learning about what we're learning about, and they're not getting the meaning of what the teacher's saying or what the other kids are trying to say to them.

Fig. 1 Extract 1: The lesson, the talk, the discussion

In a broad sense, following the turns in this lesson extract demonstrates, as Baker (1991) suggested, the ways that ordinary, everyday practices of talk and interaction in a classroom lesson are accomplished interactionally, where what is said and done with language is always situated in the here-and-now context *in which* it is produced (in the classroom) and *to which* it refers (talk about how to have a discussion). More specifically, Extract 1 shows how the lesson talk involves a distinctive kind of doubleness encompassing the "simultaneous interplay between the content frame and the interaction frame" (as put by Barnes and Todd 1977: 20–21). Or, as suggested by Freiberg and Freebody (1995), lesson talk achieves both propositional knowledge (involving talk about conceptual resources about discussions as the object of talk on offer) and procedural knowledge (involving talk about the logistical and organisational pragmatics about how talk is managed turn by turn). In this instance, the practical and conceptual resources of talking about talk and interaction in the here-and-now of the lesson created mutually-produced-courses-of-action (after Freiberg and Freebody 1995) that, in powerful ways, make metatalk significant and, as we argue, orient directly to a dialogic sensibility. Drawing on the extract above, these ideas are explained briefly in the next sub-sections.

The Lesson as an Interactive Event

In education literature, lessons are typically understood as bounded, structured periods of instruction timetabled to teach or reinforce specific knowledge, skills, or concepts, generally with preset objectives, a delivery 'method', use of resources, opportunities for practice, and some form of assessment. However, this view glosses the realities of *how* lessons happen. Close attention to the "exchange management work" of speakers (Edwards-Groves et al. 2022: 106) in Extract 1 above, for example, shows how lessons happen interactively. Using a typical turn-by-turn exchange system (McHoul 1978), teachers and students, in varying ways, display learning, knowledge, engagement, management and participation through the sequential unfolding of turns. This position aligns with the notion that lessons can be broadly conceptualised as socially produced interactive events (Edwards-Groves 2023).

The close study of lesson segments, as in the transcript above, shows the ways language, topics, talk and interaction co-exist as dynamic mutually-produced-courses-of-action to form what commonsensically might be described as a classroom discussion. For instance, in Extract 1 the teacher (turn 1, *t1*) nominates 'having a discussion' and 'what is needed for that to happen' as the main topic to be taken up in the lesson. Its relevance as a topic for conversation is made apparent in that the subsequent language, topics, talk and patterns of interaction evident in the student *turns cumulatively coproduce* an answer to the teacher's initiating question ("what we need for us to have a conversation?"). And, at the same time, students individually and collectively are orienting to 'what they had been learning about when having a discussion' (evidenced in their responses).

Metatalk as an Interactional Resource

The efficacy of teacher-student exchanges in a discussion, we argue, resides in explicit consciousness-raising about how to participate where metatalk forms an essential interactive resource that strengthens lesson dialogues (Edwards-Groves and Davidson 2020; Schleppegrell 2013). Metatalk not only focuses on spoken language itself, but also on how language and talk about language-in-use are promoted, produced and integrated into the lesson talk (Newman 2016; Schiffrin 1980). This knowledge is especially important for young learners as they learn to participate in lessons when they first come to school. The close examination of Extract 1 (above) illustrates how metatalk can be accomplished both as part of the classroom discourse *and* the knowledge of it applied in use. This is explained next.

In the lesson activity represented in Extract 1, the group of young students demonstrates the very things they were talking about (how to do a discussion). That is, as the sequence unfolded, not only was the metatalk conscious and explicit where the talk itself was made the object of its attention, but this knowledge was applied in the talk-in-interaction itself (Edwards-Groves and Davidson 2017, 2020). For instance, it is evident that in response to the teacher's opening question (*t1*) "So, what do you think we might need to do for that to happen, for us to have a conversation?", students drew explicitly on a shared commonsense and locally understood language to talk about *talk* and *interaction* at the same time they produced the very actions they were discussing (explained in the next paragraph). First, in their turns, students explicitly oriented to *talk* (talking about discussion, telling, conversations, suggestions, getting the meaning, understanding, saying what you think, questioning, agreeing, piggybacking, learning) and to *interaction* (talking about maintaining eye-contact, not putting hands up, paying attention, listening, hearing, not interrupting, sharing ideas, adding on to other people's ideas, answering other people's questions, letting others into the conversation).

Second, a more detailed analysis showed how, as a matter of course, ideas about talk and interaction are worked into the lesson discourse as mutually-produced-courses-of-action understood by these interlocutors. For example, in *agreeing* with Nate about the need for eye contact (raised by Nate in *t2*), Eve (*t3*) demonstrated *eye contact* by looking at Nate and *nodding* in agreement. In her turn, Eve then proceeded to *add on to* Nate's point by providing additional ideas about eye contact as assisting with *listening, understanding, hearing* and *learning*. Here, Eve's turns were oriented towards talking about having a discussion, at the same time she was *showing piggybacking* (a known feature of having discussions in this classroom) and *making eye contact* with the speaker (Nate). Nate then spoke over Eve (*t4*) before she had finished her idea, to add a further point about eye-contact being about 'showing the speaker that you are *paying attention*'. Here Nate's overlapping turn was noticed (and dispreferred) by Amy (*t5*) who softly spoke over him to remind him not to interrupt. As the conversation continued, Eli's question "I wonder why we piggyback?" (*t6*) and Amy self-selecting to answer his question (*t7*), showed that in discussions in this classroom questions could be asked and answered by the students. Later, Flyn's idea about letting people into the conversation if they didn't get a turn (*t8*) oriented directly towards a consciousness about noticing 'who has the floor' and the accepted class routines for sharing turns around. The sequence finishes with students Amy (*t9*) and Flyn (*t10*) connecting ideas about participating (in discussions) to *listening, speaking, making meaning,* and *learning*. This more detailed analysis of the sequence of exchanges is important for illustrating ways that students in the discursive flow of talk-in-interaction can demonstrate metatalk in their own turns but also as a *cumulative and collaborative co-production* of talk about having a discussion.

In summary, this analysis illustrates the dynamic interplay between the topic of talk (focused on how to have a discussion) and producing a discussion itself where a multiplicity of voices (polyphony), perspectives (heteroglossia), and the distinctive social context of a classroom lesson (chronotope) (after Bakhtin's (1981) notion of dialogism) are reflected. As shown, metatalk must not only focus on talk and interaction as a substantive topic in its own right, but also be displayed in the interactive processes about which it describes. **Metatalk *in practice* must explicitly use a mutually produced and understood language that teachers and students *share in the responsibility* for managing and co-producing.** Analysis highlights the distinct doubleness upon which metatalk depends: that talk about talk (what is spoken and heard) alone is not sufficient, but that the talk must encompass talk about interaction and how students orient to both. To conclude, metatalk is an important interactional resource that must be considered to be a critical part of the dialogic repertoire, one that is necessary for establishing a dialogic sensibility from the early years of schooling.

Establishing a Dialogic Sensibility: The Need for Metatalk

In this section, establishing a *dialogic sensibility*, of which metatalk is part, is discussed. Building on the notions of a dialogic instructional stance (Boyd and Markarian 2015), a dialogic sensibility requires 'more than ethos' (after Alexander 2017), it relies on teachers *and* students overtly attending to both the structures (the how) *and* function (the what and why) of the discourse. As our research has shown (Edwards-Groves and Davidson 2017, 2021), the hallmark of a dialogic sensibility begins with treating lessons as being interactionally accomplished where teachers and students display in-practice evidence of an overt shared attention to dialogue (to talk and interaction)—in the moment, over a series of exchanges and across lessons (where over time a sensitivity to the dialogic emerges). It requires noticing and orienting to the work of the turns in the first instance, and that with time, focus, practice and persistence opens up possibilities for the establishment of dialogues in the second.

Returning to Extract 1 as an example, strong evidence of a group of young students orienting simultaneously to both propositional and procedural talk in their attention to discourse structures (noticing and managing the turns) and its functions (creating open communicative practices for learning like collaboration, inquiry, etc.) is provided. For example, even at a young age, these students display traces of a dialogic sensibility in their classroom talk as they:

(i) notice other speakers and rights to the floor (e.g., when Amy sought to manage the floor as she notices and names Nate's interruption of Eve's turn, *t5*),
(ii) orient to the speaker by looking at the speaker, and directly taking up what the prior speaker was talking about to expand the point in their own turns (e.g., when Nate added additional information to Eve's prior point about eye contact *t4*),

(iii) orient to the topic of discussion across the sequence (*t1–10*),
(iv) speak about noticing who has the conversational floor and ways this can be managed (when Flyn in *t8* spoke about letting others into the conversation if he noticed they hadn't had a turn),
(v) build on to and respond to the turns of others through student-student interactions across the sequence (*t2–10*),
(vi) demonstrate use and understanding of their locally produced metatalk (*t2–10*) (identified in the previous section),
(vii) demonstrate deepening awareness about the relationship between learning and talking, listening, or paying attention (*ts4,7,9,10*), and
(viii) display evidence of understanding (about the structure and the function of talk) in their justifications (Nate's explanation about eye contact indicating that you are paying attention to the speaker, *t4*), reasoning (Amy's reason for talking in a discussion means you are learning, *t9*) and questions (Eli *t6*).

What a re-reading of Extract 1 illustrates is how the teachers and students in their lesson activity worked towards a shared sense of the dialogic made apparent in their metatalk and their turn-taking (Edwards-Groves and Davidson 2017, 2021). Specifically, their ways of participating, understanding and managing the lesson talk demonstrated their knowledge about the structure and function of discourse, but also how they shared in the responsibility for producing it (Edwards-Groves and Davidson 2017; Newman 2016). Attention to the features of talk presented here, reveals an explicit awareness of the communicative space—how it is developed, understood, managed, and used by students when they are afforded the opportunity to do so. In summary, arriving at a dialogic sensibility in classroom practices requires interlocutors (teachers and students) who understand the core interactional workings of lesson talk that is supported by attention to metatalk.

3   Metatalk for Establishing Dialogue: The Matter of Explicitly Attending to Talk and Interaction

Supporting young learners to participate in classroom dialogues is a learned practice that takes time, focus, practice and persistence. Establishing dialogues begins with developing a *shared attunement*, where teachers assist students to overtly notice and, so, orient to talk and interaction, and where metatalk emerges as a local response to elevate student participatory actions and understandings.

Making Metatalk Clear: Noticing and Practicing

In response to considerations about teaching more dialogically, the following examples show how teachers with their students implemented explicit strategies to assist students to contribute meaningfully. Metatalk emerged in response to student needs and sometimes through trial and error (see also Edwards-Groves and Davidson 2017: 176–180). In some instances, attending to talk included developing resources (like talking sticks) and visual prompts (like posters). Extracts from lessons and teacher interviews and journals exemplify how students were supported to notice and monitor the conversational floor, practice, follow the conversation, build on the turns of others, invite others into the conversation, and practice talk moves for themselves (e.g., wait time). For teachers, this meant vacating the floor and resisting the urge to respond immediately, that is, to withhold their turn. We caution that the examples are not meant to be a recipe but represent how one group of teachers developed responsive 'approaches' to support their young learners in becoming attuned to participating effectively in discussions in relation to their situation and needs. It was intentional and purposeful.

1. *Noticing turn-taking and the conversational floor*

At times in classroom discussions when someone interrupted a speaker or when turns overlapped, teachers needed to intervene to remind them of the 'one speaker at a time' protocol. For instance, in Extract 1, when student 6-year-old Amy noticed Nate's turn *overlapping* Eve's turn, she reminded him not to interrupt. Extract 2 shows how teacher, Cameron, and their students managed this in a conversation about characters in a book they were reading at the time (see Fig. 2).

```
1. Evi:    Mr Little (0.2) [what's the animal's name?
                           [((pointing to the book))
2. Tch:    that's the weasel=
3. Ivy:    =looks like a me::[erkat
4. Ron:                      I've seen a real meerkat at the zoo=
5. Arc:    =I went [to the zoo
6. Ron:            [that's a duck
7. Tch:    what are you noticing?
8. Max:    both talking at the same time
9. Tch:    hard for us to hear isn't it=
10. S1:    =hard for us to understand
11. S2:    he hasta stop talking (0.2) and °wait for the quiet moment°
12. Tch:   yep ((resumes reading))
```

Fig. 2 Extract 2: Noticing the conversational floor

In this case, the teacher's question raises "noticing" (*t7*). In response, Max (*t8*) identifies that Ronan and Archer were "both talking at the same time", indicating that the boys' talk has been noticed by him. Justifications about why overtalking is a problem were subsequently made, for example, that it is hard to hear (*t9*) and understand (*t10*), and a solution was offered by S2 (*t11*), that "he hasta stop talking and wait for the quiet moment". Collectively, these turns show how noticing the floor was made relevant in their locally understood metatalk.

2. *Managing turns and turn-taking*

To address more effective turn-taking by students, one teacher developed a strategy using "Teddy Bear Conversation Monitors". Each child was given a picture on cards of a bear with six spots to place counters (see Fig. 3), representing the turns a student could take.

The teacher introduced the cards as an explicit way for students to monitor their turn-taking in the attempt to encourage more students to enter the discussion (see Fig. 4).

Their purpose is made clear by students and their teacher in this next extract (see Fig. 5).

Fig. 3 Teddy Bear Conversation Monitors. (© Edwards-Groves/Davidson)

Fig. 4 Practicing monitoring turns. (© Edwards-Groves/Davidson)

```
1. Tch: would someone like to talk more about our little teddy bears
        that we've started using
2. Seb: umm, it is has six numbers it goes from one to six, so we
        can talk less or listen more
3. Tch: why's that important?
4. Ryn: so we can give people more turns, if they're talking too
        much then you're not letting other people talk, so we
        well you need to talk six times, and so you can listen to
        other people's ideas=
5. Noa: =and each time you say an idea, you put a counter on its ear
        Or its toes (0.2)
6. Tch: okay there are a few things//
7. Rob: //or their hands
8. Tch: oh, on their hands, thank you Robert
```

Fig. 5 Extract 3: Talk about turns

3. *Monitoring turns and entering the conversation*

To support students in monitoring turns, theirs and the turns of others, the same teacher introduced *talking cards* (see Fig. 6) with the *conversation monitors* (introduced earlier). Noted in their reflective journal, the following justification was provided.

Fig. 6 Noticing turns with Talking Cards. (© Edwards-Groves/Davidson)

> In this lesson, I instituted the use of *Talking Cards*. This was done as a way to see if those students who have not been contributing to our conversations are doing so because they have nothing that they wish to contribute or because they are unable to break into the conversation in order to express their ideas. These cards are double sided. On one side is a green face and on the other side is a red face.

They continued their explanation about supporting students to enter the conversation.

> If the red face is facing upwards, the student does not have anything that they wish or need to add to the conversation. However, if the green face is facing upwards then the student would like to contribute to the conversation and someone else needs to invite them into the conversation. These cards were only given to those students who have not previously contributed to our conversations. Interestingly, one Year One student who has not previously contributed to conversations was invited in and added her idea and two Kindergarten students were also invited into the conversation.

The comment that students were inviting others into the conversation indicates that the use of the cards supported the students to notice the conversational floor and take responsibility for managing it (by inviting others into the conversation). The teacher spent time introducing the purpose of the talking cards (Extract 3), these were used in combination with the Teddy Bear Conversation Monitors.

Talking about the purpose for the use of talking cards was essential in enabling the students to understand how the teacher was helping them to notice turns and to change the way that they contributed in whole class discussions, as Extract 4 shows (see Fig. 7).

4. *Practicing and making the focus of talk explicit*

One teacher began each discussion by introducing students to an explicit discussion focus that oriented to both the talk (how and why) and the topic (what). The focus was also written as a 'reminder' on the board in front of the group. This was

```
1. Tch:      so we have our conversation monitors in front of us, now
             yesterday I spoke to you about these cards I said was
             going to give these special cards to some people who may are
             finding it a bit tricky to come into conversation
             and that if those, and if the card is on the red face that
             means they don't have anything to say, but if they turn
             the card over to the green face it means they have something
             to say, and they may not be able to get into the conversation,
             so it would be really nice if someone else could invite them
             in they might say, Loui did you have something that you
             wanted to add?
2. Frani:    like John did you have something?
```

Fig. 7 Extract 4: Talking cards and conversation monitors to provoke shared responsibility for noticing

```
1. Tch:      righto gang. Let's come and jump down into our talking
             circle ((students move to sit in a circle shape in the floor)) we'll
             go through again (.) we'll talk about the focus (0.3) now again
             guys the focus of our con, the focus of our lesson here is that
             we follow the conversation (.) we're going to share our ideas
             as well (.) this means listening along, listening and waiting
             for the quiet moment for when you can jump in and share your
             idea (.) so, like you just looked up here when I pointed
             ((teacher pointed to the words 'following the conversation',
             written on the whiteboard beside the teacher)), that was cool
             'coz your eyes are going to be really important here (.) so,
             Jed if I'm talking where would you be looking?
2. Jed:      looking at [you
3. Tch:                 what if Tania starts talking?
4. Zara:                [at her
5. Tch:      let's practice a couple of times (.) Axle is going to start
             talking
6. Axle:     um:m the frogs got frightened by the pig=
7. Tch:      =what if Zara starts talking?
8. Zara:     um:m and he just wanted to make new friends
9. Tch:      so it's kind of like that tennis match(.) how, looking one way
             and then we're looking the other way (.) so it's going to be
             really important here that we focus and we concentrate on where
             the conversation is going
```

Fig. 8 Extract 5: Practicing following the conversation

supported by practicing. In the extract below, 'following the conversation' was the explicit interaction focus to be noticed and practiced; it proceeded with specific language about talk and interaction, and this was inextricably connected to talk related to making meaning about a text they were reading at the time (see Fig. 8).

Here, practicing using an everyday example like watching a tennis match, was helpfully used to show these students in this classroom what following the conversation was like, that it helps looking (*t2*), focusing (*t9*) and concentrating on the speaker (*t9*). On this occasion, structural (how to have a discussion by following the conversation, looking), functional (listening, concentrating, focusing and sharing) and conceptual (comprehending texts and turns) discourses were 'in play'. In an interview, the teacher provided the following reason for promoting an explicit talk focus.

```
.. it's more about learning, um, how to engage in those
conversations and that I do need to follow that conversa-
tion. Um, what I find with those kids is sometimes in the
larger group situations that they do switch off ... So for
them I guess it's just about teaching them how to follow a
conversation.
```

5. *Building on ideas and making the rationale explicit*

In the next example, the focus was on building on the talk of others to make ideas stronger (bolded). This was explicitly stated (*t1*) at the outset of the discussion (see Fig. 9).

This example illustrates how the teacher linked the discourse structures (building on each other's ideas (described by some teachers as 'piggybacking')) to the discourse function (making ideas stronger). Bringing these elements of the discourse together in the instruction brings clarity for young students learning to actively participate in their discussions.

6. *Entering the conversation—waiting for the quiet moment*

Waiting for the quiet moment emerged as an explicit prompt that teacher, Cameron, devised to explicitly teach students about noticing and managing turn-taking in their group discussions. An example of this is found in this excerpt (see Fig. 10):

```
1. Tch:    okay gang, what we're going to concentrate on, the
           focus of our lesson, can you see it written up there,
           is building on each other's ideas, okay, we're gonna
           make them stronger, so someone might comment on
           something, they might tell us some information, and
           we're going to build on that idea as well
```

Fig. 9 Extract 6. Making the focus explicit, building on ideas to make them stronger

```
1. Tch:    the focus of what we're doing gang, is we're gonna to share
           our ideas(.) and what do we need to wait for? What do we need
           to wait for when we're sharing?
2. Henry:  quiet moment
3. Tch:    yeah the quiet moment (begins to read the book to students)
```

Fig. 10 Extract 7: Sharing ideas and waiting for the quiet moment

Metatalk in this excerpt from Cameron's first year classroom is demonstrated as they explicitly set up both the *talk focus* ("to share our ideas") and the *interaction focus* ("waiting for the quiet moment") and, at the same time, draw out the literacy focus to be about the meaning of the text they were reading at the time.

7. *Extending ideas and making building on the turns of others visible*

Another intentional focus for early years teacher Cameron was supporting students in building on the talk of others to make ideas stronger. To do this, they used plastic interlocking building blocks to build towers to visually represent *building on*. This strategy enabled students (individually and collectively) to monitor the ideas or points they raised. If a new idea was raised, the teacher would begin a new tower (see Fig. 11).

The strategy provided a visible indication to students that they had contributed a new idea, and that the teacher had acknowledged that the contribution either produced *building on the ideas of others* by adding an additional block, or introduced a *new idea*, by starting a new tower. Although the building activity began with the teacher, handing this over to different students after time supported their noticing as they were learning to sustain and extend the conversation.

8. *Making wait time clear*

Some teachers worked to explain 'talk moves' to students to enable them to employ talk moves in their own talk with others. For example, Jasmin observed stu-

Fig. 11 Making 'building on' visible. (© Edwards-Groves/Davidson)

```
Tch: Today, I noticed in your groups when you were talking
     ((gestured to groups with hands)) in all our small group work
     that you weren't giving enough wait time (.) especially your group
     (.) I noticed that you were jumping in (gesture) when someone
     wasn't finished what they were saying (0.2) think about this. So
     it's really important that you give other people wait time (.)
     so these are the reasons why and this is the power of wait time,
     because students need to listen to the question, so if I ask you
     a question I need to give you time to think about it, so you can
     answer the question (.) so if I ask you a question and I keep
     quickly talking I am not giving enough time to think about and
     answer it properly
```

Fig. 12 Extract 8: Explicating wait time

dents talking over each other in lessons and not waiting for others to talk. So, she made wait time more explicit for her students by directly addressing it in her classroom. Wait time became an intentional interactional strategy she and her students practised. The following extract from a lesson conclusion illustrates their noticing and explanation of 'wait time' to the students (see Fig. 12).

This extract showed how wait time and its purposes were made clear to the students. For Jasmin, this began with noticing the little time she allowed for students to think about and formulate their responses before expecting them to 'go public' with their ideas. The benefits of waiting, and explicitly knowing that waiting promoted more time and opportunity for students to produce a better-quality response. Both teachers and students were looking out for and drawing upon interactional moves that they can notice, name and produce in intentional ways.

4 Conclusion: The Affordances of Metatalk for Establishing Dialogue

In this chapter, we have argued that metatalk emerges as an intentional high-leverage resource which produces supportive conditions for learning, knowledge building and engagement in classroom discussions. It is an important interactional resource that with time, focus, practice and persistence forms an integral part of a repertoire of dialogic practices; but note, developing metatalk, indeed a dialogic sensibility, is always a work in progress as students progress through their years of schooling. Ostensibly, in practice, metatalk is necessarily both a discourse for the structure *and* function of talk and interaction, serving as a shared language to explain it, and, at the same time, establish the conditions for its production. Its affordances lie in creating conditions for young students to expand their interactional repertoires with clarity and support. Developing proficiencies in metatalk also contributes to students' developing social competencies in ways that give them a greater sense of their interactional conduct and, therefore, their responsibility for understanding, managing and sharing the conversational floor in the multi-partied discussions they encounter in classrooms. As a final message, developing metatalk matters from the early years of schooling for its place in establishing a strong foundation from which to build a shared responsibility for coordinating, managing and contributing to lessons, and ultimately students' learning. Its place in establishing dialogue, and the sensibility to it, from the first years of schooling cannot be underplayed.

Transcription Conventions Used in the Chapter
(adapted from Atkinson and Heritage 1984)

[[	Utterances that begin at the same time
[	Overlap in speakers' talk
]	Point where simultaneous talk finishes
=	Talk between speakers latches of follows without a break
( )	Indicates length of silence e.g., (0.2)
?	Rising inflection e.g., a question
.	Stopping fall in tone
,	Continuing intonation
!	Animated tone
°	Softness e.g. It's a °secret°
hhh	Aspiration or strong out-breath
(it is)	Words within are uncertain
( )	Indicates that some word/s could not be worked out
(( ))	Verbal descriptions e.g. ((sits down))

References

Alexander, Robin (2017): *Towards dialogic teaching: Rethinking classroom talk*. 5th ed. Thirsk, UK: Dialogos.

Atkinson, John/Heritage, John (1984): *Structures of social action: Studies in conversation analysis*. Cambridge: Cambridge University Press.

Baker, Carolyn (1991): Classroom Literacy Events. In: *Australian Journal of Reading*, 14, 2, pp. 103–8.

Bakhtin, Mikhail (1981): *The Dialogic Imagination: Four Essays by M.M. Bakhtin*. M. Holquist (Ed). Trans. C. Emerson and M. Holquist. Texas: University of Texas Press.

Barnes, Douglas (1976): *From communication to curriculum*. London: Penguin.

Barnes, Douglas/Todd, Frankie (1977): *Communication and learning in small groups*. London: Routledge & Kegan Paul Ltd.

Boyd, Maureen/Markarian, William (2015): Dialogic teaching and dialogic stance: Moving beyond interactional form. In: *Research in the Teaching of English*, 49, 3, pp. 272–296.

Britton, James (1970): *Language and Learning*. UK: Allen Lane.

Edwards-Groves, Christine (2023): Dialogic Pedagogies. In: *Oxford Research Encyclopedia of Education*. https://oxfordre.com/education/view/10.1093/acrefore/9780190264093.001.0001/acrefore-9780190264093-e-1836 [Accessed: 15/01/2025].

Edwards-Groves, Christine/Anstey, Michele/Bull, Geoff (2014): *Classroom Talk: Understanding dialogue, pedagogy and practice*. Sydney: Primary English Teaching Association Australia.

Edwards-Groves, Christine/Davidson, Christina (2017): *Becoming a Meaning Maker: Talk and Interaction in the Dialogic Classroom*. Sydney: Primary English Teachers Association Australia.

Edwards-Groves, Christine/Davidson, Christina (2020): Metatalk for a dialogic turn in the first years of schooling. In: Mercer, N./Wegerif, R./Major, L. (eds.): *International Handbook of Research on Dialogic Education*. London: Routledge, pp. 125–138.

Edwards-Groves, Christine/Davidson, Christina (2021): *Dialogic Writing: Investigating writing and oral language development through dialogic pedagogies for students from a diverse low socio-economic community*. Research Report. Wagga Wagga, Australia: Charles Sturt University.

Edwards-Groves, Christine/Garoni, Stephanie/Freebody, Peter (2022): Transitions in literacy and classroom interaction across the school years. In: Jones, P./Matruglio, E./Edwards-Groves, Chr. (eds.): *Transition and Continuity in School Literacy Development*. London: Bloomsbury Press, pp. 95–118.

Faerch, Claus (1985): Metatalk in FL classroom discourse. In: *Students in Second Language*, 7, 2, pp. 184–199.

Freiberg, Jill/Freebody, Peter (1995): Analysing literacy events in classrooms and homes: Conversation-analytic approaches. In: Freebody, P./Ludwig, Chr./Gunn, St. (eds.): *Everyday literacy practices in and out of schools in low socioeconomic urban communities*. Brisbane, Australia: Griffith University, pp. 185–372.

Gumperz, John/Hymes, Dell (1972): *Directions in sociolinguistics*. Rhinehart & Winston.

Kim, Min Young/Wilkinson, Ian (2019): What is dialogic teaching? Constructing, deconstructing, and reconstructing a pedagogy of classroom talk. In: *Learning, Culture and Social Interaction*, 21, pp. 70–86. https://doi.org/10.1016/j.lcsi.2019.02.003. [Accessed: 15/01/2025].

Littleton, Karen/Mercer, Neil (2013): *Interthinking: Putting talk to work*. London: Routledge.
McHoul, Alexander (1978): The organization of turns at formal talk in the classroom. In: *Language in Society, 7,* 2, pp. 183–213.
Mehan, Hugh (1979): *Learning lessons*. Massachusetts: Harvard University Press.
Mercer, Neil/Wegerif, Rupert/Major, Louis (eds.) (2020): *International Handbook of Research on Dialogic Education*. London: Routledge.
Michaels, Sarah/O'Connor, Catherine/Resnick, Lauren (2008): Deliberative discourse idealized and realized: Accountable talk in the classroom and in civic life. In: *Studies in Philosophy and Education, 27,* 4, pp. 283–297.
Newman, Ruth (2016): Working talk: Developing a framework for the teaching of collaborative talk. In: *Research Papers in Education, 31, 1*, pp. 107–131.
Schiffrin, Deborah (1980): Meta-talk: Organizational and evaluative brackets in discourse. In: *Sociological Inquiry,* 50, 3-4, pp. 199–236.
Schleppegrell, Mary (2013): The role of metalanguage in supporting academic language development. In: *Language Learning, 63*, pp. 153–170.
Skidmore, David/Murakami, Kyoko (2016): *Dialogic pedagogy: The importance of dialogue in teaching and learning*. Bristol: Multilingual Matters.
Wells, Gordon (1981): *Learning through interaction: The study of language development*. London: Cambridge University Press.

Spannungsfelder des Gesprächshandelns in dialogischen Unterrichtsgesprächen

Heike de Boer und Daniela Merklinger

Zusammenfassung

Der vorliegende Beitrag diskutiert typische Herausforderungen, die während der Gestaltung fachlicher Unterrichtsgespräche entstehen. Zunächst werden Ergebnisse verschiedener Interventionsstudien zur Entwicklung des Gesprächshandelns vorgestellt. Im Folgenden werden zwei Ansätze dargelegt, die im Kontext des forschungsorientierten Lernens die Untersuchung des eigenen Gesprächsverhaltens fokussieren. Auf der Basis von kurzen Gesprächsausschnitten werden sechs Spannungsfelder expliziert, diskutiert und in Praktiken des Umgangs überführt, die dialogisch-kollektives Gesprächshandeln situativ unterstützen.

Schlüsselwörter

Dialog · Gesprächführung · Gesprächshandeln · Forschend Lernen · Pausen und Wartezeiten · Professionalisierung

---

H. de Boer (✉)
Universität Koblenz, FB 1, Institut für Grundschulpädagogik, Koblenz, Deutschland
E-Mail: hdeboer@uni-koblenz.de

D. Merklinger
Universität Erfurt, Erziehungswissenschaftliche Fakultät, Fachgebiet Grundschulpädagogik und Kindheitsforschung: Didaktik Deutsch in der Primarstufe,
Erfurt, Deutschland
E-Mail: daniela.merklinger@uni-erfurt.de

© Der/die Autor(en), exklusiv lizenziert an Springer Fachmedien
Wiesbaden GmbH, ein Teil von Springer Nature 2025
H. de Boer, D. Merklinger (Hrsg.), *Dialog als interaktive Praxis*, Edition
Fachdidaktiken, https://doi.org/10.1007/978-3-658-48376-0_6

1 Einleitung

```
Ich glaube, es ist auch ein Balanceakt, das Tempo zu halten,
sodass die Luft nicht rausgeht (.) aber trotzdem genug Zeit zu
lassen. (.) Das kommt auch voll auf die Gruppe an (.) kommt auch
total auf das Buch drauf an, auf die (.) Stimmung an dem Tag.
Ich glaub, ja, da muss man auch einfach Erfahrungen machen (1).
```

(Zitat einer Masterstudentin aus einem Reflexionsgespräch, SoSe 2024)

Die Kommunikation im Unterricht zählt zu den großen Herausforderungen des Unterrichtens, denn das Gesprächshandeln ist in das situative und dynamische Unterrichtsgeschehen eingebunden und erfordert flexibles und situationsgebundenes Handeln von Lehrkräften und damit die Fähigkeit, prozessbezogen zu handeln. Eine auf den Gesprächsprozess orientierte Gesprächsführung stellt Lehrende und Studierende als zukünftige Lehrkräfte allerdings vor große Herausforderungen, die das Ausbalancieren konträrer Handlungspole erfordern. Das Zitat der Studentin illustriert z. B. das Spannungsfeld von *Pausen zulassen und Wartezeiten ermöglichen* einerseits und *neue Impulse geben* andererseits.

Aktuelle Forschungsbefunde zeigen, dass das Zusammenwirken des sprachlichen Handelns der Lehrkräfte und der Äußerungsqualität der Schüler*innenbeiträge zunehmend als Ko-Konstruktion von Grundschulkindern und Lehrkräften verstanden wird (de Boer 2024, S. 491). In Untersuchungen im internationalen Kontext besteht einerseits Konsens darüber, dass qualitätsvolle dialogische Klassengespräche ein besonderes Lernpotenzial für fachliche und überfachliche Bildungsziele aufweisen (vgl. z. B. Pauli et al. 2022, S. 4; Mercer et al. 2020). Andererseits machen Ergebnisse der Unterrichtsforschung z. B. zur Analyse des kognitiven Niveaus von Lehrer*innenfragen sichtbar, dass nur wenig Fragen formuliert werden, die zum Nachdenken oder zu elaborierten Antworten anregen (vgl. Denn et al. 2019, S. 34; Rank et al. 2021).

Unterrichtsgespräche sind Teil eines sehr komplexen situativen Geschehens, das hohe Anforderungen an Lehrkräfte und Schüler*innen stellt, sowohl was die fachliche Ebene des Gesprächs angeht, aber auch, was die Gesprächsführung, das Miteinander-Sprechen und die gegenseitige Bezugnahme im Gespräch betrifft. So besteht ein weiteres typisches Spannungsfeld darin, dass sich Lehrkräfte für ihr professionelles Handeln im Unterrichtsgespräch fachwissenschaftlich und fachdidaktisch vorbereiten sowie Ziele für ihren Unterricht setzen. Zugleich wird ihnen im Gespräch die Fähigkeit abverlangt, den von ihnen intendierten Ablauf zurückzustellen, um den situativen Denkprozessen und den nicht planbaren Äußerungen der Schüler*innen Raum zu geben.

Vor dem Hintergrund dieser Überlegungen werden in diesem Beitrag im Folgenden zunächst Ergebnisse ausgewählter Interventionsstudien vorgestellt, in denen das Gesprächshandeln von Lehrkräften gezielt gefördert wird. Vorgestellt wird auch der an der University of Cambridge entwickelte Ansatz T-SEDA, mit dem Lehrkräfte ihr eigenes Gesprächshandeln untersuchen können; sowie ein Ansatz, der das forschungsorientierte Lernen im Studium zum Ausgangspunkt für die Beforschung und Professionalisierung des Gesprächshandelns von Studierenden macht. Daran anschließend werden sechs Spannungsfelder, die das Gesprächshandeln von Studierenden als zukünftigen Lehrkräften im Unterricht flankieren, an Transkriptbeispielen vorgestellt.

2 Interventionsstudien zur Entwicklung des Gesprächshandelns

Um das Gesprächshandeln von Lehrkräften zu professionalisieren, haben Kammermeyer et al. (2017) im Kontext der Bund-Länder-Initiative „Bildung durch Sprache und Schrift" (BISS) ein Qualifizierungskonzept entwickelt. Es wird zur Sprachbildung und Sprachförderung in der Grundschule durchgeführt. Lehrkräfte werden in Gesprächsstrategien geschult, z. B. *nach den persönlichen Vorstellungen, den Vorerfahrungen* und *den Meinungen der Schüler*innen zu fragen*; genauso wie dazu, *mit den Kindern im Gespräch über inhaltliche Zusammenhänge oder über Merkmale von Sprache und Schrift nachzudenken* (vgl. Kammermeyer et al. 2017, S. 28). Die Evaluation des Konzeptes zeigt, dass deutliche Verbesserungen der geschulten Fachkräfte in der Gesprächsführung zu verzeichnen sind (Kammermeyer et al. 2019).

Die dialogische Gesprächsführung im Unterricht steht im Mittelpunkt des Interventionsansatzes von Weil et al. (2020). Im Kontext der videobasierten Interventionsstudie wurden Fortbildungsangebote zur dialogischen Gesprächsführung entwickelt und evaluiert. Die im Anschluss an Alexander (2020) entwickelte Konzeption enthält u. a. ein Tool an *diskursfördernden Unterrichtsmethoden* und *Gesprächsstrategien*, mit denen Lehrende ‚niedrig-schwellig' darin unterstützt werden, Unterrichtsgespräche schüler*innenorientierter zu gestalten und produktiv zu moderieren (vgl. Weil et al. 2020, S. 11); zugleich werden mit dem Interventionsansatz zahlreiche Instrumente veröffentlicht, die zur Evaluation des Fortbildungskonzeptes herangezogen wurden.

Wie ein gesprächsanalytisch und erwerbstheoretisch fundierter Zugriff zum „Finetuning" im Unterricht aussehen kann, damit auch Schüler*innen mit schwächer ausgebauten Diskurskompetenzen erreicht werden können, explizieren Morek und Heller (2021, S. 383). Untersucht wird, wie das „kontext- und lernersensitive Setzen lokaler und globaler Zugzwänge"[1] (Morek und Heller 2021, S. 418) im Gespräch dazu beitragen kann, Schüler*innen mit unterschiedlichen sprachlichen Voraussetzungen in die Bearbeitung sprachlich komplexer und fachlicher Aufgaben einzubeziehen. Dabei werden die gattungsspezifischen Anforderungen, z. B. an *das Beschreiben, Erklären und Argumentieren durch konkretes Unterstützungshandeln* der Lehrkräfte gesprächsanalytisch ausdifferenziert (vgl. Morek und Heller 2021, S. 419).

Wie fachübergreifende und fachspezifische Anforderungen an eine dialogische Gesprächsführung im Fachunterricht ineinandergreifen, untersuchen Pauli et al. (2022) in der Interventionsstudie „Socrates 2.0" im Rahmen von Fortbildungen mit Geschichts- und Mathematiklehrkräften. Die Autor*innen folgern aus ihren Analysen, dass für Lehrer*innenfortbildungen zur Steigerung der Qualität von Gesprächen im Fachunterricht zwei Faktoren entscheidend sind: „die Vermittlung (und das Einüben) fachübergreifend formulierter, flexibel einsetzbarer Gesprächsleitungsstrategien (…), als auch (…) die Gestaltung geeigneter, fachspezifischer Gesprächskontexte" (Pauli et al. 2022, S. 19). Auch wenn letzteres in der Literatur bisher wenig Beachtung findet, so sehen die Autor*innen darin den Schlüssel dafür, eine dialogische Gesprächskultur nachhaltig im Fachunterricht zu verankern (vgl. Pauli et al. 2022, S. 19).

3 Forschend Lernen – das eigene Gesprächsverhalten beforschen

Lehrkräfte beforschen dialogische Gespräche in der Klasse
Vor dem Hintergrund von Forschungserkenntnissen zur Lernförderlichkeit dialogischer Gesprächsformen im Unterricht haben Forscher*innen aus England und Mexiko ein „Scheme for Dialogue Analysis (SEDA)" entwickelt (vgl. Hennessy et al. 2016), welches ein Beobachtungstool für Schlüsselmerkmale des Dialogs im Klassenzimmer enthält. Um die Erkenntnisse dieses Forschungsinstruments für Lehrkräfte, aber auch für die Aus- und Fortbildung von Lehrer*innen zugänglich zu machen, wurde aufbauend auf SEDA das „Toolkit for Systematic Educational

---

[1] *Globale* Zugzwänge sind dadurch gekennzeichnet, dass sie von der nächsten Sprecher*in die Darstellung eines Zusammenhangs (komplexes Äußerungspaket) erwarten lassen, z. B. eine ausführliche Erklärung oder eine Argumentation. *Lokale* Zugzwänge zielen auf Äußerungen, die einen Satz oder auch nur ein Wort umfassen können (vgl. ausführlich Morek et al. 2022, S. 5).

Dialogue Analysis (T-SEDA, 2023)" entwickelt, das auf der Homepage der University of Cambridge[2] eine umfangreiche Sammlung offener Ressourcen enthält, mit dem Ziel, Praktiker*innen auf allen Bildungsebenen bei der Entwicklung dialogischen Lehrens und Lernens sowie bei der Durchführung eigener Untersuchungen zu unterstützen. An der fortlaufenden Entwicklung T-SEDA waren neben den Forscher*innen der University of Cambridge über 360 Praktiker*innen aus verschiedenen Bildungsbereichen und Ländern beteiligt. T-SEDA gibt Lehrkräften, die daran interessiert sind, die Qualität des Dialogs zwischen Schüler*innen und Lehrpersonen zu beobachten und (weiter) zu entwickeln, wichtige Werkzeuge an die Hand.

Studierende beforschen ihr Gesprächshandeln im Unterricht
Wie bereits Studierende durch die gezielte Veränderung ihrer Interventionen ihr Gesprächshandeln weiterentwickeln und anspruchsvollere philosophische und/oder literarische Gespräche hervorbringen, zeigt die Untersuchung eines größeren Gesprächskorpus, der im Kontext des forschungsorientierten Lernens in Lehrveranstaltungen der Universität Koblenz und der Pädagogischen Hochschule Ludwigsburg entstanden ist (vgl. z. B. de Boer 2018a; Merklinger 2020; Lentes et al. 2018).

De Boer (2018b) untersucht das *joint meaning making* in einer Interventionsstudie mit Lehramtsstudierenden zu philosophischen Gesprächen interaktionsanalytisch, Merklinger (2020) in literarischen Gesprächen. Im Anschluss an Littleton und Mercer (2013) wird hier der *exploratory talk* (vgl. auch die Beiträge von de Boer und von Twiner in diesem Band) fokussiert, in dem Studierende darauf vorbereitet werden, Schüler*innen durch das koordinierte und kollektive Teilen von Ideen und Wissen und durch dosierte Lehrer*inneninterventionen zu unterstützen.

Der Zusammenhang von fachdidaktischem Wissen und der Art der Wahrnehmung und Rezeption von Unterricht ist verschiedentlich belegt (vgl. Sunder et al. 2016). Auch in der internationalen Forschung im Kontext des *Philosophying for children* wird diskutiert, dass die Qualität des Lehrer*innenhandelns in Abhängigkeit von ihrem fachlichen *und pädagogischen* Wissen zu sehen ist (vgl. Lippman und Sharp 1978). Die fachliche Expertise allein reicht nicht aus, um gehaltvolle Fachgespräche anleiten zu können. Die als „pädagogische" Qualität implizit angedeutete Fähigkeit der Gesprächsführung in Kombination mit der fachlichen Expertise kann zu gehaltvollen Fachgesprächen beitragen.

---

[2] Alle Informationen sind unter folgender Homepage abrufbar: https://www.educ.cam.ac.uk/research/programmes/tseda/ [Zugriff: 15.01.25].

Vor diesem Hintergrund wurde auch das forschungsorientierte Lernen im philosophischen und literarischen Kontext mit beiden Qualitätsaspekten konzeptualisiert. Das gegenstandsspezifische Wissen umfasst in diesem Kontext zum einen Methoden der Gesprächsführung in Gesprächen mit Kindern, fachphilosophisches und literarisches Hintergrundwissen sowie Kenntnisse über unterschiedliche didaktische Ansätze zum Philosophieren und zu literarischen Unterrichtsgesprächen.

Die Vorbereitung, Umsetzung und empirische Analyse philosophischer/literarischer Gespräche mit Schüler*innen stellt die Studierenden vor drei Herausforderungen, die kombiniert werden müssen:

- die Auseinandersetzung mit didaktischen Konzepten zum Philosophieren mit Kindern/zum literarischen Gespräch
- die Beschäftigung mit Methoden der Gesprächsführung
- die Einarbeitung in eine empirische Methode zur Analyse der eigenen Unterrichtsgespräche

4 Spannungsfelder des Gesprächshandelns

Im Folgenden werden am Beispiel unterschiedlicher Gesprächssequenzen sechs Spannungsfelder herausgearbeitet, die in der Beforschung und Rekonstruktion des Gesprächshandelns im Kontext der beiden vorgestellten Projekte zu literarischen und philosophischen Unterrichtsgesprächen aufgedeckt wurden.

4.1 Zwischen *Pausen zulassen* und *neue Impulse geben*

Eine große Herausforderung der Gesprächsführung liegt darin, Pausen und Wartezeiten zuzulassen und damit Zeitfenster zu eröffnen, die zum Nachdenken genutzt werden können. Darüber hinaus zeigen Schüler*innen in allen Klassen und Alterskohorten differente Gesprächsmuster; während sich die einen schnell und scheinbar mühelos beteiligen, benötigen andere Schüler*innen Zeit, um ihre Äußerungen gedanklich vorzuformulieren. Aus der Unterrichtsforschung ist bekannt, dass bereits einige Sekunden Wartezeit dazu beitragen, dass sich weitere Schüler*innen melden (s. u. Exkurs zur Wait-time). Doch Pausen können auch zu lang werden, wenn keine neuen Äußerungen erfolgen. Dann bedarf es einer stringenten Gesprächsführung, die neue Impulse gibt, bereits Gesagtes akzentuiert,

```
Studentin:    okay jetzt habt ihr ja schon ganz häufig das wort glück
              angesprochen (.)
              was würdet ihr denn sagen was ist für EUCH glück?
              was macht euch glücklich oder was bedeutet für euch
              glück? (---)
Pascal:       ich bin glücklich dass es die welt gibt
              weil wenn es die welt nicht gäbe dann ähm (.) dann
              könnten wir auch nicht leben
Torben:       ich bin froh dass es autos gibt (.)
              sonst könnte man nicht in die schule fahren oder sonst
              irgendwo einkaufen fahren wenn man auf dem dorf lebt
Marie:        früher mussten die aber auch ohne auto klarkommen das ist
              dir schon klar oder?
Julia:        da hatten die tiere (10.0) pascal
Pascal:       eben hat der torben gesagt dass er glücklich ist dass es
              autos gibt aber das ist eigentlich nicht so gut dass es
              autos gibt weil dadurch geht die welt nämlich kaputt=
Alle:         =JA::
```

Abb. 1 Transkriptausschnitt „Was ist für euch Glück?"

Anschlussfragen stellt u. ä.. Hier gibt es folglich eine Spannung, die nur situativ ausgelotet werden kann (vgl. auch das Zitat der Studentin am Anfang dieses Beitrags).

In dem nachfolgenden Gesprächsausschnitt aus einem philosophischen Gespräch sprechen fünf Kinder darüber, was sie glücklich macht (vgl. Abb. 1).

Diese Sequenz beginnt mit einem Impuls der Studentin. Mit ihrer Aussage bezieht sie sich auf das zuvor Gesagte, bündelt die Äußerungen der Schüler*innen und überführt sie in eine neue offene Frage, mit der sie einen globalen Zugzwang etabliert, der eine ausführlichere Antwort der Schüler*innen provoziert. Pascal reagiert auf die Frage der Studentin mit einer Antwort, die eine Begründung enthält; auch Torben nimmt den Zugzwang auf und kontextualisiert anhand von drei Gründen, warum Autos aus seiner Sicht einen Fortschritt darstellen. Auf diese Äußerung reagiert Marie mit einer provokativen Anschlussfrage. Walsh (2011, S. 40) weist in diesem Zusammenhang auf die besondere Bedeutung von Kinderfragen hin, die aus der Interaktion hervorgehen und ein Qualitätsfaktor von Unterrichtsgesprächen sind.

Nach Julias Bestätigung, dass es früher Tiere (anstatt Autos) gab, halten die Studentin und die Schüler*innen eine *Pause von zehn Sekunden* aus, ohne direkt einen neuen Impuls anzuschließen. Vier Kinder haben bereits gesprochen und dennoch lässt die Studentin die Pause zu, ohne direkt einen neuen Impuls anzuschließen. Nach dieser längeren Pause folgt tatsächlich eine weitere längere Äußerung. Pascal formuliert einen Widerspruch, den er auch begründet, und bezieht sich dabei direkt auf Torbens Äußerung. Die Kinder im Kreis stimmen dem zu. Die Gesprächsstrategie *Bündeln und offene Anschlussfrage stellen*, gekoppelt damit, eine Pause zuzulassen, hat dazu beigetragen, dass sich die Schüler*innen sprachlich komplex äußern und aufeinander beziehen.

Exkurs: Wait-time

Erste Studien zur Bedeutung der Wait-Time wurden in den 70er-Jahren von Mary Budd Rowe durchgeführt. Sie konnte auf der Basis von Tonbandaufnahmen von Unterrichtsstunden, die auch aus Grundschulklassen stammten, nachweisen, dass Lehrkräfte oft nur eine Pause von einer Sekunde oder weniger zulassen, bevor sie nach einer Frage eine Schüler*in aufrufen (Wait-Time I) oder bevor sie selbst auf eine Schüler*innenantwort reagieren (Wait-Time II). Zugleich konnte sie empirisch nachweisen, dass eine Wartezeit von 3–5 Sekunden dazu führt, dass sich mehr Schüler*innen am Unterrichtsgespräch beteiligen und dass sie auf anspruchsvolle Fragen elaboriertere und inhaltlich komplexere Antworten geben (vgl. Rowe 1974, 1986). Ein Forschungsüberblick zur Wait-Time (Tobin 1987) fasst die Ergebnisse der bis dahin erschienenen Studien von Rowe so zusammen:

> „Rowe reported that teachers demonstrated greater response flexibility, asked fewer yet more appropriate questions, and developed higher expectations for students previously rated as slow learners." (Tobin 1987, S. 72)

Wenn die durchschnittliche Wait-Time länger als 3 Sekunden betrug, war zudem Folgendes zu beobachten:

> „Rowe reported an increase in the length of the student response; an increase in the number of unsolicited, but appropriate, student response; an increase in the number of responses rate das speculative; a decrease in the number of students failing to respond, an increase in the incidence fo student-to-student comparisons of data; an increase in the incidence of student inferences supported by evidence; an increase in the number of responses from students rated by teacher asl relatively slow learners; an increase in the variety of verbal behaviors exhibited by students." (Tobin 1987, S. 72–73).

Dabei hatte laut Rowe die Wait-Time II, also die Zeit, die die Lehrkraft nach einer Schüler*innenantwort über 3 Sekunden hinaus zuließ, die stärksten Auswirkungen auf die Länge der Schüler*innenantworten, auf die Anzahl der unaufgeforderten aber passenden Schüler*innenantworten und darauf, dass die Schüler*innen Belege vor oder nach Schlussfolgerungen anführten. Auch die Anzahl der Schüler*innen, die bei Aufforderung durch die Lehrkraft nichts zu sagen wussten, nahm ab (vgl. Tobin 1987, S. 73). Insgesamt führt die Verlängerung der Wait-Time auf nur 3–5 Sekunden dazu, dass Schüler*innen elaborierte Beiträge leisten, dass mehr Schüler*innen sich am Gespräch beteiligen, dass Schüler*innen auch mehr Fragen stellen und sich insgesamt aktiver und mit anspruchsvolleren Beiträgen am Unterrichtsgespräch beteiligen.

Es gibt aktuell nur vereinzelte Studien, die die Bedeutung der Wait-Time im Grundschulunterricht untersuchen (vgl. z. B. Maroni 2011; in der Sekundarstufe: Heinze und Erhard 2006). Im *Routledge Handbook of Dialogic Education* (Mercer et al. 2020) gibt es keine Bezüge zu Studien zur Wait-Time. Und auch wenn es nicht allein das Verlängern der Wait-Time auf über 3 Sekunden ist, das zu qualitätsvollen Unterrichtsgesprächen führt, so scheint dies doch ein Aspekt zu sein, der Relevanz hat.

4.2 Zwischen *Zurückhalten* und *sich mit Rückfragen einmischen*

Immer wieder gibt es Gesprächssituationen, in denen eine Schüler*in einen Gedanken äußert, ohne zu erklären oder zu begründen, wie sie darauf kommt. An solchen Stellen kann ein Spannungsfeld für die Lehrkraft (und die Mitschüler*innen) entstehen, ob sie abwarten, ob die Erklärung oder Begründung möglicherweise noch folgt, oder es für das gegenseitige Verständnis und den weiteren Gesprächsverlauf inhaltlich sinnvoll und weiterführend ist, unmittelbar eine vertiefende Rückfrage zu stellen. Die nachfolgende Gesprächssequenz ist ein Beispiel für die zweite Variante (vgl. Abb. 2).

Die dokumentierte Gesprächssequenz setzt ein, nachdem die Kinder im Kontext eines philosophischen Gesprächs schon einige Minuten darüber gesprochen hatten, dass Pflanzen ein Gehirn in den Blättern haben könnten, das wie eine Art „Minicomputer" funktioniere. Auf diese Äußerung reagiert der Schüler Florian mit einer kritischen Äußerung. Seine Formulierung „ehrlich gesagt" suggeriert, dass er das zuvor Gesagte nicht teilt, sondern dass es nur Spaß bzw. ein unernstes Gedankenexperiment gewesen sein kann.

```
Florian      ich glaube ehrlich gesagt dass pflanzen gar nicht
             denken können
Student      wie kommst du darauf?
Florian      weil sonst bräuchten die ja wie der daniel gesagt
             hat ein gehirn und wir könnten manche davon ja auch
             essen wie einen apfel tobias
Tobias       ein apfel hat doch ein gehirn nämlich das
             kerngehäuse <<leichtes Gelächter>> (14.0) bernd
```

Abb. 2 Transkript „Wie kommst du darauf?"

Hier interveniert nun der Student und fragt nach. Er fordert Florian auf, seine Äußerung zu begründen. Die vertiefende Frage „Wie kommst du darauf?" signalisiert das Interesse des Studenten, baut einen Zugzwang auf und akzentuiert zugleich den Beitrag des Kindes (vgl. O'Connor und Michaels 1996, S. 74 f.). Diese Form des Revoicing gibt indirekt bestätigendes Feedback, ohne zu loben. Im Sinne des Revoicing wird hier das Wort an den Sprechenden zurückgegeben und eröffnet den Raum für weitere Ausführungen durch den Schüler. Die offene Frage schließt unmittelbar an das Gesagte an; es gibt keine eindeutige Antwort darauf und die Frage lädt zum Weitersprechen ein (vgl. Walsh 2011, S. 62). Die Intervention des Studenten ist wirkungsvoll. Florian begründet seine Äußerung und schließt dabei an ein zurückliegendes (hier nicht dokumentiertes) Argument (von Daniel) an und setzt es im Sinne einer Vertextung[3] (vgl. Morek und Heller 2021, S. 388) kohärent fort. Der Student mischt sich mit der Rückfrage ein, zieht sich dann jedoch zurück und lässt die Kinder sprechen.

4.3 Zwischen *Sammeln von Wortbeiträgen* und *Einbinden weiterer Gesprächsteilnehmer*innen*

In jedem Gespräch gibt es Phasen, in denen unterschiedliche Wortbeiträge und Ideen der Schüler*innen gesammelt werden, sich aber nur einige Schüler*innen äußern und etliche Kinder schweigen. Dafür kann es viele unterschiedliche Gründe geben: Die Schüler*innen denken noch nach; sie formulieren ihren Beitrag gedanklich vor; sie trauen sich nicht zu sprechen; sie setzen sich mit zuvor Gesagtem auseinander; oder sie sind mit etwas ganz anderem beschäftigt. Dem nachfolgenden

---

[3] Um an einem Gespräch angemessen teilnehmen zu können, müssen Gesprächsteilnehmer*innen unterschiedliche Typen von ‚Äußerungspaketen' platzieren und produzieren können, z. B. Äußerungspakete zum Argumentieren, zum Erzählen oder zum Erklären. In diesem Zusammenhang sind Fähigkeiten in drei Teilbereichen erforderlich, die z. B. Morek und Heller (2021) als *Kontextualisierung, Vertextung* und *Markierung* (Morek und Heller 2021, S. 388) bezeichnen. Für die Kontextualisierung müssen erstens sequenzielle Anschlussstellen im Gespräch für entsprechende Äußerungspakete erkannt und fortgeführt werden. Außerdem bedarf es zweitens eines kohärenten inneren Aufbaus als Kennzeichen der Vertextung; und drittens sind spezifische sprachliche Formen erforderlich, die die Funktion, den Typ und den Aufbau des Äußerungspaketes für die Zuhörenden markieren (Markierung) (vgl. Morek und Heller 2021, S. 388).

```
Studentin    mh (.) was denken die anderen darüber?
             ist das wichtig wie man was sagt?
Kinder       mh: ja: ja:
Studentin    und (.) und warum? (4.0) ja?
Emma         weil ich glaub wenn die jetzt zum zum beispiel sagen
             würden wie markus schon sagte ihr KÖNNT mitspielen wenn
             ihr wollt dann würden die vielleicht auch mitspielen
             aber wenn man sagt ihr MÜSST mitspielen
             dann hätt ich auch keine lust (.) mitzumachen
```

Abb. 3 Transkriptausschnitt „Was denken die anderen darüber?"

Beispiel ist ein Gespräch vorangegangen, in dem sich bereits etliche Schüler*innen beteiligt haben, aber auch einige Kinder zurückhaltend waren. Der Studentin gelingt es nun, das Gespräch für weitere Kinder zu öffnen (vgl. Abb. 3).

Mit der zunächst offenen Frage, die die Studentin als Einstieg in die Sequenz stellt, schließt sie an das zuvor Gesagte an. Sie möchte wissen, was „die anderen darüber" denken. Damit adressiert sie alle Kinder, auch jene, die sich noch nicht geäußert haben. Diese Frage lässt vielfältige Antworten zu und ist zugleich auch eine „echte" Frage, denn die Studentin kann nicht wissen, was die Schüler*innen, die sich noch nicht geäußert haben, denken. Sie eröffnet damit den Raum für neue Äußerungen, ohne einzelne Kinder direkt anzusprechen und damit möglicherweise unter Druck zu setzen. Ihre zunächst deiktische Formulierung „darüber" konkretisiert sie, mit einer zweiten Frage. Ihre geschlossene Frage („Ist das wichtig, wie man was sagt?") fasst die vielfältigen zuvor getätigten Schüler*innenäußerungen im Kern zusammen und führt dazu, dass die Studentin nach allgemeiner Zustimmung der Kinder („Mh:, ja: ja:") eine weitere Frage stellt, mit der sie eine Begründungsverpflichtung etabliert („und warum?). Die Kombination aus geschlossener Frage und nachfolgender Begründungsverpflichtung ist ein Muster, das in den Gesprächen der Studierenden wiederholt zu beobachten ist; genauso wie die nachgelagerte Präzisierung mit dem Pronominaladverb „darüber". Danach gelingt es der Studentin und den Schüler*innen, eine Denkpause von vier Sekunden auszuhalten (wait-time II, siehe oben), bevor die Studentin Emma das Wort gibt, die sich gemeldet hat. Für Emma ist dies die erste Meldung in dem bereits 20-minütigen Gespräch. Emma nimmt den durch die Warum-Frage etablierten Zugzwang auf, kommt der Begründungsverpflichtung nach. Sie greift in ihrer Antwort Überlegungen auf, die dem Gesprächsausschnitt vorausgegangen sind, die hier aber nicht dokumentiert sind. Ihre elaborierte Begründung führt zu einer angemessenen Kontextualisierung und Vertextung (vgl. Morek und Heller 2021, S. 388), in der sie zwischen „ihr KÖNNT mitspielen" und „ihr MÜSST mitspielen" differenziert. Sie bezieht sich auf die Äußerung eines Mitschülers und zeigt in ihrer Argumentation auf, dass es einen Unterschied zwischen „können" und „müssen" gibt. Die Intervention der Studentin war folglich erfolgreich, denn eine bis zu diesem Zeitpunkt zurückhaltend gebliebene Schülerin bringt sich mit einer Äußerung das erste Mal in das Gespräch ein. Möglicherweise hat diese erste Meldung für sie den Charakter eines „Eisbrechers", denn in der noch folgenden, hier nicht abgedruckten Gesprächssequenz nimmt Emma rege am Gespräch teil.

4.4 Zwischen *situativen Interessen der Schüler*innen* und *fachlicher Fokussierung*

Manchmal fokussieren Schüler*innen im Gespräch Aspekte, die für das fachliche Lernen nicht weiterführend sind. Dann stehen Lehrende vor der Herausforderung, den fachlichen Fokus im Gespräch wiederherzustellen. So auch in dem nachfolgenden Gesprächsausschnitt eines literarischen Gesprächs zu einem Bilderbuch (*Die Bestimmer* (AdBåge 2020)), in dem sich die Schüler*innen einer dritten Klasse darüber austauschen, ob die Figuren, die auf der Sitzbank im Bilderbuch zu sehen sind, Kinder oder Erwachsene sind. Diese Frage kommt auf, weil ein Kind die Größe der im Buch dargestellten Bank kommentiert hat (vgl. Abb. 4).

Die Frage, ob die auf der Bank abgebildeten Figuren Kinder oder Erwachsene sind, stellt sich vor dem Hintergrund der Handlungslogik des Bilderbuches nicht; alle Figuren, die in die Geschichte involviert sind, sind Kinder. Die Studentin versucht, das Thema abzuschließen, indem sie den Gedanken, dass die Figur „gefühlt kleiner als die Bank" ist, aufnimmt und so deutet, „dass das alles Kinder sind." Es dauert nicht lange, und das Thema kommt mit der Äußerung von Dominik erneut auf (vgl. Abb. 5).

```
Tiago:      Ähm: irgendwie diese bank sieht so RIEsig aus
            der ist ja gefühlt kleiner als die bank
Noyan:      was sieht (.) was sieht riesig aus?
Tiago:      die bank
Noyan:      ah: (2.0)
Studentin:  vielleicht noch ein argument dafür dass das alles kinder
            sind ne? (.)
            dann ist die bank natürlich größer als bei erwachsenen
            (4.5)
```

Abb. 4 Transkriptausschnitt „Ähm: irgendwie diese Bank sieht so RIEsig aus."

```
Dominik:      äh mein äh die bank is aber auch generELL SEHR GROSS
              wenn ähm des nen kind ist ist die bank (.) schon sehr
              groß weil ne Bank ist nicht so groß oder so
Studentin:    mh ja wir können jetzt auch ganz viel über die Bank reden
              aber wenn wir jetzt überlegen gerade nochmal
              um auf die geschichte zurückzukommen (.)
              was hat sich denn jetzt hier verändert (1.5)
              an der Situation
              ja?
Lucas:        ich glaub die nichtbestimmer (.) werden jetzt bestimmer
```

Abb. 5 Transkriptausschnitt „Um auf die Geschichte zurückzukommen [...]"

Die Studentin signalisiert, dass sie nicht weiter über die Größe der Bank sprechen möchte und stattdessen „auf die Geschichte" zurückkommen möchte. Das macht sie, indem sie eine offene Frage stellt, die die Kinder dazu auffordert, die Situation, die auf der Bilderbuchseite dargestellt ist, zu interpretieren und so im Sinne des literarischen Lernens dazu zurückzukehren, die narrative Handlungslogik der Geschichte und das Figurenverhalten tiefer zu erschließen. Die Antwort des Schülers zeigt, dass das gelungen ist; denn er leistet einen Transfer im Sinne der Handlungslogik des vorgelesenen Bilderbuches.

Beide Gesprächsausschnitte machen sichtbar, dass es für Lehrkräfte herausfordernd ist, den Schüler*innen einerseits Raum für ihre Gedanken zu geben, andererseits aber auch einen Gesprächsstrang zu beenden, der für ein tieferes Verständnis des Bilderbuches als literarischem Text nicht weiterführend ist.

4.5 Zwischen *Aussagen unkommentiert sammeln* und *Aussagen kontrastieren*

Eine weitere Herausforderung der Gesprächsführung liegt darin, Gespräche zu vertiefen und gehaltvolle Begründungen/Erklärungen herauszufordern. Denn wenn es gelungen ist, verschiedene Wortbeiträge zu sammeln und möglichst viele Schüler*innen zu involvieren, stehen oftmals auch unterschiedliche Aussagen nebeneinander. Der folgenden Sequenz geht ein Gespräch voraus, in dem verschiedene Schüler*innen im Kontext eines philosophischen Gesprächs z. T. gegensätzliche Argumente genannt haben, allerdings ohne sich aufeinander zu beziehen. Thema war, ob es aus ihrer Sicht sinnvoll ist, immer die Wahrheit zu sagen oder nicht (vgl. Abb. 6).

```
Studentin:    also soll man jetzt die wahrheit sagen? (---)
              oder soll man jetzt NICHT die wahrheit sagen?
Max:          [ähm man soll nicht immer]
Tobi:         [ah]
Tobi meldet sich.
Studentin:    und warum? (-)
Tobi:         es ist gut wenn man eigentlich immer die wahrheit sagt
              weil dann ist man äh (.) dann passiert halt nix
              schlimmes (unverständlich) (4.0) rüdiger
Rüdiger:      ähm (--) das äh (.) man hat da auch immer so ein doofes
              gefühl wenn man einen verpetzt hat und man (.) und das
              eigentlich gar nicht wollte (---) dann kann man (.) dann
              fühlt man sich auch doof (.) thorben
```

Abb. 6 Transkriptausschnitt „Also, soll man jetzt die Wahrheit sagen?"

Die Studentin spitzt ihre Frage vor dem Hintergrund der vorausgegangenen Äußerungen auf zwei gegenteilige Positionen zu: „Also, soll man jetzt die Wahrheit sagen? Oder soll man jetzt nicht die Wahrheit sagen?" Diese Vorgehensweise, zwei gegensätzliche Positionen aus verschiedenen Gesprächsbeiträgen zu akzentuieren, etabliert eine Begründungsverpflichtung. Die Studentin eröffnet mit dieser Äußerung, die auch als Revoicing (O'Connor und Michaels 1996, S. 77) bezeichnet werden kann (vgl. ausführlich den Beitrag von Bär/Heinrich in diesem Band), den Raum für weitere, kognitiv anspruchsvolle Beiträge.

Max findet, „man soll nicht immer", ohne einen Grund zu benennen. Die Studentin steuert nach und fordert eine Begründung: „Und warum?". Dieses nachgeschobene „Warum?" etabliert eine explizite Begründungsverpflichtung. Nun schließt Tobi an Max an und begründet dessen Gedanken, indem er argumentiert, dass „dann nix schlimmes" passiert. Ein dritter Schüler, Rüdiger, führt Tobis Äußerung nach vier Sekunden Wartezeit weiter, indem er eine weitere Begründung formuliert und damit ebenfalls auf die Begründungsverpflichtung reagiert. Die Differenzierung zwischen absichtsvollem und unbeabsichtigtem Petzen stellt eine angemessene Vertextung dar (vgl. Morek und Heller 2021, S. 388), mit der Rüdiger einen komplexen Zusammenhang ausdifferenziert; zugleich entsteht eine kollektive Argumentation. Sichtbar wird, dass der zuspitzende Impuls der Studentin, gekoppelt mit der nachgeschobenen Begründungseinforderung, wirkungsvoll war und zu zwei komplexen Schüleräußerungen geführt hat.

4.6 Zwischen *fachlicher Stringenz* und *Beachtung sozialer Herausforderungen*

Jedes Unterrichtsgespräch ist zugleich auch ein soziales Geschehen. D. h. neben fachlichen und fachdidaktischen Aspekten und der Gesprächsführung spielen immer auch Fragen des sozialen Miteinanders eine Rolle. In der nachfolgenden Szene ist die Studentin mit der fachlich-inhaltlichen Ebene des Gesprächs beschäftigt und übersieht, dass ein Nebenthema mit sozialer Sprengkraft entsteht (vgl. Abb. 7).[4]

Die Schülerin Mia beurteilt hier nicht nur den Gedanken, den Corinna äußert, sondern die ganze Person und verstößt damit gegen die implizite Regel, dass kritische Gesprächsäußerungen auf die Sache und nicht auf die ganze Person zu beziehen sind (vgl. Twiner in diesem Band; vgl. T-SEDA 2023). Ihr als Lob verpacktes Urteil: „also du bist nicht richtig schlau, aber das ist voll die gute Idee", enthält zugleich eine Abwertung. Die Studentin begegnet dieser Abwertung nicht, sondern schließt auf der thematischen Ebene an. Auch wenn sie das sicherlich nicht beabsichtigt hat, legitimiert ihre Nicht-Reaktion die abwertende Äußerung von Mia. Hier wäre ein Hinweis auf den gemeinsam zu etablierenden respektvollen Umgang im Gespräch durch freundliche und nicht abwertende Adressierungen sinnvoll gewesen, z. B.: Erinnert euch nochmal an unsere Gesprächsregeln. Wir haben verabredet, dass es im Gespräch um die Sache, nicht um die Person geht, die spricht. Corinna, du hast eine neue Idee ins Gespräch gebracht. Sag deinen Gedanken nochmal für alle.

```
Katha        vielleicht weiß der (.) ah vielleicht weiß der elefant
             auch nicht was angst ist wenn er keine gänsehaut kennt
Corinna      und dann gehen sie zusammen auf suche
Conny        ja
Chantalle    genau stimmt
Mia          oha: corinna du bist voll (.) also du bist nicht richtig
             schlau (.) aber das ist voll die gute idee
Conny        das hat katha gesagt mit dem zusammen gehen
Corinna      [nein das war ich]
Studentin    [also ihr vermutet] dass der elefant das gefühl von
             angst auch noch nicht kennt?
```

Abb. 7 Transkriptausschnitt „Also du bist nicht richtig schlau, aber das ist voll die gute Idee"

---

[4] In dem vorgelesenen Bilderbuch *„Hast du Angst?", fragte die Maus*. (Schami und Schärer 2017) ist eine kleine Maus auf der Suche danach, was Angst ist, weil sie keine Angst kennt und auch vor Katzen keine Angst hat. Sie fragt vergeblich erst den Löwen und dann das Nilpferd, ob sie ihr zeigen können, was Angst ist.

5 Lehrer*innenhandeln in kollektiven Fachgesprächen: Vertrauen aufbauen, Kollektivität herstellen und Zugzwänge etablieren

Die hier dokumentierten Spannungsfelder illustrieren, dass Fachgespräche der inhaltlichen Zielsetzung und Planung bedürfen und dennoch im dynamischen Gesprächsprozess situatives, nicht planbares Handeln und Flexibilität erfordern. Damit bilden sich widersprüchlich gelagerte Anforderungen heraus, die das Ausbalancieren manchmal konträrer Handlungspole erfordern.

Lehrende benötigen für ihr professionelles Gesprächshandeln die fachwissenschaftliche und fachdidaktische Vorbereitung einerseits und müssen diese im Gespräch zugleich zurückhalten können, um Raum für Interaktionen der Schüler*innen miteinander zu lassen, Möglichkeiten für die Entfaltung elaborierter Äußerungen zu schaffen und die Schüler*innen darin zu unterstützen, eigene Gedanken angstfrei sprachlich zu entfalten, denn Lernende benötigen Raum, Zeit und Unterstützung, um ihre Gedanken und Ideen zu äußern (Walsh 2011, S. 62). Schüler*innen lernen besser, wenn sie sich aktiv an der Konstruktion von Wissen beteiligen (vgl. Lipowsky und Rzejak 2022; Mercer 2019).

Für die aktive Partizipation der Schüler*innen am Unterrichtsgespräch gibt es kein fertiges Unterrichtsskript. Es bedarf vielmehr der situativen Fähigkeit des Anschlussnehmens, Weiterfragens und Vertiefens, um Impulse und Interventionen auf Schüler*innenäußerungen abzustimmen. Damit sind Unterrichtsgespräche nur bedingt planbar und bedürfen der Wahrnehmung und Aufmerksamkeit der Lehrkraft „in situ" im Gespräch.

Die eingangs dargestellten Interventionsstudien sensibilisieren auf unterschiedliche Weisen dafür, gehaltvolles, fachlich anspruchsvolles und zugleich elaboriertes Gesprächshandeln zu etablieren. Denn die enorme Bedeutung der Lehrendenrolle für qualitativ hochwertige Fachgespräche ist vielfach belegt (s. o.). Die vertiefenden, kritisch hinterfragenden und einzelne Schüler*innenäußerungen in Beziehung setzenden Impulse der Lehrkraft sind elementar dafür, dass ein gemeinsamer Denk- und Argumentationsprozess angestoßen wird. Aus den kurzen Gesprächssequenzen, mit denen sechs unterschiedliche Spannungsfelder vorgestellt wurden, werden drei Faktoren sichtbar, die dazu beitragen, dialogisch-kollektive Gespräche interaktiv hervorzubringen:

1. Vertrauen aufbauen
   - Gemeinsam wird eine vertrauensvolle Gesprächsatmosphäre aufgebaut, in der alle Beteiligten die Sicherheit entwickeln können, dass es bei allen Äußerungen um die Sache und nicht um die Person geht, die eine Äußerung tätigt.

- Entstehen Schüler*innenäußerungen, die abwertend, beschämend, ausgrenzend o. ä. sind, ist es Aufgabe der Lehrkraft, zu intervenieren.
2. Kollektivität herstellen
   - Im Anschluss an Schüleräußerungen hat besonders die Wait Time II positive Auswirkungen auf die Länge, die Komplexität und die Anzahl der folgenden Äußerungen.
   - Darüber hinaus begünstigt die Wait Time II die Entstehung von Fragen, die Schüler*innen aneinander richten.
   - Damit sich alle Schüler*innen angesprochen fühlen, zeigt sich die Frage danach, „was die anderen denken", als wirkungsvoll, sowie
   - der direkte Verweis im Gespräch darauf, dass sich die Schüler*innen gegenseitig ansprechen (Jamal, du beziehst dich gerade auf das, was Huda gesagt hat, sprich sie doch direkt an. / Huda, sprich doch direkt mit Stefanie/bezieh dich doch direkt auf Stefanie, damit sie versteht, dass du an ihre Äußerung inhaltlich anschließt).
3. Begründungsverpflichtungen etablieren
   - Revoicing (O'Connor und Michaels 1996, S. 74), in Kombination mit entsprechend gesetzten Zugzwängen, trägt dazu bei, dass gattungsspezifische Anforderungen wie Erklären oder Argumentieren hervorgebracht werden und zu sprachlich komplexen Äußerungen führen (zum Revoicing vgl. auch den Beitrag von Bär/Heinrich in diesem Band).
   – Die Gegenüberstellung gegensätzlicher Gesprächspositionen und
   – die Akzentuierung einzelner Äußerungen, gepaart mit einer Frage, die das „Wort zurück" an die Schüler*innen gibt („Wie kommst du/ihr darauf?"), kann zu differenzierten Langantworten beitragen.
   - Nicht jede geschlossene Frage zieht Kurzantworten nach sich. Die Kombination aus geschlossener Frage und nachfolgender Begründungsverpflichtung trägt ebenfalls zu elaborierten Äußerungen bei.
   - Bei längeren Abschweifungen vom inhaltlich gesetzten Thema trägt das Bündeln der Aussagen dazu bei, die fachliche Fokussierung durch eine offene, aber inhaltlich fokussierte Frage wieder herzustellen und zum Thema zurückzukehren.

Für die Entstehung eines dialogisch-kollektiven Denk- und Äußerungsprozesses im Unterrichtsgespräch ist es essenziell, dass die Lehrkraft mit entsprechenden Unterstützungsmaßnahmen dazu beiträgt, dass die Schüler*innen aufeinander Bezug nehmen, dass sie miteinander sprechen und lernen, Anschlüsse an zuvor Gesagtes herzustellen. Gemeinsam fachliche Gegenstände im Gespräch zu untersuchen, bedeutet auch, dem gemeinsamen lauten Nachdenken Raum zu geben, Pausen zuzulassen, unterschiedliche Denk- und Argumentationswege auszutauschen, neue Fragen zu entwickeln und ein offenes Gespräch ohne Validierungszwänge zu ermöglichen. Die Entstehung neuer Fragen, die Entwicklung von Mehrdeutigkeiten und unterschiedlichen Lesarten kann Denk- und Verstehensprozesse befördern und zum Unterrichtsprinzip für das fachliche Lernen werden. Dafür ist die Schaffung einer entsprechenden vertrauensvollen Gesprächskultur grundlegend. Sie trägt dazu bei, dass eine aktive Partizipation der Schüler*innen, verstanden als Teilhabe an der kollektiven Sinn- und Wissenskonstitution, entsteht und im gemeinsamen Gesprächsprozess Neues hervorgebracht wird, das als Produkt über die Einzeläußerungen der Beteiligten hinausgeht.

Fachgespräche können auch bildende Gespräche werden, in denen sich das Denken, die Einstellungen und der Blickwinkel der Beteiligten ändern: zwischen Lehrenden und Schüler*innen genauso wie zwischen den Schüler*innen. Interessant für diesen Entwicklungsprozess werden damit zukünftig auch Forschungsansätze, die systematisch die Entstehung von Reziprozität und Kollektivität im unterrichtlichen Fachgespräch untersuchen.

Transkriptionslegende (nach GAT 2)

Die folgende Übersicht enthält eine Auswahl der verwendeten Transkriptionszeichen, die für das Verständnis zentral sind:

(.) / (-) / (--) / (---) Pausen unterschiedlicher Dauer

(4.0) gemessene Pause von 4 Sek. Dauer

? hoch steigende Tonhöhenbewegung

[sie] Überlappungen und Simultansprechen
[ja]

= schneller Anschluss neuer Sprecher*innenbeiträge

<< lachend>> interpretierende Kommentare

:, :: Dehnung (je nach Länge der Dehnung, z.B.: so: oder so:, un::d, etc.)

Literatur

Primärliteratur

AdBåge, Lisen (2020): *Die Bestimmer*. Weinheim: Beltz & Gelberg.
Schami, Rafik/Schärer, Kathrin (2017): *„Hast du Angst?", fragte die Maus*. 6. Aufl. Weinheim: Beltz & Gelberg.

Sekundärliteratur

Alexander, Robin (2020): *A dialogic teaching companion*. London: Routledge.
de Boer, Heike (2024): Unterrichtsgespräche in der Grundschule. In: Götz, M./Hartinger, A./Heinzel, F./Kahlert, J./Miller, S./Sandfuchs, U. (Hrsg.): *Handbuch Grundschulpädagogik und Grundschuldidaktik*. Bad Heilbrunn: Klinkhardt, S. 467–472.
de Boer, Heike (2018a): Forschend Lehren und Lernen in und durch philosophische Gespräche mit Kindern. In: de Boer, H./Michalik, K. (Hrsg.): *Philosophieren mit Kindern – Forschungszugänge und -perspektiven*. Opladen, Berlin, Toronto: Barbara Budrich Verlag, S. 146–161.
de Boer, Heike (2018b): „joint meaning making" im Forschungsdiskurs zu philosophischen Gesprächen mit Kindern. In: de Boer, H./Michalik, K. (Hrsg.): Philosophieren mit Kindern – Forschungszugänge und -perspektiven. Opladen, Berlin, Toronto: Verlag Barbara Budrich, S. 33–46.
Denn, Ann-Katrin/Gabriel-Busse, Katrin/Lipowsky, Frank (2019): Unterrichtsqualität und Schülerbeteiligung im Mathematikunterricht des zweiten Schuljahres. In: Verrière, K./Schäfer, L. (Hrsg.): *Interaktion im Klassenzimmer. Forschungsgeleitete Einblicke in das Geschehen im Unterricht*. Wiesbaden: Springer, S. 9–30.
Heinze, Aiso/Erhard, Markus (2006): How Much Time Do Students Have to Think about Teacher Questions? An Investigation of the Quick Succession of Teacher Questions and Student Responses in the German Mathematics Classroom. In: *ZDM* 38, 5, S. 388–398.
Hennessy, Sara/Rojas-Drummond, Sylvia/Higham, Rupert/Torreblanca, Omar/Barrera, María José/Marquez, Ana María/García Carrión, Rocío/Maine, Fiona/ Ríos, Rosa María (2016): Developing an analytic coding scheme for classroom dialogue across educational contexts. In: *Learning, Culture and Social Interaction*, 9, S. 16–44. http://www.sciencedirect.com/science/article/pii/S2210656115300507 [Zugriff: 15.01.2025].
Kammermeyer, Gisela/Leber, Anja/Metz, Astrid/Roux, Susanna/Biskup-Ackermann, Beate/Fondel, Eva (2019): Langfristige Wirkungen des Fortbildungsansatzes »Mit Kindern im Gespräch« zur Sprachförderung in Kindertagesstätten. In: *Psychologie in Erziehung und Unterricht*, 4, S. 285–302.
Kammermeyer, Gisela/Goebel, Patricia/King, Sarah/Lämmerhirt, Angie/Leber, Anja/Metz, Astrid/Papillion-Piller, Angelika/Roux, Susanna (2017): *Mit Kindern im Gespräch (Grundschule). Strategien zur Sprachbildung und Sprachförderung von Kindern in der Grundschule*. Augsburg: Auer.
Lentes, Lea/Tag, Jana/Wald, Selina (2018): Gesprächshandeln von Studierenden in philosophischen Gesprächen am Beispiel des Themas Mut. In: *Philosophieren mit Kindern –*

Forschungszugänge und -perspektiven. Opladen, Berlin, Toronto: Barbara Budrich Verlag, S. 161–175.

Lippman, Matthew/Sharp, Ann Margaret (1978): *Growing up with Philosophy.* Dubuque/Iowa: Temple University Press.

Lipowsky, Frank/Rzejak, Daniela (2022): Unterrichtsgespräche erfolgreich führen – Eine zentrale Kernpraktik von Lehrpersonen. In: *Journal für Lehrerinnenbildung,* 22, 3, S. 58–73. https://www.pedocs.de/zeitschriften.php?zst=3412-2022 [Zugriff: 15.01.25]

Littleton, Karen/Mercer, Neil (2013): *Interthinking. Putting talk to work.* Abingdon: Routledge.

Maroni, Barbara (2011): Pauses, gaps and wait time in classroom interaction in primary schools. In: *Journal of Pragmatics,* 43 (2011), S. 2081–2093.

Mercer, Neil (2019): *Language and the joint creation of knowledge: The selected works of Neil Mercer.* London: Routledge. https://doi.org/10.4324/9780429400759 [Zugriff: 15.01.25]

Mercer, Neil/Wegerif, Rupert/Major, Louis (2020): *The Routledge International Handbook of Research on Dialogic Education.* Abingdon: Routledge.

Merklinger, Daniela (2020): „Oder Wen sieht die Tigerin wie seine Mutter ..." Perspektiven literarischer Figuren im kollektiven Gespräch über Bilderbücher interaktiv entfalten. In: Gabriela, S./Heintz, K./Bahn, M. (Hrsg.): *Das narrative Bilderbuch. Türöffner zu literarästhetischer Bildung. Erzähl- und Buchkultur.* Trier: WVT Wissenschaftlicher Verlag Trier, S. 57–82.

Morek, Miriam/Heller, Vivien (2021): Individualisierter Zuschnitt diskursiver Anforderung und Unterstützung. In: Quasthoff, U./Heller, V./Morek, M (Hrsg.): *Diskurserwerb in Familie, Peergroup und Unterricht. Passung und Teilhabechancen.* Berlin, Boston: De Gruyter, S. 381–424.

Morek, Miriam/Heller, Vivien/Kinalzik, Noelle/Schneider, Valentin (2022): Von der Gesprächsanalyse zur Entwicklung des interaktionssensiblen Kodierinstruments ISKODIL: Ausprägungen diskurserwerbsförderlicher Unterrichtsgespräche erfassen. In: *SLLD-Z,* 2, S. 1–29. https://doi.org/10.46586/SLLD.Z.2022.9608 [Zugriff: 15.01.2025].

O'Connor, Catherine/Michaels, Sarah (1996): Shifting participant frameworks: orchestrating thinking practices in group discussion. In: Hicks, D. A. (Hrsg.): *Discourse, learning, and schooling.* Cambridge: Cambridge University Press, S. 63–103.

Pauli, Christine/Zimmermann, Matthias/Wischgoll, Anke/Moser, Miriam/Reusser, Kurt (2022): Klassengespräche lernförderlich gestalten lernen: Entwicklung von Strategien für die Analyse von Unterrichtsgesprächen im Kontext einer Interventionsstudie mit Geschichts- und Mathematiklehrpersonen. In: *Zeitschrift für sprachlich-literarisches Lernen und Deutschdidaktik (SLLD-Z) 2/2022.*

Rank, Astrid/Deml, Isabell/Lenske, Gerlinde (2021): Eva-Prim. Evaluation von Sprachförderkompetenz und (bildungs)sprachlichen Leistungen von Schülerinnen und Schülern in Mathematik. In: Gentrup, S./Henschel, S./Schotte, K./Beck, L./Stanat, P. (Hrsg.): *Sprach- und Schriftsprachförderung gestalten: Evaluation von Qualität und Wirksamkeit umgesetzter Konzepte.* Stuttgart: Kohlhammer Verlag GmbH, S. 105–124.

Rowe, Mary Budd (1986): Wait time: Slowing down may be a way of speeding up!. In: *Journal of Teacher Education,* 37, 1, S. 43–50. https://doi.org/10.1177/002248718603700110.

Rowe, Mary Budd (1974): Wait time and rewards as instructional variables, their influence in language, logic, and fate control: Part 1. Wait time. In: *Journal of Research in Science Teaching*, 11, 2, S. 81–94.

Sunder, Cornelia/Todorova, Maria/Möller, Kornelia (2016): Kann die professionelle Unterrichtswahrnehmung von Sachunterrichtsstudierenden trainiert werden? – Konzeption und Erprobung einer Intervention mit Videos aus dem naturwissenschaftlichen Grundschulunterricht. In: *Zeitschrift für Didaktik der Naturwissenschaften* 22, 1, S. 1–12.

T-SEDA (2023): Toolkit for Systematic Educational Dialogue Analysis. https://www.educ.cam.ac.uk/research/programmes/tseda/ [Zugriff: 15.01.2025]

Tobin, Kenneth (1987): The role of wait time in higher cognitive level learning. In: *Review of Educational Research*, 57, 1, S. 69–95.

Walsh, Steven (2011): *Exploring Classroom Discourse. Language in Action*. London & New York: Routledge.

Weil, Maralena/Gröschner, Alexander./Schindler, Ann-Kathrin/Böheim, Ricardo/Hauk, Dennis/Seidel, Tina (Hrsg.) (2020): *Dialogische Gesprächsführung im Unterricht – Interventionsansatz, Instrument und Videokodierung*. Münster: Waxmann.

Kollektive Fachgespräche zwischen Schüler*innen im Deutschunterricht

Dialogic teaching und dialogisch-kollektive Prozesse literarischen Lernens im Vorlesegespräch

Daniela Merklinger

Zusammenfassung

Im Zentrum des Beitrags stehen kollektive Prozesse literarischen Lernens in einem Vorlesegespräch über das Bilderbuch *Der erste Schritt* (Lindenbaum 2023). Anhand von zwei Transkriptausschnitten wird gezeigt, wie Schüler*innen in einem Vorlesegespräch, das vor dem Hintergrund des *dialogic teaching* konzipiert wurde, Figurenverstehen im dialogisch-kollektiven Gespräch interaktiv entfalten. Herausgearbeitet wird auch, welche Praktiken der Kollektivität und der gegenseitigen Anschlussnahme unter Schüler*innen im Kontext literarischen Lernens entstehen und welche Rolle das Gesprächsverhalten der Erwachsenen dabei spielt.

Schlüsselwörter

Dialog · Unterrichtsgespräch · Bilderbuch · Literarisches Gespräch · Literarische Figuren

---

D. Merklinger (✉)
Universität Erfurt, Erziehungswissenschaftliche Fakultät, Fachgebiet Grundschulpädagogik und Kindheitsforschung: Didaktik Deutsch für die Primarstufe
Erfurt, Deutschland

Einleitung

Nach einem circa 30-minütigen Gespräch über das Bilderbuch *Der erste Schritt* (Lindenbaum 2023), kommt es zu folgender Äußerung von dem Viertklässler Tom. Mit Empörung in der Stimme kommentiert er das bis dahin Vorgelesene und Besprochene (vgl. Abb. 1).

In dem vorausgegangenen Vorlesegespräch haben sich mehrere Viertklässler*innen unter der zurückhaltenden Leitung einer Studentin über Figurenkonstellationen und die Handlungsentwicklung im Bilderbuch ausgetauscht. Dabei haben sie auch das Figurenverhalten reflektiert. Ohne die gehaltvollen und kollektiv hervorgebrachten Überlegungen, die Toms Äußerung vorausgegangen sind (vgl. ausführlich Abschn. 3.2), wäre Toms Resümee nicht entstanden. Er nimmt in seiner Äußerung Bezug auf zuvor Gesagtes oder Vorgelesenes und interpretiert vor dem Hintergrund der Handlungslogik der Geschichte, dass das Weltbild bzw. die Realität der Figuren zusammenbricht. Inwiefern in Vorlesegesprächen dialogisch-kollektive Prozesse literarischen Lernens zwischen Schüler*innen entstehen können, die über die Summe der Einzeläußerungen der Schüler*innen hinausgehen, ist Gegenstand des nachfolgenden Beitrags.[1]

```
474    Tom:      für die BRICHT ja grad was zusammen
475              ich weiß nicht mehr ob des im buch vorkommt oder ob
476              des jemand gesagt hat dass die mit GANZ jung da
477              reinkamen (1,0)
478              und DANN wurd dann denen das erZÄHLT
479              und dann mussten die ja grad ihre ganze (.)
480              ihr alles zuSAMMenbrechen in ihrem kopf was sie
481              DACHten was die realiTÄT wäre
```

Abb. 1 Tom: „Für die bricht ja grad was zusammen […] was sie dachten, was die Realität wäre"

---

[1] Ich danke Heike de Boer und Sandra Last für konstruktive Rückmeldungen zu diesem Beitrag.

1 Theoretische Bezüge

1.1 Literarisches Lernen im Vorlesegespräch

In schulischen Vorlesegesprächen wird das Vorlesen von gezielt gesetzten Gesprächsimpulsen begleitet, die auf die narrative Struktur des Textes abgestimmt sind, die Imaginationsfähigkeit der Kinder unterstützen und zugleich eine vertiefende Auseinandersetzung mit Text und Bild anregen (vgl. ausführlicher Spinner 2005; Merklinger und Preußer 2014).

Ziel von literarischen Vorlesegesprächen ist der Erwerb literarischer Kompetenzen.[2] Literarische Kompetenz ist schwer begrifflich zu modellieren (vgl. Schilcher und Pissarek 2018, S. 9); dennoch lassen sich *zentrale Aspekte literarischen Lernens* beschreiben, in denen auch die elf Aspekte literarischen Lernens von Spinner (2006) aufgehen: Es ist wichtig, dass der oder die Rezipient*in *in die Fiktion der vorgelesenen Geschichte eintaucht* und eigene Vorstellungen, eigene Imaginationen entwickelt. Dazu gehört, dass die Rezipient*in sich selbst mit der Geschichte in Beziehung setzt, die *Perspektiven literarischer Figuren nachvollzieht*, *Alterität wahrnimmt* und sich mit einzelnen Figuren, mit der dargestellten Welt identifiziert oder sich kritisch davon distanziert. Dabei gilt es immer wieder, die *eigene subjektive Involviertheit mit einer genauen Textwahrnehmung abzugleichen*. Das beinhaltet auch, die *metaphorische* und *symbolische Ausdrucksweise eines Textes zu erschließen* sowie vorhandene *Leerstellen zu füllen*.

In der Literaturdidaktik herrscht Einigkeit darüber, dass literarische Figuren für ein vertieftes Verstehen literarischer Texte eine besondere Bedeutung einnehmen. So werden sie als „,Türöffner' zu fiktionalen Welten" (Hurrelmann 2003, S. 6) oder als ‚Ankerpunkte' (Pissarek 2018) bezeichnet: Sie sind zentrale Handlungsträger fiktionaler Texte. Durch die Figuren und um sie herum entwickelt sich die Handlung und an ihnen können die Leser*innen sich bei der Erschließung der beschriebenen fiktionalen Welt orientieren. Aber ein Vorlesegespräch verläuft nicht automatisch dialogisch, nur weil Lehrkraft und Schüler*innen darin miteinander sprechen.

---

[2] Anders als Vorlesegespräche zielt *Dialogisches Vorlesen/dialogic reading* vorrangig auf den Erwerb sprachlicher Kompetenzen (vgl. z. B. Hartung und Ennemoser 2018; Whitehurst et al. 1988).

1.2 dialogic teaching

Die Forschung zu Kommunikation im Unterricht zeigt, dass auch heute noch das bereits in den 1970er-Jahren von Mehan (1979) rekonstruierte Initiation-Response-Evaluation Schema (IRE) die Kommunikation im Unterricht bestimmt.[3] Zugleich zeigt die nationale und internationale Forschung, dass qualitätsvolle dialogische Unterrichtsgespräche ein besonderes Lernpotenzial für fachliche und überfachliche Bildungsziele haben (vgl. z. B. Pauli et al. 2022, S. 2; Resnick et al. 2018). Insbesondere im angelsächsischen Sprachraum gibt es eine breite Forschungstradition, die als *dialogic teaching* (z. B. Alexander 2020) und *exploratory talk* (Mercer 2019, darin Kap. 6: Developing dialogues) bekannt ist; im deutschsprachigen Raum haben z. B. die langjährigen Arbeiten von Pauli und Reusser (z. B. Pauli et al. 2022), von Lipowsky und Rzejak (2022) oder Weil et al. (2020) wesentlich dazu beigetragen, die Bedeutung des Lehrer*innenhandelns für dialogische Unterrichtsgespräche herauszuarbeiten (vgl. ausführlich die Beiträge von de Boer, von Pauli, von Twiner und von Edwards-Groves/Davidson in diesem Band).

In der Forschung zur Kommunikation im Deutschunterricht erfährt insbesondere die Frage nach dem *Erwerb diskursiver Praktiken*, also die Frage nach dem Erwerb gesellschaftlich entwickelter, diskursiver Handlungsformen wie Erzählen, Erklären, Argumentieren, große Aufmerksamkeit (vgl. z. B. Heller und Morek 2022). Insbesondere die Praktiken des Argumentierens und Erklärens sind für unterrichtliche Fachgespräche von zentraler Bedeutung (vgl. z. B. Heller und Morek 2019). In den Arbeiten zum diskurserwerbsförderlichen Lehrer*innenhandeln in der Unterrichtsinteraktion steht die Interaktion, das ‚Finetuning‘, zwischen Lehrkraft und Schüler*innen im Zentrum. Dialogische Unterrichtsgespräche fokussieren nicht allein die Interaktion zwischen Lehrkraft und Schüler*innen, sondern auch die Frage, wie die Lehrkraft die Schüler*innen darin unterstützen kann, im Unterrichtsgespräch auch zunehmend aufeinander Bezug zu nehmen und miteinander zu sprechen.

Alexander verwendet den Begriff *dialogic teaching*, um zu beschreiben, was passiert, wenn „teachers and pupils work together to build on their own and each others' knowledge and ideas to develop coherent thinking" (Lyle 2008, S. 230). Ein dialogisches Klassengespräch ist dabei durch folgende Merkmale gekennzeichnet (Alexander 2020, S. 131):

---

[3] Die Lehrkraft stellt eine Frage (Initiation), ein*e Schüler*in gibt eine Antwort (Response), die Lehrkraft evaluiert diese Antwort (Evaluation) und der Kreis beginnt von Neuem.

- *Collective.* The classroom is a site of joint learning and enquiry, and, whether in groups or as a class, students and teachers are willing and able to address learning tasks together.
- *Supportive.* Students feel able to express ideas freely, without risk of embarassment over contributions that are hesitant or tentative, or that might be judged ‚wrong', and they help each other to reach common understandings.
- *Reciprocal.* Participants listen to each other, share ideas, ask questions and consider alternative viewpoints; and teachers ensure that they have ample opportunities to do so.
- *Deliberative.* Participants discuss and seek to resolve different points of view, they present and evaluate arguments and they work towards reasoned positions and outcomes.
- *Cumulative.* Participants build on their own and each other's contributions and chain them into coherent lines of thinking and understanding.
- *Purposeful.* Classroom talk, though sometimes open-ended, is nevertheless structured with specific learning goals in view. (Alexander 2020, S. 131)

Mit dem *dialogic teaching* ändert sich nicht nur die Rolle der Lehrkraft, sondern auch die der Schüler*innen: Lernaufgaben werden gemeinsam bearbeitet (*collective*). Schüler*innen und Lehrkräfte hören einander gegenseitig zu, teilen ihre Ideen und betrachten alternative Ansichten wechselseitig (*reciprocal*). Die Schüler*innen äußern ihre Gedanken und helfen sich gegenseitig, ein gemeinsames Verständnis zu entwickeln, ohne andere zu bewerten oder auszulachen (*supportive*). Dialogische Gespräche sind absichtsvoll (*purposeful*), d. h., sie verfolgen ein Ziel, das auch darin bestehen kann, dass am Ende des fachlichen Austauschs verschiedene Positionen begründet im Raum stehen (*deliberative*). Und – das ist im Rahmen dieses Beitrags zentral – dialogische Gespräche sind kumulativ, d. h. nicht nur die Gedanken von der Lehrkraft und den Schüler*innen bauen aufeinander auf, sondern die Schüler*innen nehmen auch untereinander auf ihre Äußerungen Bezug, sodass ein kohärenter Such- und Denkprozess entsteht (*cumulative*) (zum *dialogic teaching* vgl. auch den Beitrag von Pauli in diesem Band).

1.3 Forschung zum literarischen Lernen im Gespräch über Bilderbücher

Dass das Potenzial für literarisches Lernen in schulischen Gesprächen über Bilderbücher selten ausgeschöpft wird, hat die PERLE-Videostudie (Kruse 2012) aus Professionalisierungsperspektive eindrücklich gezeigt. Insgesamt ist die Forschung zu literarischem Lernen im Gespräch über Bilderbücher vor allem durch Einzelfallstudien geprägt, in denen Zugänge einzelner Schüler*innen zum literarischen Lerngegenstand rekonstruiert werden (vgl. z. B. die Sammelbände Lingnau und Preußer 2023; Scherer et al. 2020; vgl. ausführlicher den Forschungsüberblick in Merklinger 2020). Auch das Frankfurter Projekt zu literarischen Bilderbuchgesprächen in inklusiver Perspektive ist an individuellen Verstehensprozessen orientiert (vgl. Mayer und Mempel 2022). Alle genannten Publikationen zeigen eindrücklich, dass Schüler*innen dazu in der Lage sind, komplexe Gedanken zu literarischen Texten zu äußern.[4] Allerdings liegen in den genannten Publikationen kaum Analysen von Gesprächssequenzen vor, in denen Schüler*innen im Sinne eines dialogisch-kollektiven Gesprächs über mehrere Redezüge hinweg miteinander sprechen und dabei inhaltlich aneinander Anschluss nehmen, z. B. indem sie Gesagtes weiterdenken, Rückfragen stellen, um Äußerungen besser zu verstehen, oder auch begründet eine andere Position einnehmen. Zudem ist die Lehrkraft in den meisten Interaktionsauszügen sehr präsent und im Gesprächshandeln scheint das bekannte Initiation-Response-Evaluation Schema (vgl. Mehan 1979) durch. Einen anderen Schwerpunkt setzt die jüngst erschienene Studie zur literarischen Perspektivübernahme in der Grundschule, die u. a. eine „interaktionsorientierte Ebene der literarischen Perspektivübernahme" (Reiter 2024, S. 281) herausarbeitet und zeigt, wie die Schüler*innen kollaborativ Perspektiven von Figuren erschließen und sich dabei im Kleingruppengespräch implizit und explizit auf vorausgegangene Aussagen oder ganze Diskussionsstränge beziehen (vgl. Reiter 2024, S. 281 ff.).

Zusammenfassend lässt sich festhalten, dass in der Forschung zu Gesprächen über Bilderbücher die Rekonstruktion individueller Zugänge von Schüler*innen zum literarischen Gegenstand im Vordergrund steht. Das Gesprächsverhalten der Lehrperson wird vor allem daraufhin betrachtet, inwiefern es dem jeweiligen literarischen Gegenstand angemessen ist und die Schüler*innen darin unterstützen kann, die literar-ästhetische Dimension des jeweiligen Textes zu erschließen.

---

[4] Vgl. z. B. die Beiträge von Wieler, Hoffmann, Kruse und Ritter/Ritter in Scherer et al. 2020.

1.4 Forschungsdesiderat: Dialogisch-kollektive Prozesse literarischen Lernens im Vorlesegespräch über Bilderbücher

Im Forschungsdiskurs zum literarischen Lernen im Gespräch über Bilderbücher findet die Frage, wie Schüler*innen im Gespräch aufeinander Bezug nehmen, wie dabei kollektive Prozesse literarischen Lernens entstehen, und wie die Lehrkraft die Schüler*innen in diesem Prozess unterstützen kann, noch zu wenig Beachtung. Dem Forschungsdesiderat zur kollektiven Entfaltung der Perspektiven literarischer Figuren, das in seiner Komplexität nicht zu verstehen ist, wenn die Prozesshaftigkeit des Geschehens auf die Rekonstruktion der Zugänge einzelner Schüler*innen reduziert wird (vgl. Merklinger 2020, S. 60 f.), begegnet jüngst die Studie von Reiter (2024; siehe Abschn. 1.3). Allerdings erfährt hier der Zusammenhang zwischen dem Gesprächsverhalten der Lehrkraft im Hinblick auf Dialogizität und Kollektivität im Kontext der Äußerungen der Schüler*innen wenig Beachtung.

Zugleich ist aus der Forschung zu Gesprächen im Unterricht bekannt, dass das Gesprächshandeln der Schüler*innen (auch die gegenseitige Bezugnahme) und die Qualität ihrer Äußerungen nicht unabhängig vom sprachlichen Handeln der Lehrkräfte zu sehen ist (vgl. de Boer 2024; siehe die Beiträge von de Boer und von Pauli in diesem Band). Kollektivität im Gespräch kann nur dann entstehen, wenn „SchülerInnen aufeinander verwiesen werden, sie miteinander sprechen lernen, Bezüge und Anschlüsse herstellen können" (de Boer 2018, S. 110).

Die Wahl des Begriffs „dialogisch-kollektiv" (im Unterschied zu „dialogisch" oder zu „kollektiv") hat zwei Gründe: 1. Gespräche über Bilderbücher, die auf literarisches Lernen zielen, werden leicht mit *Dialogischem Lesen/dialogic reading* (vgl. z. B. Hartung und Ennemoser 2018; Whitehurst et al. 1988) verwechselt, das ein Konzept ist, das in erster Linie auf sprachliches Lernen ausgerichtet ist. Es fokussiert die Interaktion zwischen pädagogischer Fachkraft und Kindern; Ziel ist nicht, die Kinder miteinander ins Gespräch zu bringen. 2. Im Forschungsdiskurs zu dialogischer Kommunikation im Unterricht ist die Bezugnahme der Schüler*innen aufeinander und die Anschlussnahme der Schüler*innen untereinander ein Merkmal von vielen (vgl. die Merkmale nach Alexander (2020) in Abschn. 1.2 sowie die Beiträge von de Boer, von Pauli und von Twiner in diesem Band). Durch die Verwendung des Kompositums „dialogisch-kollektiv" wird der Aspekt der Kollektivität besonders hervorgehoben, d. h.: Dialogisch-kollektive Gespräche/Vorlesegespräche zu Bilderbüchern legen einen besonderen Fokus auf den kollektiven

Aspekt des Dialogischen, also auf die Anschlussnahme der Schüler*innen untereinander. Damit verbunden ist die Frage, wie Lehrkräfte diesen Prozess anleiten und unterstützen können. In dialogisch-kollektiven Vorlesegesprächen können dann Prozesse literarischen Lernens entstehen, die ihrerseits durch Kollektivität gekennzeichnet sind.

Vor dem Hintergrund der Forschungsergebnisse zur dialogischen Unterrichtskommunikation und zum literarischen Lernen in (Vorlese)Gesprächen über Bilderbücher, stellen dialogisch-kollektive Prozesse literarischen Lernens ein Forschungsdesiderat dar. Daraus ergeben sich zwei Forschungsfragen:

1. Wie vollziehen sich dialogisch-kollektive Prozesse literarischen Lernens zwischen Schüler*innen, die in ihrer kollektiven Bedeutung über die Summe der Einzeläußerungen/individuellen Deutungen hinausgehen?
2. Wie unterstützt die Lehrkraft das Entstehen dialogisch-kollektiver Prozesse literarischen Lernens im Gespräch zwischen Schüler*innen?

2   Datenkorpus und Forschungsmethode

Die vorliegenden Transkriptausschnitte aus einem Unterrichtsgespräch zum Bilderbuch *Der erste Schritt* (Lindenbaum 2023) sind einem Datenkorpus von vierzehn Vorlesegesprächen entnommen, die Studierende im Sommersemester 2024 in einem Masterseminar zum forschungsorientierten Lehren und Lernen („Literarische Gespräche über Bilderbücher: Partizipation ermöglichen – das eigene Gesprächshandeln professionalisieren") in kooperierenden Grundschulklassen im Raum Stuttgart zu diesem Bilderbuch durchgeführt, audiographiert und im Anschluss daran in Anlehnung an GAT (Selting et al. 2009) transkribiert haben. Das Bilderbuch wurde in zwei Teilen an zwei aufeinanderfolgenden Tagen vorgelesen. In den Transkripten wurden Stellen identifiziert, in denen sich eine hohe interaktive Verdichtung (vgl. Krummheuer und Fetzer 2005, S. 145 ff.) zwischen Äußerungen der Schüler*innen zeigt. Da ein zentraler Zugang zu literarischen Welten über die Figuren erfolgt,[5] werden nachfolgend zwei Sequenzen analysiert, in denen die Schüler*innen die Perspektivübernahme und die Reflexion von Figurenverhalten kollektiv zum Thema machen. Die Analyse erfolgte gesprächsanalytisch in Anlehnung an Deppermann (2008).

---

[5] Zur zentralen Bedeutung literarischer Figuren in diesem Zusammenhang vgl. auch Merklinger 2020, S. 58 ff..

3 Fallbeispiel: Perspektivübernahme und Reflexion von Figurenverhalten kollektiv entfalten

3.1 „Ich hätte auch voll Mitleid"

Der nachfolgende Gesprächsausschnitt ist zu dem Bilderbuch *Der erste Schritt* (Lindenbaum 2023) entstanden. Die „Schäfin" in Gestalt eines Hundes leitet mit Trillerpfeife ein Kinderheim und führt ein strenges Regime. Das Bilderbuch ist aus der Ich-Perspektive der Figur eines Mädchens erzählt, die zur privilegierten Gruppe mit dem Namen „Ringelblumen" gehört, für die die Kindergruppe mit dem Namen „Primeln" die ganze Arbeit machen muss, die im Alltag anfällt.[6] Das nachfolgende Gespräch zwischen fünf Schüler*innen entsteht an der Stelle des Bilderbuches, an der die „Ringelblumen" spazieren gehen und Trampolin springen dürfen („Die Schäfin hat viele gute Ideen" (Lindenbaum 2023, Doppelseite 5)), während die „Primeln" Arbeiten für sie erledigen müssen („Die Primeln putzen unsere Stiefel. Die sind ja superdreckig geworden" (Lindenbaum 2023, Doppelseite 5)). Die Studentin wartet nach dem Vorlesen dieses letzten Satzes auf der Doppelseite sechseinhalb Sekunden, bevor das Gespräch über die ungerechte Situation beginnt (vgl. Abb. 2).

Tom und Emma versetzen sich in die Perspektive der Figuren hinein und reflektieren das rücksichtslose Verhalten der Figuren der privilegierten „Ringelblumen". Tom deutet die 6-sekündige Pause nach dem Vorlesen im Sinne eines globalen Zugzwanges[7] und übernimmt als erster initiativ das Rederecht. Er liefert eine ausgebaute Erklärung dafür, weshalb er Mitleid mit den Primeln hätte. Dabei bedient er sich zunächst eines Konditionalsatzes, eingeleitet durch die Konjunktion ‚dann': „Wäre ich jetzt einer der Ringelblumen, dann hätt ich VOLL MITleid mit

---

[6] Im Verlauf des Bilderbuches tauschen die Kindergruppen die Rollen, nachdem die Ich-Erzählerin, die zu der privilegierten Gruppe der „Ringelblumen" gehört, erkennt, wie ungerecht die Situation im Kinderheim ist. Die privilegierten „Ringelblumen"-Kinder tauschen daraufhin mit der Gruppe der benachteiligten „Primel"-Kinder, die bis dahin immer alle anfallenden Arbeiten erledigen musste. Es folgen weitere Taten, die die Macht der „Schäfin" schwinden lassen, sodass die Kinder das Kinderheim schließlich verlassen und ihren Weg in die Freiheit finden. Für ausführlichere Informationen vgl. die Jurybegründung für die Nominierung zum Jugendliteraturpreis 2024 auf der Homepage des „Arbeitskreis Jugendliteratur".
[7] *Globale* Zugzwänge sind dadurch gekennzeichnet, dass sie von der nächsten Sprecher*in die Darstellung eines Zusammenhangs (komplexes Äußerungspaket) erwarten lassen, z. B. eine ausführliche Erklärung oder eine Argumentation. *Lokale* Zugzwänge zielen auf Äußerungen, die einen Satz oder auch nur ein Wort umfassen können (vgl. ausführlich Morek et al. 2022, S. 5).

```
306   Tom:         wäre ich jetzt einer der ringelblumen
307                dann hätt ich VOLL MITleid mit denen
308                aber denen (.) aber die KÜmmerts ja garnicht dass DIE
309                alle arbeit machen müssen
310   Emma:        ich hätte auch voll mitleid und würde denen dann
311                helfen
312   Viele Kinder stimmen zu.
313   Tom:         ja: die sind voll BÖse (.)
314                die BÖsen der geSCHICHte(3,0) oder (1,5) s unfair (1,0)
315   Emma:        wirklich rassistisch
316   Tatjana:     vielleicht wissen die auch garnicht dass die primeln
317                des irgendwie gar nicht MÖgen (.)
318                dass die immer die drecksarbeit machen müssen(1,0)
319                aber vielleicht erzählt die schäfin denen immer dass
320                die primeln das auch MÖgen und beziehungsweise das
321                weiß man ja nicht
322   Leander:     aber die sehen traurig aus (2,0) irgendwie (3,0)
323   Karl:        aber irgendwie fällt das ja auch AUF
324                weil ich glaub (.) jeder mensch würde lieber
325                trampolin springen als stiefel zu putzen
```

Abb. 2 Transkriptausschnitt Vorlesegespräch Teil 1: „Ich hätte auch voll Mitleid …"

denen" (Z. 306 f.). Er kontrastiert seine eigene hypothetische Reaktion mit der der privilegierten „Ringelblumen" im Buch: „aber die KÜmmerts ja garnicht, dass DIE alle Arbeit machen müssen" (Z. 308 f.). Ohne dass ein Zugzwang verbal geäußert wird, ergreift Emma das Wort. Sie stimmt Tom zu („Ich hätte auch voll Mitleid" (Z. 310)) und führt seine Überlegung inhaltlich weiter, indem sie eine hypothetische Konsequenz für ihr eigenes Handeln ableitet („und würde denen dann helfen" (Z. 310 f.)). Dabei übernimmt sie Begrifflichkeiten aus Toms Äußerung („voll Mitleid"). Auch der Gebrauch des Konjunktivs über zwei Redebeiträge („hätte", „würde") sowie der Gebrauch der Modalpartikel „auch" zeigen, dass Emma ebenfalls auf morpho-syntaktischer Ebene an die Äußerung von Tom anschließt. Ohne dass ein Zugzwang etabliert wird, ergreifen nun viele Kinder zeitgleich das Rederecht und stimmen dem Gesagten zu (Z. 311). Tom ergreift erneut das Rederecht, und charakterisiert die privilegierte Gruppe der „Ringelblumen" nun als „voll BÖse" (Z. 313). Dies ist der dritte Redezug in Folge, in dem die Intensitätspartikel „voll" vorkommt.

Hervorzuheben ist, dass sich die thematische Entfaltung des Mitleids für die benachteiligte Kindergruppe der „Primeln" im Gespräch *dialogisch-kollektiv* entwickelt und sich auch in der Wahl der sprachlichen Mittel (Konjunktiv, Intensitätspartikel, Modalpartikel) spiegelt.

Emma schließt an Tom mit einer weiteren Bewertung an, indem sie das Verhalten der „Ringelblumen" als „rassistisch" (Z. 315) bezeichnet, wobei diese Äußerung keine Reaktion aus der Gruppe erfährt und offenbleibt, was genau sie damit meint. Tatjana formuliert im nun folgenden Turn einen Widerspruch dazu, dass es den „Ringelblumen" egal ist, wie es den „Primeln" geht: „Vielleicht wissen die auch gar nicht, dass die ‚Primeln' des irgendwie gar nicht MÖgen, dass die immer die Drecksarbeit machen müssen" (Z. 316 ff.). Sie leitet ihre Äußerung mit dem Modaladverb „vielleicht" ein, das genau wie das Modaladverb „irgendwie" relativierenden Charakter hat und das Gesagte als *eine* mögliche Deutung kennzeichnet. Zugleich distanziert sie sich durch die Modalpartikel „auch" von dem zuvor Gesagten.

Inhaltlich mag Tatjanas Äußerung zunächst irritieren, denn es erstaunt, dass die privilegierte Gruppe der „Ringelblumen" denken könnten, dass die „Drecksarbeit" für die Gruppe der „Primeln" attraktiv ist. Doch genau diese Äußerung trifft einen Kern der Geschichte: Die Leser*innen sind angehalten, sich zu fragen, warum das ungerechte Regime der Leiterin mit dem Namen „Schäfin" so unhinterfragt von so vielen Kindern akzeptiert wird. Tatjana begründet ihre Äußerung vor dem Hintergrund der Handlungslogik der Geschichte, wieder relativiert durch „vielleicht": „Aber vielleicht erzählt die ‚Schäfin' denen immer, dass die ‚Primeln' das auch MÖgen" (Z. 319 f.). Tatjana liefert hier eigeninitiativ ein komplexes Äußerungspaket, in dem sie abwägt, ob die privilegierte Gruppe der „Ringelblumen" wirklich wissen kann, dass die „Primeln" ungern die ganze Arbeit machen. Sie benennt ein weiteres stützendes Argument (Erzählung der „Schäfin"), warum die Gruppe der „Ringelblumen" glauben könnte, dass die Gruppe der „Primeln" die „Drecksarbeit" mag. Sie nimmt dabei auf die Handlungslogik der Geschichte Bezug, denn die Schäfin hat auch an anderen Stellen in der Geschichte bereits Lügen erzählt, die die Kinder ihr geglaubt haben. Tatjana ergänzt jedoch einschränkend, dass man das nicht genau wisse (Z. 320 f.).

Leander schließt unmittelbar mit einem globalen Redezug an, den er im Sinne des Argumentierens als Widerspruch („aber") kontextualisiert und entsprechend vertextet: Er stellt als Begründung seiner Position einen konkreten Bezug zur Bildebene und zur Mimik der arbeitenden „Primeln" her: „Aber die sehen traurig aus" (Z. 322). Nach einer Pause von zwei Sekunden ergänzt er die Modalpartikel „irgendwie", was seine Aussage als mögliche und zugleich unbestimmte Deutung kennzeichnet. Bemerkenswert sind die beiden Pausen von zwei und drei Sekunden, die sich während Leanders Äußerung und im Anschluss daran ereignen. Sie geben Zeit zum Nachdenken und entschleunigen das Gespräch. Ohne dass Leander einen (expliziten) Zugzwang etabliert, ergreift Karl nach drei Sekunden das Rederecht und ergänzt Leanders konkretes um ein verallgemeinerndes Argument: „Aber irgendwie fällt das ja auch AUF, weil ich glaub, jeder Mensch würde lieber Trampolin springen als Stiefel zu putzen" (Z. 323 ff.). Neben der thematischen Entwicklung der Beiträge, die sich kollektiv zwischen den Kindern entfaltet, zieht sich auf sprachlicher Ebene der Gebrauch des Modaladverbs/der Modalpartikel „irgendwie" und des adversativen „aber" durch die Redebeiträge von Tatjana, Leander und Tom.

3.2 „Für die bricht ja grad was zusammen"

In dem nachfolgenden Gesprächsausschnitt regt die Studentin die Kinder nach dem Vorlesen durch eine Frage explizit dazu an, die Perspektive der literarischen Figuren der Kinder im Bilderbuch nachzuvollziehen. Das Gespräch folgt auf das Vorlesen der Doppelseite, auf der die Kinder zum ersten Mal gewagt haben, die weiße Linie, die das Grundstück des Waisenhauses rundherum begrenzt, zu übertreten. Diese Linie ist zugleich ein Ausdruck der Willkürherrschaft der „Schäfin", die das Waisenhaus leitet. So hat die „Schäfin" den Kindern u. a. vermittelt, dass hinter der Linie gefährliche Löwen lauern, um sie davon abzuhalten, das Kinderheim zu verlassen. Der Ausschnitt beginnt mit der Frage der Studentin (vgl. Abb. 3).

```
458   Studentin: und was glaubt ihr wie fühlen sich die kinder?
459              was denken die kinder? (4,0)
460              magst du grad weitermachen und dann
461   Emma:      ähm ich glaub die sind (.) also
462              die die auf DER seite sind [zeigt auf die Kinder
463              außerhalb der Linie]
464              sind erleichtert und die [zeigt auf die Kinder
465              innerhalb der Linie]
466              sind irgendwie auch so bisschen erleichtert
467              weil die wissen (.) dass eigentlich also hinter der
468              linie gar nichts schlimmes is (.) ja (.) lia
469   Lia:       ich glaub die sind halt auch fröhlich weil sie jetzt
470              frei sind und die (.) ähm hinter der linie denken
471              sich son bisschen (.) fragen sich ob sie des wirklich
472              machen aber (.) und gehen dann einfach rüber (8,5)
473              tom
474   Tom:       für die BRICHT ja grad was zusammen
475              ich weiß nicht mehr ob des im buch vorkommt oder ob
476              des jemand gesagt hat dass die mit GANZ jung da
477              reinkamen (1,0)
478              und DANN wurd dann denen das erZÄHLT
479              und dann mussten die ja grad ihre ganze (.)
480              ihr alles zuSAMMenbrechen in ihrem kopf was sie
481              DACHten was die realiTÄT wäre
```

Abb. 3 Transkriptausschnitt Vorlesegespräch Teil 2: „Für die BRICHT ja grad was zusammen …"

Die Studentin etabliert mit ihrer Doppelfrage (Z. 458) einen globalen Zugzwang, der auf Perspektivübernahme und Figurenverstehen zielt. Sie wartet vier Sekunden, bevor sie Emma das Rederecht erteilt, die den Zugzwang aufnimmt und im Sinne des Begründens kontextualisiert. Emma markiert ihre Aussage zunächst mit „ich glaub" (Z. 461) als mögliche Deutung. Sie differenziert nachfolgend zwei Gruppen von Kindern: Die Kinder außerhalb der Linie sind „erleichtert" (Z. 464), und die Kinder innerhalb der Linie sind „irgendwie auch so bisschen erleichtert" (Z. 466 f.). Sie begründet ihre Deutung damit, „dass eigentlich also hinter der Linie gar nichts Schlimmes is" (Z. 467 f.). Lia knüpft unmittelbar mit einer weiteren elaborierten Behauptungs-Begründungsstruktur an Emmas Äußerung an, die sie, genau wie Emma, mit „ich glaub" (Z. 469) als eine mögliche Deutung kennzeichnet: Die Kinder sind „auch fröhlich" (Z. 469), weil die Kinder außerhalb der Linie „jetzt frei sind" (Z. 469 f.). Dann wechselt sie, wie zuvor Emma, zur Perspektive der Kinder innerhalb der Linie (Lia: „hinter der Linie" (Z. 470)). Sie beschreibt die Kinder, die noch innerhalb der Linie stehen, zunächst als vorsichtig („denken sich son bisschen, fragen sich, ob sie des wirklich machen" (Z. 470 ff.)), bevor sie „dann einfach" (Z. 472) rübergehen. Dabei nimmt Lia Emmas einschränkende Formulierung („son bisschen") explizit auf.

Während Emma und Lia das Überschreiten der Linie als Befreiung der Kinder bezeichnen, nimmt Tom eine andere Position ein. Nach einer Denkpause von 8,5 Sekunden (jede Pause über 3 Sekunden ist für Unterrichtsgespräche ungewöhnlich (vgl. Rowe 1986 sowie das Kapitel „Exkurs: Wait-Time" in dem Beitrag von de Boer/Merklinger in diesem Band), erteilt Lia Tom das Rederecht, der als drittes Kind in Folge eine elaborierte Äußerung vertextet. Tom beurteilt die Situation im Bilderbuch von einem höheren Standpunkt aus. Er reflektiert, was die Erkenntnis, dass hinter der Linie keine Gefahr lauert für die Figuren der Kinder und auch für die „Schäfin", die die Kinder belogen hat, bedeutet. In seine Deutung spielt auch Perspektivübernahme hinein: „Für die BRICHT ja grad was zusammen", „was sie DACHten, was die RealiTÄT wäre" (Z. 474 und 480 f.). Er begründet dies damit, dass die Kinder jung ins Waisenhaus gekommen sind[8] „und DANN wurd dann denen das erZÄHLt" (Z. 478 f.).

---

[8] Dazu steht tatsächlich nichts im Buch, aber Emma hat diese Vermutung zuvor im Gespräch geäußert.

4 Ergebnisse: Kollektivität und Anschlussnahme im Gespräch über literarische Figuren

In der Rekonstruktion der Gesprächssequenzen zu dem Bilderbuch *Der erste Schritt* (Lindenbaum 2023), in der die Schüler*innen die Perspektivübernahme und Reflexion von Figurenverhalten gemeinsam entfalten, werden Praktiken sichtbar, in denen dialogisch-kollektiv (literarische) Bedeutung ausgehandelt wird. Die Schüler* innen greifen dabei auf verschiedene Praktiken der gegenseitigen Anschlussnahme zurück (vgl. Merklinger 2020, S. 75 f.).

Kollektivität im Gespräch entsteht dabei zunächst ganz grundsätzlich dadurch, dass die Schüler*innen in ihren Äußerungen *Sprachmaterial ihrer Vorredner*innen aufnehmen*. Das geschieht, indem sie bereits Gesagtes zunächst paraphrasieren, bevor sie es inhaltlich weiterführen; aber auch, indem sie bereits Gesagtes ohne vorherige Paraphrase unmittelbar inhaltlich weiterführen.

Die inhaltliche Auseinandersetzung mit dem Bilderbuch (einschließlich der Reflexion des Figurenverhaltens) ist dabei stets der Ausgangspunkt des Sprechens der Kinder. Am Ende eines dialogisch-kollektiven Austauschs stehen dabei (potenziell) Bedeutungen, die über die Summe der Einzeläußerungen der Kinder hinausgehen. So steht z. B. Toms Reflexion der Situation der Kinder, deren Realität aus seiner Sicht gerade zusammenbricht, nicht isoliert, sondern sie entsteht erst vor dem Hintergrund der Äußerungen seiner beiden Vorrednerinnen.

4.1 Zeichen der Herstellung von Kollektivität im Kontext literarischen Lernens

Es sind auch Praktiken der Herstellung von Kollektivität unter Schüler*innen zu beobachten, die für literarisches Lernen von besonderer Bedeutung sind.

Kollektiver Modus des ‚Sprechens in Möglichkeiten'
a) **Wiederaufnahme von Sprachformen für Ungewissheit:**

Im Gespräch über Bilderbücher geht es nicht darum, die eine, „richtige" Antwort zu finden, sondern darum, im gemeinsamen Gespräch Deutungsmöglichkeiten zu erschließen, die vor dem Hintergrund des jeweiligen literarischen Gegenstandes nachvollziehbar sind. In den Transkriptausschnitten zeigt sich eine Häufung von Sprachformen, die Ungewissheit zum Ausdruck bringen, bzw. die das Gesagte als *eine* mögliche Deutung kennzeichnen und zugleich Subjektivität deutlich machen (vgl. Merklinger 2015). Dies ist unmittelbar mit einem Sich-Einlassen auf die Unabschließbarkeit des Sinnbildungsprozesses als grundlegendem Aspekt literarischen Lernens verbunden. Häufig vorkommende Sprachformen sind: „irgendwie"; „vielleicht" (Modalpartikel/-adverbien); „ich glaub" (mentale Verben). Indem unterschiedliche Sprecher*innen Sprachformen für Ungewissheit verwenden, entsteht auf dieser Ebene Kollektivität: Eine Schüler*in benutzt Modalpartikel/-adverbien und/oder mentale Verben, der/die nächste nimmt dies auf usw. Auf diese Weise werden die Perspektivübernahme und die Reflexion des Figurenverhaltens in einem kollektiven Modus des ‚Sprechens in Möglichkeiten' hergestellt.

b) **Wiederaufnahme des Konjunktivs bei der Perspektivübernahme und bei der Reflexion von Figurenverhalten**

Die Schüler*innen verwenden in ihren Äußerungen den Konjunktiv, wenn sie sich gedanklich in die Perspektive der Figuren hineinversetzen/das Figurenverhalten reflektieren: Kollektivität entsteht nicht allein durch inhaltliche Anschlussnahme, sondern auch dadurch, dass eine Schüler*in den Konjunktiv verwendet, die nächste greift den Modus des Konjunktiv in einer der folgenden Äußerungen auf. Interessant in dem obigen Transkriptausschnitt ist, dass dies jeweils damit einher geht, dass die Schüler*innen das Figurenverhalten in beiden Fällen zu ihrem eigenen Handeln in Beziehung setzen (Tom: „wäre ich jetzt […], dann hätt ich […]" (Z. 306 f.); Emma: „ich hätt auch […] und würde […] helfen" (Z. 310 f.)).

Kollektive Entfaltung kontroverser Hypothesen zur Reflexion von Figurenverhalten
Kollektivität im Gespräch entsteht auch, wenn die Schüler*innen kontroverse Hypothesen über ihr Verständnis der Figuren zum Thema machen. Widersprüche werden häufig durch das adversative „aber" eingeleitet. Oft ist in diesem Zusammenhang auch die Verwendung von Sprachformen für Ungewissheit (s. o.) zu beobachten.

4.2 Herstellung eines dialogisch-kollektiven Gesprächsrahmens durch die Studentin

Auch wenn die Studentin in den ausgewählten Transkriptausschnitten wenig in Erscheinung tritt, so hat sie zusammen mit den Kindern einen Gesprächsrahmen aufgebaut, der für dialogisch-kollektive Gespräche förderlich ist (vgl. die Beiträge de Boer, von Twiner und von Edwards-Groves/Davidson in diesem Band). Die Schüler*innen geben das Rederecht direkt untereinander weiter (z. T. auch ohne Aufrufen) und werden dazu ermutigt, einander gegenseitig Rückfragen zu stellen, wenn sie etwas (besser) verstehen möchten. Sie werden ermuntert, Nachdenkpausen zu lassen, denn alle Beteiligten brauchen Zeit, das Gesagte zu verstehen – die Studentin eingeschlossen. Das Gesprächsverhalten der Studentin orientiert sich dabei an einer dialogischen Gesprächshaltung. In den ausgewählten Transkriptausschnitten ist ihre Gesprächsführung vor allem dadurch gekennzeichnet, dass sie

- sich im Gespräch zurückhält,
- Denkpausen im Gespräch zulässt,
- die Äußerungen der Schüler*innen nicht bewertet oder kommentiert und
- mit einer offenen (Doppel-)Frage die Perspektivübernahme der Schüler*innen anregt.

5 Schlussgedanken

Auch wenn es eine Vielzahl von Veröffentlichungen gibt, die sich mit literarischen Lernprozessen im Kontext des Vorlesens und des Sprechens über Bilderbücher beschäftigen (vgl. Abschn. 1.3), wurde dialogisch-kollektiven Prozessen literarischen Lernens im Gespräch bislang kaum Beachtung geschenkt (vgl. Abschn. 1.4).

Die Rolle der Schüler*innen verändert sich, wenn die Lehrkraft im Sinne des *dialogic teaching* (Alexander 2020) unterrichtet. Die Schüler* innen greifen dann auf verschiedene Praktiken der gegenseitigen **Anschlussnahme** zurück (vgl. auch Merklinger 2020, S. 75). Dabei zeigt sich, dass die dialogisch-kollektive Entfaltung von Figurenverstehen als Hervorbringung eines gemeinschaftlich erarbeiteten Prozesses gesehen werden kann, durch den neue geteilte Bedeutungen entstehen, die über die Summe der Einzeläußerungen hinausgehen und die für die Durchdringung des literarischen Gegenstandes fruchtbar sind.

Zugleich sind die individuellen Zugangsweisen der Schüler*innen Teil des kollektiv hervorgebrachten Figurenverstehens und der Reflexion des Figurenverhaltens, sie sind darin eingelagert.

Bezogen auf die Qualitätsaspekte des *dialogic teaching* (Alexander 2020) (s. o.), macht die Rekonstruktion der beiden Gesprächssequenzen deutlich, wie **Reziprozität** entstanden ist. Schüler*innen und Lehrkraft hören einander gegenseitig zu, teilen ihre Ideen und betrachten alternative Ansichten und Widersprüche. Erkennbar wird auch, dass dabei Prozesse entstehen, die **supportive** und zugleich **cumulative** sind, denn die Beteiligten praktizieren gegenseitige Anschlussnahme,

Paraphrasieren bereits Gesagtes und bauen ihre Gesprächsbeiträge aufeinander auf. Das **kollektive Figurenverstehen** und die **Reflexion von Figurenverhalten** zeigt sich auf sprachlicher Ebene darin, dass das Sprachmaterial der Vorredner*innen aufgegriffen und weitergeführt wird (z. B. durch die Wiederaufnahme des Konjunktivs, derselben Modalpartikel, -adverbien und Intensitätspartikel, aber auch auf inhaltlicher Ebene).

Dabei sind die Äußerungen der Beteiligten **purposeful** und verfolgen das Ziel, sich gemeinsam verschiedene literarische Aspekte des Bilderbuchs *Der erste Schritt* im Gespräch kollektiv zu erschließen, wobei unterschiedliche Interpretationen begründet nebeneinander stehen können. Dazu passt auch die **Häufung von Sprachformen, die Ungewissheit** zum Ausdruck bringen und das Gesagte als *eine* **mögliche Deutung** kennzeichnen, was zugleich **Subjektivität** deutlich macht.

Sichtbar wird, dass ohne die Handlungen der Studentin kein dialogisch-kollektives Gespräch entstanden wäre. Auch wenn einige ihrer Handlungen in dem gewählten Ausschnitt eher im Hintergrund bleiben (Pausen zulassen; Äußerungen der Schüler*innen nicht bewerten), ist festzuhalten: Die Studentin schafft die Rahmenbedingungen dafür, dass die Schüler*innen ein nachdenkliches Gespräch führen können, in dem sie sich gemeinsam die Geschichte erschließen und zugleich im dialogisch-kollektiven Figurenverstehen gehaltvolle Prozesse literarischen Lernens hervorbringen. Daran hat auch das literar-ästhetisch anspruchsvolle Bilderbuch *Der erste Schritt* einen großen Anteil.

Zukünftig bedarf es weiterer Forschungen zu dialogisch-kollektiven Gesprächen über Bilderbücher, die sich neben der Perspektivübernahme literarischer Figuren auch weiteren Aspekten literarischen Lernens im Zusammenspiel der Schüler*innenäußerungen untereinander, aber auch den Schüler*innenäußerungen in Abhängigkeit von den Handlungen der Lehrkraft, die Kollektivität unterstützen und fördern, widmen.

Kurze Transkriptionslegende (in Anlehnung an GAT 2)

TAUschen	Fokusakzent
(3,0)	Pause in Sekunden
(.)	kurze Pause
?	hoch steigende Tonhöhenbewegung
[zeigt]	kommentierender Einschub

Literatur

Primärliteratur

Lindenbaum, Pija (2023): *Der erste Schritt.* Übersetzung aus dem Schwedischen von Jana Hemer. Deutsche Erstausgabe. Stuttgart: Klett-Kinderbuch.

Sekundärliteratur

Alexander, Robin (2020): *A dialogic teaching companion.* London: Routledge.
de Boer, Heike (2024): Unterrichtsgespräche in der Grundschule. In: Götz, M./Hartinger, A./Heinzel, F./Kahlert, J/Miller, S./Sandfuchs, U. (Hrsg.): *Handbuch Grundschulpädagogik und Grundschuldidaktik.* Bad Heilbrunn: Klinkhardt, S. 467–472.
de Boer, Heike (2018): Kinder philosophieren über Freundschaft – Diskurspraktiken lernen, Normen aushandeln und ko-konstruieren. In: de Boer, H./Michalik, K. (Hrsg.): Philosophieren mit Kindern – Forschungszugänge und -perspektiven. Opladen u.a.: Barbara Budrich, S. 107–121.
Deppermann, Arnulf (2008): *Gespräche analysieren. Eine Einführung.* Wiesbaden: VS Verlag für Sozialwissenschaften.
Hartung, Nils/Ennemoser, Marco (2018): Ein Förderkonzept im Elementarbereich: Dialogisches Lesen. In: Titz, C./Weber, S./Ropeter, A./Geyer, S/Hasselhorn, M. (Hrsg.): *Konzepte zur Sprach- und Schriftsprachförderung entwickeln (Bildung durch Sprache und Schrift, Bd. 2.).* Stuttgart: Kohlhammer, S. 115–127.
Heller, Vivien/Morek, Miriam (Hrsg.) (2022): Einleitung zur thematischen Kollektion „Interaktionen im Fachunterricht lernförderlich gestalten": Fachdidaktische und methodische Annäherungen an Merkmale lehrerseitigen Gesprächshandelns. In: *Zeitschrift für Sprachlich-Literarisches Lernen und Deutschdidaktik* 2. https://ojs.ub.rub.de/index.php/SLLD/article/view/9516/9169 [Zugriff: 15.01.2025].
Heller, Vivien/Morek, Miriam (2019): Fachliches und sprachliches Lernen durch diskurs(er)werbs)orientierte Unterrichtsgespräche. Empirische Evidenzen und Desiderata mit Blick auf inklusive Settings. In: *Didaktik Deutsch* 24, 46, S. 102–121.
Hurrelmann, Beate (2003): Literarische Figuren. Wirklichkeit und Konstruktivität. In: *Praxis Deutsch* 30, 177, S. 4–12.
Krummheuer, Götz/Fetzer, Marei (2005): *Der Alltag im Mathematikunterricht: Beobachten - Verstehen - Gestalten.* Heidelberg, Neckar: Spektrum Akademischer Verlag.
Kruse, Iris (2012): Gut vorlesen. Textpotenziale entfalten. Schulisches Bilderbuchvorlesen in empirischer Überprüfung. In: Pompe, A. (Hrsg.): *Literarisches Lernen im Anfangsunterricht. Theoretische Reflexionen. Empirische Befunde. Unterrichtspraktische Entwürfe.* Baltmannsweiler: Schneider, S. 102–121.
Lingnau, Beate/Preußer, Ulrike (Hrsg.) (2023): *Anschluss- und Begleitkommunikationen zu literarischen Texten. Band 10.* Bochum: SLLD-B.
Lipowsky, Frank/Rzejak, Daniela (2022): Unterrichtsgespräche erfolgreich führen – Eine zentrale Kernpraktik von Lehrpersonen. In: *Journal für LehrerInnenbildung* 22, 3, S. 58–73.

Lyle, Sue (2008): Dialogic Teaching: Discussing Theoretical Contexts and Reviewing Evidence from Classroom Practice. In: *Language and Education* 22, 3, S. 222–240.

Mayer, Johannes/Mempel, Caterina (2022): Potenziale von Grundschulkindern in literarischen Gesprächen erkennen und entfalten. In: Weigand, G./Fischer, C./Käpnick, F./Perleth, C./Preckel, F./Vock, M./Wollersheim, H.-W. (Hrsg.): *Dimensionen der Begabungs- und Begabtenförderung in der Schule. Zwischenstand zum Projekt Leistung macht Schule (LemaS) (1. Aufl.).* Bielefeld: wbv Publikation, S. 327–339.

Mehan, Hugh (1979): *Learning lessons: Social organization in the classroom.* Cambridge/Mass.: Harvard University Press.

Mercer, Neil (2019): *Language and the Joint Creation of Knowledge: The selected works of Neil Mercer.* Abingdon: Routledge.

Merklinger, Daniela (2020): „Oder Wen sieht die Tigerin wie seine Mutter …". Perspektiven literarischer Figuren im kollektiven Gespräch über Bilderbücher interaktiv entfalten. In: Scherer, G./Heintz, K./Bahn, M.: *Das narrative Bilderbuch. Türöffner zu literarästhetischer Bildung, Erzähl- und Buchkultur.* Trier: WVT, S. 57–82.

Merklinger, Daniela (2015): Sprachformen für Unbestimmtheit & Ungewissheit. Literarisches Lernen im Vorlesegespräch. In: Müller, C./Stark, L./Gressnich, E. (Hrsg.): *Lernen durch Vorlesen – Sprach- und Literaturerwerb in Familie, Kindergarten und Schule.* Tübingen: Gunter Narr, S. 143–159.

Merklinger, Daniela/Preußer, Ulrike (2014): Im Vorlesegespräch Möglichkeiten für literarisches Lernen eröffnen. Steinsuppe von Anaïs Vaugelade. In: Scherer, G./Volz, St./Wiprächtiger-Geppert, M. (Hrsg.): *Bilderbuch und literar-ästhetische Bildung - Aktuelle Forschungsperspektiven.* Trier: WVT, S. 155–173.

Morek, Miriam/Heller, Vivien/Kinalzik, Noelle/Schneider, Vivien (2022): Von der Gesprächsanalyse zur Entwicklung des interaktionssensiblen Kodierinstruments ISKODIL: Ausprägungen diskurserwerbsförderlicher Unterrichtsgespräche erfassen. In: *Zeitschrift für Sprachlich-Literarisches Lernen und Deutschdidaktik* 2, S. 1–29. https://doi.org/10.46586/SLLD.Z.2022.9608 [Zugriff: 15.01.2025].

Pissarek, Markus (2018): Merkmale der Figur erkennen und interpretieren. In: Schilcher, A./Pissarek, M. (Hrsg.): *Auf dem Weg zur literarischen Kompetenz. Ein Modell literarischen Lernens auf semiotischer Grundlage.* 3. korrigierte und ergänzte Aufl. Baltmannsweiler: Schneider, S. 135–168.

Pauli, Christine/Zimmermann, Matthias/Wischgoll, Anke/Moser, Miriam/Reusser, Kurt (2022): Klassengespräche im Fachunterricht lernförderlich gestalten lernenEntwicklung von Strategienfür die Analyse von Unterrichtsgesprächen im Kontext einer Interventionsstudie mit Geschichts-und Mathematiklehrpersonen. In: *Zeitschrift für Sprachlich-Literarisches Lernen und Deutschdidaktik* 2. https://ojs.ub.rub.de/index.php/SLLD/article/view/9614/9144 [Zugriff: 15.01.2025].

Reiter, Annelie se (2024): *Literarische Perspektivenübernahme im Gespräch. Eine qualitativ-explorative Untersuchung in der Grundschule.* Trier: WVT.

Resnick, Lauren B./Asterhan, Christa S./Clarke, Sherice N./Schatz, Faith (2018): Next generation research in dialogic learning. In: Hall, G. E./Quinn, L. F./Gollnick, D. M. (Hrsg.): *The Wiley Handbook of Teaching and Learning.* Wiley Online, S. 323–338.

Rowe, Mary Budd (1986): Wait time: Slowing down may be a way of speeding up! In: *Journal of Teacher Education,* 37, 1, S. 43–50.

Scherer, Gabriela/Heintz, Kathrin/Bahn, Michael (2020): *Das narrative Bilderbuch. Türöffner zu literar-ästhetischer Bildung, Erzähl- und Buchkultur*. Trier: WVT, S. 57–82.

Schilcher, Anita/Pissarek, Markus (2018): Zum Begriff der Kompetenzorientierung und seiner Anwendung im Bereich literarischen Lernens. In: Schilcher, A./Pissarek, M. (Hrsg.): *Auf dem Weg zur literarischen Kompetenz. Ein Modell literarischen Lernens auf semiotischer Grundlage*. 3. korrigierte und ergänzte Aufl. Baltmannsweiler: Schneider, S. 9–34.

Selting, Margret et al. (2009): Gesprächsanalytisches Transkriptionssystem 2 (GAT 2). In: *Gesprächsforschung - Online-Zeitschrift zur verbalen Interaktion* 10, S. 353–402. http://www.gespraechsforschung-ozs.de/heft2009/px-gat2.pdf [Zugriff: 15.01.2025].

Spinner, Kaspar H. (2006): Literarisches Lernen. *Praxis Deutsch* 33, 200 S. 6–16.

Spinner, Kaspar H. (2005): Höreraktivierung beim Vorlesen und Erzählstruktur. In: Wieler, P. (Hrsg.): *Narratives Lernen in medialen und anderen Kontexten*. Freiburg im Breisgau: Fillibach, S. 153–166.

Weil, Maralena/Gröschner, Alexander/Schindler, Ann-Kathrin/Böheim, Ricardo/Hauk, Dennis/Seidel, Tina (Hrsg.) (2020): *Dialogische Gesprächsführung im Unterricht. Interventionsansatz, Instrumente und Videokodierungen*. Münster/New York: Waxmann.

Whitehurst, G. J./Falco, F. L./Lonigan, C. J./Fischel, J. E./DeBaryshe, B. D./Valdez-Menchaca, M. C./Caulfield, M. (1988): Accelerating language development through picture book reading. In: *Developmental Psychology* 24, 4, S. 552–559.

Kinder im Gespräch – Revoicing als Möglichkeit zur Förderung von Diskurspraktiken

Christina Bär und Stella Heinrich

Zusammenfassung

Dieser Beitrag widmet sich der Frage, inwiefern das Konzept des *Revoicing* als interaktives Verfahren in kollektiven Gesprächen dazu beitragen kann, Diskurskompetenzen von Grundschulkindern im Unterrichtsgespräch anzuregen. Am Beispiel eines Vorlesegesprächs in einer jahrgangsgemischten Klasse 1/2 wird illustriert, wie das Gesprächshandeln der Lehrperson Gesprächsräume eröffnen kann, in denen Schüler*innen Erfahrungen mit den Diskurspraktiken des Erklärens und Argumentierens machen. Der empirische Befund leistet einen Beitrag für einen Ansatz der integrierten Sprachförderung, mit dem Schüler*innen in authentischen Unterrichtskontexten Diskurskompetenz ausbilden können.

Schlüsselwörter

Dialogisches Unterrichtsgespräch · Revoicing · Diskurskompetenz · Vorlesegespräch · Argumentieren

---

C. Bär (✉)
Institut für deutsche Sprache und Literatur, PH Heidelberg, Heidelberg, Deutschland
E-Mail: baer@ph-heidelberg.de

S. Heinrich
Lehramtsanwärterin am Seminar Mannheim und an der Martin-Stöhr-Grundschule Leutershausen, Hirschberg, Deutschland

© Der/die Autor(en), exklusiv lizenziert an Springer Fachmedien Wiesbaden GmbH, ein Teil von Springer Nature 2025
H. de Boer, D. Merklinger (Hrsg.), *Dialog als interaktive Praxis*, Edition Fachdidaktiken, https://doi.org/10.1007/978-3-658-48376-0_8

1 Unterrichtsgespräche

Das Unterrichtsgespräch ist eine Methode im Unterricht, die im Vergleich zu anderen Methoden am häufigsten genutzt wird und damit eine wichtige Bedeutung für Lehr-Lernprozesse hat (vgl. etwa Leisen 2007, S. 3). Lipowsky und Rzejak (2022, S. 59) bezeichnen es vor diesem Hintergrund auch als eine Kernpraktik von Lehrkräften. Eine Besonderheit von Unterrichtsgesprächen besteht darin, dass sie in Face-to-Face-Kommunikation stattfinden, an der mehrere Personen beteiligt sind, die wiederum unterschiedliche Rollen im Gespräch einnehmen. Weil nur wenige Personen im Raum gleichzeitig sprechen können, hat im Unterrichtsgespräch in der Regel nur eine Person das Rederecht, wobei die anderen Personen die Rolle von Zuhörer*innen einnehmen (vgl. Becker-Mrotzek 2015, S. 105 f.). Dabei ist die Lehrkraft meist mit mehr Rechten ausgestattet als die Schüler*innen, weil ihr die Aufgabe obliegt, die Wissensaneignung der Schüler*innen anzuregen und das Gespräch zu organisieren. Diese Rollenkonstellation führt häufig zu einer Asymmetrie im Gespräch, die eine Bedeutung für dessen inhaltliche und organisatorische Entwicklung hat. Indem Lehrkräfte Fragen stellen, Aufgaben geben und Schüler*innenantworten bewerten, können sie die Interaktion im Unterricht steuern, während es die Aufgabe der Kinder ist, diese Steuerung zu interpretieren, zu verstehen und ihr zu folgen (vgl. Mehan 1979, S. 35 ff.; Sinclair und Coulthard 1975, S. 130 ff.).

An solcher Art von Unterrichtsgesprächen wird schon lange die Kritik geübt, dass sie nach einem Muster hervorgebracht werden, nach dem Lehrkräfte einen hohen Redeanteil haben, wohingegen Schüler*innen kaum Raum für eigene Beiträge bzw. eigenständige Gedankenentwicklung bleibt (vgl. Pauli 2010, S. 145). Das Gesprächsmuster („IRE-Muster") verläuft nach einer dreiteiligen Abfolge: Lehrkräfte initiieren mit einer Frage oder einem Impuls ein Thema im Gespräch (Initiation). Auf diese Eröffnung folgend geben Schüler*innen eine Antwort (Reply), die wiederum von der Lehrkraft bewertet wird (Evaluation) (vgl. Mehan 1979, S. 35 ff.). In dieser Struktur übernimmt die Lehrkraft etwa zwei Drittel der Redezeit, während den Schüler*innen lediglich ein Drittel der Redezeit zukommt. Dies ist häufig darauf zurückzuführen, dass Lehrkräfte geschlossene und niedrig kognitiv aktivierende Fragen stellen, was dazu führt, dass die Beiträge der Schüler*innen meist kürzer und weniger initiativ sind (vgl. Pauli 2010, S. 146; Steinig und Huneke 2022, S. 71 f.).

Die Kritik an Unterrichtsgesprächen nach dem IRE-Muster macht deutlich, dass der Lehrperson als Moderatorin eine zentrale Bedeutung zukommt. Eine erfolgreiche Gesprächsführung erfordert, den Lernenden die Möglichkeit zu bieten, als selbstbestimmte Wissensproduzent*innen zu agieren. Dies umfasst das Einbringen und Verteidigen eigener Ideen, das konstruktive Diskutieren von Positionen und Gegenargumenten sowie die Mitverantwortung für die Lösung von Problemstellungen (vgl. Pauli 2010, S. 148). Eine solche Rollenverteilung im Unterrichtsgespräch zu erreichen, erfordert eine Haltung zu Lehr-Lernprozessen, die sich von dem Gedanken der Instruktion bzw. Wissensvermittlung (IRE-Muster) abwendet und sich der gemeinsamen Wissenskonstruktion („Ko-Konstruktion") im Gespräch verpflichtet (vgl. Pauli 2010; Becker-Mrotzek 2015, S. 104 f.; de Boer 2017). Mit dem Konzept des *Revoicing* existiert bereits ein interaktiver Ansatz, der auf einen dialogisch-konstruktiven Gesprächscharakter abzielt und Handlungsmöglichkeiten der Gesprächsführung bietet, mit denen Schüler*innen aktiver und initiativer am Unterrichtsgespräch teilnehmen können (vgl. Pauli 2010, S. 149).

2 Gesprächsführung nach dem Konzept des *Revoicing*

Das Konzept des *Revoicing* ist eine Diskursstrategie, mit der Lehrkräfte den Inhalt sowie den diskursiven Verlauf von Unterrichtsgesprächen strukturieren können (vgl. O'Connor und Michaels 1993, S. 321). Mit dem Begriff „Revoicing"[1] wird der pädagogische Anspruch des Konzepts zum Ausdruck gebracht, mit dem Kindern im Gruppengespräch eine größere Stimme gegeben werden soll (vgl. O'Connor und Michaels 1996, S. 71). Hierzu reformuliert die Lehrkraft die Beiträge der Schüler*innen oder gibt sie an sie zurück, wodurch die Schüler*innen die Möglichkeiten der inhaltlichen und diskursiven Partizipation am Unterrichtsgespräch erhalten (vgl. hierzu auch Kinalzik et al. 2023, S. 91 ff.).

Das Revoicing fokussiert den dritten Gesprächsschritt des IRE-Schemas (vgl. Mehan 1979, S. 35 ff.) – die Evaluation, denn sie ist entscheidend für eine aktive Beteiligung der Lernenden im Unterrichtsgespräch (vgl. Pauli 2010, S. 149) und wird als zentrales Merkmal für ein effektives Unterrichtsgespräch angesehen (vgl. Denn 2021, S. 56). Entscheidend ist dabei sowohl die Qualität der Rückmeldung als auch die Art und Weise, wie sie den Schüler*innen gegeben wird (vgl. Denn 2021, S. 57). *Mit der Diskursstrategie des Revoicing wird versucht, die Evaluation durch die Lehrkraft im Sinne des IRE-Schemas zu überwinden, indem Schüler*innenbeiträge nicht bewertet und damit interaktiv abgeschlossen werden.* Evaluation im Sinne des Revoicing bedeutet, Gesprächsbeiträge der Kinder erneut an den/die Urheber*in zurückzugeben oder für die Gesprächsgruppe zu öffnen. Damit hat nicht die Lehrkraft das letzte Wort, sondern es wird den Kindern zurückgegeben.

---

[1] Deutsche Übersetzung: „neu formulieren", „wiederholen" oder „paraphrasieren".

Revoicing kann in Unterrichtsgesprächen auf verschiedene Weise und mit unterschiedlichen Funktionen umgesetzt werden. Das Vorgehen lässt sich durch die folgenden Muster beschreiben, die sich aus der Forschung zu Revoicing ableiten lassen (vgl. O'Connor und Michaels 1993, 1996; Pauli 2010; de Boer 2017; Merklinger und de Boer 2020).[2]

- **Zuhören und Nachdenken**: Revoicing umfasst die Bereitschaft der Gesprächsteilnehmer*innen, den anderen aktiv zuzuhören und ihnen genügend Zeit zur Formulierung ihrer Gedanken zu geben (vgl. Pauli 2010, S. 150). Auch die Zeit zwischen den Beiträgen der Lehrpersonen und denen der Schüler*innen hat nach dem Konzept des Revoicing eine wichtige Bedeutung. Wenn nach Fragen der Lehrkraft nur kurze Redepausen folgen, bleibt den Schüler*innen kaum Gelegenheit zum Nach- und Weiterdenken (vgl. Merklinger und de Boer 2020, S. 9). Angemessene Gesprächspausen tragen dazu bei, dass Lernende im Gespräch ihre Gedanken entwickeln und mit anderen teilen können.
- **Gesprächsinhalte akzentuieren**: Lehrkräfte reformulieren ausgewählte Gesprächsbeiträge von Schüler*innen, um deren Inhalt hervorzuheben. Dieser Gesprächsschritt ist nicht mit einem Lehrerecho zu verwechseln (vgl. de Boer 2017, S. 4), da die Wiederholung des Gesagten (im Unterschied zum Lehrerecho) eine Funktion für die weitere inhaltliche Entwicklung im Gespräch hat. Gesprächsinhalte können durch die Lehrkraft wiederholt werden, um ihnen in der Gruppe ein größeres Gehör zu verschaffen oder um die Relevanz des Gesagten für die Gruppe zu verdeutlichen (vgl. O'Connor und Michaels 1996, S. 74 f.). Dabei bleibt der Inhalt erhalten, wie das Kind ihn geäußert hat, um ihm die Urheberschaft an der Idee und die Verantwortung für die inhaltliche Entwicklung des Gesprächs zu überlassen (vgl. O'Connor und Michaels 1996, S. 75). Für das Reformulieren der Schüler*innenbeiträge kann die Lehrkraft die Äußerungen der Kinder entweder in ihrem Wortlaut wiederholen (vgl. Abschn. 4.2 in diesem Text) oder die Wiederholung sprachlich markieren und in indirekter Rede wiedergeben (vgl. O'Connor und Michaels 1996, S. 73), z. B.: „Maximilian sagt, …", „Du meinst also, …", „Habt ihr das gehört? Jaleya schlägt vor …". Beim Wiederholen des Inhalts kann das Rederecht zudem explizit an den/die Urheber*in des Gedankens oder an die Gruppe zurückgegeben werden, indem die Lehrkraft die Reformulierung um eine Gesprächsaufforderung ergänzt: „Was meinen/denken die anderen dazu?" (vgl. de Boer 2017,

---

[2] Für eine weitere Zusammenfassung von Gesprächsmustern des Revoicing im Zusammenhang von Beobachtung von Bildungssprache im Unterrichtsgespräch vgl. Beckmann 2022, S. 51 f..

S. 4). Das Muster des Akzentuierens bzw. Hervorhebens hat gesprächssteuernde Funktion, indem das Reformulieren von Wichtigem, Interessantem, Irritierendem etc. dazu führt, dass das Gespräch in eine bestimmte, von der Lehrkraft anvisierte Richtung vorangetrieben wird (vgl. O'Connor und Michaels 1996, S. 74); es dient der Lehrkraft zur Lenkung des Gesprächs.

- **Gesprächsbeiträge vervollständigen**: Lehrkräfte wiederholen Gesprächsbeiträge von Kindern, um sie zu ergänzen oder zu reparieren. Hierbei können Gesprächsbeiträge von Schüler*innen wiederholt und um Inhalte ergänzt werden, um sie schlüssiger zu machen – etwa, wenn eine Erklärung sinnvoll ist, aber noch einen weiteren Schritt benötigt, um vollständig zu sein: „Frieda, du sagtest gerade ... Wie meinst du das?", „Du meinst also, dass [Ergänzung]?" (vgl. auch Abschn. 4.3 und 4.5 in diesem Text). Gesprächsbeiträge von Schüler*innen können ebenfalls wiederholt und vervollständigt werden, um neue Begriffe für bekannte Ideen einzuführen (vgl. O'Connor und Michaels 1996, S. 74). Dabei kann der fehlende Begriff im Kontext der Wiederholung der Schüler*innenäußerung ergänzt werden. Die Äußerung der Lehrkraft hat dann den Charakter eines konkretisierenden Feedbacks. Mit dem Gesprächsmuster des Vervollständigens unterstützt die Lehrkraft die Schüler*innen dabei, ihre Beiträge kohärent und sprachlich präzise zu gestalten.
- **Gesprächsbeiträge in Beziehung zueinander setzen**: Lehrkräfte wiederholen die Gesprächsbeiträge von Kindern, um Positionen im Gespräch deutlich zu machen. Ein Diskurs wird immer von mehreren Gesprächsteilnehmer*innen gemeinsam hervorgebracht. Die geäußerten Inhalte können in Beziehung gesetzt werden, indem die Lehrkraft gemeinsame Positionen zusammenfasst oder unterschiedliche Positionen einander gegenüberstellt (vgl. O'Connor und Michaels 1996, S. 75). Dies kann sie sprachlich markieren, etwa durch Formulierungen wie: „Ich fasse zusammen, was ihr gesagt habt: ..."; „Carl sagt also ähnlich wie Malik, dass ..."; „Malik sagt im Gegensatz zu Carl, dass ..."; „Du stimmst Sky zu und schlägst vor, ... Was denken die anderen dazu?" Indem die Lehrkraft die Gesprächsbeiträge der Schüler*innen zueinander in Beziehung setzt, kann sie das Gesprächs strukturieren und gemeinsam mit den Kindern den roten Faden weiterentwickeln. Somit hat auch dieses Muster gesprächssteuernde Funktion.

Insgesamt vermittelt die Gesprächsführung nach dem Konzept des *Revoicing* den Schüler*innen eine grundlegende Wertschätzung ihrer Äußerungen und begreift sie als eigenständige Beiträge. Dadurch wird die Rolle der Lernenden als ernstzunehmende Gesprächspartner*innen und als Urheber*innen von Ideen unterstrichen (vgl. Pauli 2010, S. 149). Studien zum *Accountable Talk*-Ansatz zeigen, dass dies zu einer höheren kognitiven Aktivierung der Lernenden führt, was sich wiederum positiv auf den Lernerfolg auswirkt (vgl. Lipowsky und Rzejak 2022, S. 63 f.).

3 Unterrichtsgespräche und sprachliches Lernen

Aus sprachdidaktischer Perspektive bieten gute Unterrichtsgespräche einen weiteren Mehrwert: Sie schaffen Möglichkeiten für eine integrierte Sprachförderung, indem Kinder im Gespräch über einen fachlichen Lerngegenstand zugleich sprachliche Kompetenzen weiterentwickeln können (vgl. Heller und Morek 2015, S. 4; Beckmann 2022). Sprachförderung wird nach einem solchen Ansatz nicht als isoliertes Training betrachtet, sondern als eine in authentische Unterrichtskontexte eingebettete, integrierte Tätigkeit (vgl. Heller und Morek 2015, S. 4). In dialogisch hervorgebrachten Unterrichtsgesprächen, in denen Kinder hohe Redeanteile haben und gemeinsam Gedanken entwickeln können, sind sie durch die Machart des Gesprächs mitunter dazu gefordert, zu beschreiben, zu erklären oder zu argumentieren. Solche Sprachhandlungen, die mit Heller und Morek (2015, S. 2) auch als Diskurspraktiken bezeichnet werden, sind funktional für die Verständigung im Gespräch und können durch diskursförderndes Verhalten der Lehrkraft angeregt werden.

Unter Diskurskompetenz wird die Fähigkeit verstanden, sowohl rezeptiv (zuhörend) als auch produktiv (sprechend) diskursive Praktiken (z. B. Erzählen, Erklären, Argumentieren, …) hervorzubringen und dabei gattungsspezifische Anforderungen der jeweiligen diskursiven Praktik umsetzen zu können (vgl. Quasthoff et al. 2021, S. 22). Für eine erfolgreiche Teilhabe an einem Diskurs müssen Gesprächsteilnehmer*innen über drei bestimmte Fähigkeiten verfügen.

1) Gesprächsteilnehmer*innen müssen sich wechselseitig signalisieren, welche diskursive Praktik sie gemeinsam hervorbringen. Die Beteiligten *kontextualisieren* einander, welche kommunikative Funktion sie im Gespräch realisieren (z. B. erzählen, erklären, argumentieren) bzw. erkennen, um welche diskursive Praktik es dem Gegenüber geht (vgl. Quasthoff 2015, S. 88; Heller und Morek 2015, S. 5).
2) Gesprächsteilnehmer*innen müssen die diskursive Praktik umsetzen, indem sie bestimmte Formen der *Vertextung* hervorbringen, d. h. ihre Äußerung inhaltlich strukturieren (vgl. Morek und Heller 2016, S. 47). Während Erzählungen beispielsweise chronologisch strukturiert sind, weisen Erklärungen und Argumentationen hierarchische Strukturen auf und beinhalten adversative, Ursache-Wirkung- oder Mittel-Zweck-Relationen (vgl. Heller und Morek 2015, S. 5).

3) Um die Vertextung realisieren zu können, wählen Gesprächsteilnehmer*innen sprachliche Mittel, mit denen sie die kommunikative Funktion ihrer Äußerung *markieren*, d. h. die inhaltliche Strukturierung erkennbar machen (vgl. Heller und Morek 2015, S. 5; Morek Heller 2016, S. 47). So werden Widersprüche in Argumentationen bspw. mit dem Konnektor *aber* deutlich gemacht oder Begründungen mit *weil* eingeleitet und mit Verbendstellung realisiert.

Insgesamt stellt das Hervorbringen von Diskurspraktiken eine ausgesprochen komplexe Fähigkeit dar, die weit über das Beherrschen von Wörtern und Sätzen hinausgeht und deren Aneignung sich bis mindestens in die Adoleszenz hineinzieht (vgl. Heller und Morek 2015, S. 5; vgl. Morek 2021, S. 189). Untersuchungen in der Grundschule haben gezeigt, dass den Kindern eher wenig Raum für eigenständig produzierte diskursive Praktiken geboten wird. Oft werden globale Anforderungen auf lokale Ebene heruntergebrochen, sodass Schüler*innen nicht die Möglichkeit erhalten, längere Diskurseinheiten des Erzählens, Erklärens oder des Argumentierens hervorzubringen. Stattdessen werden diskursive Aufgaben eher auf mehrere Schüler*innen verteilt, um eine möglichst breite Beteiligung in der Klasse zu erreichen. Dies erschwert den Schüler*innen die Möglichkeit, selbstständig produzierte Diskurseinheiten hervorzubringen (vgl. Leßmann 2021, S. 286). Es zeigt sich, dass Partizipationsgelegenheiten besonders förderlich sind, wenn Kinder in der diskursiven Teilnahme sowohl gefordert als auch interaktiv unterstützt werden (vgl. Quasthoff et al. 2021, S. 20). Im Rahmen einer integrierten Sprachförderung im Unterrichtsgespräch empfehlen Morek und Heller (2016, S. 47 ff.), Gelegenheiten für diskursive Praktiken zu schaffen (Momente des Erzählens, Erklärens, Beschreibens, Argumentierens, … initiieren), kommunikative Erwartungen zu verdeutlichen („*erzähle* uns davon", „*erkläre* uns das bitte", …) sowie Schüler*innen bei der inhaltlichen Strukturierung z. B. mittels reformulierender Nachfragen zu unterstützen.

Während bislang nur wenige tragfähige Konzepte zur erfolgreichen und systematischen Vermittlung von Diskurskompetenzen vorliegen (vgl. Lingnau und Preußer 2023, S. 6), versprechen Unterrichtsgespräche nach dem Konzept des Revoicing, sprachliche Lernmöglichkeiten im fachlichen Unterrichtsgespräch zu eröffnen. Weil das Revoicing sich durch reformulierende Beiträge der Lehrkraft auszeichnet, mit denen Kinder zur ko-konstruktiven Entwicklung ihrer Gedanken im Gespräch angeregt werden, können sich auch hier Möglichkeiten für integrierte Sprachförderung eröffnen. Vor diesem Hintergrund stellt sich die Frage, inwiefern das Konzept des Revoicing als interaktives Verfahren einen Beitrag zur Hervorbringung von Diskurskompetenzen seitens der Schüler*innen leisten kann.

Für eine empirische Annäherung an diese Frage wird im Folgenden ein Unterrichtsgespräch nach dem Konzept des Revoicing in den Blick genommen. Dabei dienen die Teilaspekte von Diskurskompetenz (Kontextualisierung, Vertextung und Markierung) als Analysekategorien, um diskursives Handeln von Gesprächsteilnehmer*innen gesprächsanalytisch herausarbeiten zu können.

4 Fallbeispiel: Revoicing und Diskurspraktiken im Vorlesegespräch

Das Fallbeispiel entstammt einem Datenkorpus mit Vorlesegesprächen zu Bilderbüchern, der im Sommersemester 2024 in einem Forschungsseminar im Fach Deutsch im Masterstudiengang der Pädagogischen Hochschule Heidelberg entstanden ist. Das nachfolgend dargestellte Unterrichtsgespräch wurde in einer jahrgangsübergreifenden Klasse der Jahrgangsstufen 1 und 2 an einer Grundschule durchgeführt. An dem Gespräch beteiligten sich insgesamt 19 Kinder. Das Unterrichtsgespräch entstand im handlungs- und produktionsorientierten Literaturunterricht, der das Bilderbuch „Zwei für mich, einer für dich" von Jörg Mühle (2018) zum Gegenstand hat. Das Bilderbuch handelt von einem Bären und einem Wiesel, die sich um die gerechte Verteilung von drei Pilzen streiten, wobei beide verschiedene Argumente anführen, um zu begründen, warum sie den dritten Pilz erhalten sollten. Die Kinder begegneten dem Bilderbuch in einem Vorlesegespräch (vgl. Merklinger 2015), wobei die Impulse der Lehrperson auf Perspektivenübernahme sowie auf das Einlassen auf die Unabschließbarkeit des Sinnbildungsprozesses abzielten (vgl. Spinner 2006, S. 9 f.). Besondere Aufmerksamkeit galt weiterhin der Gesprächsführung nach dem Konzept des Revoicing, um im Sinne der integrierten Sprachförderung das Hervorbringen von Diskurspraktiken seitens der Schüler*innen anzuregen.

Das Unterrichtsgespräch wurde aufgezeichnet und in ein Gesprächsinventar überführt, um einen systematischen Überblick und ersten Zugang zum Datenmaterial zu erhalten (vgl. Deppermann, 2008, S. 32 ff.). Relevante Gesprächssequenzen, die für die Beantwortung der Forschungsfrage von Bedeutung sind, wurden dabei ausgewählt und gemäß der Konvention GAT 2 transkribiert (vgl. Selting et al. 2009). Aus Datenschutzgründen wurden die Namen der Schüler*innen durch Pseudonyme ersetzt. Der Gesprächsausschnitt wurde gesprächsanalytisch nach Deppermann (2008) untersucht. Dabei war die Frage leitend, inwiefern es im Vorlesegespräch zu dem Bilderbuch „Zwei für mich, einer für dich" (Mühle 2018) durch das interaktive Verfahren des Revoicing zur ko-konstruktiven Hervorbringung von Diskurskompetenzen seitens der Grundschulkinder kommt.

Abb. 1 Der Höhepunkt im Bilderbuch (Mühle 2018, S. Doppelseite 15/16) © Moritz Verlag

Das Vorlesegespräch pausierte an der Stelle im Bilderbuch, an der sich der Streit zwischen dem Bären und dem Wiesel festgefahren hat. Beide beanspruchen den Pilz für sich. Die Tiere beenden das Streitgespräch mit den Worten „und damit Schluss" (Bär) und der Androhung, die Freundschaft aufzukündigen (Wiesel). Auf Bildebene nähert sich im Hintergrund die Pfote eines weiteren Tieres. Es handelt sich um einen Fuchs, der sich auf den vorangehenden Seiten schon im Hintergrund befand und sich nun hinter einem Baum versteckt. Die Kinder entwickelten in Partnerarbeit Ideen, wie der Bär und das Wiesel ihren Streit um den dritten Pilz gerecht lösen können. Ihre Ideen schrieben sie auf ein Arbeitsblatt, auf dem die zuletzt betrachtete Szene aus dem Bilderbuch (vgl. Abb. 1) abgebildet war.

4.1 Gesprächsausschnitt: „Aber es müssen zwei Sachen sein"

Durch die problemorientierte Aufgabenstellung schuf die Lehrperson für das anschließende dialogische Unterrichtsgespräch einen Rahmen, der zum Argumentieren anregt. Die Kinder stellten darin ihre Ideen, die sie vorab zu zweit erarbeitet hatten, nun im Klassenplenum vor. Das Transkript zeigt den Aushandlungsprozess im Unterrichtsgespräch (55 sec.), das auf die Arbeitsphase folgt (vgl. Abb. 2).

```
01  Mattis    man könnte den pilz auch TAUschen gegem was anderes (0,5)
02  LP        gegen was anderes (.)
03            kannst du das noch genauer erklären, (--)
04  Mattis    zum beispiel sie tauschen den pilz mit dem fuchs
05            und der fuchs gibt ihnen dafür was anderes; (0,5)
06  LP        mit dem fuchs tauschen [sie]
07  Mattis                           [ja ] (0,5)
08  LP        [okay]
09  Lea       [Aber] dann gibts wieder nur eine sache (---)
10  Mattis    (unverständlich) [für beide ]
11  LP                         [wie meinst]
12            kannst du das nochmal GANZ genau erklären
13            ich habs noch nicht ganz verstanden (--)
14  Mattis    ja die h° ja die geben den pilz den FUCHS,
15            und dafür gibt der fuchs denen was anderes (-)
16  Lea       Aber es müssen zwei SAchen sein
17            weil sonst streiten sie sich ja !WIE!der (.)
18  Mattis    ja aber es kann auch ne SUppe sein
19            dann kriegt jeder ne HÄLfte; (-)
20  Lea       aber dann würde der bär wieder mehr suppe,
21            und und der kriegt weNIger suppe; (--)
22  LP        eine suppe kann man vielleicht ein bisschen gerechter aufteilen
23            wie drei erdbeeren oder (.) drei pi[lze    ]
24  Lily                                         jeder] drei löffel vielleicht; (--)
25  LP        Okay (.) ja (.)
26            wäre auch ne mögliche lö[sung]
27  Lily                              [drei] schöpfkellen vielleicht
```

Abb. 2 Transkriptausschnitt

4.2 Akzentuieren und erklären

Mattis bringt die Idee ein, man könne den Pilz gegen etwas anderes tauschen (Z. 1). Die Lehrperson reagiert auf Mattis' generisch formulierten Vorschlag („man", Z. 1) in Form eines *akzentuierenden Revoicing*: Sie wiederholt den letzten Teil seiner Aussage: „gegen was anderes" (Z. 2). Indem die Lehrkraft nur einen Teil der Äußerung wiederholt (implizit korrigiert) und den Rest auslässt, setzt sie einen Fokus auf das Wiederholte. Damit ist die Wiederholung der Schüleräußerung kein Lehrerecho, sondern eine Akzentuierung eines Gesprächsinhalts, der von dem Schüler eingebracht wurde. Zudem fordert die Lehrperson Mattis dazu auf, seine Idee genauer zu erklären (Z. 3). Durch diese Aufforderung setzt die Lehrperson einen expliziten *Zugzwang zum Erklären*, wodurch das Rederecht an Mattis zurückgeht und er die Möglichkeit erhält, seinen Gedanken näher auszuführen. Mattis' anschließende Äußerung (Z. 4-5) zeigt, dass er die *kommunikative Erwartung erkennt bzw. kontextualisiert*, denn er realisiert seine Erklärung mit Hilfe eines Beispiels. Während Mattis in Zeile 1 lediglich einen Tausch vorschlug, konkretisiert er nun, mit wem dieser Tausch – beispielsweise – erfolgen kann: Mit dem Fuchs (Z. 4-5). Mattis ersetzt das unbestimmte Pronomen ‚man' durch ‚sie', wodurch er von der abstrakten zur konkreten Ebene wechselt und klarstellt, wer den Tausch mit dem Fuchs vollzieht. Seine Aussage lässt weiterhin Leerstellen offen, da er nicht konkretisiert, was er mit „was anderes" (Z. 5) meint.

Nach einer kurzen Pause greift die Lehrperson erneut Mattis' Idee in Form einer *Akzentuierung* auf: „Mit dem FUCHS tauschen sie" (Z. 6). Erneut wiederholt die Lehrperson nur einen Teil von Mattis' Gesprächsinhalt und betont dabei das Wort „Fuchs". Sowohl inhaltlich als auch prosodisch akzentuiert sie den Fuchs und rückt ihn somit als Tauschpartner für den Bären und das Wiesel in den Fokus. Mattis reagiert daraufhin mit einer schnellen, simultanen Zustimmung „ja" (Z. 7). Dies deutet darauf hin, dass er keinen Zugzwang verspürt, seinen Beitrag weiter auszuführen. Möglicherweise fühlt er sich von der Lehrperson richtig verstanden und interpretiert die Reformulierung durch die Lehrkraft nicht als diskursive Anregung für eine weitere Äußerung. Das *Revoicing* der Lehrkraft führt an dieser Stelle im Gespräch dazu, dass dem Beitrag des Kindes in der Gruppe noch einmal Gehör verschafft wird. Aus gesprächsdiskursiver Perspektive führt es zu einer Bestätigung seitens des Schülers (statt wie in Zeile 4 zur Vertextung einer Erklärung) und damit zu einer inhaltlichen Zäsur im Gespräch, die von der Lehrkraft bestätigt wird („okay", Z. 8).

4.3 Gesprächsinhalte vervollständigen

Die Zäsur im Gespräch eröffnet eine Leerstelle für einen neuen Beitrag. Lea gibt nun zu bedenken, dass es dann (durch den Tausch) aber wieder nur eine Sache gäbe (Z. 9). Lea *vertextet einen Widerspruch* zu Mattis' Gesprächsinhalt, den sie mit dem adversativen Konnektor „aber" markiert. Leas Beitrag wird von der Lehrkraft und Mattis an dieser Stelle nicht als Auftakt zu einer Argumentation kontextualisiert. Mattis und die Lehrperson sprechen gleichzeitig (Z. 10-11), woraufhin die Lehrperson das Rederecht erhält und erneut Mattis adressiert. Sie fordert ihn dazu auf, seinen Gedanken ganz genau zu erklären und begründet es damit, dass sie ihn noch nicht verstanden hat (Z. 12-13). Die Lehrkraft macht zu diesem Zeitpunkt im Gespräch transparent, dass sie ein Verständnisproblem hat. Im Sinne des Revoicing versucht sie, gemeinsam mit Mattis den *Gesprächsinhalt zu vervollständigen*, um ihn nachvollziehbar zu machen. Durch ihre erneute Rückfrage signalisiert sie, dass sie an einer Erklärung interessiert ist und Mattis' Idee ernst nimmt, jedoch mehr Information nötig ist, um diese verstehen zu können. Der von der Lehrkraft gesetzte

Zugzwang führt dazu, dass Mattis seine Aussage in etwa wiederholt. Er spricht nun nicht mehr davon, dass sie (Bär und Wiesel) den Pilz mit dem Fuchs tauschen, sondern dem Fuchs den Pilz geben (Z. 14-15).

4.4 Argumentieren: Einen Dissens herstellen und bearbeiten

Lea bringt sich erneut in das Gespräch ein und nimmt auf Mattis' Idee Bezug, indem sie zum zweiten Mal einen *Widerspruch* verbalisiert: „Aber es müssen zwei Sachen sein, weil sonst streiten sie sich ja wieder" (Z. 16 f.). Lea eröffnet einen Dissens, den sie erneut mit dem adversativen Konnektor „aber" markiert. Sie bezieht sich mit ihrem Beitrag auf einen Aspekt, den Mattis zuvor im Gespräch eingebracht hat: „gegen was anderes tauschen" (Z. 1, 5, 15). Den Aspekt „gegen was anderes tauschen" setzt sie mit ihrem Widerspruch nun relevant. Wenn der Bär und das Wiesel beim Fuchs nur „was anderes" und nicht zwei Sachen ertauschen, gibt es wieder Streit. Mit ihrem Widerspruch schränkt Lea die Gültigkeit von Mattis' Idee ein und entwickelt darauf aufbauend einen neuen Gedanken. Der Bär und das Wiesel müssen zwei Sachen ertauschen, damit es keinen Streit gibt.

Mattis *kontextualisiert* bzw. interpretiert Leas Beitrag als Eröffnung einer *Argumentation*. Ihr Einwand führt zu einer Diskussion mit wechselseitigen Gesprächsbeiträgen zwischen Mattis und Lea, in der beide unterschiedliche Positionen vertreten. Mattis stimmt Leas Einwand zunächst zu („ja", Z. 18), wodurch er dem Widerspruch zunächst Gültigkeit einräumt. Anschließend begegnet er dem Widerspruch mit einem weiteren Einwand: „aber es kann auch ne Suppe sein, dann kriegt jeder ne Hälfte" (Z. 18-19). Mit dieser Äußerung schränkt Mattis wiederum die Gültigkeit von Leas Aussage ein. Mit dem Beispiel Suppe *begründet* er, inwiefern seine Idee „gegen was anderes tauschen" Sinn ergibt. Der von Lea aufgeworfene Dissens führt dazu, dass Mattis an dieser Stelle im Gespräch nun konkretisiert, was die Lehrperson in Zeile 2 f. als Erklärung einzufordern versuchte. Das „andere" besteht aus einer Suppe, die man sich – so schlussfolgert Mattis („dann", Z. 19) – hälftig teilen kann. Durch die Betonung „HÄLFte" richtet er die Aufmerksamkeit auf eine mögliche gerechte Verteilung (Z. 19).

Lea bleibt skeptisch und setzt ihren Widerspruch fort (Z. 20-21). Sie setzt Mattis' Schlussfolgerung eine weitere gegenüber: Dann würde der Bär wieder mehr Suppe und das Wiesel wieder weniger Suppe bekommen (vgl. Z. 20 f.). Sie skizziert eine hypothetische Situation, die sich auf die im Buch angelegte Problematik bezieht. Mit dem Bezug auf die Problematik im Bilderbuch stellt sie in Frage, dass „das andere" (die Suppe) gerecht zwischen den Tieren aufgeteilt werden kann, weil der Bär wieder mehr beanspruchen könnte.

4.5 Gesprächsinhalte vervollständigen

Auf Leas Einwand hin bringt die Lehrkraft eine Idee ein, wie die Suppe gerecht an beide Tiere verteilt werden könnte. Sie lässt sich auf Mattis' Gedanken des gerechten Verteilens ein und stellt die Vermutung auf, dass man eine Suppe vielleicht gerechter aufteilen könne als drei Erdbeeren oder drei Pilze (Z. 22-23). Sie bezieht sich auf Mattis' zuvor genannten Vorschlag, die Suppe als Tauschobjekt zu verwenden und versucht, *den Gedanken zu vervollständigen*. Damit macht sie Mattis' Idee zum Ausgangspunkt für weitere Überlegungen. Besonders durch die Verwendung des Adverbs „vielleicht" und die Einführung von Vergleichsobjekten signalisiert sie den Schüler*innen, dass ihr Vorschlag nicht endgültig ist, womit sie die Diskussion für weitere Anschlüsse offenhält.

Eine weitere Schülerin, Lily, ergreift nun das Wort und konkretisiert, wie die Suppe gerecht aufgeteilt werden könnte: Jedes der Tiere bekommt drei Löffel bzw. drei Schöpfkellen (Z. 24, 27). Damit schließt sie an Mattis' Gedanken an, den die Lehrkraft zum Ausgangspunkt für weitere Überlegungen geöffnet hat und trägt dazu bei, den Gesprächsinhalt weiter zu vervollständigen.

4.6 Zusammenfassung

Im Unterrichtsgespräch zu dem Bilderbuch „Zwei für mich, einer für dich" (Mühle 2018) kommt es zu einem Gespräch, in dem die Gesprächsinhalte der Kinder durch das Revoicing der Lehrkraft Gehör finden und gemeinsam weiterentwickelt werden. Die Lehrkraft hätte Mattis Gesprächsinhalt im Sinne des IRE-Musters auch als nicht nachvollziehbar bewerten und das Rederecht an ein anderes Kind übergeben können. Dementgegen gibt sie Mattis und seinem Gedanken immer wieder eine Stimme, woraufhin sich ein Diskurs unter den Kindern ergibt, bei dem sie in einem authentischen Unterrichtskontext Erfahrungen mit den Diskurspraktiken Erklären und Argumentieren machen können. Das Thema des gerechten Verteilens zwischen den Tieren regt die Kinder dazu an, gemeinsam Ideen zu entwickeln. Zu Beginn des Gesprächs versteht die Lehrkraft zunächst nicht, was Mattis mit seinem Beitrag meint. Sie versucht dies zunächst, mit Hilfe des Revoicing aufzuklären und später aufzulösen. Durch das Bearbeiten des Verständnisproblems entsteht eine Situation, in der die Kinder Raum bekommen, anspruchsvolle Diskurspraktiken zu vollziehen und die jeweils gesetzten Zugzwänge zu kontextualisieren. Sie etablieren einen Dissens (Lea, Z. 9, 16), und bearbeiten ihn, indem sie ihre Positionen durch konkretisierende Beispiele (Mattis, Z. 18–19) oder durch Bezüge zum Bilderbuch (Lea, Z. 20-21) begründen und in Form von Mittel-Zweck-Relationen hervorbringen („dann"). Auf der Ebene der Markierung bedienen sie sich funktional adversativer („aber"), konsekutiver („dann") und kausaler („weil") Konnektoren, um Widersprüche, Schlussfolgerungen oder Begründungen auszudrücken.

5 Fazit

Das Konzept des Revoicing ist, im Sinne O'Connors und Michaels (1996), ein Ansatz, um Kinder als ernstzunehmende Gesprächsteilnehmer*innen an der inhaltlichen Entwicklung eines Gesprächs zu beteiligen. Es zielt darauf ab, Schüler*innen im Unterrichtsgespräch zum Nachdenken und zum Entwickeln eigener Gedanken anzuregen. Indem die Lehrkraft die Beiträge der Schüler*innen reformuliert, versucht sie, ihnen eine Stimme im Gespräch zu geben. Auch im Bereich der unterrichtsintegrierten Sprachförderung ist das Reformulieren eine Strategie zur Gesprächsmoderation im Unterricht. Hier hat es die Funktion, die Kinder in der inhaltlichen Strukturierung ihres Beitrages zu unterstützen (vgl. Morek und Heller 2016, S. 48). Anhand des Fallbeispiels wird deutlich, inwiefern das Revoicing eine Möglichkeit sein kann, Kinder sowohl inhaltlich als auch *sprachlich-diskursiv* am Gespräch zu beteiligen. Im gezeigten Unterrichtsbeispiel werden Schüler*innen mit Hilfe der Revoicing-Techniken des Akzentuierens und Vervollständigens Möglichkeiten eröffnet, ihre Gedanken zu erklären, wechselseitig in Frage zu stellen und darauf aufbauend weiterzuentwickeln. Die Ko-Konstruktion der Gedanken im Gespräch eröffnet zugleich Möglichkeiten für sprachlich-diskursive Beteiligung; fachliches und sprachliches Lernen greifen ineinander (vgl. auch Morek und Heller 2016, S. 47).

Dass das interaktive Verfahren des Revoicing dazu beitragen kann, hierarchische IRE-Muster in Unterrichtsgesprächen aufzubrechen und Kindern inhaltliche Partizipation in einem Gespräch zu ermöglichen, ist durch zahlreiche Befunde dokumentiert (vgl. etwa Pauli 2010; de Boer 2017). Mit dem in diesem Beitrag gezeigten Unterrichtsbeispiel wird deutlich, wie Kinder ihre Partizipationsspielräume auch auf *sprachlich-diskursiver Ebene* ausgestalten, wenn sie die Möglichkeit dazu erhalten (vgl. hierzu auch Kinalzik et al. 2023). Während es in herkömmlichen

Unterrichtsgesprächen nach dem IRE-Muster der Lehrkraft obliegt, Schüler*innenäußerungen zu bewerten oder ihre Problematisierung anzuregen, übernimmt in diesem Gespräch eine Schülerin diese Aufgabe. Sie stellt einen Gesprächsinhalt in Frage und eröffnet damit einen Dissens. An der Hervorbringung eines Dissens ist jedoch nie nur diejenige Person beteiligt, die einen Gesprächsinhalt in Frage stellt. Vielmehr wird mit dem Problematisieren ein Aspekt aus einer vorangehenden Äußerung relevant gemacht, die somit sequenziell eine wichtige Bedeutung für die Argumentation hat (vgl. Heller 2012, S. 70). Mit der Gesprächstechnik des Revoicing hat die Lehrkraft erstens einen Rahmen geschaffen, mit dem Gesprächsinhalte gehört und zum Ausgangspunkt für diskursive Partizipation gemacht werden. Zweitens hat sie den Schüler*innen mit der Gesprächstechnik des Revoicing Rollenübernahmen ermöglicht, mit denen sie gleichberechtigt an der diskursiven Hervorbringung des Gesprächs beteiligt sind. Zugleich hat die Lehrkraft eine suchende Haltung eingenommen, indem sie Nichtverstehen zum Ausdruck gebracht und versucht hat, sich gleichberechtigt mit den Schüler*innen an der Vervollständigung eines Gedankens zu beteiligen. Durch das Aufbrechen von herkömmlichen Rollenmustern im Unterrichtsgespräch leistet die Gesprächstechnik des Revoicing im gezeigten Beispiel einen Beitrag zur ko-konstruktiven Hervorbringung der Diskurspraktik des Argumentierens seitens der Schüler*innen. Dabei bringen die Schüler*innen die rekonstruierten Diskurspraktiken aus einem natürlichen Ausdrucksbedürfnis heraus hervor: Sie möchten sich über das Problem zweier Figuren im Bilderbuch verständigen. Das Nutzen von Diskurspraktiken ist dabei Mittel zum Zweck und erfolgt in einem authentischen Unterrichtskontext.

Zugleich beinhaltet das Konzept des Revoicing Herausforderungen für diskursanregende Gespräche unter Kindern, etwa wenn – wie das dargestellte Fallbeispiel auch zeigt – Reformulierungen von Schüler*innenäußerungen nicht als Gesprächsangebot, sondern als Gesprächsabbruch interpretiert werden. Reformulierungen können zu einfachen Kurzantworten bzw. zu kurzen Bestätigungen durch die Schüler*innen führen. Das lässt sich damit erklären, dass beim reinen Reformulieren nicht immer eine kommunikative Anforderung für die Kinder erkennbar ist. Während die Lehrperson das Kind beim Rückfragen durch explizite Zugzwänge (z. B. „Kannst du das erklären?") interaktiv unterstützt (vgl. Heller und Morek 2015, S. 4), fehlt diese Anforderung beim Reformulieren. Um Reformulierungen von gesprächsschließenden zu gesprächsöffnenden Impulsen zu entwickeln, könnte stets ein anschließender expliziter Zugzwang geschaffen werden, beispielsweise durch Fragen wie „Was meinst du/meinen die anderen dazu?". Die Reformulierungen der Lehrkraft können auch um Aufforderungen ergänzt werden, die das Hervorbringen von Diskurspraktiken anregen und so den gesprächsöffnenden Charakter verdeutlichen: „erkläre uns …", „beschreibe uns …", „begründe, wie du … meinst".

Neben der Gesprächsführung im Sinne des Revoicing spielt auch der Inhalt des Gesprächs, hier der literarische Gegenstand, eine wichtige Rolle. Das problemorientierte Bilderbuch „Zwei für mich, einer für dich" erweist sich als besonders geeignet, um Diskursaktivitäten des Argumentierens anzuregen, da die Figuren darin wechselseitig ihre Ansprüche auf den dritten Pilz begründen. Damit dient das Bilderbuch den Kindern als Modell. Nicht jedes Buch eignet sich gleichermaßen zur Förderung von Diskurskompetenzen. Daher ist es wichtig, als Lehrkraft zu prüfen, inwiefern der Unterrichtsgegenstand dafür geeignet ist. Bücher mit kontroversen Themen, Konfliktsituationen oder Leerstellen bieten sich besonders an, da sie natürliche Anlässe für Diskurse schaffen und die Schüler*innen dazu anregen können, ihre Position zu äußern und in Diskussion zu treten.

Insgesamt zeigt das vorliegende Fallbeispiel, dass das interaktive Verfahren des Revoicing, kombiniert mit der gezielten Auswahl eines geeigneten Unterrichtsgegenstandes, einen wertvollen Beitrag zur Förderung der Diskurskompetenzen in Unterrichtsgesprächen leisten kann. Auf diese Weise kann die Qualität von Unterrichtsgesprächen verbessert, Kindern eine Rolle als echte Gesprächsteilnehmer*innen zuteil und ihre Diskurskompetenz gestärkt werden.

Transkriptionslegende (GAT 2)

TAUschen	Fokusakzent
(0,5)	Gemessene Pause von 0.5 sec.
(.)	Mikropause
erklären,	Tonhöhenbewegung mittel steigend
(--)	Mittlere geschätzte Pause von 0.5-0.8 sec. Dauer
was anderes;	Tonhöhenbewegung mittel fallend
[sie]	
[ja]	Überlappungen und Simultansprechen
(---)	Längere geschätzte Pause von 0.8-1.0 sec. Dauer
(unverständlich)	Unverständliche Passage
h°	Ausatmen
!WIE!der	Extra starker Akzent

Literatur

Primärliteratur

Mühle, Jörg (2018): *Zwei für mich, einer für dich*. Frankfurt a. M.: Moritz Verlag.

Sekundärliteratur

Becker-Mrotzek, Michael (2015): Unterrichtskommunikation als Mittel der Kompetenzentwicklung. In: Becker-Mrotzek, M. (Hrsg.): *Mündliche Kommunikation und Gesprächsdidaktik*. Baltmannsweiler: Schneider Verlag Hohengehren, S. 103–115.

Beckmann, Vera (2022): *Bildungssprachliche Praktiken in Unterrichtsgesprächen. Analysen aus einer videobasierten Unterrichtsstudie zu sprachbildendem Lehrerhandeln im Regelunterricht sprachlich heterogener Schulklassen*. https://ediss.sub.uni-hamburg.de/handle/ediss/9693 [Zugriff: 15.01.2025].

de Boer, Heike (2017): Dialogische Unterrichtgespräche führen. In: *Grundschule aktuell*, 139, S. 3–6.

Denn, Ann-Katrin (2021): *Interaktionen von Lehrpersonen mit Mädchen und Jungen im Mathematikunterricht der Grundschule: Geschlechtsspezifische Unterschiede und Zusammenhänge mit der Selbstkonzeptentwicklung*. Wiesbaden: Springer VS.

Deppermann, Arnulf (2008): *Gespräche analysieren*: Eine Einführung. Wiesbaden: VS Verlag für Sozialwissenschaften.

Heller, Vivien (2012): *Kommunikative Erfahrungen von Kindern in Familie und Unterricht. Passungen und Divergenzen*. Tübingen: Stauffenburg.

Heller, Vivien/Morek, Miriam (2015): Unterrichtsgespräche als Erwerbskontext: Kommunikative Gelegenheiten für bildungssprachliche Praktiken erkennen und nutzen. In: *leseforum.ch* 15, 3, S. 1–23.

Leisen, Josef (2007): Unterrichtsgespräch: Fragend-entwickelnder Unterricht, sokratischer Dialog und Schülergespräche. In: Mikelskis-Seifert, S./Rabe, T. (Hrsg.): *Physik-Methodik: Handbuch für die Sekundarstufe I und II*. Berlin: Cornelsen, S. 115–132.

Leßmann, Ann-Christin (2021): Diskursive Anforderungen in der Grundschule. In: Quasthoff, U./Heller, Vivien/Morek, M. (Hrsg.): *Diskurserwerb in Familie, Peergroup und Unterricht: Passungen und Teilhabechancen*. Berlin, Boston: de Gruyter, S. 279–302.

Lingnau, Beate/Preußer, Ulrike (2023): Sprachliches und literarisches Lernen in verschiedenen Gesprächsformen: Eine Einleitung. In Lingnau, B./Preußer, U. (Hrsg.): *Anschluss- und Begleitkommunikationen zu literarischen Texten*. Bochum: Ruhr- Universität, S. 2–17.

Lipowsky, Frank/Rzejak, Daniela (2022): Unterrichtsgespräche erfolgreich führen: Eine zentrale Kernpraktik von Lehrkräften. In: *Journal für LehrerInnenbildung* 22, 3, S. 58–73.

Kinalzik, Noelle/Heller, Vivien/Morek, Morek (2023): Professionalisierung diskurserwerbsförderlichen Lehrerhandelns. Ausgangsprofile von Deutschlehrkräften im Vergleich. In: Schmölzer-Eibinger, S., Bushati, B. (Hgg.): *Miteinander reden – Interaktion als Ressource für den Erst-, Zweit- und Fremdspracherwerb*. Weinheim: Beltz, 85-104.

Mehan, Hugh (1979): *Learning Lessons. Social Organization in the Classroom*. Cambridge u.a.: Havard University Press.

Merklinger, Daniela (2015): Spuren literarischen Lernens im Vorlesegespräch: Schnipselgestrüpp. In: Dehn, M./Merklinger, D. (Hrsg.): *Erzählen - vorlesen - zum Schmökern anregen*. Frankfurt a. M.: Grundschulverband, S. 124–135.

Merklinger, Daniela/de Boer, Heike (2020): Musterbrüche im Kontext des Dialogs erkennen: Studierende hinterfragen gewohnte Gesprächsroutinen. In: *Leseräume. Zeitschrift für Literalität in Schule und Forschung*, 8, 7, S. 1–15. https://xn%2D%2Dleserume-4za.de/wp-content/uploads/2022/03/lr-2021-1-Merklinger-de-Boer.pdf [Zugriff 15.01.2025].

Morek, Miriam (2021): Familien- und Peer-Interaktionen als Erwerbsressource für Diskurskompetenzen: Empirische Befunde zu Variabilität und Erwerbspotenzial außerschulischer Diskurspraktiken von Präadoleszenten. In: Quasthoff, U./Heller, V./Morek, M. (Hrsg.): *Diskurserwerb in Familie, Peergroup und Unterricht: Passungen und Teilhabechancen*. Berlin, Boston: de Gruyter, S. 185–240.

Morek, Miriam/Heller, Vivien (2016): Diskurskompetenz in fachlichen Unterrichtsgesprächen fördern. In: *Die Grundschulzeitschrift*, 297, S. 46–50.

O'Connor, Mary Catherine/Michaels, Sarah (1993): Aligning academic task and participation status through revoicing: Analysis of a classroom discourse strategy. In: *Anthropology and Education Quarterly*. 24, 4, S. 318–335.

O'Connor, Catherine/Michaels, Sarah (1996): Shifting participant frameworks: orchestrating thinking practices in group discussion. In: Hicks, D. A. (Hrsg.): *Discourse, learning, and schooling*. Cambridge: Cambridge University Press, S. 63–103.

Pauli, Christine (2010): Klassengespräche – Engführung des Denkens oder gemeinsame Wissenskonstruktion selbstbestimmt lernender Schülerinnen und Schüler? In: Bohl, Th./Kansteiner-Schänzlin, K./Kleinknecht, M./Kohler, B./Nold, A. (Hrsg.): *Selbstbestimmung und Classroom Management. Empirische Befunde und Entwicklungsstrategien zum guten Unterricht*. Bad Heilbrunn: Klinkhardt, S. 145–161.

Quasthoff, Uta (2015): Entwicklung der mündlichen Kommunikationskompetenz. In: Becker-Mrotzek, M. (Hrsg.): *Mündliche Kommunikation und Gesprächsdidaktik*. Baltmannsweiler: Schneider Verlag Hohengehren, S. 84–100.

Quasthoff, Uta/Heller, Vivien/Morek, Miriam (2021): Diskurskompetenz und diskursive Partizipation als Schlüssel zur Teilhabe an Bildungsprozessen: Grundlegende Konzepte und Untersuchungslinien. In: Quasthoff, U./Heller, V/Morek, M. (Hrsg.): *Diskurserwerb in Familie, Peergroup und Unterricht: Passungen und Teilhabechancen*. Berlin, Boston: de Gruyter, S.13–34.

Selting, Margret et al. (2009): Gesprächsanalytisches Transkriptionssystem 2 *(GAT 2)*. In: *Gesprächsforschung - Online-Zeitschrift zur verbalen Interaktion*, 10, S. 353–402.

Sinclair, John McH./Coulthard, Malcolm (1975): *Towards an Analysis of Discourse. The English used by teachers and pupils*. London: Oxford University Press.

Spinner, Kaspar: (2006): Literarisches Lernen. In: *Praxis Deutsch*, 200, S. 6–16.

Steinig, Wolfgang/Huneke, Hans-Werner (2022): *Sprachdidaktik Deutsch. Eine Einführung*. Berlin: Erich Schmidt Verlag.

Im Gespräch über digitale Literatur

Veränderte Begleit- und Anschlusskommunikation bei der Lektüre von Bilderbuch-Apps

Alexandra Ritter und Michael Ritter

Zusammenfassung

Ein Phänomen der Digitalisierung ist das Angebot von literarischen Stoffen für Kinder in digitaler Form. Dabei ist unklar, wie sich die digitale Präsentation literarischer Artefakte auf die Lektüre in Lerngruppen auswirkt. Dieser Beitrag fragt nach den medienspezifischen Einflüssen von Bilderbuch-Apps auf die interaktive Einbindung der Schüler*innen im Vorlesegespräch. Am Beispiel einer Lektüresequenz wird der Umgang einer Lerngruppe mit der Bilderbuch-App *Lindbergh* (Kuhlmann und Salhi 2015) sequenzanalytisch rekonstruiert und vor dem Hintergrund der Ergebnisse eines größeren Forschungsprojektes kontextualisiert und diskutiert.

Schlüsselwörter

Bilderbuch-App · Digitales Lesen · Vorlesegespräch · Interaktionsanalyse · Literarisches Lernen

---

A. Ritter (✉) · M. Ritter
Philosophische Fakultät III, Institut für Schulpädagogik und Grundschuldidaktik,
Martin-Luther-Universität Halle-Wittenberg, Halle (Saale), Deutschland
E-Mail: alexandra.ritter@paedagogik.uni-halle.de; michael.ritter@paedagogik.uni-halle.de

1 Lesen in der digitalen Kultur

Die Digitalisierung nimmt tiefgreifend Einfluss auf die sozial-kommunikativen Praktiken der Menschen, sodass Stalder bereits 2016 von einer Kultur der Digitalität spricht (vgl. Stalder 2016, S. 4). Entsprechend verändern sich der kommunikative Austausch in der Gesellschaft und bezogen auf das Lesen auch der Umgang mit Texten; und nicht zuletzt die Texte selbst (vgl. Hauck-Thum 2024, S. 3). Literatur in digitalen Medien erscheint als multimodaler und symmedialer Text, „insofern Text, Bild und Ton in immer neue medial-semiotische Verbindungen treten" (Frederking 2013, S. 543). Dementsprechend nennt Hauck-Thum (2024, S. 3) als Merkmale des digitalen Lesens:

(1) Hybridität, auch durch maschinelles Lesen,
(2) Multimodalität, z. T. auch als Symmedialität bezeichnet (vgl. Krommer und Frederking 2019),
(3) Sozialität, da kollaboratives Zusammenarbeiten ermöglicht wird (vgl. dazu auch Brendel-Perpina 2016, S. 158) und
(4) Multiliteralität, da verschiedene Sprach- und Schriftsysteme eingebunden werden können.

Entsprechend dieser Merkmale erfordern digitale Texte „symmediale Leseweisen, d. h. das Decodieren und Verstehen literaler, piktoraler, auditiver, audiovisueller und hypermedialer Texte bzw. ihrer medialen und semiotischen Verknüpfung" (Frederking 2013, S. 543). In Folge der digitalen Transformation verändern sich auch Praktiken im Umgang mit literarischen Texten entscheidend. „Die Digitalisierung der Gesellschaft führt [...] zu einer Erweiterung um digitale Kommunikations- und Interaktionssysteme und zu Verschiebungen im Gebrauch der Repräsentations- und Verarbeitungssysteme" (Irion et al. 2018, S. 41). Dennoch scheint der Wandel des Leitmediums im gesellschaftlichen Diskurs in einem ambivalenten Spannungsverhältnis von Tradition und Innovation verortet zu werden, das sich insbesondere im Unterricht widerspiegelt. Krommer und Frederking weisen explizit darauf hin, dass es beim digitalen Lesen um mehr als die Integration von digitalen Texten in herkömmliche Lehr-Lernsettings gehen muss. Vielmehr machen sie auf neue Rezeptions- und Kommunikationsherausforderungen aufmerksam (vgl. Krommer und Frederking 2019, S. 2), die Lesende im Umgang mit digitaler Literatur zu bewältigen haben.

Im folgenden Beitrag rekonstruieren wir an einer konkreten Szene einer Bilderbuch-App-Lektüre, wie eine Lerngruppe im Umgang mit dem digitalen literarischen Artefakt die veränderten medialen Bedingungen interaktiv bewältigt. Die Kontextualisierung der Ergebnisse in den Ergebnishorizont des BMBF-Projektes *Lesepraxen im Medienzeitalter* (2018–2020) erweitert die Interpretation und eröffnet den Blick auf Potenziale und Ermöglichungsstrukturen.

2 Stand der Forschung und Projektzusammenhang

2.1 Zum Forschungsstand

Studien zum Lesen mit digitalen Medien
Bezogen auf das Lesen mit digitalen Medien zeigt sich insgesamt in den vorliegenden Studien ein relativ kontroverses Bild (vgl. Görgen-Rein und Michels 2023). Görgen-Rein und Michels fassen im Mercator Faktencheck zusammen, „dass der Einfluss der Mediennutzung auf die Lese- und Schreibleistungen vor allem von der Intensität und Art der Mediennutzung abhängt. Insbesondere die unterhaltende Mediennutzung scheint sich eher negativ auszuwirken" (Görgen-Rein und Michels 2023, S. 5).

Dawidowski (2013) und auch Philipp (2020) arbeiten heraus, dass das Lesen im Digitalen in Tendenz fragmentarischer verläuft und kursorisches (überfliegendes) Lesen bzw. Parallellesen zunehmen. Das Lesen von kleineren Texteinheiten wird durch die Nutzung von Tablets noch verstärkt (vgl. Dawidowski 2013, S. 12).

Philipp gibt einen Forschungsüberblick zu Studien, die sich mit dem Lesen von gedruckten und digitalen Texten beschäftigen und betrachtet das kognitionspsychologische Konstrukt des Leseverständnisses. Seine Analysen zeigen, dass sich der sog. Mediumseffekt (neg. Auswirkungen des digitalen Mediums auf das Leseverständnis) vor allem beim Lesen von Sachtexten mit zeitlicher Limitierung zeigt (vgl. Philipp 2020, S. 6). Allerdings konnte der Mediumseffekt bei narrativen Texten nicht nachgewiesen werden. Personen verstehen demnach digital präsentierte Narrationen gleich gut wie analoge (vgl. Delgado et al. 2018, S. 1). Barzillai und Thomson resümieren:

„Further, features of digital texts themselves, including whether texts are read with time constraints, influence readers' ability to comprehend, as do the characteristics of readers themselves, such that different properties of digital texts may aid or hinder comprehension among different profiles of readers." (Barzillai und Thomson 2018, S. o. S.)

Das Textverstehen von Kindern beim Lesen analoger und digitaler Medien mit und ohne die Unterstützung von Erwachsenen untersuchten Takacs, Swart und Bus (2014, zit. n. Kucirkova 2020, S. 283). Sie fanden heraus, dass beim unbegleiteten Lesen die multimedialen Erweiterungen der digitalen Texte einen positiven Effekt auf das Leseverständnis hatten. Dieser kam aber nur beim Lesen ohne erwachsene Begleitpersonen zustande, gemeinsame Lektüren zeigten keine bestimmbaren Effekte.

Insgesamt zeigt sich die bisherige Forschungslage divers und erhellt bestenfalls Aspekte des Lesevorgangs, kommt dabei aber zu stark spezifischen Ergebnissen.

Dass die mediale Präsenz und damit verbunden eine anhand der Strukturmerkmale des Digitalen veränderte Textgestalt Auswirkungen auf den Leseprozess haben, scheint erwiesen. Welchen Einfluss diese Bedingungen allerdings auf die Praxis des Lesens, der Anschlusskommunikation und des literarischen Verstehens haben, hängt einerseits von der spezifischen Gestaltung des Textes ab, aber andererseits auch von den Orientierungen und Praktiken, die die Rezipient*innen als lesende Subjekte und die situierte Praxis, in der gelesen wird, in die Lektüresituation einbringen. Gleichzeitig wird in der Veränderung der Lesemedien durch die Digitalisierung auf jeden Fall auch ein Potenzial erkannt, die Zugänge und Haltungen von Heranwachsenden dem Lesen gegenüber maßgeblich zu beeinflussen:

> „These early reading experiences pave the way for not only language and literacy learning, but also for shaping children's views of reading as a time of focus and contemplation, or as a more passive activity." (Barzillai und Thomson 2018, S. o. S.)

Empirische Forschung zur interaktiven Vermittlung von digitalen literarischen Medien
Zur Situierung digitaler Literatur in pädagogischen Vermittlungssettings liegen bislang allerdings erst wenige Befunde vor. Wieler et al. (2008) machten bei der Untersuchung von familien- und schulbezogenen Lektürekulturen die Beobachtung, dass digitale literarische Medien sowohl in der Familie als auch in der Schule anders eingebunden werden. Pointiert stellen sie zwei Befunde aus dem Schulkontext gegenüber: „Durchweg erfolgte die Rezeption (zumindest) dieses einen Buches im Beisein der Lehrerin, sie wurde bereits durch das Vorlesen gesteuert und darüber hinaus durch Gespräche und Arbeitsaufträge intensiv begleitet." (Wieler et al. 2008, S. 267) Demgegenüber wurde der Umgang mit Computermedien vorwiegend den Schüler*innen zur freien Beschäftigung überlassen (vgl. Wieler et al. 2008, S. 267). Dies könnte mitunter in dem optionalen Angebot der Vorlesefunktionen, Animationen und eingebundenen Interaktionsangebote bei Apps liegen.

Muratović, die Vorlesegespräche zu analogen und digitalen Bilderbüchern im familiären Kontext verglich, kam hingegen zu dem Ergebnis, dass die Vorlesegespräche zu den digitalen Angeboten wie zu Printmedien keine prinzipielle Strukturänderung bezüglich der interaktiven Realisierung aufweisen (vgl. Muratović 2014, S. 137 u. 157).

Naujok hingegen erkannte ein verstärktes Interesse von Kindern an den ludischen Elementen interaktiver Spielgeschichten (vgl. Naujok 2012). Ritter und Ritter arbeiteten schließlich heraus, dass die technologische Bewältigung der wenig konventionalisierten App-Struktur zur primären Herausforderung bei der selbstständigen Lektüre werden kann (vgl. Ritter und Ritter 2016, S. 350 f.). Studien zum Einsatz digitaler Literatur in plenumsartigen Gesprächsphasen liegen bislang nicht vor.

2.2 Lesepraxen im Medienzeitalter – analoge und digitale Bilderbuchlektüren im Vergleich

Der Forschungsüberblick verdeutlicht vor allen Dingen, dass die Befundlage unübersichtlich ist. Dabei bleibt in diesen Studienzusammenhängen oft unklar, WIE die Texte gelesen bzw. interaktiv in Lektüre- und Vermittlungssituationen eingebunden werden. In dieser Blickrichtung fokussiert unser Forschungsinteresse besonders auf die Praxis der literarischen Vermittlungssituationen selbst; in unserem Fall auf schulische Lektüresituationen mit Bilderbuch-Apps.

Bilderbuch-Apps

Als Bilderbuch-App bezeichnen wir ein literarisches Format der multimodalen und sequenziellen Bild-Text-Narration, ausgeführt als Anwendungssoftware oder Inhalt einer Anwendungssoftware für mobile Telekommunikationsgeräte wie Smartphones oder Tablets. Bilderbuch-Apps zeichnen sich dadurch aus, dass sie i. d. R. der eindimensional-linearen hard-rail Struktur typischer Bilderbucherzählungen folgen, ihre Narration in Sequenzen (ähnlich Buchseiten) gliedern, Bild und Lesetext sichtbar bleiben, diese bilderbuchtypische Multimodalität jedoch durch (digital-)medienspezifische Erweiterungen (z. B. Vorlesestimme, eine Dynamisierung der Bildwelten, Einbindung interaktiver Elemente zur atmosphärischen Anreicherung oder ludischen Ergänzung, Text-/Vorleseauswahl in mehreren Sprachen) ergänzt und erweitert werden (vgl. Ritter 2019; Ritter und Ritter 2020). Ausführlicher dazu bei Ritter (2019).

Das Projekt *Lesepraxen im Medienzeitalter* (Laufzeit: 2018–2020; Förderung durch das BMBF) war Teilprojekt des interdisziplinären BMBF-Forschungsförderungsprogramms *Studium multimedial als Innovationsprojekt*.[1] Untersucht wurden in einem komparativen Setting literarische Vorlesegespräche in schulischen Kleingruppen unter Beteiligung je einer Lehrkraft und mehrerer Schüler*innen. Gelesen und besprochen wurden in jeder Versuchsgruppe (N = 4) die Bilderbücher *Die große Wörterfabrik* (Lestrade und Docampo 2010) und *Lindbergh. Die Geschichte einer fliegenden Maus* (Kuhlmann 2014), die beide auch als App-Sekundärproduktionen vorliegen (vgl. Lestrade und Docampo 2013; Kuhlmann und Salhi 2015).

Die Datenerhebung fand an zwei aufeinanderfolgenden Terminen statt und es wurde pro Gruppe je ein Werk als App, das andere als Bilderbuch mithilfe eines Vorlesegesprächs erarbeitet. Die didaktisch-methodische Ausgestaltung der Lektüre war den Lehrpersonen überlassen, um die lerngruppenintern etablierten Praktiken der Lektüre und Anschlusskommunikation möglichst alltagsnah und unverstellt beobachten und rekonstruieren zu können. Das rekonstruktiv-komparatistische Interesse der Untersuchung richtete sich auf die Frage, welche Unterschiede sich bei der interaktiven Aneignung und Erschließung der literarischen Werke bezogen auf den Umgang mit ihrer medialen Materialität (analoges Bilderbuch und digitale Bilderbuch-App) rekonstruieren lassen und wie diese Befunde mit Blick auf Prozesse literarischen Lernens einzuordnen sind. Grundlagentheoretisch folgt das Vorhaben den Prämissen der strukturgenetischen Sozialisationsforschung (vgl. Sutter und Charlton 1994). Die Datenauswertung kombinierte eine deskriptiv-statistische Interaktionsprofilanalyse und ein an der Methodik der interpretativen Unterrichtsforschung (vgl. Krummheuer und Naujok 1999) orientiertes sequenzanalytisch-rekonstruktives Vorgehen (vgl. Ritter und Ritter 2020).

3 „wie's aussieht wird er es jetzt schaffen" – Einblick in ein Bilderbuch-App-Lektüregespräch

3.1 Einordnung und Transkript

Im Folgenden soll eine Sequenz[2] aus dem Datenmaterial im Hinblick auf die interaktive Erschließung und kollaborative Deutungsentwicklung der Lerngruppe

---

[1] Fördernummer: 01PL17065.
[2] Die Einheit *Sequenz* bezeichnet in unserem Material alle Interaktionseinheiten, die sich einer (analogen oder digitalen) Bilderbuchseite zuwenden. Anfang und Ende der Sequenz markiert demnach das jeweilige Blättern des Mediums, wobei unmittelbar revidiertes Blättern nicht als Sequenzwechsel gewertet wird. Das Material entstammt den Daten aus Gruppe C (vgl. Ritter und Ritter 2020, S. 85 ff.).

untersucht werden. Konkret lesen drei Schüler*innen (zwei Mädchen Anne und Bea und ein Junge Calvin[3]) und die Lehrperson gemeinsam die Bilderbuch-App *Lindbergh* (Kuhlmann und Salhi 2015). Die ausgewählte Szene (vgl. Abb. 1) setzt ein, als die 16. Bildsequenz der App aufgerufen wird, auf der die Hauptfigur, eine Maus, mit einem neuerlichen Konstruktionsversuch einer Flugmaschine zu sehen ist. In der Narration der Geschichte ist nach einem fehlgeschlagenen Flugversuch der Maus die Abfolge von Konstruktion, Versuch und Scheitern als plausibles

```
1       [L blättert um, es erscheint die Maus mit ihrer Flugmaschine auf dem
2       Rücken ganz groß auf dem Bild, im Hintergrund eine Weltkarte und
3       Zahnräder]
4   B:  aber vielleicht ist das noch zu schwe:r
5   V:  die neue konstruktion war beeindruckend ein kleiner kessel
6   L:  kÖNnte sein
7   V:  mit heißem wasser lieferte den dampf kolben drehten zahnräder am ende
8       surrte ein propeller
9   C:  (wie's aussieht wird er es jetzt schaffen)
10  V:  die flügel ließen sich über feine drähte und schnüre lenken
11  L:  mhm
12  V:  immer wenn die maus den kleinen kessel befeuerte entfachte der
13      propeller einen wahren sturm
14      [ein Kreis blinkt auf dem Bild auf, C tippt auf den Kreis,
15      Bildperspektive verschiebt sich mehr auf die Karte]
16  V:  wehte papiere umher und richtete ein heilloses durcheinander an
17      [ein neuer Kreis blinkt auf, C tippt auf den Kreis, die Flügel der
18      Flugmaschine bewegen sich, A tippt auf die Maus]
19  L:  die sieht aus als würd sie's schAFFen
20  C:  mhm (.) JA
21      [A und B nicken]
22  L:  woran siehst de das
23  C:  hier an den flügeln sehn so fest aus (.) und hier mit den stöckeln
24      (is das irgendwie so?)
25      [C zeigt auf die Flügel und das Gestänge daran]
26  L:  ok (2) woran erINnern euch die flügel [zeigt auf die Flügel]
27  A:  an die fledermaus
28  C:  an die fledermausflügel
29  L:  mhm (.) sehn n bisschen aus wie knochen oder so ne diese stÖCKer
30      [zeigt auf das Gestänge]
31  A:  hm (2)
32  L:  genau (.) und die MAUS guckt die entschLOSSEN ode:r wie guckt die
33      ÄNGStlich
34      [C blättert um, es sind Dächer und Schornsteine zu sehen, L blättert
35      wieder zurück]
36  B:  n bisschen (.) verZWEIfel:t
37  C:  eigentlich guckt die so wie immer
38  L:  verZWEIFELT
39      [Kreis blinkt auf Bild, C tippt auf den Kreis, Bild verschiebt sich
40      Richtung Karte, Vorleser beginnt erneut den bereits gehörten Text zu
41      sprechen]
42  L:  ok [tippt auf Weiterpfeil, flüstert] das hattmer schon
43  B:  [flüstert unverständlich] hm
44      [L blättert um auf Hausdächer]
```

Abb. 1 Transkriptausschnitt Gruppe C zu der Bilderbuch-App *Lindbergh*

---

[3] Alle Namen wurden anonymisiert.

serielles Handlungsmuster eingeführt, sodass die neue Konstruktion hinsichtlich des potenziellen Handlungsverlaufs ein ambivalentes Potenzial aufweist. Der offenkundigen technischen Finesse des Fluggeräts stehen die enormen Ansprüche an ein flugtaugliches Objekt gegenüber.[4]

3.2 Rekonstruktion

Initiiert durch die Lehrperson erscheint das Bild der Maus auf dem Bildschirm, die vor einem Hintergrund aus Landkarten, Zahnrädern, aber auch einer Zeichnung des geplanten Flugversuchs im Hamburger Hafen die neue Konstruktion einer Flugmaschine trägt. Unmittelbar nach dem Erscheinen und fast zeitgleich mit dem Beginn des automatisierten Vorlesens äußert Bea die Vermutung, auch die neuerliche Konstruktion könnte sich im Hinblick auf das Handlungsziel (den Transkontinentalflug nach New York) als dysfunktional erweisen (Z. 4). Sprachlich wird die Skepsis durch die eröffnende Konjunktion ‚aber' oppositionell zu einer impliziten Bildbedeutung (die neue Flugmaschine als Angebot der Problemlösung) eingeführt. Das Modaladverb ‚vielleicht' markiert die Aussage als Hypothese und relativiert die Deutung im Hinblick auf mögliche alternative Handlungsverläufe. Es ist also ein antizipativer Vorgriff auf den Fortgang der Handlung, ausgelöst durch den Bildimpuls, aber im Wissen um den bisherigen Handlungsverlauf. Die Reaktion der Lehrperson markiert die Deutung als plausible Interpretation des Bildimpulses (Z. 6).

Calvin äußert nun – ebenfalls mit relativierender Einschränkung – die Erwartung, dass das Handlungsziel erreicht werden könnte (Z. 9). Es handelt sich um eine, bezogen auf die Aussage von Bea, konkurrierende Deutung, da sie einen – im Hinblick auf die Handlungsmotivation der Maus – erfolgreichen Handlungsfortschritt antizipiert. Auch diese Proposition wird von der Lehrperson mit einem Zustimmungs-Partikel bestätigt (Z. 11). Dieser fällt im Vergleich zur Reaktion auf Bea semantisch zurückhaltender und unspezifischer aus.

In beiden Aussagen bestärkt die Lehrperson die Auslegungen der Schüler*innen und spricht ihnen Plausibilität zu. Da beide Deutungen sich gegenseitig ausschließen, wäre damit eine prinzipielle Anerkennung der mehrdeutigen Lektüresituation verbunden. Gleichzeitig scheinen die Reaktionen der Lehrperson erst einmal auch einfach Aufmerksamkeitsmarkierungen zu sein, die eine Reaktion auf die propositionalen Äußerungen der Kinder darstellen und eine eher abwartende Haltung dokumentieren.

---

[4] Für Informationen zur Geschichte einschließlich der neuen Flugkonstruktion der Maus, vgl. https://nord-sued.com/programm/lindbergh-de/ [Zugriff: 15.01.2025].

Auffällig ist weiterhin, dass alle vier Züge in konkurrierender Gleichzeitigkeit zum gesprochenen Vorlesetext geäußert werden. Offenkundig entsteht bereits durch den Bildimpuls ein starker Äußerungswunsch und die Situation lässt die selbstständige Übernahme des Rederechts durch die Schüler*innen zu. Im weiteren Verlauf lauschen die Kinder der Vorlesestimme und Calvin und Anne aktivieren durch Antippen der markierten Stellen im Bild einfache Bildanimationen, die zu einer moderaten Dynamisierung des Bildes führen. Gesprochen wird dabei nicht (Z. 12–18).

Nach dem Ende der Vorlesesequenz greift die Lehrperson die Äußerung von Calvin auf und wiederholt diese in leichter Variation (Z. 19). Die thesenartige Paraphrasierung setzt Calvins Äußerung relevant als Einstieg in die nächste Interaktionseinheit. Trotz der offenkundigen Diskrepanz zu Beas Einstiegsdeutung entsteht an dieser Stelle keine Kontroverse. Vielmehr stimmen alle drei Kinder verbal oder nonverbal der Äußerung zu (Z. 20–21).

Die Lehrperson scheint damit aber nicht zufrieden zu sein. Sie fordert konkret Calvin auf, seine These zu begründen und die Aussage entsprechend zu elaborieren (Z. 22). Darauf reagiert Calvin auch souverän, indem er die Stabilität der Konstruktion betont (Z. 23–24). Das knüpft zwar nicht an die binnenliterarischen Erfahrungen der Maus an – der erste Flugversuch war an der mangelnden Energiezufuhr, nicht an der Haltbarkeit der Konstruktion gescheitert – ist aber ein mit Blick auf die Alltagserfahrung der Kinder naheliegendes Argument, das zudem an Beas Eingangsdeutung anknüpft, die Konstruktion könne zu schwer sein. Die Stabilität in Kombination mit der Energiequelle des Dampfmotors verspricht hingegen eine erfolgreiche Überwindung aller bestehenden Hürden des Fluges. So setzt sich Calvin indirekt von der konkurrierenden Deutung von Bea ab.

Mit der folgenden Frage von der Lehrperson wird auf innertextuelle Bezüge angespielt, die bionische Analogiebildung bei der Erfindung der Flugmaschine nach dem Vorbild der Fledermäuse spiegelt sich auch visuell in der Flügelgestaltung wider (Z. 26). Diese angelegte kohärenzstiftende Verbindung erkennen Anne und Calvin unmittelbar und so wird auch diese Frage ambiguitätsarm beantwortet. Nach einer Bestätigung mittels Partikel elaboriert die Lehrperson die oberflächlichen Aussagen der Kinder durch das Benennen konkreter Merkmale – was durch Bea wiederum bestätigt wird (Z. 29–31).

Die folgende Frage von der Lehrperson zur Mimik der Hauptfigur ist zwar als Auswahlfrage formuliert, dokumentiert über die artikulatorische Dehnung der Reihungskonjunktion ‚oder' eine Gleichzeitigkeit von Nachdenken und Formulieren – und markiert damit eher einen unentschlossenen als einen von Gewissheit geprägten Modus im Hinblick auf die eröffneten Auswahloptionen (Z. 32–33). Die erwartbare Antwort wird vorerst durch die Initiative von Calvin verzögert, der den

Umblättermechanismus auf dem Bildschirm aktiviert, was von der Lehrperson – ebenfalls kommentarlos – rückgängig gemacht wird (Z. 34–35). Nun beantwortet Bea die Frage der Lehrperson (Z. 36), indem eine dritte Interpretation der Mimik eingeführt wird – ebenfalls als vage markiert ('bisschen'). Dem setzt Calvin eine zweite Antwort entgegen, dass die Maus eigentlich schaue wie immer (Z. 37). Damit wird implizit der Gegenstand dieser Interaktionseinheit infrage gestellt, indem eine bemerkenswerte Variation der Mimik zurückgewiesen wird. Die Lehrperson hingegen setzt Beas Antwort durch Wiederholung des Adjektivs relevant, ohne jedoch weiter darauf einzugehen (Z. 38). Durch den Wiederaufruf der Seite beginnt nach kurzer Verzögerung die Vorlesestimme erneut den Text vorzulesen, was von der Lehrperson als Redundanz kommentiert wird und zum endgültigen Weiterblättern auf die nächste Seite führt (Z. 39–44).

3.3 Interpretation

Im Hinblick auf die Frage nach den Spezifika der digitalen Bilderbuch-Vorlage deuten sich aus unserer Sicht interessante Beobachtungen an, die kurz zusammengefasst werden sollen.

1) Auffällig ist, dass der Einstieg in die Lektüre einer anderen Logik als bei einer analogen Bilderbuchvorlage folgt. Muss im Papierbilderbuch nach dem Umblättern auch vorgelesen werden – entweder durch die Lehrkraft oder von ihr moderiert durch ein beteiligtes Kind – entfallen im untersuchten Fall diese typischerweise lehrpersonzentrierten Aufgaben zugunsten einer Automatisierung (digitale Vorleseperformance). Nach der Initiierung des Seitenübergangs bestehen für die Lehrperson keine weiteren Handlungszugzwänge. Sie zieht sich eher in die Rolle der Beobachterin zurück, Deutungen der Kinder bleiben zuerst einmal stehen, ohne kommentiert (bestätigt oder zurückgewiesen) zu werden.
2) Damit verbunden ist, dass die initialen Interaktionen nun erst einmal von den Schüler*innen ausgehen. Diese kommentieren zunächst unaufgefordert und selbstbewusst die neue Bilderbuchszene und interagieren mit dem Bildschirm zur Aktivierung der Animationen. Die Erschließung der neuen Bilderbuchseite wird dadurch erst einmal individuell von den Schüler*innen gesteuert und erfolgt nur teilweise durch Verbalisierung – nicht unerheblich aber auch durch nonverbale Interaktionen mit dem Touchscreen. Die digitale App provoziert also Kommentare und Interpretationen, die jedoch für sich erst einmal nicht zu einem Gespräch verbunden werden, sondern eher isolierten Charakter beibehalten.

3) Nach Abschluss der ersten Erkundung (parallel zur Vorleseperformance) greift die Lehrperson die initiative Deutung eines Schülers auf. Diese führt allerdings nicht zu einer kollaborativen Deutungsentwicklung, die Elaboration der Aussage wird erst durch Rückfrage an den Schüler geleistet. Widerspruch findet nicht statt. Auch die folgenden Äußerungen bestätigen die Tendenz einer zunehmenden Verengung des Gesprächskorridors, auch wenn in der Frage der Mimik eigenständige Deutungen der Kinder möglich werden. Diese werden aber nicht weiter vertieft.

4) Im Verlauf der Sequenz verändern sich die Rolle der App und die Technik-Mensch-Beziehungen stark. Am Anfang der Sequenz schafft die automatisierte Vorleseperformance Spielräume, die die Lehrperson von ihrer steuernden Rolle freistellen bzw. entlasten und eher den Kindern als Akteur*innen der Bilderbuchlektüre selbstständige Handlungsspielräume zum Entdecken von Animationen eröffnen. Sie entscheiden selbstbewusst über interaktive Impulse und kommentieren die Szene. Im zweiten Teil der Sequenz füllt die Lehrperson das Wegfallen der automatisierten Performance mit der Übernahme einer eher traditionellen Moderationsfunktion aus und knüpft ein lektüregeleitetes Gespräch mit Impulsen an. Dabei greift sie aber den Kommentar eines Kindes auf und setzt weitere Impulse (Fragen), die zu einer vertiefenden Auseinandersetzung mit der Szene führen sollen, die aber weitgehend dem *IRE-Schema* (vgl. Mehan 1979) folgen. In diesem Zusammenhang werden auch eigeninitiative Impulse der Schüler*innen zurückgewiesen und die automatisierte Form der Vorleseperformance wird zum Problem, das schließlich zum Sequenzabbruch führt. Was eingangs selbstständiges Handeln ermöglichte, wird im zweiten Teil zum Störfaktor des fragend-entwickelnden Unterrichtsgesprächs.

3.4 Kontextualisierung und Diskussion

Vor dem Hintergrund etablierter literaturdidaktischer Programmatiken zeichnen diese stark verdichteten Ergebnisse ein ambivalentes Bild. Der rekonstruierte Fall offenbart medienspezifische Eigenarten, die teilweise interessante Einflüsse auf die Lektürepraxis entfalten. Eingangs eröffnet die automatisierte Vorleseperformance individuelle Spielräume der Lektüresteuerung, die Lehrperson kann sich als Beobachtende auf die Kommentierungen der Kinder konzentrieren und diese im weiteren Gespräch relevant setzen, das technische Artefakt ebnet starke Hierarchieunterschiede bei der Steuerung und Moderation des Lektüreprozesses ein. Das dialogische Gesprächshandeln der Schüler*innen zeigt hier insofern einen ungewöhnlichen Verlauf, dass sich die Bedingungen stark auf den Gegenstand und seine Medialität beziehen und die digitale App zum wichtigen Bestandteil (vielleicht sogar zum Akteur) des Gesprächshandelns wird. Sie nimmt Einfluss auf das Gesprächshandeln, eröffnet neue Partizipationsspielräume und wird zugleich in der Nutzung durch die Lehrkraft begrenzt. Denn die durch die digitale App geschaffenen neuen Handlungsspielräume für die Schüler*innen, werden dort limitiert, wo die Lehrperson sich selbst dominant setzend einen eher fragendentwickelnden Gesprächsmodus etabliert und die Taktung der Lektüre vorgeben möchte.

Die normative Diskussion der Szene vor dem Hintergrund didaktischer Ansprüche an das literarische Lernen im Gespräch (vgl. Scherer 2024) ist deswegen nicht einfach. Die offenkundigen, mindestens zu einem guten Teil auf die Gesprächsführung zurückzuführenden Limitierungen einer kollaborativen Bedeutungsaushandlung sind nicht von der Hand zu weisen. Allerdings kann eine Kontextualisierung des Falls in den deskriptiv-statistischen Ergebnishorizont des Projekts die Interpretationsmöglichkeiten erweitern. So ergab die Auszählung und Zuordnung der initiierenden Interakte[5] in der oben untersuchten Lerngruppe (Gruppe C), dass bei der Bilderbuchlektüre nur 2,5 % der Interaktionseinheiten von den Schüler*innen eröffnet wurden (n = 1), während es bei der App-Lektüre 63 % waren (n = 83). Dieser Anstieg ist in dieser Ausprägung im Projekt einzigartig, die Tendenz war aber in allen untersuchten Gruppen zu erkennen. Bei der App-Lektüre sind die Schüler*innen aktiver in die Steuerung der Lektüre und die Gesprächsinitiierung involviert (vgl. Ritter und Ritter 2020, S. 75 ff.).

Deutlich wird an dem Beispiel: Die Gesprächsführung der Lehrperson in Gruppe C ist gesprächsübergreifend als dominant zu beschreiben. Während sie in konventionellen Gesprächsmomenten den Fortgang des Gesprächs fest im Griff hat und sich typische Interaktionsmuster nach dem IRE-Schema nachweisen lassen, verändert die medienspezifische Struktur der Bilderbuch-App diese für die schüler*innenorientierte und kollaborative Aushandlung eher ungünstige Lektürepraxis. Die gleiche Öffnungstendenz zeigt sich auch bei Lehrpersonen, die grundsätzlich partizipativere und offenere Formen der Gesprächsführung präferieren.

Die oben rekonstruierte Szene bietet für dieses statistische Phänomen eine plausible Deutung. Die Bilderbuch-App unterscheidet sich vom Bilderbuch unter anderem dadurch, dass grundlegende Funktionen der Lektüre wie das Vorlesen

---

[5] Beiträge, die eine Interaktionseinheit wie eine Frage-Antwort-Folge eröffnen.

nach automatisierten Algorithmen ablaufen und eine moderierende Prozesssteuerung, die üblicherweise bei der erwachsenen Gesprächsleitung liegt, nicht nötig ist. Das eröffnet Spielräume der eigeninitiativen Aneignung durch die Schüler*innen und bietet den Lehrpersonen die Möglichkeit, sich in einer eher beobachtenden Rolle den Kommentierungen der Kinder zu widmen und diese im Gespräch aufzugreifen.

Auch wenn es der Lehrperson nicht gelingt, diese zu einem Gegenstand der kollaborativen Aushandlung von Bedeutung zu machen, sind der Rollenwechsel und die damit verbundene Sensibilität für die Entdeckungen der Schüler*innen im oben genannten Beispiel offenkundig. Die Auswertung des Frageverhaltens der Lehrpersonen zeigt zudem, dass sich bei der App-Lektüre eine deutlich größere Vielfalt an Frageformen etabliert, was maßgeblich auf eben diese veränderte Rolle im Vorlesegespräch zurückzuführen ist (vgl. Ritter und Ritter 2020, S. 88 f.). Bei allen Limitierungen des Gesprächs eröffnet die Medienspezifik der Bilderbuch-App also durchaus strukturell bedingte, produktive Spielräume, die sich auf die interaktive Einbettung der App in das Vorlesegespräch potenziell positiv auswirken können. Diese zu nutzen und in eine produktive Gesprächsführung umzusetzen, bleibt dabei eine Herausforderung.

Zusammenfassend ist aber festzuhalten, dass die medienspezifische Struktur der Bilderbuchrepräsentation einen erkennbaren und systematisch aus der Medialität heraus begründbaren Einfluss auf den Leseprozess nimmt. Die Beantwortung der Frage, ob sich darin tatsächlich Chancen im Sinne von Ermöglichungsstrukturen für die produktive Aneignung der literarischen Medien in Lektüregruppen begründen lassen, bleibt weiterführender Forschung vorbehalten.

Transkriptionslegende

(.)	kurze Pause
(2)	Pause in Sekunden
ra-	Wortabbruch
rAUS	betontes Sprechen
rau:s	gedehntes Sprechen
(raus?)	nicht mehr genau verständlich, vermuteter Wortlaut
[xyz]	kommentierender Einschub des Transkriptors zu Handlungen
V: abc	Text der Vorlesestimme in der App
//	Einschub: Zwischenrufe, Bestätigungspartikel etc.

Literatur

Barzillai, Mirit/Thomson, Jenny M. (2018): Children learning to read in a digital world. In: *First Monday* 23, 10. https://journals.uic.edu/ojs/index.php/fm/article/view/9437/7600 [Zugriff: 15.01.2025].

Brendel-Perpina, Ina (2016): *Literarische Wertung als kulturelle Praxis: Kritik, Urteilsbildung und die digitalen Medien im Deutschunterricht*. Bamberg: University of Bamberg Press.

Dawidowski, Christian (2013): Lesen Digital Natives anders? In: *Julit* 39, 2, S. 7–15.

Delgado, Pablo/Vargas, Cristina/Ackerman, Rakafet/Salmerón, Ladislao (2018): Don't throw away your printed books: A meta-analysis on the effects of reading media on reading comprehension. In: *Educational Research Review*, 25, S. 23–38. https://doi.org/10.1016/j.edurev.2018.09.003 [Zugriff: 15.01.2025].

Frederking, Volker (2013): Symmedialer Literaturunterricht. In: Frederking, V./Huneke, H.-W./Krommer, A./Meier, Chr. (Hrsg.): *Literatur und Mediendidaktik*. Bd. 2, Baltmannsweiler: Schneider Verlag Hohengehren, S. 535–567.

Görgen-Rein, Ruth/Michels, Viktoria (2023): *Lesen und Schreiben lernen in der digitalisierten Gesellschaft*. Mercator Faktencheck Köln: Mercator-Institut für Sprachförderung und Deutsch als Zweitsprache. https://mercator-institut.uni-koeln.de/sites/mercator/user_upload/PDF/05_Publikationen_und_Material/Faktencheck_Lesen_und_Schreiben_lernen_in_der_digitalisiertenGesellschaft.pdf [Zugriff: 15.01.2025].

Hauck-Thum, Uta (2024): Lesen in der Kultur der Digitalität. In: *kjl&m*, 76, 1, S. 3–10.

Irion, Thomas/Ruber, Carina/Schneider, Maja (2018): Grundschulbildung in der digitalen Welt. Grundlagen und Herausforderungen. In: Ladel, S./Knopf, J./Weinberger, A. (Hrsg.): *Digitalisierung und Bildung*. Wiesbaden: Springer Fachmedien, S. 39–56.

Krommer, Axel/Frederking, Volker (2019): Digitale Textkompetenz. Ein theoretisches wie empirisches Forschungsdesiderat im deutschdidaktischen Fokus. https://www.deutschdidaktik.phil.fau.de/files/2020/05/frederking-krommer-2019-digitale-textkompetenzpdf.pdf [Zugriff: 15.01.2025].

Krummheuer, Götz/Naujok, Natalie (1999): *Grundlagen und Beispiele Interpretativer Unterrichtsforschung*. Opladen: Leske und Budrich.

Kucirkova, Natalia (2020): Children's reading in the digital age. A research summary of children's digital books. In: Erstad, O./Flewitt, R./Kümmerling-Meibauer, B./Pires Pereira, I. S. (Hrsg.): *The Routledge Handbook of Digital Literacies in Early Childhood*. London: Routledge, S. 281–293.

Kuhlmann, Torben (2014): *Lindbergh. Die abenteuerliche Reise einer fliegenden Maus*. Zürich: NordSüd.

Kuhlmann, Torben/Salhi, Djamel (2015): *Lindbergh. Die abenteuerliche Reise einer fliegenden Maus*. Hamburg: Friedrich Oetinger, 2015 [App]

Lestrade, Agnes de/Docampo, Valeria (2010): *Die große Wörterfabrik*. München: mixtvision.

Lestrade, Agnes de/Docampo, Valeria (2013): *Die große Wörterfabrik*. München: mixtvision [App].

Mehan, Hugh (1979): *Learning lessons: Social organization in the classroom*. Cambridge: Harvard University Press.

Muratović, Bettina (2014): Vorlesen digital. Interaktionsstrukturierung beim Vorlesen gedruckter und digitaler Bilderbücher. Berlin: De Gruyter. https://www.degruyter.com/document/doi/10.1515/9783110352450/html [Zugriff: 15.01.2015]

Naujok, Natascha (2012): *Zu zweit am Computer. Interaktive und kommunikative Dimensionen der gemeinsamen Rezeption von Spielgeschichten im Deutschunterricht der Grundschule.* München: kopaed.

Philipp, Maik (2020): Analoges versus digitales Lesen – 1:0? In: *Julit* 46, 1, S. 3–10.

Ritter, Alexandra/Ritter, Michael (2016): Papierdenken im Datenstrom. Kindliche Lesarten von Bilderbüchern und ihren Apps. In: Scherer, G./Volz, St. (Hrsg.): *Im Bildungsfokus: Bilderbuchrezeptionsforschung.* Trier: WVT, S. 339–352.

Ritter, Alexandra/Ritter, Michael (2020): *Lesepraxen im Medienzeitalter. Vorlesegespräche zu analogen und digitalen Bilderbüchern. Ein Projektbericht.* München: kopaed.

Ritter, Michael (2019): Bilderbuch-Apps. Fachlexikonbeitrag https://www.kinderundjugendmedien.de/fachdidaktik/2735-bilderbuch-apps [Zugriff: 15.01.2025].

Scherer, Gabriela (2024): Über Literatur sprechen. In: Jantzen, Chr./Ritter, M./Ritter, A. (Hrsg.): *Literarische Bildung für die Grundschule. Kinder – Literatur – Didaktik.* Frankfurt/Main: Grundschulverband, S. 26–37.

Stalder, Felix (2016): *Kultur der Digitalität.* Berlin: Suhrkamp.

Sutter, Tilmann/Michael Charlton (Hrsg.) (1994): *Soziale Kognition und Sinnstruktur.* Oldenburg: Universität Oldenburg.

Wieler, Petra/Brandt, Birgit/Naujok, Natascha/Petzold, Janina/Hoffmann, Jeanette (2008): *Medienrezeption und Narration. Gespräche und Erzählungen zur Medienrezeption von Grundschulkindern.* Freiburg i. B.: Fillibach Verlag.

Rechtschreibgespräche als kollektive Fachgespräche

Barbara Geist

Zusammenfassung

Anhand eines Kleingruppengesprächs einer jahrgangsgemischten Klasse 1–4 wird untersucht, wie Schüler*innen ein kollektives Fachgespräch über Rechtschreibung führen, wie sie Sprache als Werkzeug für den gemeinsamen Austausch über Schreibungen nutzen und worin das Spezifische des Lerngegenstandes ‚Rechtschreibung' im Gespräch liegt. An zwei Transkriptausschnitten wird gezeigt, wie die Schüler*innen eigenständig und gemeinsam die Schreibungen erklären und wie sie sich dabei flexibel des Sprach- und Schriftsystems bedienen.

Schlüsselwörter

Rechtschreibgespräch · Orthografiedidaktik · Kleingruppengespräch · Kollektivität · Interaktion

---

B. Geist (✉)
Professur für Didaktik des Deutschunterrichts: Sprachdidaktik, Institut für Germanistik, Rheinland-Pfälzische Technische Universität (RPTU) in Landau, Landau, Deutschland
E-Mail: barbara.geist@rptu.de

1 Einleitung

Für die Orthografiedidaktik ist von großem Interesse, mit welchen Strategien und Problemlösungen Kinder ihre „Schrift-Spracherfahrungen" (Eisenberg und Feilke 2001, S. 6) strukturieren und ordnen. Eine Möglichkeit, einen Einblick in die Schrift-Spracherfahrungen[1] von Kindern zu erhalten, sind sogenannte Rechtschreibgespräche.[2] In diesen Rechtschreibgesprächen sprechen Kinder im Klassenverband oder in Kleingruppen über mögliche ‚Aufpassstellen' in Wörtern und ihre Lösungswege. „Ziel der Rechtschreibgespräche ist es, eine Lerngelegenheit zum Nachdenken über Wortschreibungen zu schaffen, bei der die Lehrkraft als Modell dient und die Förderung der Fehlersensibilität und Reflexionsfähigkeiten der Schüler anstoßen kann" (Schröder 2014, S. 24). Außerdem können Lehrpersonen Einblicke in individuelle orthografische Herausforderungen und individuelle Zugänge der Kinder erhalten. Ein Potenzial der Rechtschreibgespräche kann zudem darin liegen, Schüler*innen (im sonst stark mit Einzelarbeit verbundenen Rechtschreibunterricht (vgl. Riegler et al. 2020)) Gelegenheit zum Austausch zu geben – sie gemeinsam ein Fachgespräch führen zu lassen. So besteht die Chance, dass Kinder auch ihre diskursiven Fähigkeiten erproben und weiterentwickeln. Ob und wie Schüler*innen „mit individuell unterschiedlichen Kompetenzen […] ihr Wissen und ihre Fähigkeiten an einer Herausforderung für alle" (Leßmann 2014, S. 46) in Rechtschreibgesprächen vernetzen, wird allerdings erst seit wenigen Jahren untersucht (vgl. Geist 2017, 2018; Geist et al. 2019). Ob und wie in einem solchen Fachgespräch *kollektive* Bedeutungsaushandlungen unter den Schüler*innen entstehen, wird in diesem Beitrag an einem Auszug aus einem Kleingruppengespräch zwischen drei Kindern der Klassen 1 und 4 einer jahrgangsgemischten Klasse analysiert.

Im Sinne des vorliegenden Bandes „Dialog als interaktive Praxis" wird das in den Unterricht eingebrachte Lernarrangement, in dem Schüler*innen angeleitet durch einen Fragenfächer über mehrere Wochen hinweg Rechtschreibgespräche im Plenum und in Kleingruppen führen, als Möglichkeit gesehen, dass Schüler*innen ihre Gedanken im Gespräch kollektiv entfalten können. Die Lehrperson ist zwar

---

[1] Dass die Bezeichnung „Schrift-Spracherfahrungen" von Eisenberg und Feilke für die empirische Analyse besonders gewinnbringend ist, zeigt sich in der Transkriptanalyse, da Schüler*innen in Rechtschreibgespräche sowohl Sprach-, Schrift- als auch Schriftspracherfahrungen einbringen und diese kollektiv verhandeln.

[2] Zu Rechtschreibgesprächen insbesondere in der Grundschule liegen zahlreiche Methodenbeschreibungen vor, u. a. Crämer und Walcher-Frank 2012; Danckwerts 2005; Gernand 2010; Leßmann 2014; Schröder 2014; Fornol und Wildemann 2019.

kaum in das hier analysierte Kleingruppengespräch involviert, sie stellt mit dem Fragenfächer jedoch die Struktur und die Impulse für den Gesprächsverlauf zur Verfügung und hat in den vorherigen Plenumsgesprächen eine Gesprächskultur etabliert, in der die Kinder sich bereits als kompetente Gesprächspersonen erlebt haben. Die Kleingruppeninteraktion bietet in besonderer Weise einen Einblick in die Interaktion der Kinder untereinander. Im Mittelpunkt der Analyse steht deshalb übergeordnet die Frage, wie die Schüler*innen ko-konstruktiv agieren und gemeinsam Bedeutungen aushandeln, Aufgaben lösen, nachdenken und Neues kreieren (vgl. den Beitrag von de Boer in diesem Band). Im Zentrum dieses Beitrags steht die Frage, wie Schüler*innen ein kollektives Fachgespräch über Rechtschreibung führen, wie sie Sprache als Werkzeug für den gemeinsamen Austausch über Schreibungen nutzen und worin das Spezifische dieses Lerngegenstandes im Gespräch liegt. Mit Blick auf die in den Plenumsgesprächen etablierte Gesprächskultur, die Rahmung der Kleingruppeninteraktion als Fachgespräche und die Strukturierung der Kleingruppenarbeit durch den Fragenfächer wird zudem untersucht, wie Schüler*innen im Rechtschreibunterricht zu einem eigenständigen, dialogischen Gesprächshandeln untereinander angeregt werden können.

2   Forschungsstand

Die Bedeutung des Spracherwerbs hebt Hinney (2011, S. 221) bereits in ihrem integrativ hierarchischen Kompetenzmodell hervor und bezeichnet Rechtschreibkompetenz als bewussten Spracherwerb. In der Analyse von Unterrichtsgesprächen über Schreibungen wird das besonders relevant, da Schüler*innen ebenso wie Lehrpersonen mit ihren sprachlichen Fähigkeiten (medial mündlich) über geschriebene Sprache sprechen und sich möglicherweise so – auch gemeinsam – Unterschiede und Gemeinsamkeiten zwischen geschriebener und gesprochener Sprache bewusst machen.

Erste Fallstudien zu Gesprächen zwischen einer Lehrperson und einem Kind in einer Fördersituation liegen vor (z. B. Röber-Siekmeyer 2002; Kern 2018) und zeigen, z. B. an der Schreibung des Wortes *Stern*, die lehrkraftseitige Aufforderung ‚genauer zu sprechen', um vermeintlich Schriftliches (hier das <r>) hörbar zu machen (vgl. Mehlem und Lingnau 2012, S. 137–140). Weinhold et al. (2023) arbeiten ebenfalls an einer 1:1-Interaktion zwischen einem Schüler und einer Lehrerin fachdidaktische „Handlungskomponenten beim Ko-Konstruieren einer schriftstrukturellen Erklärung" (Weinhold et al. 2023, S. 101) am Wort *Schürze* heraus und veranschaulichen den Aushandlungsprozess von Lehrkraft, Lernenden und Artefakten (wie dem Lernmaterial) über den Lerngegenstand in ihrem Modell

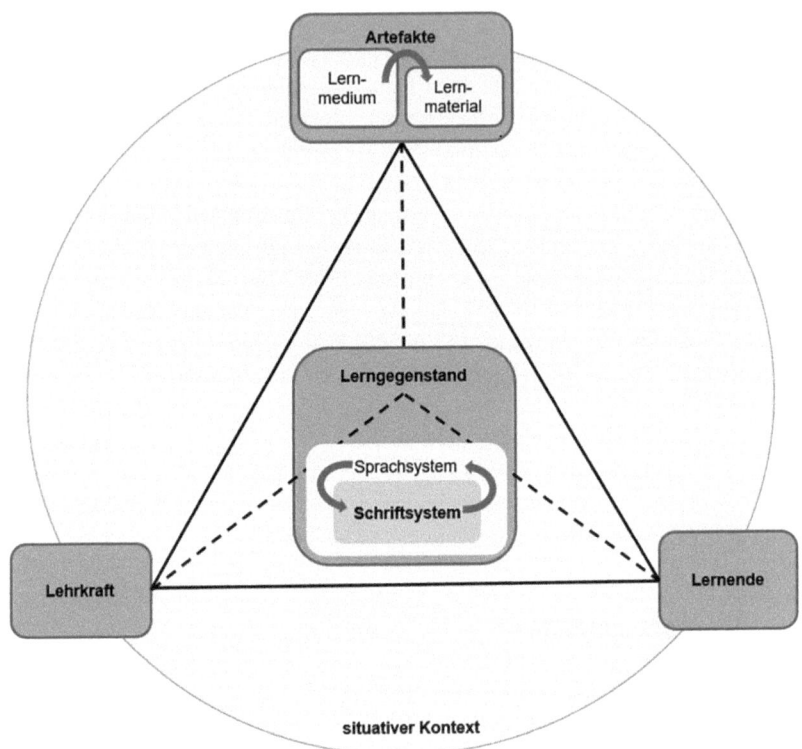

Abb. 1 (Ko-)Konstruktionen über das Schriftsystem. (Weinhold et al. 2023, S. 86)

(vgl. Abb. 1). Das Modell fußt auf dem didaktischen Dreieck mit den Polen *Lehrperson*, *Lernende* und *Lerngegenstand*; erweitert zum didaktischen Tetraeder durch den Pol *Artefakte*. Dort ist neben den Materialien als Lernmedien Sprache als Lernmedium integriert, wobei letzteres für fachliche Aushandlungsprozesse besonders relevant ist. Außerdem bedeutsam ist die Berücksichtigung der Teilsysteme des Lerngegenstands ‚Schriftsystem' sowie seines Verhältnisses zur gesprochenen Sprache. So (ko-)konstruieren Lehrpersonen und Lernende „Bedeutung und Wissen über normative, funktionale und strukturelle Merkmale der gesprochenen und geschriebenen Sprache und nutzen dafür die verfügbaren unterrichtsrelevanten Artefakte, also Sprache als Lernmedium sowie Lernmaterialien" (Weinhold et al. 2023, S. 86).

Zum Erklären im Schulunterricht zeigt Morek (2012), dass Kinder sowohl zum solistischen Erklären angeregt werden (also durch die Lehrkraft die Zuständigkeit für die Erklärung eines bestimmten Lerngegenstandes (Explanandums) erhalten) als auch, geleitet durch die Lehrkraft, zum orchestrierten Erklären, „bei dem ein Explanandum unter Beteiligung mehrerer Schüler" (Morek 2012, S. 168) bearbeitet wird. Außerdem findet sich in ihren Daten ein in das orchestrierte Erklären eingelagertes solistisches Erklären (vgl. Morek 2012, S. 181 ff.).

Ziel des Projektes insgesamt und auch dieses Beitrags ist es – mit Petra Hüttis-Graffs (2011, S. 41) Leitidee gesprochen – Äußerungen von Kindern genau wahrzunehmen und in der Interaktionsanalyse Lernwege nachzuvollziehen. Das Lernarrangement soll für Schüler*innen einen Gesprächsraum eröffnen, in den sie ihre Ideen zur Erklärung von Schreibungen einbringen, ihre Fehlersensibilität zum Ausdruck bringen, sich im Verbalisieren von Strategien u. v. m. üben. Der Fokus der Analyse liegt auf dem ko-konstruktiven Agieren der Schüler*innen und darauf, wie sie gemeinsam Bedeutungen aushandeln, Aufgaben lösen, nachdenken und Neues kreieren (vgl. de Boer/Merklinger in diesem Band) und somit ein kollektives Fachgespräch führen.

3 Beschreibung des Lernarrangements

Der nachfolgend analysierte Gesprächsausschnitt (Abschn. 4, s. u.) stammt aus dem Korpus „Rechtschreibgespräche" der Autorin. Die Gespräche wurden in verschiedenen Grundschulen in Karlsruhe von der Autorin und in Leipzig und Umgebung von Studierenden aufgezeichnet (zu einer ausführlichen Projektbeschreibung vgl. Geist 2017).

In jeder Klasse wurden zunächst zwei Rechtschreibgespräche im Plenum geführt. Die Schüler*innen wurden im Plenum sowie in den Kleingruppen mit einer Aufgabenkarte durch die Einzelarbeit (*think*) geleitet (vgl. Abb. 2). Ergänzend lag jedem Kind das Wort, dessen Schreibungen im Rechtschreibgespräch im Mittelpunkt standen, als Postkarte vor.

Das Gespräch in Kleingruppen (*pair*) oder Klassenverband (*share*) wurde durch einen Fragenfächer (orientiert an Schröder 2014) unterstützt (vgl. Abb. 3). So lernten die Kinder die Materialien und die Gesprächsimpulse bereits in den Plenumsgesprächen kennen und die Gespräche wurden als Fachgespräche gerahmt, bevor die Kinder eigenständig in Kleingruppen Rechtschreibgespräche führten. Der Fragenfächer leitete die Gruppe dazu an, sich in der Moderation des Gesprächs reihum abzuwechseln, indem jeder einmal eine Frage vorliest. Er diente somit zur Strukturierung, aber auch zur Fokussierung und Aufrechterhaltung des Gesprächs. Durch den Unterschied zwischen dem ersten Impuls „Sagt reihum …" (vgl. Abb. 4) und dem zweiten Impuls „Überlegt gemeinsam! …" wurde nicht nur durch die erlebte Gesprächskultur in den Plenumsgesprächen der Wunsch nach Kollektivität betont.

Abb. 2 Karte zur Strukturierung der Einzelarbeit. (Foto: Barbara Geist)

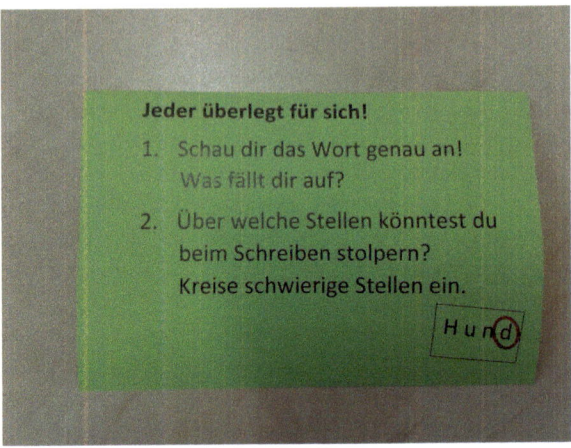

Abb. 3 Fragenfächer. (Foto: Barbara Geist)

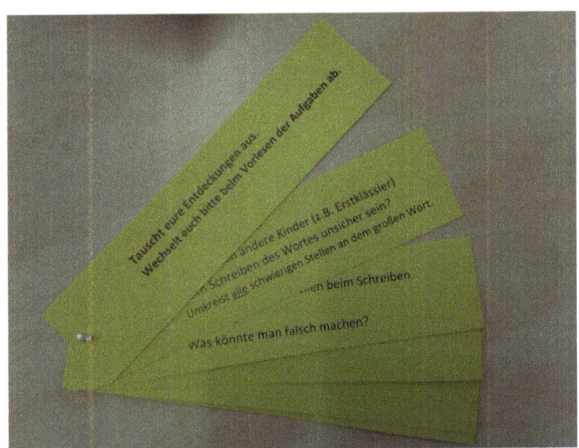

Die neun Streifen des Fächers lassen sich zu den folgenden fünf Phasen zusammenfassen:
1. Nennen möglicher ‚Aufpassstellen': „Sagt reihum, was ihr euch alleine zu dem Wort überlegt habt."[1]
2. „Überlegt gemeinsam! Wo könnten andere Kinder (wie Erstklässler) beim Schreiben des Wortes unsicher sein? Umkreist alle schwierigen Stellen an dem großen Wort."
3. Begründen der ‚Aufpassstellen': „Warum sind diese Stellen beim Schreiben schwierig? Was könnte man falsch machen?"
4. Erklärungsansätze zu den ‚Aufpassstellen' formulieren: „Wie könnt ihr euch oder anderen Kindern beim Schreiben des Wortes weiterhelfen?"
5. Übertragen der Entdeckungen auf andere Wörter (Transfer): „Welche anderen Wörter fallen euch ein, die dieselben schwierigen Stellen haben?"

Abb. 4 Die fünf Phasen des Fragenfächers. (© Barbara Geist)

Ergänzend zu der Postkarte je Schüler*in lag das Wort – hier *Goldschatztruhenschloss* – den Kindern auch als Worttreppe in DIN A4 vor (vgl. Abb. 5).

Die Worttreppe diente dazu, leseschwächere Kinder im Erlesen des sehr langen Kompositums zu unterstützen. Außerdem wurden die Kinder in Impuls 2 des Fragenfächers dazu angeregt, ihre Überlegungen zu schwierigen Stellen durch das Einkreisen der Stellen an dem großen Wort zusammenzufassen und in der Tischmitte gemeinsam zu visualisieren. Abb. 6 zeigt die Situation am Gruppentisch aus der Vogelperspektive.

Abb. 5 Worttreppe.
(Foto: Barbara Geist)

> Gold
> Goldschatz
> Goldschatztruhe
> **Goldschatztruhenschloss**

Abb. 6 Kleingruppe arbeitet an der Worttreppe *Goldschatztruhenschloss*. (Zeichnung: Leonie Eckert)

Die für diese Analyse ausgewählten Daten stammen aus einem Kleingruppengespräch einer jahrgangsgemischten Klasse 1–4. Die Autorin stand für Fragen zu Beginn des Rechtschreibgesprächs zur Verfügung, war aber nicht die ganze Zeit im Raum, damit die Kinder das Gespräch so autonom wie möglich gestalten konnten.

4 Analyse eines Gesprächs

Anne, Tobias und Rafael tauschen sich zum Wort *Goldschatztruhenschloss* aus, das in der Tischmitte als Worttreppe sowie vor jedem Kind als Postkarte liegt (vgl. Abb. 6). Zunächst markiert jede*r auf der Postkarte in Einzelarbeit Stellen, die als schwierig empfunden werden. Anschließend tauschen sich die Kinder angeleitet durch den Fragenfächer zu dem Wort aus.

Die erste Frage des Fragenfächers wird von Anne vorgelesen (Z. 30, siehe nachfolgender Transkriptausschnitt) und soll dazu anregen, die Überlegungen aus der Einzelarbeit[3] in die Gruppe zu tragen. Die Frage an die Lehrkraft (Z. 31), das „also" (Z. 33) und die Organisation des Rederechts durch Anne (Z. 33) zeigen bereits, dass sie als ältere Schülerin auch eine moderierende Rolle einnimmt. Sie fragt Tobias, ob er anfangen möchte – gestaltet das Gespräch in ihrer ‚Moderatorinnenrolle' also partizipativ. Durch ihre Umformulierung des Gesprächsimpulses aus dem Fragenfächer (Z. 30) in „tobias willst du anfangen? was du schwierig findest?" (Z. 33) zeigt Anne ihr Interesse an Tobias' Einschätzung zur Wortschreibung und fokussiert die allgemeine Anregung „was ihr euch alleine zu dem wort überlegt habt" zu „was du schwierig findest". Die folgenden Äußerungen von allen drei Schüler*innen zeigen, dass dieser Impuls als Aufzählung individueller ‚Aufpassstellen' im Wort *Goldschatztruhenschloss* angenommen wird und Einblicke in die Fehlersensibilität der Kinder gibt (Z. 34, 37–38 und 44) (vgl. Abb. 7).

Zunächst greift Tobias das von Anne vorgeschlagene Rederecht auf und gibt in Zeile 34 einen Einblick in seine Fehlersensibilität. Er hebt dabei seine persönliche Einschätzung, dass das [d] in *Gold* schwierig ist, mit dem Intensitätspartikel „voll" hervor. Tobias verwendet das Sprachsystem (vgl. hierzu Abb. 1 aus Weinhold et al. 2023), indem er den Buchstaben der schwierigen Stelle mit dem Phon [d] für <d> benennt, obwohl er an dieser Stelle als [t] gesprochen wird. (Für Erstklässler*innen ist das Benennen von Buchstaben mit dem Lautwert nicht ungewöhnlich). Anschließend gibt Anne das Rederecht an Rafael weiter (Z. 36). Er verwendet in seiner Auflistung schwieriger Stellen sowohl das Sprachsystem [d] als auch das Schrift-

---

[3] „1. Schau dir das Wort genau an. Was fällt dir auf?" und „2. Über welche Stellen könntest du beim Schreiben stolpern? Kreise schwierige Stellen ein" (vgl. Abschn. 3, Abb. 4).

30	Anne	<<lesend> sagt reihum was ihr euch alleine zu dem wort überlegt habt>;
31		solln wir das jetzt als erstes machen?
32	LK	genau.
33	Anne	(1.28) also. (--) tobias willst du anfangen? was du schwierig findest?
34	Tobias	(3.18) hm=hm; ich find voll schwierig dass hier n [d] is? und das da n [h] is und das da zwei [z] sind.
35		(-) [d] [d] [d]
36	Anne	rafael willst du weiter machen?
37	Rafael	mja also erstmal das [d], weil das kann man nich so richtig kri rauskriegen,
38		das <tz> is auch blöd und die zwei <s>;
39	Anne	(2.10) wisst ihr warum man gold mit [d] schreibt?
40		also wie man rausfinden kann obs mit [d] is?
41	Rafael	gol-de-ne-
42	Anne	zum beispiel.
43		oder golden. (1.55)
44		ich find noch schwierig dass hier ein <tz(.)t>; bei gold(.)scha(.)[ts] [t] [ts] und dann von truhe wieder in [t] (3.41)
45		findet ihr noch was schwierig?
46	Tobias	ich nich,
47	Rafael	ich auch nich;

Abb. 7 Transkript: Kleingruppen-RSG zu *Goldschatztruhenschloss* in einer jahrgangsgemischten Klasse 1–4 Anne Klasse 4, Tobias und Rafael Klasse 1, Erhebungszeitpunkt Ende des SchuljahresAusschnitt ab Minute 3,15 (Transkriptionskonventionen orientieren sich am Minimaltranskript von Selting et al. (2009))

system, indem er die Buchstaben <tz> mit den Buchstabennamen benennt[4] (Z. 37 f.). Ob Rafael an dieser Stelle klar ist, welche Stellen er ebenso wie Tobias und welche Stellen er ergänzend zu Tobias als schwierig empfindet, markiert er sprachlich nicht, begründet aber seine Wahl in Zeile 37. Im Sinne eines kollektiven Gesprächsprozesses greift Anne nun eine der beiden Stellen auf, die beide Jungen als schwierige Stelle benannt haben (das „[d]" (Z. 39) in *Gold*). Sie unterbricht damit zunächst die reihum Benennung der Ergebnisse aus der Einzelarbeit und geht der Einschätzung von Tobias („voll schwierig") und der Begründung von Rafael („nich so richtig rauskriegen") mit zwei Fragen (Z. 39 f.) nach. Dabei verwendet sie ebenso wie die beiden Jungen die Lautbezeichnung [d]. Rafael reagiert sofort mit „gol-de-ne" (Z. 41) und zeigt damit exemplarisch das Verlängern an dem Beispielwort *Gold* auf. Er spricht das Wort leicht in Silben gegliedert aus und operiert so geschickt mit der Sprache, um das in der Schrift Sichtbare auszudrücken

---

[4] In der Transkription wurden zur Unterscheidung Phon- und Graphemklammern verwendet. Denkbar wäre auch gewesen die Buchstabennamen als „te, zet" zu verschriften.

(vgl. Abb. 1) und es seinen Gesprächspartner*innen mitzuteilen. Anne bestätigt seine Antwort mit „zum beispiel." (Z. 42) und macht mit „oder golden" einen weiteren Vorschlag für eine Verlängerung. Die Strategie des Verlängerns wird von beiden Kindern nicht expliziert, sondern im Sinne einer sprachlichen Exploration vollzogen. Das Sprachsystem wird von den Kindern genutzt, um die Morphemkonstanz am Beispielwort zu veranschaulichen. Ob für Tobias diese Erklärung der Schreibung von *Gold* mit <d> ausreicht, bleibt an dieser Stelle offen.

Anne ergänzt anschließend die Stelle, die sie schwierig findet, und zeigt mit <tzt> und [ts] [t] [ts] ebenso wie Rafael, dass sie sich sowohl dem Schrift- als auch Sprachsystem bedient, um die Stelle zu benennen. Sie schließt diese Aufgabe des Fragenfächers mit der Rückfrage an die beiden Jungen, ob sie „noch was schwierig" (Z. 45) finden, ab. Nachdem Tobias mit „ich nich" (Z. 46) antwortet, reagiert Rafael hier bezugnehmend auf Tobias mit „ich auch nich" (Z. 47). Das Gespräch geht wie folgt weiter (vgl. Abb. 8).

Nach einer kurzen Pause greift Anne eine weitere Stelle heraus, die beide Jungen als schwierig benannt hatten: die vererbte Silbengelenkschreibung[5] in *Schloss*. Sie zeigt damit, wie aufmerksam sie Rafael und Tobias zugehört hat. Gleichzeitig scheint sie den Fragenfächer auch schon so gut zu kennen, dass sie weiß, dass zu einem späteren Zeitpunkt die Aufforderung zu einer Erklärung der Schreibungen folgen würde. Sie fragt, ob die beiden eine Erklärung für die „zwei" (Z. 48) <s> haben und wird von Rafael unterbrochen, der direkt „ja" (Z. 49) antwortet. In ihrer ‚Moderatorinnenrolle' wartet Anne nicht ab, wie Rafael weiterverfahren würde, sondern fragt „warum" (Z. 50). Annes Fragen wirken zwar auch wie eine Wissensabfrage in einer Art

48	Anne	(2.47) warum wisst ihr warum schloss:: mit zwei (weils)
49	Rafael	ja
50	Anne	warum,
51	Rafael	weils n schmutziges o is.
52	Anne	ja sonst hieß es schlo:s und das wäre etwas seltsam
53	Rafael	he ((lacht)) schlo:s,
54	Anne	(1.72) habt ihr noch was (.) oder können wir weiter machen.
55	Rafael	`hm`hm.

Abb. 8 Transkript: Fortsetzung des Kleingruppengesprächs zwischen Anne, Rafael und Tobias

---

[5] Das [s] im Plural [ʃlœsɐ] ist ein Silbengelenk, dass zu beiden Silben gehört. Im Geschriebenen wird der Konsonant verdoppelt <Schlösser>, um Lesenden anzuzeigen, dass die erste Silbe geschlossen ist und der Vokal somit ungespannt (kurz) zu lesen ist. Die Gemination (Verdopplung) vereindeutigt somit den vorangehenden Kurzvokal. Da die Silbengelenkschreibung zum Wortstamm gehört wird sie auf die einsilbige Form <Schloss> ‚vererbt' (Morphemkonstanz). (vgl. Betzel und Droll 2020, S. 50–54 und 83–86).

Lehrendenduktus, vermutlich möchte sie aber möglichst adaptiv an den Fähigkeiten der beiden jüngeren Schüler anknüpfen, das Gespräch in Gang halten und Orientierung nach den Aufzählungen der schwierigen Stellen bieten.

Rafael erklärt die Schreibung anhand eines Eigenterminus oder Werkstattterminus, der in der Schule von einigen Lehrkräften und pädagogischen Fachkräften verwendet wird: „weils n schmutziges o is" (Z. 51). Anne greift diese Erklärung auf und untermauert sie, indem sie den Neologismus „schlo:s" (Z. 52) bildet. So zeigt sie, wie das Wort klingen würde, wenn es mit einem <s> geschrieben würde und dadurch das <o> nicht als [ɔ] sondern als [o:] ausgesprochen würde. Anne kontrastiert also mit dem Sprachsystem die möglichen Schreibungen und unterstützt so die Kollektivität des Gesprächs. Rafael greift Annes Neologismus „schlo:s" in Z. 53 lachend auf.

5 Fazit und Ausblick

Alle drei Schüler*innen arbeiten gemeinsam an den Herausforderungen, die das Schriftsystem ihnen stellt. Sie bedienen sich dabei flexibel und kollektiv des Sprach- und Schriftsystems im Sinne eines „epistemischen Werkzeuges" (Weinhold et al. 2023, S. 86) und teilen somit ihre „Schrift-Spracherfahrungen" (Eisenberg und Feilke 2001, S. 6). Sowohl die sprachlichen Explorationen, die in Zeile 41 und 43 durch die mehrsilbigen Formen zu *Gold* und den Neologismus „schlo:s" (Z. 52, 53) das Schriftsystem im Sprachsystem veranschaulichen bzw. hörbar machen, als auch der Werkstattterminus „schmutziges o" erweisen sich in diesem Gespräch als kollektive Momente, die die Schüler*innen dazu anregen, *gemeinsam* die Schreibungen zu erklären. Im Sinne Moreks (2012) könnte man hier von einer Form des orchestrierten Erklärens sprechen. Anders als bei Morek (2012) wird das Erklären des Explanadums unter Beteiligung mehrerer Schüler*innen hier jedoch nicht von der Lehrkraft, sondern von einer Schülerin fragend und ergänzend geleitet. In Moreks (2012) Daten bewertet die Lehrkraft einzelne Schüler*innenäußerungen z. B. durch „hm=hm", „richtig" (Morek 2012, S. 167) oder „genau" und nicken (Morek 2012, S. 168). Anne bewertet nicht, vielmehr bestätigt sie im Sinne der von ihr übernommenen ‚Lehrendenrolle' in Zeile 42 und 52 Tobias bzw. Rafael mit „zum beispiel" und „ja", beteiligt sich so dann aber auch am Erklären, indem sie ergänzt, erweitert und veranschaulicht (s. oben). Um die Eigenständigkeit der Schüler*innen in diesem Gespräch zu betonen, wird das hier gezeigte Erklären in einem Kleingruppengespräch unter Kindern als *kollektives Erklären* bezeichnet. So kann es deutlich vom durch die Lehrperson orchestrierten Erklären, an dem sich die Lehrperson nicht durch eigene Erklärungen beteiligt, abgegrenzt werden.

Die Transkriptausschnitte geben einen Einblick, wie das Lernarrangement bestehend aus einem komplexen Wort, das zunächst in Einzelarbeit untersucht wird, einem strukturierenden Fragenfächer sowie einer in der Klasse in Plenumsgesprächen etablierten Gesprächskultur, Schüler*innen die Möglichkeit gibt, gemeinsam ein Fachgespräch zu führen. Das Besondere und Herausfordernde in der gemeinsamen Aushandlung von Erklärungen über Schreibungen ist der stetige Wechsel zwischen Sprach- und Schriftsystem, den es gemeinsam nachzuvollziehen gilt. Durch die Einbeziehung von Werkstatttermini und Neologismen kreieren die Schüler*innen in diesem Rechtschreibgespräch Neues und erklären Aspekte des Lerngegenstandes (hier Nichtberücksichtigung der Auslautverhärtung in *Gold* und der vererbten Silbengelenkschreibung in *Schloss*) gemeinsam. In zukünftigen Studien gilt es, Video- statt Audiodaten zu erheben, um auch nonverbale Mittel wie Zeigegesten, Nicken oder Kopfschütteln in die Analyse einbeziehen zu können (vgl. hierzu bereits Kern 2018).

Transkriptionslegende

(in Anlehnung an Selting et al. 2009)

`(.)` Mikropause, geschätzt, bis ca. 0.2 Sek. Dauer

`(-), (--), (---)` kurze mittlere und längere geschätzte Pause von ca. 0.2-1.0 Sek. Dauer

`(0.4)` gemessene Pause von ca. 0.4 Sek. Dauer

`<< lachend>so jetzt aber>` interpretierende Kommentare mit Angabe der Reichweite

`((hustet))` nonverbale Handlungen

`(weil)` unverständliche Äußerung

`:, ::` Dehnung (je nach Länge der Dehnung, z.B.: so: oder so::, un::d, etc.)

`gol-de-ne` silbisch sprechend

Literatur

Betzel, Dirk/Droll, Hansjörg (2020): *Orthographie. Schriftstruktur und Rechtschreibdidaktik*. Paderborn: Schöningh (UTB).
Crämer, Claudia/Walcher-Frank, Kathrin (2012): Warum schreibst du das Wort so?. In: *Praxis Grundschule* 04, S. 4–6.
Danckwerts, Babette (2005): Kuckuckseier und andere Anlässe zum Nachdenken über Rechtschreibung. In: *Grundschule Deutsch* 6, S. 6–7.

Eisenberg, Peter/Feilke, Helmuth (2001): Rechtschreiben erforschen. In: *Praxis Deutsch* 28, 170, S. 6–18.

Fornol, Sarah/Wildemann, Anja (2019): Rechtschreibung in Klasse 1 – geht das denn? Rechtschreibgespräche führen. In: *Grundschule Deutsch* 64, S. 14–15.

Geist, Barbara (2017): Kinder in Rechtschreibgesprächen zum Austausch über Schreibungen herausfordern. In: Hallitzky, M./Hempel, C. (Hrsg.): *Unterrichten als Gegenstand und Aufgabe in Forschung und Lehrerbildung, Beispiele aus der (fach)didaktischen Forschungspraxis*. Leipzig: Universitätsverlag, S. 33–51.

Geist, Barbara/Kupetz, Maxi/Glaser, Karen (2019): Accounting for spelling: On the intricacies of teaching and learning the spelling of ambisyllabic consonants in a German L2 classroom. In: *Classroom Discourse* 10:1, S. 71–98. https://www.tandfonline.com/doi/full/10.1080/19463014.2019.1567361 [Zugriff: 15.01.2025].

Geist, Barbara (2018): Wie Kinder in Rechtschreibgesprächen Schreibungen erklären und wie die Lehrperson sie darin unterstützt. In: Riegler, S./Weinhold, S. (Hrsg.): *Rechtschreiben unterrichten. Lehrerforschung in der Orthographiedidaktik*. Berlin: Erich Schmidt Verlag, S. 111–130.

Gernand, Brigitte (2010): Der Satz des Tages. In: *Grundschule Deutsch* 27, S. 18–20.

Hinney, Gabriele (2011): Was ist Rechtschreibkompetenz? In: Bredel, U./Reißig, T. (Hrsg.): *Weiterführender Orthographieerwerb*. Baltmannsweiler: Schneider-Verlag Hohengehren: S. 191–225.

Hüttis-Graff, Petra (2011): Deutschdidaktik in der Grundschule. In: Köhnen, R. (Hrsg.): *Einführung in die Deutschdidaktik*. Stuttgart: Metzler, S. 37–86.

Leßmann, Beate (2014): Individuelle und gemeinsame Lernwege im Rechtschreiben. In: *Die Grundschulzeitschrift* 271, S. 44–48.

Kern, Friederike (2018): Clapping Hands with the Teacher. What Synchronization Reveals about Learning. In: *Journal of Pragmatics* 125, S. 28–42. https://www.tandfonline.com/doi/epdf/10.1080/19463014.2019.1567361?needAccess=true [Zugriff: 15.01.2025].

Mehlem, Ulrich/Lingnau, Beate (2012): „Ah da kommt ein ÄH." Vermittlung basaler Schreibkompetenzen in der Zweitsprache Deutsch im Unterricht der Schuleingangsstufe. In: Ahrenholz, B./Knapp, W. (Hrsg.): *Sprachstand erheben Spracherwerb erforschen*. Stuttgart: Fillibach bei Klett, S. 131–153.

Morek, Miriam (2012): *Kinder erklären. Interaktionen in Familie und Unterricht im Vergleich*. Tübingen: Stauffenburg.

Riegler, Susanne/Wiprächtiger-Geppert, Maja/Kusche, Dorothea/Schurig, Michael (2020): Wie Primarlehrpersonen Rechtschreiben unterrichten. Zur Praxis des Rechtschreibunterrichts in Deutschland und der Schweiz. In: *Didaktik Deutsch* 25, 49, S. 49–67.

Röber-Siekmeyer, Christa (2002): Prosodisch orientierte Untersuchungen zur Wahrnehmung von Schärfungswörtern von Kindern am Schriftanfang. In: Tophinke, I./Röber-Siekmayer, Chr. (Hrsg.): *Schärfungsschreibung im Fokus*. Baltmannsweiler: Schneider Verlag, S. 106–143.

Schröder, Etje (2014): Über Fehler sprechen – Schreibungen untersuchen lernen. In: *Praxis Deutsch* 248, S. 24–30.

Selting, Margret/Auer, Peter/Barth-Weingarten, Dagmar/Bergmann, Jörg/Bergmann, Pia/Birkner, Karin/Couper-Kuhlen, Elizabeth/Deppermann, Arnulf/Gilles, Peter/Günthner, Susanne/Hartung, Martin/Kern, Friederike/Mertzlufft, Christine/Meyer, Christian/Morek, Miriam/Oberzaucher, Frank/Peters, Jörg/Quasthoff, Uta/Schütte, Wilfried/Stukenbrock, Anja/Uhmann, Susanne (2009): Gesprächsanalytisches Transkriptionssystem 2 (GAT 2). In: *Gesprächsforschung – Online-Zeitschrift zur verbalen Interaktion.* Ausg. 10, S. 353–402. www.gespraechsfor-schung-ozs.de [Zugriff: 15.01.2025].

Weinhold, Swantje/Jagemann, Sarah/Bormann, Franziska (2023): Zur Modellierung und Analyse von Lehr-Lerndialogen über das Schriftsystem. In: *Didaktik Deutsch* 54, S. 84–107. https://doi.org/10.21248/dideu.665 [Zugriff 15.01.2025].

Kollektive Fachgespräche zwischen Schüler*innen im Mathematikunterricht

Ko-konstruktive Bearbeitungsprozesse mit der App Book Creator zu Fermi-Aufgaben: „das ist doch nicht in der Wirklichkeit so"

Birgit Brandt und Christoph Schäfer

Zusammenfassung

In diesem Beitrag stellen wir ein Unterrichtsbeispiel vor, das den diskursiven Austausch von Schüler*innen durch die Bearbeitung komplexer Sachprobleme anregt – der ko-konstruktive Lösungsprozess sowie die Gruppenlösung wird dabei in einem E-Book dokumentiert. Mit Hilfe einer sequenziellen Interaktionsanalyse zeigen wir die Komplexität der Aushandlungsprozesse in der Gruppe auf und gehen dabei auch auf die Einbindung des digitalen Mediums ein.

Schlüsselwörter

Ko-konstruktive Aufgabenbearbeitung · Problemlösen · Fermi-Aufgaben · Digitale Medien · Interaktionsanalyse

---

B. Brandt (✉) · C. Schäfer
Technische Universität Chemnitz, Chemnitz, Deutschland
E-Mail: birgit.brandt@zlb.tu-chemnitz.de; christoph.schaefer@zlb.tu-chemnitz.de

© Der/die Autor(en), exklusiv lizenziert an Springer Fachmedien Wiesbaden GmbH, ein Teil von Springer Nature 2025
H. de Boer, D. Merklinger (Hrsg.), *Dialog als interaktive Praxis*, Edition Fachdidaktiken, https://doi.org/10.1007/978-3-658-48376-0_11

1 Einleitung

Die Bedeutung von Unterrichtsgesprächen für mathematische Lernprozesse ist in der Mathematikdidaktik sowohl als unterrichtsmethodisches Konzept als auch als lerntheoretischer Hintergrund bzw. forschungsmethodischer Zugriff etabliert, etwa als Lernen im Diskurs (vgl. Häsel-Weide und Nührenbörger 2021; Nührenbörger 2009; Schütte et al. 2021) oder im Kontext metakognitiver Aktivitäten und Diskursivität (vgl. Cohors-Fresenborg und Kaune 2007; Winkel 2012). Diese Ansätze eint die Bedeutung ko-konstruktiver Prozesse und kollektiver Aushandlungen für individuelle kognitive Lernprozesse. Der folgende Beitrag steht in der Tradition der interaktionistischen Perspektive in der Mathematikdidaktik, die sich seit Ende der 70er-Jahre des 20. Jahrhunderts etabliert hat (vgl. Brandt et al. 2023; Schütte et al. 2021). Methodologisch begründet sich dieser Ansatz der interpretativen Unterrichtsforschung auf den Symbolischen Interaktionismus (Blumer 1973) sowie der ethnomethodologischen Konversationsanalyse (Eberle 1997) und befasst sich mit der Rekonstruktion von mathematischen Lernprozessen in unterschiedlichen Lehr-Lern-Settings. Ziel dieser Rekonstruktionen ist es, durch das ‚Verstehen' von Handlungen von Individuen in konkreter Lehr-Lern-Praxis Bedingungen des Lernens zu beschreiben bzw. zu erklären, Handlungspotenziale zur Veränderung zu eröffnen und letztlich lokale Theoriegenese zu betreiben (vgl. Brandt et al. 2023, S. 754). In diesem Beitrag wird konkret ein kollektiver Bearbeitungsprozess einer Fermi-Aufgabe genauer betrachtet und dabei auf die Einbindung digitaler Medien in diesen Problemlöseprozess eingegangen. Im Folgenden werden zunächst Fermi-Aufgaben als spezifische Probleme für den Mathematikunterricht vorgestellt sowie ein kurzer Überblick über theoretische Studien als Hintergrund der Analyse gegeben. Kern des Beitrages stellt dann eine sequenzielle Interaktionsanalyse (vgl. Brandt et al. 2023, S. 755 f.) einer ausgewählten Sequenz eines konkreten Problemlöseprozesses in der Gruppenarbeitsphase dar.

2 Fermi-Aufgaben und Problemlösen im Mathematikunterricht der Grundschule

„Wie viele Klavierstimmer gibt es in Chicago?" ist die wohl bekannteste Frage, die Enrico Fermi (1901–1954) seinen Studierenden gestellt hat, um sie im Umgang mit unscharfen Problemen und komplexem Denken zu schulen. Auch im Mathematikunterricht der Grundschule sollen Fermi-Aufgaben komplexes Denken anregen und das Nutzen von Alltagswissen, das Überschlagen und Schätzen, die Anwendung von heuristischen Strategien sowie das Argumentieren und Kommunizieren insbesondere im Zusammenhang im Umgang mit Größen fördern (vgl. Peter-Koop 2003; Wälti 2005).

Für Fermi-Aufgaben existiert kein festgelegter Lösungsweg, somit ist heuristisches Vorgehen im Sinne des Problemlösens notwendig. Pólya (1995) beschreibt vier Phasen, die helfen können, Problemlöseprozesse zu strukturieren: 1. Das Problem verstehen, 2. Einen Lösungsplan aufstellen, 3. Durchführen des Lösungsplanes und 4. Rückschau und Kontrolle (vgl. Pólya 1995). Für jede Phase werden konkrete Handlungsschritte benannt, die bei der Bewältigung zielführend sein können. In Hinblick auf die in diesem Beitrag betrachtete ko-konstruktive Problemlösesituation sind bedeutsam: *Kann ich die Aufgabe in Teilschritte zerlegen? Kenne ich eine verwandte Aufgabe?* (2. Phase) *Bin ich mir sicher, dass jeder Schritt richtig ist* (3. Phase) *Kann ich das Ergebnis kontrollieren* (4. Phase) (vgl. Pólya 1995, S. 18–47 sowie als Übersicht in der Titelei).

Da Fermi-Aufgaben zudem einen Realitätsbezug aufweisen, sind Modellierungskompetenzen beim Lösen bedeutsam. Peter-Koop (2003) beschreibt in diesem Zusammenhang Modellbildungsprozesse beim Bearbeiten von Fermi-Aufgaben in leistungshomogenen Dyaden und zeigt auf, wie eher leistungsschwache Lernende im kollektiven Bearbeitungsprozess produktive Lösungsschritte entwickeln und den Lösungsweg über einen Wechsel zwischen Realitätsbezug und innermathematischen Rechnungen weiterentwickeln und kontrollieren (vgl. Peter-Koop 2003, S. 119–127).

3   Theoretischer Hintergrund und Analysemethode

In diesem Abschnitt beschränken wir uns auf Studien, auf die wir im Kontext der anschließenden Analyse konkret zurückgreifen – damit wird das Feld empirischer Forschung zu kollektiven Bearbeitungsprozessen bzw. diskursivem Lernen im Mathematikunterricht nur in Ansätzen erfasst.

Mit Blick auf die oben angeführten Phasen des Problemlösens werden metakognitive Handlungsschritte bedeutsam einerseits bei der Auswahl geeigneter Strategien, also der Entwicklung eines Planes, und andererseits bei der Durchführung und Kontrolle des Lösungsplanes. Cohors-Fresenborg und Kaune (2007) unterscheiden die metakognitiven Aktivitäten *Planen* und *Monitoring*, die beide im „Verlauf des Problemlöseprozesses praktiziert" (Cohors-Fresenborg und Kaune 2007, S. 234) werden, während die *Reflexion* Ergebnisse kontrolliert und somit eher die Rückschau betrifft. Damit sich bei einer gemeinsamen Problembearbeitung diese kognitiven Aktivitäten auch „präzise auf das beziehen, was zur Debatte steht" (Cohors-Fresenborg und Kaune 2007, S. 234), sind zudem diskursive Kompetenzen notwendig. Das von Cohors-Fresenborg und Kaune entwickelte Kategoriensystem *Planung, Monitoring, Reflexion und Diskursivität* hat Winkel (2012) auf Unterrichtsdiskurse der Grundschule bezogen. Sie zeigt im Rahmen einer longitudinal angelegten Studie auf, wie Metakognition und Diskursivität insbesondere in Klassengesprächen gefördert werden können (vgl. Winkel 2012) – in unserem Beispiel zeigen wir auf, welche Momente sich in kollektiven Bearbeitungsprozessen unter Schüler*innen aufdecken lassen.

Ko-Konstruktionen in mathematischen Problemlöseprozessen lassen sich unter partizipationstheoretischer Perspektive verschiedenen Interaktionstypen zuordnen (vgl. Brandt und Höck 2011). Mit Rückgriff auf Howe (2009) beschreiben die beiden Autorinnen zwei Grundtypen, die sich über die Verantwortlichkeit der Beteiligten für kollektive Lösungsschritte unterscheiden: Während in Interaktionstyp I mehrere Ansätze oder Sichtweisen eingehen und sich eine gemeinsame Verantwortung nachzeichnen lässt, wird in Interaktionstyp II der gemeinsam akzeptierte Lösungsschritt (überwiegend) von einer Person verantwortet. In Bearbeitungsprozessen von dyadischen Lernpartnerschaften konnte ein weiterer Interaktionstyp (Typ 0) nachgewiesen werden, der als „kollektive kognitive Konvergenz" (Brandt und Höck 2011, S. 276) bezeichnet wird: Die Beteiligten sind sich über die Vorgehensweise ohne erkenntliche Aushandlungsprozesse offensichtlich einig und setzen eine Lösungsstrategie reibungslos um – diese gemeinsame Sichtweise erschwert einen reflektierten Blick auf die partnerschaftlich entwickelte Lösung und so können auch fehlerhafte Bearbeitungsschritte der gemeinsamen Prüfung standhalten (vgl. Brandt und Höck 2011, S. 277).

Ein weiteres Moment der vorgestellten Unterrichtssequenz ist die Einbindung des iPads bzw. der App Book Creator (Tools for Schools Limited 2011) in den Bearbeitungsprozess. Das dem Artikel zugrundeliegende Dissertationsprojekt (Schäfer 2023) widmet sich diesem noch relativ neuen Fokus auf kollektive Bearbeitungsprozesse. Einen möglichen Zugriff auf Ko-Konstruktionen unter Mitwirkung digitaler Medien bietet Fetzer (2022) mit Rückgriff auf die Akteur-Netzwerk-Theorie (Latour 2005). Sie beschreibt, wie analoge und digitale Objekt-Akteure als Teilnehmende in fachlichen Aushandlungen mitwirken können und unterscheidet dabei *Solo-Aktionen* der Objekte, in denen diese einen eigenständigen Turn übernehmen, sowie *vernetzte Aktionen*, in denen Objekt und Mensch einen weiterführenden Turn gemeinsam ausführen (vgl. Fetzer 2022, S. 306). Weiter führt sie aus, dass vernetzte Aktionen die sprachlichen Anforderungen entlasten, dabei jedoch „vernetzte Aktionen die mathematische Deutung (zunächst) erschweren" (Fetzer 2022, S. 315).

4 Ein empirisches Beispiel

Das empirische Beispiel entstammt dem Dissertationsprojekt *Fermi-Aufgaben mithilfe der App Book Creator bearbeiten* (Schäfer 2023, 2024), das sich der Forschungsfrage widmet, welche Aushandlungsprozesse innerhalb der Gruppe im Hinblick auf App-Nutzung und Aufgabenbearbeitung rekonstruiert werden können und wie die App in den Bearbeitungsprozess eingebunden wird. Im Sinne des Design-Based-Research-Konzeptes (Barab und Squire 2004) wurde dazu eine Lernumgebung entwickelt und in insgesamt fünf Klassen (1x Jg. 3; 4x Jg. 4) durchgeführt. Nachfolgend soll ein Einblick in die Konzeption und Datenerhebung gegeben werden.

4.1 Konzeption der Lernumgebung und Erhebung der Daten

Da die Kinder weder unterrichtliche Vorerfahrungen im Umgang mit Tablets und der App Book Creator noch mit Fermi-Aufgaben hatten, wurde im Vorfeld der Lernumgebung eine Unterrichtseinheit durchgeführt, die dazu diente, den Book Creator mit seinen verschiedenen Funktionen kennenzulernen und auszuprobieren. In Dreiergruppen erfolgte anschließend eine kollektive Bearbeitung einer konkreten Aufgabe. Zu jeder Aufgabe stand ein vorbereitetes E-Book zur Verfügung, welches Orientierung und Hilfestellung geben sollte. Folgende drei Aufgaben standen zur Auswahl:

Gewicht: Wie viel wiegen alle Kinder eurer Schule zusammen?
Toilettenpapier: Wie viele Rollen Toilettenpapier verbraucht ein Kind in einem Jahr?
Riese: Wie groß wäre der Mann, der so einen großen Kopf hätte?

Zu dieser Aufgabe ist zusätzlich ein Foto abgebildet, welches das 13 m hohe Karl-Marx-Monument (mit Sockel) in Chemnitz zeigt (vgl. Abb. 1).

Abb. 1 Foto des 13 m hohen Karl-Marx-Monuments mit Sockel. (Foto: Christoph Schäfer)

Die Gruppenarbeitsphase wurde videografisch begleitet[1] und zusätzlich wurde die Bildschirmaufnahmefunktion der iPads genutzt, um die digitalen Handlungen aufzuzeichnen. Grundlage für die anschließende Datenauswertung bilden das entstandene Videomaterial und deren Transkription sowie die erstellten E-Books. Die hier vorgestellte Sequenz wird im Folgenden mit der im Rahmen der interaktionistischen Forschung der Mathematikdidaktik entwickelten Interaktionsanalyse (vgl. Brandt et al. 2023, S. 755 f.) sequenziell analysiert.

4.2 Beispielszene und Analyse: „das ist doch nicht in der Wirklichkeit so"

Die nachfolgende Szene stammt aus dem Bearbeitungsprozess von Alexia, Nela und Erik (Klasse 4), welche die Aufgabe „Riese" gewählt haben. Diese Gruppe hat zunächst für sich die Hilfsfrage „Wie groß ist der Kopf überhaupt?" formuliert und

---

[1] Für die Kinder der gefilmten Gruppen lagen die Einverständniserklärungen der Eltern zur Durchführung der Videostudie vor. Für die Studie sind die Namen der Kinder anonymisiert.

Schätzungen zur Länge und Breite von allen drei Kindern dokumentiert – damit haben sie das Problem zerlegt und für das identifizierte Teilproblem erste Lösungsvorschläge gesammelt. Anschließend möchten sie die Größe des Bronzekopfes genauer ermitteln, was sich als Kontrolle des Teilergebnisses im Sinne der oben angeführten Schritte des Problemlösens verstehen lässt. Über die Textfunktion der App gelangen sie zur Auswahl diverser Piktogramme.

Grundsätzlich ist es möglich, ein Piktogramm als Maßeinheit zur Bestimmung der Höhe des Kopfes zu nutzen, dabei wären zumindest zwei verschiedene Lösungsansätze möglich.

1. Wird die Größe des Piktogramms nicht geändert, kann durch mehrmaliges Auslegen der Kopfhöhe mithilfe des Piktogramms die Höhe des Kopfes in der Maßeinheit Piktogramm bestimmt werden (z. B. Höhe des Kopfes = 8 Piktogramme). Um eine standardisierte Längenangabe in Metern zu erhalten, müsste die Maßeinheit Piktogramm mit der Maßeinheit Meter über den Vergleich mit einem Objekt auf dem Bild in Beziehung gesetzt werden, dessen Größe über Stützpunktwissen geschätzt werden kann. Hierfür könnte man den Mann am Sockel mithilfe der Piktogramme ausmessen[2] (z. B. Größe des Mannes am Sockel = 2 Piktogramme). Der Kopf wäre somit viermal so hoch wie die geschätzte Größe des Mannes. Grundidee wäre, über das Piktogramm das Größenverhältnis der beiden Objekte zu ermitteln. Dieser Lösungsansatz ist in Abb. 2 dargestellt und wird zumindest bildlich von den Kindern in der hier vorgestellten Interaktion entwickelt.
2. Möglich ist auch, die Größe des Piktogramms zunächst an ein Referenzobjekt im Bild anzupassen, um die Länge dieser Maßeinheit in Meter zu bestimmen. Denkbar wäre beispielsweise die Skalierung auf die Größe des Mannes direkt am Sockel, um die Maßeinheit Piktogramm auf z. B. 1,80 m festzulegen. Nach dieser Skalierung würde dann, wie oben beschrieben, die Kopfhöhe durch mehrmaliges Kopieren der Piktogramme abgemessen werden. Die Höhe ergibt sich dann aus der Multiplikation der Anzahl der Piktogramme mit der festgelegten Länge einer Maßeinheit (z. B. 4 · 1,80 m = 7,20 m). Grundgedanke wäre die Ermittlung eines (lokalen) Maßstabes im Bild.

In der hier dargelegten Szene (vgl. Abb. 3) bemühen sich Alexia und Nela ko-konstruktiv um die weitere Bearbeitung des identifizierten Teilproblems unter Ver-

---

[2] Der Mann im Vordergrund als Referenzobjekt ist aufgrund der perspektivischen Verzerrung für dieses Vorgehen nicht geeignet. Dies stellt jedoch durchaus eine kognitive Anforderung bei der Bearbeitung für die entsprechende Altersstufe dar.

Abb. 2 Aufstapeln der Piktogramme (Einfügungen durch Autor*innen): Turn 107 (links) und Turn 121 (rechts). (Foto: Christoph Schäfer)

wendung eines Piktogramms. Erik nimmt an dem nachfolgenden Dialog nicht aktiv handelnd teil – inwieweit er ihn als Zuhörender aufmerksam verfolgt, lässt sich nicht erschließen.

In der Szene arbeiten die beiden Mädchen gemeinsam auf ihrem iPad und wollen offensichtlich Piktogramme als Maßeinheit nutzen, um die Größe des Bronzekopfes in dem Bild zu bestimmen und somit ihre Hilfsfrage genauer zu beantworten. Damit tritt hier das Tablet bzw. die App Book Creator mit ihrer Textfunktion als Akteur in das Interaktionsgeschehen ein.

Das Piktogramm wird von Alexia in die Interaktion eingebunden (Z. 101): Sie wählt das Piktogramm einer Frau aus und platziert dieses zunächst neben den Mann im Vordergrund auf dem Bild. Im direkten Vergleich mit diesem Mann erscheint ihr die im Piktogramm dargestellte Frau als sehr klein. Sie verschiebt das Piktogramm und spielt mit der Positionierung, während sie mit einer höheren Stimme eine kleine Szene nachstellt. Durch diese vernetzte Aktion mit dem digitalen Akteur setzt Alexia das Piktogramm in Relation zu anderen Objekten des Bildes (in diesem Fall mit dem Bronzekopf).

Das Piktogramm wird zur Maßeinheit: „kopie:rn einsetzen kopiern"
Nela unterbricht Alexia und übernimmt den iPad-Stift. Sie beginnt, das Piktogramm zu kopieren und mehrfach einzufügen. Diese mit dem digitalen Akteur vernetzte Aktion begleitet sie durch die Äußerung „kopie:rn einsetzen kopiern"

101	Alexia	[wählt ein Piktogramm einer Frau aus] so. fe:rtig. [zieht das Piktogramm neben den Mann im Vordergrund[3]] so klein @(is der)@ [schiebt das Textfeld auf dem Bild umher] uhuhuh @(.)@ [zieht es vor den Mund des Steinkopfes] <<mit einer höheren Stimme> willst du mich fressen? ne:in ne::in>
102	Nela	warte ich hab erstmal eine Idee: [übernimmt den iPad-Stift von Alexia] warte [markiert das Textfeld und kopiert es] kopie:rn [fügt es erneut auf der Seite ein] einsetzen [kopiert dieses Textfeld] kopiern [fügt es wieder auf der Seite ein]
103	Alexia	warte warte warte ich hab den-
104	Nela	einsetzen
105	Alexia	warte [übernimmt den iPad-Stift]
106	Nela	wir müssen- wir nehm jetzt mal an diese Frau wäre
107	Alexia	[zieht das Piktogramm neben die Person am Sockel] zum beispiel [zieht ein weiteres Piktogramm über das eben platzierte (Abb. 2, links)]
108	Nela	der ganze Kopf du Dulli nur der Kopf [zeigt auf das iPad]
109	Alexia	achso [verschiebt die beiden Piktogramme nach oben auf die Höhe des Steinkopfes] (du bist dumm) (5) wir müssen aber erstmal wissen wie viel eine Frau is
110	Nela	oh::
111	Alexia	[schaut sich suchend um während sie sich vom Stuhl erhebt und nach links aus der Kameraaufnahme läuft]
112	Nela	ich stapel schon mal auf [zieht die drei eingefügten Piktogramme auf das Bild mit dem Steinkopf und stapelt sie auf Höhe des Kopfes übereinander]
113	Alexia	[kommt wieder in die Aufnahme] es gibt keine Lineale hier. was das fürn scheiß. [setzt sich wieder auf ihren Platz]
114	Nela	wir nehm jetzt ma an solche Frauen sind jetzt so so eins sechzig oder so
115	Alexia	[verschiebt die Piktogramme auf dem iPad ein wenig]
116	Nela	nicht direkt so Alexia wir müssen ja denken dass die eins sechzig sind (2) och man Alexia
117	Alexia	[kopiert zwei Piktogramme, fügt sie ein und stapelt sie im Bild auf] guck du machst so
118	Nela	ja genau so. nein nicht so.
119	Alexia	das ham wir letztes mal aber auch so gemacht
120	Nela	[lehnt sich mit dem Oberkörper auf den Tisch] ja:: aber weißt du auch wieso das nicht geht, weil die Frau nicht so richtig das sind doch nur Emojis. die könn wir eigentlich gar nicht als Vergleich nehm.
121	Alexia	[fügt weiteres Piktogramm ein und stapelt sie übereinander bis sie ungefähr der Höhe des Kopfes entsprechen] (Abb. 2, rechts)
122	Nela	oder? stimmt. eigentlich gehts. [zieht das iPad zu sich ran und beugt sich rüber] hä aber das das ist doch nicht in der Wirklichkeit so [fasst sich mit der Hand ins Gesicht und lehnt sich auf den Tisch] also könn wir das gar nicht nehm.

Abb. 3 Transkript der Beispielszene

(Z. 102). Beiträge, welche wie diese die digital vollzogene Handlung verbalisieren, werden im Folgenden als handlungsbegleitende Äußerungen bezeichnet. In dieser vernetzten Aktion führen hierbei das iPad als Objekt und das Kind einen gemeinsamen Turn aus und tragen dadurch zum Fortgang der Interaktion bei. Nela kopiert das Piktogramm, ohne die Größe zu verändern. Dieses Vorgehen würde dem ersten Ansatz zur Ermittlung der Größe des Kopfes entsprechen.

Alexia möchte offensichtlich Nela in ihrer Handlung unterbrechen (Z. 103), diese führt jedoch das mehrmalige Kopieren des Piktogramms weiter fort und kommentiert weiter handlungsbegleitend „einsetzen" (Z. 104). Während Alexia den Stift schließlich übernimmt, weist Nela darauf hin, dass die Größe des Piktogramms „diese Frau" (Z. 106) und damit der Maßeinheit zunächst festgelegt werden sollte. Nachdem die Lösungsstrategie bisher ausschließlich in vernetzten Aktionen mit dem iPad beobachtbar war und auf verbaler Ebene durch handlungsbegleitende Äußerungen realisiert wurde, gibt Nela in diesem Turn erstmals auch auf sprachlicher Ebene Einblicke in das strategische Vorgehen zur Ermittlung der Größe des Kopfes. Diese Äußerungen werden folgend als (meta-)strategische Äußerungen bezeichnet. Diese Äußerung bezieht sich auf die Tiefenstruktur der Lösungsstrategie *Verwendung des Piktogramms* und lässt sich somit dem Planen zuordnen – dabei kann dies auch als ein weiteres Teilproblem gesehen werden, dass für die Bestimmung der Größe unter Verwendung von Piktogrammen gelöst werden muss. Alexia beginnt davon unbeirrt die Piktogramme aufzustapeln und startet dabei am Sockel direkt neben dem dort abgebildeten Mann (vgl. Abb. 2).

Größenangabe für das Piktogramm: „so eins sechzig oder so"
Alexia führt mit der vernetzten Aktion *Aufeinanderstapeln* somit die von Nela initiierte Vorgehensweise, das Piktogramm als Maßeinheit zu verwenden, fort. Dabei ist es einerseits möglich, dass Alexia das gesamte Monument inklusive Sockel mit den Piktogrammen ausmessen möchte; so könnte sie mit „zum Beispiel" (Z. 107) an Nelas strategische Äußerung anschließen, indem sie eine mögliche Größe des Piktogramms vorschlagen möchte (Ansatz 2). Allerdings erlaubt die Positionierung der Piktogramme direkt neben dem Sockel auch einen Vergleich mit dem Mann am Sockel und somit die Bestimmung der Maßeinheit Piktogramm wie in Ansatz 1 beschrieben. Jedoch wird sie dabei von Nela unterbrochen, die darauf hinweist, dass nur die Größe des Kopfes ohne Sockel entscheidend sei. Alexia ändert daraufhin die Position der Piktogramme. Der mögliche Versuch eines Ausmessens des Mannes am Sockel zur Bestimmung der Maßeinheit Piktogramm (Ansatz 1) wird dadurch als Deutungsmöglichkeit verdrängt. Dennoch schließt sie mit „wir müssen aber erstmal wissen wie viel eine Frau is" (Z. 107) an Nelas strategische Äußerung aus Turn 106 an; die konkrete Verwendung des Piktogramms als Maßeinheit (Ansatz 1 oder Ansatz 2) ist somit weiterhin Verhandlungsgegenstand der Interaktion – auf dieser Ebene lassen sich aufeinander bezogene Äußerungen der beiden Mädchen rekonstruieren und somit auch ein gewisses Maß an Diskursivität. Durch die Bezeichnung „eine Frau" bleibt jedoch unklar, ob sie sich auf die Größe des Piktogramms bezieht oder auf die Größe einer Frau in der realen Welt. Letzteres würde einen Strategiewechsel implizieren, da dadurch die Größe

des Piktogramms angepasst werden müsste (Ansatz 2). Alexia verlässt die Szene (Z. 111). Durch ihre Äußerung in Zeile 113 wird deutlich, dass sie ein Lineal für die weitere Vorgehensweise nutzen möchte; es wird jedoch nicht sprachlich expliziert, wie genau sie ein Lineal als zusätzlichen Objekt-Akteur einbinden würde, falls sie eines zur Verfügung hätte.

Nela setzt währenddessen den begonnenen Stapelprozess fort und kommentiert dies handlungsbegleitend. Auch hierbei wird deutlich, dass sich die beiden Mädchen in der grundlegenden Herangehensweise, das Piktogramm als Maßeinheit zu nutzen, einig sind, ohne dies jemals verbal expliziert zu haben (Interaktionstyp 0). Nelas Äußerung „so eins sechzig oder so" (Z. 114) setzt die Aushandlung zur Verwendung des Piktogramms als Maßeinheit fort; sie nennt einen konkreten Wert, macht aber zugleich deutlich, dass dieser als Schätzwert zu sehen ist. Sie scheint sich mit „solche Frauen" (Z. 114) erneut auf die Piktogramme zu beziehen, nennt jedoch einen Wert, welcher die Größe von realen Frauen beschreibt und greift somit auf Stützpunktwissen aus der realen Welt zurück. Hierbei vermischen sich die beiden Ansätze zur Verwendung der Piktogramme: Die Mädchen verwenden das Piktogramm wie im ersten Ansatz ohne Anpassung der Größe und müssten die Größe des Piktogramms durch passende Vergleichsobjekte im Bild bestimmen. Mit Nelas Vorschlag von 1,60 m wird dem Piktogramm jedoch eine Größenangabe aus der Realität zugeschrieben. Dies entspricht dem zweiten Ansatz, dabei müsste das Piktogramm so vergrößert werden, dass es der realistischen Größe einer Frau im Vergleich zu dem Mann am Sockel entspricht.

Legitimation über gemeinsame Handlungserfahrung: „das ham wir letztes mal aber auch so gemacht"
In Turn 115 bis 121 führt Nela den Stapelprozess als vernetzte Aktion mit dem digitalen Akteur weiter fort – dabei erfolgen kleinere Anpassungen und Korrekturen, die von beiden Mädchen lediglich mit handlungsbegleitenden Äußerungen unterstützt werden. Die konkreten Handlungsanpassungen werden nicht verbalisiert und sind ohne situative Einsicht auf die vernetzten Aktionen nicht rekonstruierbar. Jedoch legitimiert Alexia in Turn 119 das Vorgehen offensichtlich, indem sie auf eine gemeinsame Erfahrung und damit auf eine bereits gemeinsam angewendete Problemlösestrategie verweist. Diese gemeinsame Erfahrung bezieht sich auf eine Aufgabe aus der in Abschn. 4.1 beschriebenen Unterrichtseinheit. In dieser Aufgabe sollten die Kinder die Größe eines Hauses mithilfe einer vorgegebenen Figur ermitteln. Dabei waren sowohl das Haus als auch die Figur Piktogramme. Diese Aufgabe wurde von der Gruppe durch mehrmaliges Kopieren und Aufeinanderstapeln der Figur bearbeitet. Durch den Rückgriff auf eine bereits gemeinsam verwendete Problemlösestrategie stellt Alexia eine Analogie zwischen den beiden

Aufgaben her, was einen möglichen Handlungsschritt in der Planungsphase darstellt. Die gemeinsame Erfahrung dieser erfolgreich angewendeten Strategie liefert eine Erklärung, weswegen die beiden Mädchen sich ohne explizite Äußerungen zum Vorgehen über die Verwendung des Piktogramms als Maßeinheit einig sind; die Phase des Planens unter Rückgriff auf ein schon bekanntes Problem erfolgt im Interaktionstyp 0 als kollektive kognitive Konvergenz in der Arbeitsgruppe – zumindest zwischen Nela und Alexa – und läuft mehr oder weniger selbstläufig und unterschwellig zum darüber gelagerten diskursiven Austausch (Interaktionstyp I) über die Größe der Frau (Piktogramm in den vernetzten Aktionen) bzw. einer Frau (in der Realität) – diese strategischen Äußerungen lassen sich der Planung zuordnen.

Piktogramm und Realität: „aber das das ist doch nicht in der Wirklichkeit so"

In Turn 120 äußert Nela nun erstmals Zweifel an dieser unmittelbaren Übertragung der zuvor angewendeten Strategie „ja:: aber weißt du auch wieso das nicht geht". In ihrer meta-strategischen Äußerung „aber das das ist doch nicht in der Wirklichkeit so" (Z. 122) expliziert sie die Vermischung von realer Größenangabe und der Größe des Piktogramms und kommt zu dem Schluss, dass das Piktogramm in dieser Form nicht zielführend zur Aufgabenbearbeitung genutzt werden kann, da die eingefügten Piktogramme nicht der realen Größe von Frauen entsprechen – Nelas Beitrag kann somit als Monitoring bezeichnet werden. Nach einer kurzen Unentschlossenheit bestätigt sie schließlich ihre Aussage nochmals, dass die Piktogramme so nicht verwendet werden können, da sie nicht der realen Größe entsprechen (Z. 122).

Im Hinblick auf die Problemlösestrategie aus der vorhergehenden Aufgabenbearbeitung, die selbstläufig von beiden gemeinsam durchgeführt und von Alexa schließlich auch als solche benannt wird, erkennt Nela somit, dass diese nicht einfach auf diesen neuen Sachverhalt übertragen werden kann. Allerdings schafft sie es nicht, in diesem komplexen Problemlöseprozess die notwendigen Anpassungen vorzunehmen, um die Grundidee der Strategie (Ausmessen mithilfe eines Piktogramms) anwenden zu können, die – wie oben ausgeführt – durchaus denkbar ist. Damit verwirft sie den bisherigen Plan und begründet dies auch, was sich metakognitiv als Reflexion einordnen lässt. Die Gruppe bricht an dieser Stelle diesen Lösungsansatz ab. Diese Nichtpassung des bisherigen Lösungsansatzes wird somit von der Gruppe akzeptiert – Monitoring und auch Reflexion liegen dabei allein in Nelas Verantwortung und somit ist diese Phase dem Interaktionstyp II zuzuordnen.

5 Fazit

Insgesamt zeigt die Analyse ein sehr komplexes Interaktionsgeschehen, in dem sich trotz Abbruch der Lösungsstrategie zahlreiche Problemlösekompetenzen rekonstruieren lassen. Ausgehend von der vorgegebenen Fermi-Aufgabe, versuchen die beiden Mädchen, die Größe des Bronzekopfes als Teilproblem zu bestimmen. Dabei besteht von Beginn an allein durch vernetzte Aktionen und handlungsbegleitende Äußerungen Einigkeit über die Kernidee zur Verwendung des Piktogramms als Maßeinheit und die damit notwendigen Handlungsschritte (Kopieren, Einfügen und Stapeln der Piktogramme). Somit lassen sich in dieser Interaktion alle Merkmale einer „kollektiven kognitiven Konvergenz" (Interaktionstyp 0; Brandt und Höck 2011, S. 276) beobachten. Weiterhin lässt sich anknüpfend an Fetzer (2022) feststellen, dass durch vernetzte Aktionen eine Entlastung der sprachlichen Anforderungen stattfindet, welche sich durch handlungsbegleitende Äußerungen zeigt (vgl. Fetzer 2022).

Parallel zur Durchführung dieser Kernidee wird die Frage nach der Größe einer/der Frau und damit die Umrechnung in die normierte Einheit Meter aufgeworfen – somit ein weiteres Teilproblem identifiziert. Die meta-strategischen Äußerungen lassen sich als Planung (vgl. Cohors-Fresenborg und Kaune 2007) beschreiben und betreffen die Entscheidung für einen der beiden beschriebenen Ansätze für die Übertragung der Kernidee auf das konkrete Problem – dabei werden im diskursiven Austausch Aspekte beider Ansätze angesprochen (Interaktionstyp I). Schließlich bricht die symmetrische Ko-Konstruktion (Interaktionstyp 0 und Interaktionstyp I) auf: Nela bemerkt die Spannung zwischen Realität und Bild bzw. Piktogramm. Ihre Beiträge lassen sich als Monitoring und Reflexion (vgl. Cohors-Fresenborg und Kaune 2007) beschreiben und führen schließlich zu einem veränderten Interaktionstyp mit stärker asymmetrischer Verantwortlichkeit (Interaktionstyp II) und dem Abbruch der zunächst gewählten Lösungsstrategie. Die Klärung, wie Piktogramme als Maßeinheit für diese Aufgabe genutzt werden könnten, bleibt somit in dieser dialogischen Auseinandersetzung offen. Es ist im Mathematikunterricht daher insbesondere bei der Bearbeitung von Problemlöseaufgaben wichtig, nicht nur erfolgreiche Lösungsprozesse zu präsentieren und zu würdigen, sondern auch das Scheitern eines Lösungsansatzes als wertvollen Beitrag für (kollektive) Lernprozesse im Klassengespräch anzuerkennen.

Exemplarisch wird an dieser Szene deutlich, dass Scheitern einen wichtigen Aspekt im Problemlöseprozess darstellt. Die Aushandlung führt letztlich nicht zu einer Lösung der Aufgabe, liefert aber dennoch die Erkenntnis, dass bereits bekannte Problemlösestrategien auch bei sehr ähnlichen Kontexten nicht immer unmittelbar übertragbar sind und ggf. Anpassungen benötigen. Somit beinhaltet die „gemeinsam ausgehandelte Ko-Konstruktion [...] für alle Beteiligten neue Deutungsaspekte bei der gemeinsamen Problembewältigung [...] (und eröffnet) damit auch potentiell individuelle Lernprozesse" (Brandt und Höck 2011, S. 250). Inwieweit Erik als Zuhörender von dieser Ko-Konstruktion profitieren kann, ist ungewiss.

Transkriptionslegende

(.) bzw. (5)	Pause für eine Sekunde bzw. Länge der Pause in Sekunden
.	stark sinkende Intonation
?	stark steigende Intonation
ne::in	Dehnung; die Häufigkeit von „:" entspricht der Länge der Dehnung
@(.)@	Lachen
[stöhnt]	Handlung, Mimik, Gestik, parasprachliche Äußerung
<<nickend>TEXT>	kontextuell relevante parasprachliche Äußerungen, die eine sprachliche Äußerung begleiten

Literatur

Barab, Sasha/Squire, Kurt (2004): Design-Based Research: Putting a Stake in the Ground. In: *Journal of the Learning Sciences*, 13, S. 1–14. https://doi.org/10.1207/s15327809jls1301_1 [Zugriff: 15.01.2025].

Blumer, Herbert (1973): Der methodologische Standort des Symbolischen Interaktionismus. In: Arbeitsgruppe Bielefelder Soziologen (Hrsg.): *Alltagswissen und Interaktion und gesellschaftliche Wirklichkeit 1 – Symbolischer Interaktionismus und Ethnomethodologie*. Hamburg: Rowohlt Taschenbuch Verlag, S. 80–146.

Brandt, Birgit/Gerlach, Kerstin/Schreiber, Christof/Schütte, Marcus (2023): Qualitative mathematikdidaktische Forschung: Das Wechselspiel zwischen Theorieentwicklung und der Adaption von Untersuchungsmethoden. In: Bruder, R./Büchter, A./Gasteiger, H./Schmidt-Thieme, B./Weigand, H.-G. (Hrsg.): *Handbuch der Mathematikdidaktik*. Berlin/Heidelberg: Springer Spektrum, S. 747–773. https://doi.org/10.1007/978-3-662-66604-3

Brandt, Birgit/Höck, Gyde (2011): Ko-Konstruktion in mathematischen Problemlöseprozessen – partizipationstheoretische Überlegungen. In: Brandt, B./Vogel, R./Krummheuer, G. (Hrsg.): *Die Projekte erStMaL und MaKreKi: Mathematikdidaktische Forschung am „Center for Individual Development and Adaptive Education" (IDeA)*. Münster: Waxmann, S. 245–284.

Cohors-Fresenborg, Elmar/Kaune, Christa (2007): Kategorisierung von Diskursen im Mathematikunterricht bezüglich metakognitiver und diskursiver Anteile. In: Peter-Koop, A./Bikner-Ahsbahs, A. (Hrsg.): *Mathematische Bildung – Mathematische Leistung*. Hildesheim: Franzbecker, S. 233–248.

Eberle, Thomas Samuel (1997). Ethnomethodologische Konversationsanalyse. In: Hitzler, R./Honer, A. (Hrsg.), *Sozialwissenschaftliche Hermeneutik*. Opladen: Leske + Budrich, S. 245–281.

Fetzer, Marei (2022): Reassembling the social classroom – Mathematiklernen analog und digital. In: Kuttner, C./Münte-Goussar, S. (Hrsg.): *Praxistheoretische Perspektiven auf Schule in der Kultur der Digitalität*. Wiesbaden: Springer Fachmedien, S. 299–319. https://doi.org/10.1007/978-3-658-35566-1_15 [Zugriff: 15.01.2025].

Häsel-Weide, Uta/Nührenbörger, Marcus (2021): Inklusive Praktiken im Mathematikunterricht. Empirische Analysen von Unterrichtsdiskursen in Einführungsphasen. In: *Zeitschrift für Grundschulforschung*, 14, S. 49–65. https://doi.org/10.1007/s42278-020-00097-1 [Zugriff: 15.01.2025].

Howe, Christine (2009): Collaborative group work in middle childhood – joint construction, unresolved contradiction and the growth of knowledge. In: *Human Development* 52, 4, S. 215–239. https://doi.org/10.1159/000215072

Latour, Bruno (2005): *Reassembling the Social. An Introduction to Actor-Network-Theory*. Oxford: University Press.

Nührenbörger, Marcus (2009): Interaktive Konstruktionen mathematischen Wissens - Epistemologische Analysen zum Diskurs von Kindern im jahrgangsgemischten Anfangsunterricht. In: *Journal für Mathematik-Didaktik 30*, 2, S. 147–172.

Peter-Koop, Andrea (2003): „Wie viele Autos stehen in einem 3-km-Stau?" Modellbildungsprozesse beim Bearbeiten von Fermi-Problemen in Kleingruppen. In: Ruwisch S./Peter-Koop, A. (Hrsg.): *Gute Aufgaben im Mathematikunterricht der Grundschule*. Offenburg: Mildenberger, S. 111–130.

Pólya, George (1995): *Schule des Denkens: vom Lösen mathematischer Probleme* (4. Aufl.). Tübingen/Basel: Francke.

Schäfer, Christoph (2023): A qualitative analysis of the use of Book Creator functions while processing Fermi questions. In: Drijvers, P./Csapodi, C./Palmér, H./Gosztonyi, K./Kónya, E. (Hrsg.): *Proceedings of the European Society for Research in Mathematics Education (CERME13)*. Budapest: Alfréd Rényi Institute of Mathematics and ERME, S. 3029–3036.

Schäfer, Christoph (2024): Nutzung der Book Creator-Funktionen bei der Bearbeitung von Fermi-Aufgaben. In: Brandt, B./Bröll, L. (Hrsg.): *Digitales Lernen in der Grundschule IV*. Münster/New York: Waxmann, S. 260–270

Schütte, Marcus/Jung, Judith/Krummheuer, Götz (2021): Diskurse als Ort der mathematischen Denkentwicklung – Eine interaktionistische Perspektive. In: *Journal für Mathematik-Didaktik, 42*, S. 525–551. https://link.springer.com/article/10.1007/s13138-021-00183-6 [Zugriff: 15.01.2025].

Tools for Schools Limited (2011). Book Creator for iPad (5.5.3) [App]. https://apps.apple.com/de/app/book-creator-for-ipad/id442378070 [Zugriff: 15.01.2025].

Wälti, Beat (2005): Fermi-Fragen. In: *Grundschule Mathematik* 4, S. 34–37.

Winkel, Kristin (2012): *Entwicklungsmechanismen von Metakognition im mathematischen Unterrichtsdiskurs der Grundschule. Ein designbasierter Unterrichtsversuch über vier Schuljahre*. München: Verlag Dr. Hut.

Miteinander und voneinander lernen: Peer-interaktive Aufgabenbearbeitung im Mathematikunterricht

Simona Geissbühler und Stefan Hauser

Zusammenfassung

Der Beitrag beschreibt, wie zwei Schüler der zweiten Klasse zusammen eine mathematische Aufgabe lösen und dabei die gemeinsam zu durchlaufenden Handlungs- und Problemlöseprozesse koordinieren. Im Rahmen der gemeinsam zu durchlaufenden Bearbeitung der Aufgabe wird der Lerngegenstand zum Gesprächsgegenstand. Die dafür notwendige kommunikative und kognitive Koordinationsleistung verstehen wir als wechselseitige ‚epistemische Involvierung'. Dieser auf der Nutzung von didaktischen Materialien basierende Interaktionsmodus ermöglicht es den beiden Schülern schließlich, auch jenseits des vorgesehenen Zahlenraums zu operieren.

Schlüsselwörter

Peer-Interaktion · Epistemische Involvierung · Prozessualität · Mathematikunterricht · Grundschule

---

S. Geissbühler (✉)
Pädagogische Hochschule Zürich, Zürich, Schweiz
E-Mail: simona.geissbuehler@phzh.ch

S. Hauser
Pädagogische Hochschule Zug, Zug, Schweiz
E-Mail: stefan.hauser@phzg.ch

© Der/die Autor(en), exklusiv lizenziert an Springer Fachmedien Wiesbaden GmbH, ein Teil von Springer Nature 2025
H. de Boer, D. Merklinger (Hrsg.), *Dialog als interaktive Praxis*, Edition Fachdidaktiken, https://doi.org/10.1007/978-3-658-48376-0_12

1 Einleitung

Dem Lernen im Gespräch unter Peers wird nicht nur im erziehungswissenschaftlichen und fachdidaktischen Diskurs, sondern auch in Lehrplänen und Lehrmitteln eine wichtige Rolle zugestanden. Im Unterricht Sequenzen vorzusehen, in denen die Schülerinnen und Schüler interagieren und im Gespräch miteinander und voneinander lernen, gilt in der aktuellen Fachliteratur als „wichtiger Baustein eines modernen Unterrichts" (Bleck und Lipowsky 2021, S. 1). Im vorliegenden Beitrag befassen wir uns mit einer mehrteiligen Unterrichtssequenz, in der zwei Schüler gemeinsam eine mathematische Aufgabe bearbeiten und sich dabei unter Zuhilfenahme didaktischer Materialien über ihre nicht durchgehend gleichen Lösungsvorstellungen verständigen. Wie die Beteiligten den Lerngegenstand im Rahmen eines ‚kollektiven Fachgesprächs' gemeinsam und unter Zuhilfenahme von didaktischen Materialien interaktional verarbeiten, ist Gegenstand unserer Beobachtungen. Bei unserem interaktionsanalytischen Zugang folgen wir der Einschätzung von Reusser (2024), der die Notwendigkeit betont, die Prozessualität unterrichtlichen Handelns ernst zu nehmen: „Die bedeutsamste Forschungslücke sehe ich deshalb in der fehlenden Prozessorientierung, verstanden als Sich-Einlassen auf die prozessnahe Erfassung von Unterricht in seiner interaktionalen Verlaufskomplexität (…) zwischen Angebots- und Nutzungshandeln" (Reusser 2024, S. 9). Diesem Anspruch, die interaktionale Verlaufskomplexität systematisch zu berücksichtigen, wird im Folgenden mit dem Begriff der ‚epistemischen Involvierung' Rechnung getragen. Damit wird der Blick auf die wechselseitige Verknüpfung von intrapersonellen mit interpersonellen Denkprozessen gerichtet. Mit Hilfe interaktionaler Praktiken wie z. B. argumentieren, erklären, vorzeigen, Fragen stellen, Erklärungen einfordern etc. stellen die Beteiligten die Organisation ihres gemeinsamen Lernprozesses sicher. Für die von uns fokussierten, primär *mündlichen* Unterrichtssituationen verwenden wir im Folgenden den Begriff der *Peer-Interaktion* (vgl. dazu auch Breidenstein 2021).

In unseren empirischen Beobachtungen geht es um die Frage, wie ein mathematischer Lerngegenstand zum Gesprächsgegenstand gemacht wird und wie im Prozess des gemeinsamen Aufgabenlösens Perspektiven abgeglichen und Bedeutungen ausgehandelt werden: „Mit der Frage, wie SchülerInnen im Gespräch lernen, rückt die Prozessqualität von Lernen als Produkt einer interaktiven Aushandlung in den Fokus" (de Boer 2015, S. 17). Während sich das *interaktionsanalytische* Erkenntnisinteresse auf die Frage richtet, welche Gesprächsverfahren die Beteiligten zur Bearbeitung der Aufgabe aktivieren, interessiert aus einer *(fach-)didaktischen* Perspektive, wie didaktische Materialien dazu beitragen (können), das gemeinsame

Bearbeiten der mathematischen Aufgabe zu unterstützen. Mit unseren Beobachtungen und Interpretationen folgen wir der interaktionistisch und sozialkonstruktivistisch orientierten Grundidee dieses Bandes, wonach in unterrichtlichen Settings Sprache als Werkzeug des gemeinsamen Denkens und Handelns zum Tragen kommt (vgl. dazu auch Vygotskij 1934/2002; Linell 2009). Ähnlich wie bei Littleton und Mercer (2013), die den Begriff *Interthinking* geprägt haben, geht es auch im Folgenden nicht um individuelle, sondern um *kollektive* Denkprozesse. Wichtig ist dabei, dass die Sprachlichkeit gemeinsamer Lernprozesse jeweils als Teil eines multimodalen Interaktionsgeschehens zu verstehen ist (vgl. Hausendorf 2015; Heller 2016). Es geht also darum, die Sprache im Kontext und in Kombination mit anderen Ressourcen (z. B. Blickverhalten, Gestik, Körperausrichtung etc.) zu berücksichtigen.[1] Als ebenso bedeutsam erweisen sich auch die didaktischen Materialien, die der gemeinsamen Aufgabenbearbeitung als wichtige, kommunikativ und kognitiv relevante Ressource dienen.

2 Peer-Interaktion im Mathematik-Unterricht

Studien zu peerinteraktiven Unterrichtsphasen befassen sich unter anderem mit der Häufigkeit solcher Phasen in der Praxis, mit der Wirksamkeit bspw. auf fachliche Leistungen, mit den darin stattfindenden Prozessen, mit der Rolle der Lehrperson, mit der Wahrnehmung der Interaktionen durch die Schülerschaft oder auch mit Fragen der Aufgabengestaltung. Während Bleck und Lipowsky (2021) einen Überblick über den *allgemeinen* Forschungsstand zu kooperativem Lernen im Unterricht bieten, sollen im Folgenden einige fachspezifische Studien aus dem deutschsprachigen Raum erwähnt werden, die den Fokus auf Peerinteraktionen im *Mathematikunterricht* der *Grundschulzeit* richten.

In Götzes (2007) Studie zu mathematischen Gesprächen unter Drittklasskindern wurden unter anderem auftretende Gesprächsmerkmale rekonstruiert. Dazu gehören heterogene Redeanteile (Anzahl Redebeiträge pro Kind), Strukturiertheit der erläuterten Lösungswege, Involviertheit der Zuhörerschaft bei Erklärungen anderer, Paraphrasierung von Lösungswegen seitens Zuhörerschaft, Stellung kritischer Fragen sowie Entwicklung von Lösungswegen und die Auseinandersetzung mit inkorrekten Ergebnissen (Götze 2007, S. 107 ff.). Vor allem die drei zuletzt ge-

---

[1] Im Rahmen dieses Beitrags kann der Multimodalität *analytisch* nur punktuell Rechnung getragen werden; dennoch ist es für die *theoretische Einordnung* entscheidend, das unterrichtliche Interaktionsgeschehen nicht auf die Sprachlichkeit im engeren Sinne zu beschränken, sondern konzeptuell die Gesamtheit der aktivierten Ressourcen zu berücksichtigen.

nannten Merkmale sind nach Götze (2007, S. 123 ff.) besonders lernförderlich (vgl. dazu auch Reitenbach 2023). Als schwieriger beurteilt Götze (2007, S. 110 ff.) das Vorstellen von strukturierten Lösungen, da hier das Potenzial für eine Interaktion zu gering sei.

In der Studie von Höck (2015) wurden entlang der interaktional ausgerichteten Arbeiten von Krummheuer und Brandt (2001) ko-konstruktive Problemlösegespräche von Grundschulkindern im Mathematikunterricht analysiert. In den Gesprächen zeigte sich, dass sich „gerade an fachlich relativ einfach erscheinenden mathematischen Zusammenhängen (…) intensive ko-konstruktive Problemlösegespräche entfalten [können], die vollständige Argumentationen mit Breite und Tiefe beinhalten" (Höck 2015, S. 380). Zudem weisen die Analysen auf die Relevanz des Anknüpfens an das Vorwissen und die Sprachkompetenzen der Kinder hin. Innerhalb der Gespräche identifizierte Höck (2015) sogenannte „Ko-Konstruktionspausen" (Höck 2015, S. 378). Das sind Pausen im Lerngespräch oder Situationen, in denen die Kinder ein anderes Thema besprechen. Bei der Gesprächswiederaufnahme zeigten sich neue mathematische Erkenntnisse bei den Kindern. Zusätzlich offenbarte sich die Bedeutung der sozialen Beziehung zwischen den Kindern als ein relevanter Aspekt für eine mögliche Tiefe in einem ko-konstruktiven Problemlösegespräch (Höck 2015, S. 383).

Des Weiteren untersuchte Gysin (2017) jahrgangsgemischte Teams hinsichtlich ihres lernförderlichen Potenzials. Einerseits zeigte sich, dass sich die Gruppenzusammensetzung, trotz unterschiedlicher Herangehensweisen bei den Aufgaben, reziprok positiv auf die Lernprozesse beider Kinder ausgewirkt hat (Gysin 2017, S. 331 ff.). Andererseits wurden verschiedene Muster innerhalb der Peerinteraktionen sichtbar, die sich in Kombination mit der Lernumgebung und der Interaktionsgestaltung durch die Kinder fließend ergaben und nicht durch die Lehrperson gesteuert werden mussten (Gysin 2017, S. 339, 341).

Obwohl das wissenschaftliche Interesse an peerinteraktiven Phasen im Mathematikunterricht in den letzten Jahren nochmals deutlich gestiegen ist, gibt es aufgrund der vielfältigen Lernsettings und der interaktionalen Komplexität des unterrichtlichen Geschehens immer noch viele ungeklärte Aspekte. Im Folgenden wird entlang mehrerer Transkriptausschnitte ein detaillierter Einblick in den Prozess einer gemeinsamen Aufgabenbearbeitung gegeben. Es handelt sich dabei um drei aufeinanderfolgende Sequenzen von zwei Schülern der zweiten Klasse.

3 Peer-interaktive Bearbeitung einer mathematischen Aufgabe

In den folgenden Sequenzen bearbeiten die Zweitklässler Ben und Davide eine Aufgabe (Die Aufgabe, die die Lehrperson selbst ausgewählt und adaptiert hat, stammt aus dem Heilpädagogischen Kommentar des Schweizer Zahlenbuchs 2 (Link und Kuratli Geeler 2022, S. 78)), bei der es um die mathematische Operation des Verdoppelns von zweistelligen Zahlen geht. Die gemeinsam zu bearbeitende Aufgabe sieht vor, dass jeweils zwei Kinder, die sich auf dem Boden gegenübersitzen, mit Zehnerstangen und Einerwürfeln zusammen Zahlen legen (siehe Abb. 1).

Zuerst legt Kind 1 auf der einen Seite der Bodenmarkierung eine frei gewählte Anzahl, worauf Kind 2 die Funktion eines Spiegels übernimmt und auf der anderen Seite der Bodenmarkierung die gleiche Anzahl mit den Materialien noch einmal legt (vgl. Abb. 1). Die gewählte Anfangsanzahl und das Doppelte davon sind von Kind 2 auf einem Arbeitsblatt in arabischen Ziffern festzuhalten. Die erste, zu verdoppelnde Zahl ist 37 (vgl. Abschn. 3.1), die zweite ist 75 (vgl. Abschn. 3.2) und in der dritten Sequenz wird der gemeinsame Problemlöseprozess reflektiert (vgl. Abschn. 3.3).

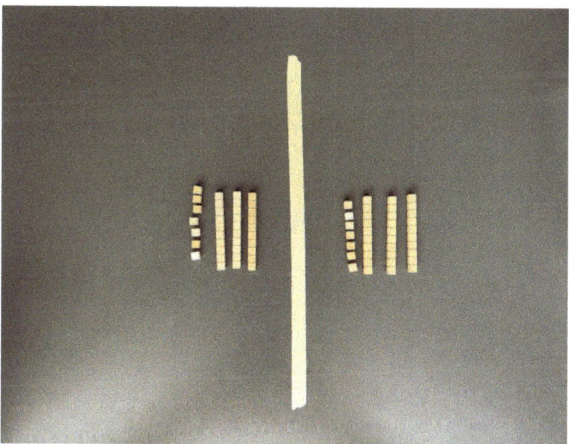

Abb. 1 Verdoppeln mit Einerwürfeln und Zehnerstangen (Die Spiegelung wurde von den beiden Schülern sowohl in Abb. 1 als auch in Abb. 5 (s. u.) nicht berücksichtigt). (Foto: Simona Geissbühler)

3.1 Wechselseitige epistemische Involvierung als kommunikative und kognitive Koordinationsleistung

Bereits in der folgenden kurzen Einstiegssequenz lassen sich Phänomene beobachten, die für den gemeinsam zu durchlaufenden Denkprozess und die koordinierte Bearbeitung peer-interaktiver Lernarrangements von Bedeutung sind. Es zeigt sich hier, aber auch im weiteren Verlauf, dass die Beteiligten die Manipulation der Materialien (das Legen der Zehnerstangen und Einerwürfel) sequenziell organisieren und diese Handlungen wie auch die daraus hervorgehenden mathematischen Folgerungen fortlaufend kommunikativ und kognitiv koordinieren. Die Sequenz beginnt damit, dass auf beiden Seiten der Markierung mit Einerwürfeln und Zehnerstangen die von Davide gewählte Anzahl 37 liegt (Abb. 1, s. o.). Darauf gibt Ben (in Z. 001) zu verstehen, dass er nun das Resultat dieser Verdoppelung zu benennen habe (vgl. Abb. 2).

Ben benennt mit seinem Hinweis „ICH muess verdoppeln" (Z. 001) zum einen die gemeinsam zu vollziehende mathematische Operation (das Verdoppeln) und zum anderen macht Ben damit auf die je individuell zu durchlaufenden Teilschritte

```
001 Ben:       ICH muess verdoppeln
```
nv.:   *Ben schiebt die Zehnerstangen auf seiner Seite zusammen.*
```
002 Davide:    oke sächs[zig zig wir müssen noch ein zehner legen]
```
nv.:   *Davide schiebt seine Zehnerstangen in Richtung Klebestreifen.*
```
003 Ben:               [sächs sächs (--)s]
```
nv.:   *Ben nimmt die Zehnerstangen von Davide und schiebt sie mit seinen zusammen.*
```
004 Ben:       (--) sächs
005 Ben:       sechzig
006 Ben:       [wir chönd ä] schon mal eine sechs vorne schreibe
```
nv.:   *Ben ergreift einen Stift.*
```
007 Davide:    [heisst]
008 Davide:    wart NEIN nicht sechs
```
nv.:   *Davide schaut auf das Material, das zwischen ihnen liegt.*

Abb. 2 Transkript „ICH muess verdoppeln"

aufmerksam. Für eine interaktionsanalytische und zugleich fachdidaktisch angelegte Betrachtungsweise ist an dieser Peer-Interaktion entscheidend, dass der *Lerngegenstand* zu einem *Gesprächsgegenstand* wird und dass dabei ein zu koordinierender und gemeinsam zu durchlaufender Denkprozess kommunikativ organisiert wird. Wir schlagen dafür den Begriff der ‚epistemischen Involvierung' vor und möchten damit auf die doppelte Koordinationserfordernis aufmerksam machen, die im Rahmen der Aufgabenbearbeitung geleistet wird: Es gilt, die prozeduralen Erfordernisse zu koordinieren und es gilt, die kognitiven Teilschritte aufeinander abzustimmen. Für diese miteinander zusammenhängenden kommunikativen Aufgaben ist das didaktische, in der Mitte liegende Material eine wichtige Ressource.[2] Es dient den beiden Lernenden als visuelle Grundlage für den gemeinsamen Denkprozess, der in diesem Beispiel zunächst nicht konvergent verläuft: Während Davide beim Zählen der Zehnerstangen bereits bemerkt, dass es durch die Verdoppelung von 37 bei den Zehnern einer weiteren Stange bedarf („wir müssen noch ein zehner legen"; Z. 002), hat Ben diese Schlussfolgerung noch nicht vollzogen und schlägt nach mehrmaligem Benennen der sechs Zehnerstangen (in den Zeilen 003–004) vor, auf dem Lösungsblatt „schon mal eine sechs vorne" (Z. 006) zu notieren. Er gelangt zu diesem inkorrekten Vorschlag, weil er nur die Zehnerstangen zählt und dabei übersieht oder noch nicht versteht, dass durch die Verdoppelung der sieben Einer sich ein weiterer Zehner ergibt. Davide, der bereits zu dieser Erkenntnis gelangt ist, macht Ben darauf aufmerksam, dass sechs nicht die richtige Lösung ist. Mit seinem Hinweis „wart NEIN nicht sechs" (Z. 008) etabliert er einen fachlichen Dissens, den es in der Folge gemeinsam zu bearbeiten gilt. Davide macht sich mit seinem Einspruch begründungspflichtig; er muss also darlegen, weshalb die von Ben formulierte Schlussfolgerung nicht richtig ist und er muss plausibilisieren, dass eine andere Lösung die korrekte ist. Es zeigt sich also bereits an einem vergleichsweise kurzen Ausschnitt aus einer längeren Peer-Interaktion, wie eine entsprechend konstruierte Aufgabe die Beteiligten in einen gemeinsam zu durchlaufenden Handlungs- und Denkprozess zu involvieren vermag.

Im weiteren Verlauf der Interaktion wird der in Zeile 008 etablierte Dissens aufgelöst, indem Davide seine Schlussfolgerung zählend und zeigend erläutert (vgl. Abb. 3).

---

[2] Auf die Bedeutung von didaktischen Materialien als Ressource für gemeinsame mathematische Denkprozesse ist in verschiedenen Kontexten hingewiesen worden (vgl. z. B. Krauthausen 2018, S. 308 ff.). Im vorliegenden Fall liegt vor allem in der Manipulierbarkeit der Materialien ein spezifischer Wert: „Having manipulatory access to material objects and using them for a gestured demonstratio ad oculos enables students to literally come to grips with demanding discursive tasks such as explaining a specialist term and textualising abstract relations" (Heller 2016, S. 270).

```
009 Davide:     oh: nei: schau mal es wenn man (unv.)
010 Davide:     [(-) eins zwei drei] vier fünf sechs sieben acht neun ZEHN
                das ist mal ein zehner
      nv.:      Davide zeigt zählend auf die Einerwürfel.
011 Ben:        [sechs wir müssen eine se]
012 Ben:        siebzi:g
```

Abb. 3 Transkriptausschnitt „oh: nei: schau mal"

Mit der Aufforderung „schau mal" (Z. 009) lenkt Davide die Aufmerksamkeit Bens auf die zwischen ihnen liegenden Einerwürfel und macht damit einmal mehr die Materialien zum Referenzpunkt der gemeinsamen Wahrnehmung. Davide erläutert dabei in einem von Zeigegesten begleiteten Abzählverfahren, dass es durch die Verdoppelung der sieben Einer zu einem weiteren Zehner kommt und plausibilisiert damit seine von Ben abweichende Einschätzung. Intonatorisch wird das Argument außerdem durch eine besondere Betonung markiert („ZEHN", Z. 010). In Zeile 012 bringt Ben schließlich mit „siebzi:g" zum Ausdruck, nun ebenfalls verstanden zu haben, dass durch die Verdoppelung ein weiterer Zehner resultiert. Es manifestiert sich also an dieser Stelle ein Erkenntnisprozess, den man als Ergebnis der gegenseitigen epistemischen Involvierung bezeichnen kann: Durch die wechselseitig zu koordinierende Prozessierung von Teilschritten und durch den fortlaufend sicher zu stellenden Abgleich der notwendigen Schlussfolgerungen gelingt es beiden Lernenden, den ersten Teil der Aufgabe gemeinsam zu lösen.

Im zweiten Teil der Aufgabenbearbeitung kommt es zwischen Davide und Ben zu einer weiteren Uneinigkeit, und zwar bei der Festlegung der Anzahl der Einer. Dieser erneute Dissens geht zum einen auf die Unklarheit zurück, worauf sich die Frage von Davide (Z. 013) bezieht. Zum anderen kommen unterschiedliche Ansichten über notwendige Teilschritte der Aufgabenbearbeitung zum Ausdruck. Bis die beiden sich über das Schlussresultat einig sind, braucht es mehrere Zwischenschritte (vgl. Abb. 4).

Davides Frage „wie viel hast du noch" in Zeile 013 richtet sich auf die restlichen Einerwürfel, die es noch zu berechnen gilt. Er bearbeitet also bereits den nächsten Teilschritt der Aufgabe. Ben bezieht die Frage aber auf die Zehner und er antwortet daher nochmals mit „siebzig" (Z. 014). Dies veranlasst Davide dazu, die Frage mit markierter Intonation zu wiederholen und mit einem metakommunikativen

```
013 Davide:    wie viel hast du noch
014 Ben:       siebzig
015 Davide:    WIE viel hast du noch: hab ich gesagt
016 Ben:       ähm vier
017 Ben:       [aso vierundsiebzig]
018 Davide:    [heisst]
019 Davide:    ja WAS?
020 Ben:       schau eins zwei drei [vier fünf sechs SIE:ben] und dänn da
               noch vier
021 Davide:                         [vier fünf sechs SIE:ben (eis) wie viel]
022 Ben:       aso vierund[siebzig]
023 Davide:               [heisst vier]
024 Davide:    sieben vie:r
025 Davide:    °h JETZT bist du dran
```

Abb. 4 Transkriptausschnitt „wie viel hast du noch"

Kommentar zu versehen (Z. 015), um Bens Aufmerksamkeit auf die Einer zu lenken. Es handelt sich hier also nicht um eine inhaltliche Strittigkeit, sondern um ein Referenzproblem. Nachdem Ben die von Davide geforderte Antwort „ähm vier" (Z. 016) liefert, ist es schließlich Ben, der als erster die Schlussfolgerung formuliert: „aso vierundsiebzig" (Z. 017). Nun kommt es gewissermaßen zu einem Rollentausch: Nun ist es Davide, der Mühe damit hat, Bens Überlegungen zu folgen. Mit seiner Frage „ja WAS?" (Z. 019) veranlasst er Ben dazu, zeigend und gleichzeitig zählend zu veranschaulichen, wie er zum eben genannten Resultat kommt. Um seinen Gedankengang zu plausibilisieren, wendet Ben also die gleiche Strategie an, wie sie eingangs von Davide verwendet wurde. Davide steigt in Zeile 021 ins laute Abzählen ein, sodass es zu einer kurzen Phase des chorischen Sprechens kommt. Während Ben erneut zum selben Resultat kommt wie bereits kurz zuvor („aso vierundsiebzig", Z. 022), ist für Davide „sieben vie:r" (Z. 024) die korrekte Lösung, da er sich beim Aufschreiben des Resultats daran hält, zuerst die Zehner und dann die Einer zu notieren. Dies erklärt, weshalb für ihn die richtige

Antwort „sieben vie:r" und nicht vierundsiebzig ist. Mit seiner anschließenden Handlungsaufforderung „°h JETZT bist du dran" (Z. 025) gibt er Ben zu verstehen, dass auch er die Aufgabe nun für abgeschlossen hält.

3.2 Verdoppeln im Zahlenraum bis 150

In der folgenden Sequenz verändert sich die Ausgangslage dadurch, dass den beiden Schülern zusätzliche Materialien zur Verfügung gestellt werden. Sie haben damit nun die Möglichkeit, beim Verdoppeln in einen größeren Zahlenraum vorzudringen. Insgesamt stehen ihnen nun 31 Einerwürfel und 12 Zehnerstangen zur Verfügung.

Die beiden Schüler sind über das ergänzte Material sichtlich angetan, was sich in der Äußerung von Davide folgendermaßen manifestiert: „jetzt haben wir SO: vie:le" (Z. 095). Zuerst werden die zusätzlichen Materialien gleichmäßig auf die beiden Lernenden verteilt (vgl. Abb. 5).

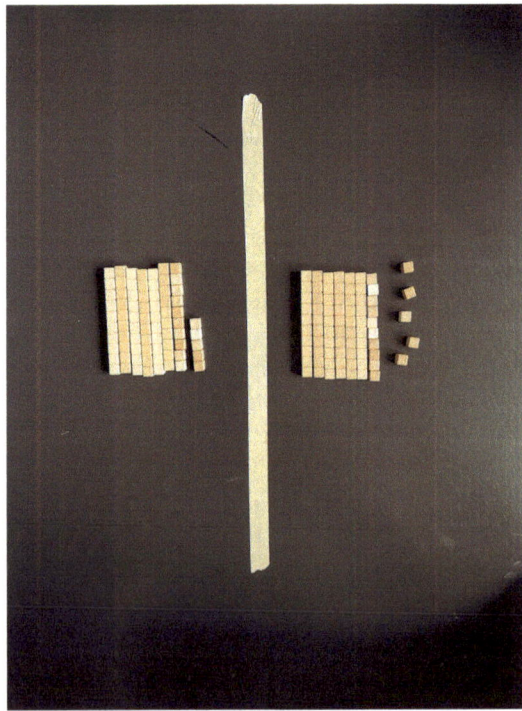

Abb. 5 Von Davide und Ben gelegtes Material

142 Davide:	wie viel ist DAS?	
143 Ben:	fünfundsiebzig und das zusammen kannst DU rechnen	
144 Davide:	[und was is]	
145 Ben:	[(unv.) fünfundsiebzig ist das erste]	
146 Davide:	[nein acht] <<flüsternd> acht>	
147 Ben:	[(das gseit het)]	
148 Ben:	fünfundsiebzig	
149 Davide:	nein achzig	
150 Davide:	(2) ächt	
151 Ben:	ja: eins zwei drei vier fünf sechs	
152 Davide:	[ACH doch richtig]	
153 Ben:	[(si::)]	

Abb. 6 Transkriptausschnitt „wie viel ist DAS?"

Beim Aufteilen des Materials kommt es zur komplementären mathematischen Operation des Verdoppelns, nämlich zum Teilen durch zwei. In diesem Verteilprozess gibt es zwischen Ben und Davide eine längere Aushandlungsphase, die hier aber übersprungen wird. Wir steigen in die Diskussion zwischen den beiden Schülern ein (vgl. Abb. 6), als auf beiden Seiten der Markierung je die Zahl 75 liegt.

Aus Davides Frage „wie viel ist DAS?" (Z. 142) geht nicht eindeutig hervor, worauf sich „DAS" bezieht. Es könnte sowohl die Ausgangszahl 75 als auch das Doppelte davon gemeint sein. Ben bezieht sich mit der Antwort „fünfundsiebzig und das zusammen kannst DU rechnen" (Z. 143) auf beide Optionen. Diese Aussage wird zusätzlich mit einer Zeigegeste von Ben auf sein eigenes Arbeitsblatt und auf die dort notierte Zahl 75 begleitet. Hier kündigt sich eine weitere Uneinigkeit an, die ähnlich wie im obigen Fall abläuft. Und zwar ist Davide nun über sein eigenes Arbeitsblatt gebeugt und formuliert den Anfang einer erneuten Frage (Z. 144). Während Ben zweimal seine Lösung „fünfundsiebzig" formuliert (Z. 145 und 148), gelangt Davide zu einer anderen Einschätzung und bringt mit

„nein acht <<flüsternd> acht>" (Z. 146) und mit „nein achtzig" (Z. 149) zum Ausdruck, dass er mit Bens Vorschlag nicht übereinstimmt. Während er mit dem dialektalen *Erkenntnisprozessmarker* (Imo 2009) „ächt" (Z. 150; std. „echt?") zunächst noch zum Ausdruck bringt, an der Richtigkeit von Bens Aussage zu zweifeln, lässt er sich schließlich doch überzeugen: „ACH doch richtig" (Z. 152). Nachdem sich die beiden Schüler schließlich geeinigt haben und beide die Ausgangszahl 75 auf ihren individuellen Arbeitsblättern festgehalten haben, geht Davide im Prozess weiter und erläutert, wie er die Einerwürfel zusammenrechnet (vgl. Abb. 7).

Davides Rechenoperation (Z. 157) wird nicht von Materialhandlungen begleitet, sondern erfolgt rein verbal. Ben schließt daran an und widmet sich den Zehnern (Z. 158). Im Vergleich zu den bereits verdoppelten Zahlen zeichnet sich diese Situation dadurch aus, dass sie sich nun in einem größeren Zahlenraum bewegt. Obwohl Ben angekündigt hat, dass er 70 + 70 rechnet, übernimmt in Zeile 159 Davide mit „nein SO schau mal" die Initiative. Dabei wird wiederum eine zählende Vorgehensweise sichtbar (Z. 160). Gleichzeitig wird erkennbar, dass Davide weiß, dass zehn Zehner einen Hunderter ergeben. Beim Zählen in der Zeile 160 schiebt Davide die gezählten Zehnerstangen auf die Seite. Danach zählt Ben direkt die übrigen Zehner und Davide steigt in Bens laut artikulierte

```
157 Davide:    fünf plus fünf gibt zehn plus

158 Ben:       und ich muss bis hundert rechnen siebzig plus siebzig

159 Davide:    nein SO schau mal

160 Davide:    eins zwei drei vier fünf sechs sieben acht n zehn zehn das
               sind hunderter

161 Davide:    heisst

162 Ben:       hundertzehn [hundert(.)zwanzig hundertdreissig hundertvierzig
               hundert (unv.)]

163 Davide:              [hundertzwanzig hundertdreissig hundertvierzig
               hundert hundertfünfundvierzig] fünf
               <<aufgeregt>hundertfünfzig>

164 Ben:       <<freudiger Ausruf> JA:> (.) was?
```

Abb. 7 Transkriptausschnitt „fünf plus fünf gibt zehn"

Zählaktivität ein (Z. 163), wodurch sich eine weitere Sequenz chorischen Sprechens ergibt. Schließlich ist es Davide, der „hundertfünfzig" sagt und sich zu seinem Arbeitsblatt dreht.

3.3 Reflexion des gemeinsamen Problemlöseprozesses

Nachdem Davide und Ben die Aufgabe abgeschlossen haben, kommt es während des Aufräumens zu einer kurzen Reflexionsphase, die aufschlussreiche Einblicke in ihre Wahrnehmung und Bewertung der gemeinsamen Aufgabenbearbeitung gibt (vgl. Abb. 8).

In Davides Äußerung „wir haben bis HUNdert gerechnet" (Z. 179) kommt zum Ausdruck, dass er Rechnungen im erweiterten Zahlenraum als etwas Spezielles erachtet. Ben nimmt Davides Aussage zum Anlass für eine so genannte „selbstinitiierte Fremdreparatur" (vgl. dazu Birkner et al. 2020, S. 331 ff.): Er wiederholt Davides Aussage einmal vollständig und ein zweites Mal partiell und ersetzt dabei jeweils die Präposition „bis" durch „über" (Z. 180). Mit der zweimaligen Betonung des Reparans („über") wird zwar die Aussage inhaltlich richtiggestellt, aber zugleich wird damit die Bewertung der gemeinsamen Leistung noch mehr hervorgehoben. Bens Reparatur wirkt also gewissermaßen als Intensivierung von Davides Bewertung und veranlasst diesen dann auch dazu, fragend den nächst höheren Zahlenraum ins Spiel zu bringen: „wenn über TAU:send?" (Z. 181).

```
179 Davide:   <<erstaunt> wir haben bis HUNdert gerechnet> °h

180 Ben:      wir haben Über hundert gerechnet oder ü::ber hundert

181 Davide:   wenn über TAU:send?

182 Ben:      [(-)das kannst du] gar nicht so viele (knöchli) hast du
              nicht mal (.) nicht mal frau bären im ganzen schulzimmer

183 Davide:   [(beim) NOCH musst]

184 Davide:   do:ch wenn wir FRAgen (.) bekommen wir vielleicht

185 Davide:   <<zu sich selbst, lachend> wir haben bis HUNdert gerechnet>
```

Abb. 8 Transkriptausschnitt „wir haben bis HUNdert gerechnet"

4 Fazit

Aus fachdidaktischer Perspektive bieten peer-interaktive Sequenzen wertvolle Einblicke in mathematische Denkprozesse. Auch an der Art und Weise, wie sich Lernende didaktische Materialien als Ressource für den gemeinsamen Denkprozess zu Nutze machen, lassen sich Rückschlüsse auf zugrunde liegende mathematische Denkprozesse ziehen. So werden im obigen Beispiel auf der einen Seite die zu verdoppelnden Zahlen mit Einerwürfeln und Zehnerstangen visualisiert und zur Bestimmung des Doppelten herangezogen und auf der anderen Seite wird das Material für verschiedene Begründungshandlungen verwendet (vgl. dazu auch Krauthausen 2018). Zudem werden die von Ben und Davide gewählten Vorgehensweisen zur Anzahlerfassung sichtbar, die teilweise stark zählend geprägt sind und nur teilweise eine Orientierung an größeren Einheiten erkennen lassen. Dies ist insbesondere beim Ablösen des zählenden Rechnens wichtig (Häsel-Weide 2016).

In der jüngeren Forschungsliteratur zum Thema Unterrichtsqualität (vgl. Brunner 2018; Praetorius und Gräsel 2021; Hesse und Winkler 2022) ist es üblich, Unterricht dann als kognitiv aktivierend zu verstehen, „wenn er Lernende zum vertieften Nachdenken und zu einer elaborierten Auseinandersetzung mit dem Unterrichtsgegenstand anregt" (Lipowsky 2020, S. 92). Wie die oben beschriebene Interaktion zwischen Ben und Davide zeigt, sind die beiden Schüler an einem fortlaufenden Prozess der *wechselseitigen* kognitiven Aktivierung beteiligt. Für diese interaktive Ausprägung von kognitiver Aktivierung schlagen wir den Begriff „epistemische Involvierung" vor. Dieses dezidiert interaktionale Konzept hat einen an der Sequentialität der Interaktion orientierten und somit prozessbezogenen Charakter und interessiert sich für kommunikativ organisierte Verfahren gemeinsamer Problemlösung im Sinne kollektiver Denkprozesse. Für das Gelingen epistemischer Involvierung entscheidend ist, dass „die Lernpartner gemeinsam auf einen für sie bedeutsamen Aspekt der Aufgabe fokussieren können und ihre Beiträge an die Äußerungen des Lernpartners inhaltsbezogen anknüpfen" (Höck 2015, S. 219). Dabei erweisen sich die konfligierenden Einschätzungen zwischen Davide und Ben bzw. die unterschiedlichen Erkenntnisgrade im Umgang mit dem Zehnerübergang für den gemeinsamen Denkprozess weniger als Störfaktoren, sondern eher als Auslöser für Klärungsaktivitäten, die im Dienst der gemeinsamen Zielerreichung stehen. Mit Hilfe verschiedener diskursiver Praktiken (z. B. argumentieren, erklären, vorzeigen, Fragen stellen, Erklärungen einfordern) schaffen es Ben und Davide jeweils, den Fortgang des kollektiven Fachgesprächs sicherzustellen.

Transkriptionslegende

(in Anlehnung an Selting et al. 2009: 363ff.)

nv.	nonverbale Handlungen
[ ]	Überlappungen und Simultansprechen
(.)	geschätzte Pause (0-0.2s)
(-)	geschätzte Pause (0.2-0.5s)
(--)	geschätzte Pause (0.5-0.8s)
(2.0)	gemessene Pause
:	Dehnung um ca. 0.2-0.5s
::	Dehnung um ca. 0.5-0.8s
°h	Einatmen von ca. 0.2-0.5s
<<flüsternd> acht >	Sprachbegleitende para- und außersprachliche Handlungen und Ereignisse mit Reichweite
(diese)	vermuteter Wortlaut
(unv..)	unverständlicher Wortlaut
HUNdert	Fokusakzent
?	hoch steigende Intonation

Literatur

Birkner, Karin/Auer, Peter/Bauer, Angelika/Kotthoff, Helga (2020): *Einführung in die Konversationsanalyse*. Berlin: de Gruyter.

Bleck, Victoria/Lipowsky, Frank (2021): Kooperatives Lernen – Theoretische Perspektiven, empirische Befunde und Konsequenzen für die Implementierung. In: Hascher, T./Idel, T.-S./Helsper, W. (Hrsg.). *Handbuch Schulforschung*. Wiesbaden: Springer Fachmedien, S. 1–19.

Breidenstein, Georg (2021): Peer-Interaktion und Peer-Kultur im Kontext von Schule. In: Hascher, T./Idel, T.-S./Helsper, W. (Hrsg.): *Handbuch Schulforschung*. Wiesbaden: Springer Fachmedien, S. 1337–1356.

Brunner, Esther (2018): Qualität von Mathematikunterricht: Eine Frage der Perspektive. In: *Journal für Mathematik-Didaktik* 39, 2, S. 257–284.

de Boer, Heike (2015): *Lernprozesse in Unterrichtsgesprächen*. In: de Boer, Heike/Bonanati, Marina (Hrsg.): Gespräche über Lernen – Lernen im Gespräch. Wiesbaden: Springer VS Verlag, S. 17–37.

Götze, Daniela (2007): *Mathematische Gespräche unter Kindern: Zum Einfluss sozialer Interaktion von Grundschulkindern beim Lösen komplexer Aufgaben.* Hildesheim: Franzbecker.

Gysin, Birgit (2017): *Lerndialoge von Kindern in einem jahrgangsgemischten Anfangsunterricht Mathematik. Chancen für eine mathematische Grundbildung.* Münster: Waxmann.

Häsel-Weide, Uta (2016): *Vom Zählen zum Rechnen. Struktur-fokussierende Deutungen in kooperativen Lernumgebungen.* Wiesbaden: Springer Spektrum.

Hausendorf, Heiko (2015): Interaktionslinguistik. In: Eichinger, L. M. (Hrsg.): *Sprachwissenschaft im Fokus. Positionsbestimmungen und Perspektiven.* Berlin: De Gruyter, S. 43–70.

Heller, Vivien (2016): Meanings at hand: Coordinating semiotic resources in explaining mathematical terms in classroom discourse. In: *Classroom Discourse* 7, 3, S. 253–275.

Hesse, Florian/Winkler, Iris (2022): Fachliche Qualität im Literaturunterricht. In: *SLLD-Z*, 2, S. 1–29.

Höck, Gyde (2015): *Ko-Konstruktive Problemlösegespräche im Mathematikunterricht: Eine Studie zur lernpartnerschaftlichen Entwicklung mathematischer Lösungen unter Grundschulkindern.* Münster: Waxmann.

Krummheuer, Götz/Brandt, Birgit (2001): *Paraphrase und Traduktion. Partizipationstheoretische Elemente einer Interaktionstheorie des Mathematiklernens in der Grundschule.* Weinheim: Beltz Wissenschaft.

Imo, Wolfgang (2009): Konstruktion oder Funktion? Erkenntnisprozessmarker („change-of-statetoken") im Deutschen. In: Günthner, S./Bücker, J. (Hrsg.): *Grammatik im Gespräch.* Berlin: de Gruyter, S. 57–86.

Krauthausen, Günter (2018): *Einführung in die Mathematikdidaktik – Grundschule.* 4. Aufl. Berlin: Springer Spektrum.

Link, Michael/Kuratli Geeler, Susanne (2022): *Heilpädagogischer Kommentar 2 zum Schweizer Zahlenbuch.* Baar: Klett und Balmer Verlag.

Linell, Per (2009): *Rethinking language, mind and world dialogically: interactional and contextual theories of human sense-making.* Charlotte, N.C.: Information Age Pub.

Lipowsky, Frank (2020): Unterricht. In: Wild, E./Möller, J. (Hrsg.): *Pädagogische Psychologie.* 3. Auflage. Heidelberg: Springer, S. 69–118.

Littleton, Karen/Mercer, Neil (2013): *Interthinking: Putting talk to work.* London: Routledge.

Praetorius, Anna-Katharina/Gräsel, Cornelia (2021): Noch immer auf der Suche nach dem heiligen Gral: Wie generisch oder fachspezifisch sind Dimensionen der Unterrichtsqualität? In: *Unterrichtswissenschaft*, 49, 2, S. 167–188.

Reitenbach, Valentina (2023): *Lernförderliche Interaktion beim Peer-Learning in der Grundschule. Eine Mixed-Methods-Studie.* Wiesbaden: Springer.

Reusser, Kurt (2024): Empirische Unterrichtsforschung – quo vadis? Plädoyer für eine didaktische Fundierung und mehr Praxisorientierung. In: *Unterrichtswissenschaft*, 52, 1, S. 1–16.

Selting, Margret/Auer, Peter/Barth-Weingarten, Dagmar/Bergmann, Jörg/Bergmann, Pia/Birkner, Karin/Couper-Kuhlen, Elizabeth/Deppermann, Arnulf/Gilles, Peter/Günther, Susanne/Hartung, Martin/Kern, Friederike/Mertzlufft, Christine/Meyer, Christian/Morek, Miriam/Oberzauer, Frank/Peters, Jörg/Quasthoff, Uta/Schütte, Wilfried/Stukenbrock, Anja/Uhmann, Susanne (2009): Gesprächsanalytisches Transkriptionssystem 2 (GAT 2). In: *Gesprächsforschung - Online-Zeitschrift zur verbalen Interaktion*, 10, S. 353–402.

Vygotskij, Lev Semënovič (1934/2002): *Denken und Sprechen. Psychologische Untersuchungen.* Herausgegeben und aus dem Russischen übersetzt von Joachim Lompscher und Georg Rückriem. Weinheim und Basel: Beltz.

Ko-konstruktive Entdeckungen von Zahlbeziehungen unter Lernenden im Mathematikunterricht der Grundschule – „Und daran liegt es, dass es Zick-Zack ist"

Gyde Höck

Zusammenfassung

Wie entstehen aus einzelnen Beiträgen kollektive Begründungszusammenhänge im Mathematikunterricht der Grundschule? Insbesondere Plenumsgespräche beinhalten die Herausforderung, dass Argumentationen nicht nur zwischen Lehrkraft und einzelnen Lernenden entwickelt werden, sondern dass das mathematische Gespräch *zwischen* den Lernenden entsteht. Im Beitrag wird aufgezeigt, wie Drittklässler*innen ko-konstruktiv einen komplexen Argumentationsprozess zu Entdeckungen an Minustürmen entwickeln.

Schlüsselwörter

Partizipationsformen · Ko-konstruktive Entdeckungen · Begründungen · Joint meaning making · Mathematische Entdeckungen

---

G. Höck (✉)
Hessische Lehrkräfteakademie, Studienseminar GHRF Frankfurt,
Frankfurt am Main, Deutschland
E-Mail: Gyde.Hoeck@schule.hessen.de

1 Einleitung

Im Zuge der Veröffentlichung der ernüchternden PISA-Ergebnisse zum Ende des Jahres 2023 rückt einmal mehr der Mathematikunterricht in seiner Konzeption und Effektivität ins Zentrum bildungspolitischer Diskussionen (OECD 2023).[1] Kommunikation und Argumentation sowie das Darstellen sind, neben weiteren prozessbezogenen Kompetenzen, seit 20 Jahren als zentrale Mittel der Verständigung über mathematische Inhalte und Zusammenhänge im Mathematikunterricht zu ermöglichen (KMK 2010).

„Im Mathematikunterricht ist das Kind vor allem aufgerufen, mathematische Zusammenhänge und Beziehungen mit anderen gemeinsam zu konstruieren und zu begreifen. Dies fördert insbesondere die Einsicht und das Verständnis in grundlegende mathematische Beziehungen und Strukturen und damit verbunden das konzeptuelle Denkvermögen." (Bräuning 2016, S. 3).

Allerdings ist Kommunikation nicht bis ins Detail von Lehrkräften planbar, sie entzieht sich, gerade im Unterricht mit Kindern im Grundschulalter, festen Regeln und wird beeinflusst von einer Vielzahl an Faktoren (vgl. Nührenbörger und Schwarzkopf 2019, S. 15; Krummheuer und Brandt 2001, S. 203). Zudem lernen Kinder sehr individuell. „Daher kann ihr Lernen nur angeregt und nie gesteuert werden. Der Unterricht sollte deshalb von den Kindern und dem Fach ausgehen (vgl. Lorenz 2002)." (Bräuning 2016, S. 3). Um mathematisch argumentieren zu können, braucht es einerseits (Fach-)Sprache, aber auch die Möglichkeit, strukturelle mathematische Zusammenhänge als solche identifizieren zu können sowie eine Lehrkraft, die Raum für diese diskursive Auseinandersetzung bietet und hierfür motiviert. „Voraussetzung hierfür ist die Gestaltung einer Lernumgebung, die die Eigenaktivität und Neugier der Lernenden anregt" (HKM 2011, S. 11).

In der Lehrer*innenbildung wird von Lehramtsanwärter*innen das Plenumsgespräch, in dem oftmals am Ende einer Unterrichtssequenz eine mathematische Vertiefung des zuvor untersuchten Aufgabenformats angestrebt wird, als die anspruchsvollste Phase des Mathematikunterrichts wahrgenommen.[2] Hier bestehen viele Unsicherheiten: Wie viel Intervention der Lehrkraft ist hilfreich? Welcher Input angemessen? Auf welche Beiträge sollte eingegangen werden?

---

[1] Im Bereich Mathematik erreichten 30 % der Schüler*innen die Mindeststandards nicht. Im Vergleich zur letzten Studie vier Jahre zuvor, zeigte sich hiermit ein Rückgang der Leistungen, der etwa einem dreiviertel Jahr Unterricht entspricht (OECD 2023).

[2] Diese Einschätzung bezieht sich auf Erfahrungswerte aus 20-jähriger Ausbildungsarbeit am Studienseminar GHRF Frankfurt.

Die Frage nach dem „Warum", mit dem Ziel Argumentationen herbeizuführen, wird als bedeutsam wahrgenommen und eingesetzt (vgl. Werner 2021, S. 3), jedoch nicht immer mit dem gewünschten Erfolg (vgl. Bezold 2012, S. 77; Krauthausen 2001, S. 99 ff.). Vielmehr kommt es oftmals zu Expertengesprächen zwischen einzelnen leistungsstarken Schülerinnen bzw. Schülern und der Lehrkraft und damit einhergehend zu Unzufriedenheit, da der Rest der Lerngruppe kaum eingebunden ist und von dieser Art der Kommunikation wenig zu profitieren scheint. Diese Problematik ist nicht neu, allerdings erscheint die Entwicklung hin zu einer veränderten Gesprächskultur im Mathematikunterricht noch immer in den Anfängen zu stecken. Steinbring (2005) fordert in dem Zusammenhang die Kooperation zwischen mathematikdidaktischer Theorie und Unterrichtspraxis, um positive Veränderungen herbeizuführen (vgl. Steinbring 2005, S. 220 f.; Bräuning 2016, S. 2).

Vor diesem Hintergrund erscheint es sinnvoll, die Entstehung lernförderlicher Gespräche unter Grundschulkindern noch präziser zu erfassen, um hieraus hilfreiche Aspekte für die Unterrichtsgestaltung abzuleiten. Mit dem Wissen um Formen der Beteiligung an ko-konstruktiven Gesprächen über Zahlbeziehungen kann eine Lehrkraft diesen Phasen möglicherweise gelassener entgegensehen und sie zwar didaktisch-methodisch vorstrukturieren, jedoch in der Gesprächsentwicklung offener halten und den Lernenden mehr zutrauen.

2 Zum Forschungsstand

„Speziell für das Begründen wird deutlich, dass, je besser ich einen Inhalt verstehe, ich ihn auch umso besser begründen kann. Gleichzeitig hilft mir jeder Akt der Begründung oder auch nur der Versuch einer solchen, den inhaltlichen Gegenstand besser zu erschließen." (Werner 2021, S. 1)

Die sozial-konstruktivistische interaktionistische Perspektive der interpretativen Unterrichtsforschung sieht Lernchancen, insbesondere in der Partizipation an Gesprächen, sowohl rezeptiv als auch produktiv, in denen mathematische Zusammenhänge in den gemeinschaftlichen Fokus rücken und argumentativ auf der sprachbasierten Ebene[3] in ihrer Bedeutung ausgehandelt werden (vgl. Brandt 2004, S. 58; Miller 1986; Nührenbörger und Schwarzkopf 2019, S. 15 f.; Schütte

---

[3] Sprachbasiert schließt als Begriff in dem Kontext auch gestische Elemente bzw. Möglichkeiten der unterstützten Kommunikation ein und bezieht sich nicht ausschließlich auf Lautsprache (s. a. Höck 2015, S. 15).

et al. 2021; Krummheuer und Brandt 2001). Von einer ko-konstruktiven Ideenentwicklung wird dann gesprochen, wenn über mehrere Sprecherwechsel hinweg von mindestens zwei Gesprächspartner*innen Anteile übernommen werden und sich hieraus ein „*joint meaning making*" (Kumpulainen und Kaartinen 2000, S. 432) ableiten lässt (vgl. Höck 2015, S. 173).

Doch welche Formen der Beteiligung an Gesprächen über mathematische Zusammenhänge bieten sich den einzelnen Lernenden? Wie lässt sich die kokonstruktive Verflechtung einer oder mehrerer fachlich relevanter Beiträge beschreiben bzw. aufschlüsseln?

Unstrittig ist in der mathematikdidaktischen Forschung die besondere Stellung der Argumentation für die tiefere Durchdringung mathematischer Zusammenhänge (vgl. Winter 1975; Miller 1986; Krummheuer und Brandt 2001; Bezold 2010).

Hierbei wird davon ausgegangen, dass es nicht ausreicht, wenn mathematische Entdeckungen nur beschrieben, aber nicht begründet werden. Gleichzeitig können nach Krummheuer (2010) Argumentationen mit Tiefe nur entstehen, wenn eine Erkenntnis (Konklusion) durch die Beschreibung des mathematischen Zusammenhangs unter Rückgriff auf Begründungen (Garanten) sowie grundlegenden Überzeugungen (Stützungen) untermauert wird (vgl. Krummheuer 2010, S. 4). Hiermit legt Krummheuer die Grundlage für ein umfassenderes Argumentationsverständnis.[4] Zu einem vollständigen Argumentationsprozess, der ko-konstruktiv hervorgebracht wird, gehören entsprechend nicht nur eine Begründung, sondern auch unterstützende Beiträge auf dem Weg zu einer *als gemeinsam geteilt geltenden* Idee (vgl. Krummheuer 1992, S. 29; s. a. Krummheuer und Voigt 1991).

Fetzer (2012) unterscheidet vier Aspekte grundschulgemäßer Argumentation und schätzt insbesondere *substantielle Argumentationen* als lernförderlich ein: die Begründung für den Schluss bleibt hier vage und bietet somit die Möglichkeit für Nachfragen (vgl. Fetzer 2012, S. 2).[5]

Laut einer Untersuchung von Bezold (2009) zeigt sich zwar, dass es etwa einem Drittel eines 3. Schuljahrgangs nach entsprechender Förderung gelingt, „*nicht nur*

---

[4] Krummheuer bezieht sich hierbei auf die Argumentationsanalyse nach Toulmin (vgl. Krummheuer und Brandt 2001, S. 33 ff.).

[5] Die vier Aspekte beziehen sich auf a) *einfache Schlüsse*, die oftmals im Unterricht durch reduzierte Ergebnisantworten eingebracht werden, b) *substanzielle Argumentationen* treten häufig auf, bleiben in ihrer Aussagekraft aber ungenau, c) *geringe Explizität* erschwert eine Aushandlung, da unklar bleibt, was genau gemeint ist, d) *verbale und non-verbale Argumentation* erhöht in Kombination die Nachvollziehbarkeit (vgl. Fetzer 2012, S. 2 ff.).

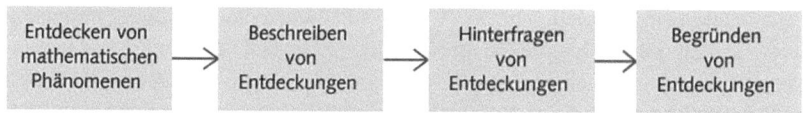

Abb. 1 Grundschulspezifische Komponenten des Argumentierens. (Bezold 2010, S. 3)

mathematische Besonderheiten zu entdecken, sondern diese auch zu begründen." (Bezold 2009, S. 97) Ebenso weisen Ergebnisse von Jablonski (2021) darauf hin, dass ein regelmäßiges Einfordern von Begründungen durch die Lehrkraft lernförderlich wirkt (vgl. Jablonski 2021, S. 176; Werner 2021). Dies wird jedoch vielfach für zu anspruchsvoll gehalten, als dass Grundschüler*innen, ohne äußere Impulse, diese Komplexität in ihren Äußerungen von sich aus abbilden (vgl. u. a. Fetzer 2012, S. 4; Bezold 2010, S. 78).

Bezold (2010) benennt vier Bausteine als *„grundschulspezifische Komponenten des Argumentierens"* (Bezold 2010, S. 3; vgl. Abb. 1).

Die *Entdeckung* bildet den Ausgangspunkt – ohne Entdeckung, keine nachvollziehbare Begründung (vgl. Abb. 1; Bezold 2010, S. 7; s. a. Meyer 2007, S. 29).

Das *Beschreiben* von Entdeckungen wird von Bezold mit dem Formulieren von *Vermutungen* gleichgesetzt, die bereits Ansätze von Begründungen für das Einzelbeispiel enthalten können. Der Schritt des *Hinterfragens* geht der Formulierung einer Verallgemeinerung voraus. Abschließend steht die *Begründung*, die nicht nur für das Einzelbeispiel, sondern *immer* gilt (vgl. Bezold 2010, S. 4). Bezold bezieht diese Bausteine auf schriftliche Ergebnisse der Lernenden und leitet hieraus entsprechende Aufträge ab, die nacheinander bearbeitet werden. Im mathematischen Gespräch mit wechselnden Redebeiträgen ist diese feste Reihenfolge nicht zwangsläufig zu erwarten, die Komponenten bieten jedoch Orientierung für die Redebeiträge der Lernenden.

3 Zur Studie

Das im Folgenden vorgestellte Beispiel entstammt einer qualitativen Videostudie in der Tradition der Design Science zur lernpartnerschaftlichen Entwicklung mathematischer Lösungen unter Grundschulkindern (vgl. Wittmann 1998, S. 329). Der Fokus lag hierbei auf der mikrosoziologischen Untersuchung von mathematisch geprägten Gesprächsphasen im Mathematikunterricht (vgl. Höck 2015,

S. 220 f.). Eine Triangulation an Auswertungsmethoden, vordergründig bestehend aus der Interaktionsanalyse nach Krummheuer und Brandt (2001) und der Qualitativen Inhaltsanalyse nach Mayring (2010), ermöglichte es, verschiedene Formen der Partizipation, anhand der einzelnen Gesprächsbeiträge zu kategorisieren (vgl. Höck 2015, S. 169). Orientiert an „*collaborative moves*", die von Barnes und Todd (1995) als grundlegend für ein aufeinander bezogenes Gruppengespräch genannt werden, lassen sich, im Rahmen mathematisch geprägter Gesprächsphasen, folgende Möglichkeiten der Partizipation an der Entwicklung einer ko-konstruktiven mathematischen Idee erfassen (vgl. Barnes und Todd 1995, S. 38 ff.):

a) Fokusbildung, b) Entdeckung, c) Nachforschung, d) Stabilisierung und e) Begründung[6]

Mit der *Fokusbildung* (a) zeichnet sich ein*e Lernende*r verantwortlich dafür, dass ein mathematischer Aspekt ins Zentrum der kollektiven Aufmerksamkeit rückt, dies kann sprachlich, aber auch gestisch bzw. multimodal erfolgen (vgl. Huth 2018; Böckmann und Tewes 2023, S. 89). Die mathematische *Entdeckung* (b), wie z. B. „*da ist immer neun*", kann mit der Fokusbildung durchaus einhergehen oder im Anschluss erfolgen. Die *Nachforschung* (c) äußert sich in an die Gesprächspartner*innen gerichteten Rückfragen bezüglich der Entdeckung, die u. a. in den Arbeiten von Barnes und Todd (1995) für förderlich für die Entwicklung ko-konstruktiver Ideen gehalten wird.

„Mit der Stabilisierung (d)) übernimmt ein Lernpartner die Verantwortung für den Rückgriff auf bereits genannte Informationen. [...] Es wird gezielt etwas wiederholt bzw. paraphrasiert oder auch traduziert (Krummheuer und Brandt 2001), das evtl. für den Problemlöseprozess Bedeutung haben könnte." (Höck 2015, S, 242)[7]

Krummheuer und Brandt (2001) sehen insbesondere in dieser Form der Partizipation hohes Potenzial zur Weiterentwicklung individueller mathematischer

---

[6] In der Studie, die die Grundlage dieses Beitrags bildet, wird Punkt e) mit der Formulierung gleichgesetzt. In dem hier ausgewählten Beispiel kommt es zu keiner Verschriftlichung, sodass auf den Punkt der *Formulierung* verzichtet werden kann. Stattdessen wird die *Begründung* als Beitrag zum Gespräch aufgenommen.

[7] Die *Paraphrase* spiegelt die erfasste Idee des*r Gesprächspartners*in mit anderem Wortlaut, die *Traduktion* dagegen nutzt die gleiche Formulierung, folgt aber einer anderen Idee (vgl. Krummheuer und Brandt 2001, S. 46 f.). Wird der Wortlaut im Sinne einer Bestätigung wiederholt, trifft keiner der beiden Begrifflichkeiten zu, es sorgt dennoch für eine Stabilisierung des gemeinsamen Fokus auf den mathematisch identifizierten Aspekt.

Konzepte (vgl. Krummheuer und Brandt 2001, S. 59).[8] Darüber hinaus zeigt sich ein den Gesprächsfluss unterstützender Effekt, wenn aus dem Plenum bestätigende Ausrufe, wie „ja", „aha", „genau" o. ä. zu hören sind.[9] Der fünfte Punkt der *Begründung* (e) nimmt Äußerungen als Form der Partizipation auf, die argumentative Anteile enthalten. Dabei wird nicht erwartet, dass die Lernenden im Sinne einer strengen mathematischen Beweisführung vollständige Argumentationen verbalisieren (vgl. Bezold 2012, S. 80; Vollrath 1980, S. 28). Vielmehr geht es um die Versprachlichung von Begründungen bzw. die Anstrengungsbereitschaft, eine Erklärung für eine Entdeckung zu formulieren (vgl. Hanna 2000, S. 8; s. a. Nührenbörger und Schwarzkopf 2019, S. 20).

4 Entdeckungen am Minusturm

Die folgende Gesprächssequenz entstand im Rahmen einer Präsentation und Erprobung des Aufgabenformats „Minustürme" (Wittmann und Müller 1992) unter Beteiligung zweier Lerngruppen aus dem 3. Schuljahr. Eine Delegation von vier Schülerinnen und zwei Schülern aus der Klasse 3a stellte das Konstrukt der Minustürme in der Klasse 3c vor. Im Anschluss entdecken nicht nur die Lernenden, die soeben die Minustürme kennen gelernt und zum ersten Mal berechnet haben, Neues in diesem Format, sondern auch die eigentlichen Expertinnen und Experten profitieren von der intensiven sprachbasierten Aushandlung.

Verena und Nora aus der Klasse 3a stehen, als Moderatorinnen, vor der Tafel. Lena, Miriam, Kai und Roman, ebenfalls Schüler*innen der Klasse 3a, sitzen davor auf Bänken. Die Lernenden der Klasse 3c sitzen an Gruppentischen mit Blick zur Tafel. Hier hängt zum einen das Plakat mit der Bildungsregel der Minustürme (vgl. Abb. 2), zum anderen sind Beispiele gemeinsam an der Tafel nachgerechnet worden, sodass nun zwei Minustürme, einmal mit fünf Stockwerken (vgl. linker Minusturm Abb. 2) und einmal mit drei Stockwerken (vgl. rechter Minusturm Abb. 2), sichtbar sind. Zur besseren Übersicht sind sämtliche Zahlbeziehungen, die im Laufe der Sequenz sprachlich und gestisch ausgehandelt wer-

---

[8] Das von Krummheuer und Brandt (2001) entwickelte Produktionsdesign, in dem die Verantwortlichkeiten für eine mathematische Idee einmal auf der syntaktischen Ebene und zum anderen auf der semantischen Ebene zugewiesen werden, liegt den hier dargestellten Partizipationsformen zugrunde (vgl. Krummheuer und Brandt 2001, S. 41 f.; Brandt 2004, S. 34 f.)

[9] Diese Ausrufe werden nach Brinker und Sager als Hörersignale bezeichnet, die inhaltlich keinen neuen Beitrag leisten, aber dennoch eine Involviertheit zum Ausdruck bringen (vgl. Brinker und Sager 2010, S. 57).

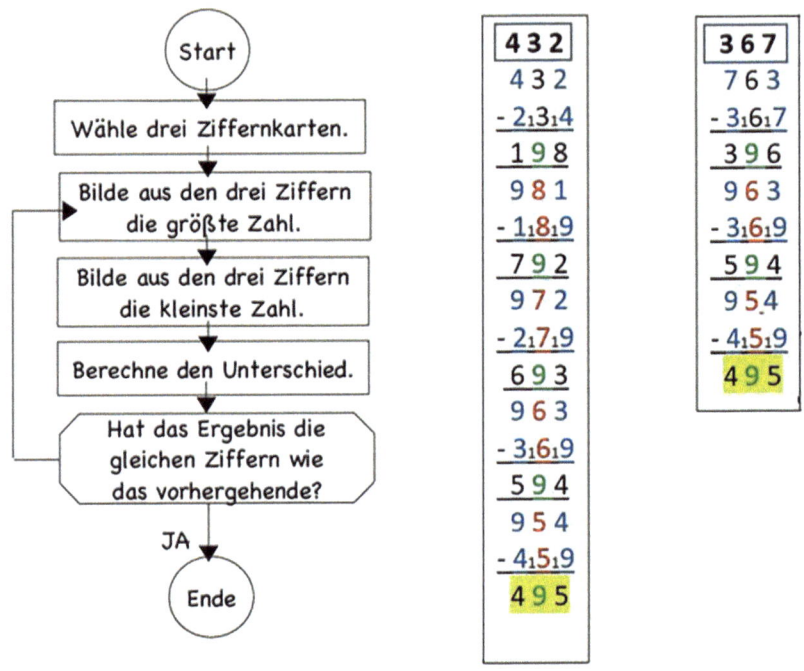

Abb. 2 Bildungsregel für Minustürme und Minustürme an der Tafel. (© Gyde Höck)

den, bereits in Abb. 2 farbig hervorgehoben. In der Unterrichtssituation werden die strukturellen Zahlbeziehungen allein durch Einkreisen markiert. Die folgende Unterrichtsszene beginnt vor der Tafel mit Verenas Aufforderung an das Plenum, Entdeckungen an den Minustürmen mitzuteilen.

4.1 „Fast das gleiche Ergebnis"

In der folgenden Szene (vgl. Abb. 3) formuliert Amin eine Entdeckung (b) und sorgt hiermit gleichzeitig für eine Fokusbildung (a)) (Z. 35).

Mit dem Begriff „*bei den Einern*" kann Amin die Position, über die er spricht, präzise eingrenzen und Verenas Hand am Minusturm leiten (Z. 38–39) (vgl. Abb. 4). Mit Amins Bestätigung, dass nun die richtige Stelle am Minusturm von Verena angezeigt wird, ist die Fokusbildung (a) auch für das Plenum möglich (Z. 40–41). Es zeigt sich hier, dass die kollektive Fokusbildung nicht nur von einer

35		Amin	Guck mal da ist ne Drei und ne Sieben
36		Nora	[geht zurück zum Plakat]
37		No und Ve	[zeigen auf Ziffern an Hunderterstelle]
38		Amin	Ja da .. nein bei den Einern
39		Verena	[korrigiert Position der Hand]
40		Amin	Ja da
41		Plenum	[SuS aus Plenum fokussiert auf Plakat]
42		Amin	Und eine Aufgabe weiter unten ist ne Drei und ne Neun
43			Und da kommt ne **Vier** und ne Neun.. da ist
44		Verena	Meinst du dass immer eine Neun da ist/
45		Amin	Ja
46		Nora	Okay gut
47		Verena	[setzt an einzukreisen, zieht Hand wieder zurück nach kurzem
48			Blickkontakt mit Nora]
49		Verena	Also du meinst da ist immer eine Neun bei den Aufgaben/
50		Amin	Ja
51		Verena	Okay
52		Amin	Und daran liegt es auch dass es fast immer ähm fast das gleiche
53			Ergebnis ist
54		Verena	[kreist Neuner an Einerstelle ein]

Abb. 3 Transkript *Fast das gleiche Ergebnis*

Abb. 4 Minusturm *Einer*.
(© Gyde Höck)

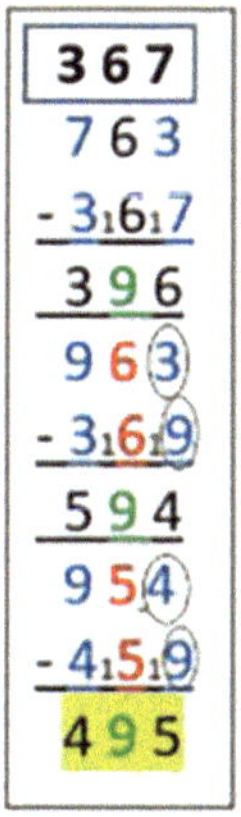

Person erzeugt wird, sondern durch die räumliche Entfernung zur Tafel hier erst aus der wechselseitigen Interaktion entsteht. Mit der Betonung der *„vier"* könnte er versuchen, die aufsteigende Folge der Ziffern über die Stockwerke hinweg zu beschreiben. Hier wäre der Bezug zum anderen Minusturm auf der linken Seite hilfreich (vgl. Abb. 2: Bildungsregel für Minustürme und Minustürme an der Tafel), denn dort ist die Folge 1, 2, 3, 4 zu sehen, die zuvor schon von einem anderen Kind beschrieben wurde. Aber ein Zusammenhang beider Türme wird nicht hergestellt. Stattdessen steigt Verena, als Moderatorin, nun ins Gespräch mit Amin ein, indem sie ihn fragt, ob er das wiederholte Vorkommen der Ziffer 9 betonen möchte (Z. 49) (Nachforschung (c)). Anstatt hier die Option zu nutzen auf die Ziffern 3 und 4 einzugehen, stimmt er ihr zu und formuliert die Schlussfolgerung, dass deshalb die gleichen Ergebnisse entstehen (Z. 50; 52–53) (Begründung (e)).

4.2 „Ja Zickzack"

Nach diesem Austausch könnte die Entdeckung mit dem Einkreisen als abgeschlossen gelten. Miriam scheint das auch so zu sehen und fragt (vgl. Abb. 5) nach weiteren Entdeckungen (Z. 55). Doch Verena ergreift das Wort, um noch einmal auf die Ziffer 9 zurückzukommen (Z. 56).

Verena stabilisiert zum einen Amins Entdeckung verbal und gestisch (d), fügt jedoch, nach einer kurzen Pause, dem Blick auf die Ziffer 9 eine neue Perspektive hinzu, indem sie sowohl auf die Einerstelle des Subtrahenden, die eben von Amin

55		Miriam	Was fällt euch noch auf/
56		Verena	Aber guck mal hier ist **die** Neun und da ist **die** Neun
57			[zeigt zuerst auf Hunderterstelle, dann auf Einerstelle]
58		Plenum	Ja Zickzack [zeitgleich hohe Resonanz aus Plenum]
59			< **Zickzack**
60			< jaaa
61			< aahh
62			hmm ja
63			Ein Kreuz Kreuz
64			< **Ja**
65			< **Jaa**

Abb. 5 Transkript *Ja Zickzack*

hervorgehoben wurde, als auch auf die Hunderterstelle des Minuenden zeigt (Z. 57). Damit fügt sie Amins Entdeckung eine weitere hinzu (b) und kombiniert beide miteinander:

Entdeckung A = die Ziffer 9 wiederholt sich an der Einerstelle des Subtrahenden (vgl. Abb. 6: Minusturm *Hier ist die Neun*)
Entdeckung A+ = die Ziffer 9 steht nicht nur im Subtrahenden, sondern auch an der Hunderterstelle im Minuenden (vgl. Abb. 7: Minusturm *Zickzack*)

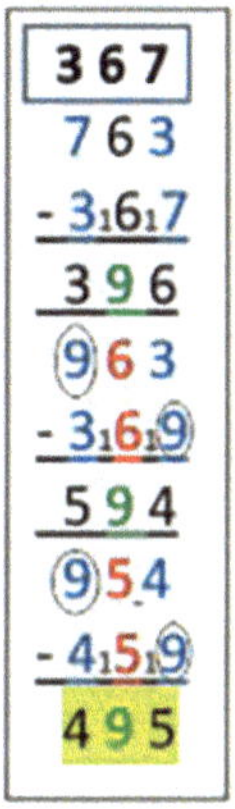

Abb. 6 Minusturm *Hier ist die Neun.* (© Gyde Höck)

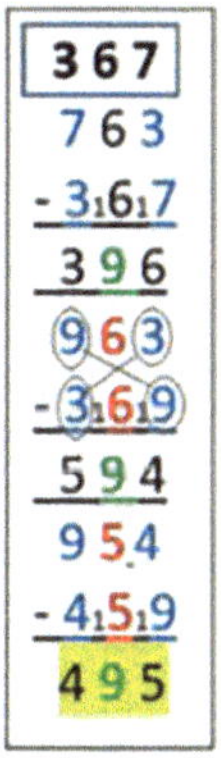

Abb. 7 Minusturm *Zickzack.* (© Gyde Höck)

Mit diesem Beitrag löst sie breite Zustimmung aus (Z. 58–65). Die Ziffer 9 und ihre Positionierung scheint nun von mehreren Schüler*innen als bedeutsam wahrgenommen zu werden. Die Bezeichnung *Zickzack* fällt und wird sogleich bestätigend aufgegriffen (Z. 58–59). Mehrere Schülerinnen und Schüler zeigen ihre Zustimmung durch Hörersignale wie „*ja*" und „*ahhh*". Eine weitere Schülerin paraphrasiert „*Zickzack*" als „*ein Kreuz*" (Z. 63) (Stabilisierung d). Damit wird der Fokus auf die 9 erweitert auf die jeweiligen anderen Ziffern an der gegenüberliegenden Hunderter- und Einerstelle, denn hierdurch ergibt sich eine Über-Kreuz-Struktur. Es ist interessant, dass die Lernenden diese Struktur (vgl. Abb. 7: Minusturm *Zickzack*) jetzt erst bewusst wahrnehmen und als Entdeckung einordnen, da sie sich aus der Bildungsregel heraus ergibt. Allerdings steckt in dieser Entdeckung mehr als nur die Erkenntnis, dass die Ziffern immer über Kreuz angeordnet sind. Durch die Identifikation der Positionen der Ziffer 9, die ab dem 2. Stockwerk[10] in jedem Minusturm automatisch auftritt, da an der Zehnerstelle des Ergebnisses durch den Übertrag immer eine 9 ermittelt wird, zeigt sich, wie prominent die 9 vertreten ist und wie sie sich im Zickzack tatsächlich durch jeden Minusturm zieht.

4.3 „Immer zwei Zahlen gleich"

Zu den bisher geäußerten Beobachtungen zur Position der 9 passt auch, dass in der weiteren Aushandlung nicht das jeweils erste Stockwerk in die Überlegungen einbezogen wird, in dem die 9 noch nicht vorkommt. Und Amins Erklärung, dass deshalb immer gleiche Ergebnisse entstehen, erfährt hierdurch eine neue Gewichtung (vgl. Abb. 8).

So übernimmt auch Lea die Beschreibung dieser Idee, indem sie paraphrasierend auf die jeweils „*zwei doppelten Zahlen*" (Z. 66) in den Stockwerken eingeht (Stabilisierung d). Verena vergewissert sich mit einer Nachfrage, in der sie fast genau denselben Wortlaut wie Lea verwendet (Z. 67) und schließt die Frage an, ob diese Entdeckung für alle Aufgaben (Stockwerke) gilt (Z. 70) (Nachforschung (c)). Hier bringt sich Nora ein und stellt diese Regelhaftigkeit infrage, deutet jedoch zeitgleich prüfend mit zwei Fingern auf die Hunderter- und Einerstellen am rechten Minusturm (Z. 71) (Nachforschung c). Mit einem „*doch*" (Z. 72) bestätigt sie die Regelhaftigkeit und sorgt ihrerseits für Stabilisierung (d). Aus dem Plenum kommt Bestätigung und Verena übernimmt erneut das Einkreisen der Ziffern, über die gerade gesprochen wird. Hiermit wird ein Konsens hergestellt.

---

[10] Die Stockwerke werden von oben nach unten gelesen.

66	Lea	Also ähm .. in jeder Aufgabe sind immer doppelte Zahlen **gleich**
67		sind immer zwei Zahlen gleich in der Aufgabe
68	Verena	Also meinst du es sind immer zwei Zahlen in der Aufgabe gleich/
69	Lea	Ja
70	Verena	In allen/ [Zeigt kreisend auf Plakat]
71	Nora	Nein [zwei Finger jeweils prüfend auf zwei Zahlenpaare gerichtet]
72		**Doch**
73	Plenum	doch
74		< ja ja
75		< ja
76		ist immer so
77	Verena	Also die Zwei auch noch [kreist gleiche Ziffern an Hunderter-
78		und Einerstelle in nächstem Stockwerk ein]

Abb. 8 Transkript *Immer zwei Zahlen gleich*

4.4 „Und daran liegt es, dass es Zickzack ist"

Dieser Konsens wird im weiteren Gesprächsverlauf von Amin zusätzlich argumentativ gestützt (Z. 79–82) (vgl. Abb. 9).

Amin nimmt Bezug auf die Bildungsregel, die besagt, dass zuerst die größte Zahl aus drei Ziffern zu notieren ist und dann die kleinste Zahl darunter, indem diese „*rückwärts*" (Z. 80) aufgeschrieben wird (Begründung e). Damit erklärt er zusammenfassend, warum es zum Zickzack-Muster kommt bzw., „*dass es über Kreuz geht*" (Z. 82), denn die 9 wandert von der Hunderterstelle an die Einerstelle und im nächsten Stockwerk wieder zurück (vgl. Abb. 10). Verena geht den Schritt vom 2. Stockwerk ins 3. Stockwerk mit, indem sie hier nun die Ziffer 4 betont (Z. 83), die ebenfalls über Kreuz auftritt (Stabilisierung d). Amin hebt die Zahlbeziehung nochmals hervor, indem er alle Ziffern im letzten Stockwerk aufzählt und jeweils die Hunderter- und die Einerstelle betont (Z. 84–85):

9 – 5 – 4 und 4 – 5 – 9

Aus dem Plenum kommen Hörer*innensignale, die Zustimmung signalisieren (Z. 86) und Verena fragt nach, ob sie diese Ziffern ebenfalls markieren soll (Z. 87). So entsteht an der Tafel durch Einkreisen die Hervorhebung der Ziffern 9 und 3

79		Amin	Ahh ich weiß es .. guck mal du hast hier die größere Zahl und dann
80			hast du rückwärts geschrieben und dann ist die kleinere Zahl
81			gekommen und daran liegt es dass es Zickzack ist .. also
82			dass es über Kreuz geht
83		Verena	Und hier ist dann die Vier immer
84		Amin	Ja guck mal . du hast da **Neun** . Fünf und **Vier** und jetzt hast du
85			ne **Vier** ne Fünf und ne **Neun**
86		Plenum	Ahhhh [vielstimmig]
87		Verena	Soll ich die mal markieren/
88		Amin	Ja
89		Verena	[kreist jeweils Vier und Neun ein]

Abb. 9 Transkript *Und daran liegt es, dass es Zickzack ist*

Abb. 10 Minusturm *Über Kreuz*. (© Gyde Höck)

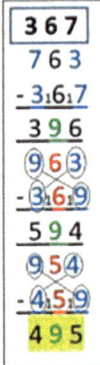

sowie 9 und 4 (Z. 89). Die Erkenntnis wird im Anschluss auf den linken Minusturm übertragen und durch Einkreisen hervorgehoben. Somit entsteht ko-konstruktiv eine vollständige Argumentationskette, in der alle Partizipationsformen vorkommen und insbesondere die Stabilisierung (d) eine zentrale Rolle zu spielen scheint. Es bleibt nicht bei der Beschreibung einer Entdeckung und einer einzeln hervorgebrachten Begründung, sondern die Begründung entwickelt sich über die vernetzten Beiträge hinweg hin zu einer allgemeinen Gültigkeit: „*ist immer so*" (Z. 76).

5 Fazit

Die hier vorgestellte Sequenz aus dem Mathematikunterricht der Grundschule zeigt eine intensive inhaltsbezogene Auseinandersetzung mit dem substanziellen Aufgabenformat der Minustürme (Wittmann und Müller 1992). Der Erkenntnisgewinn entsteht hierbei ko-konstruktiv, durch wechselseitig aufeinander bezogene Gesprächsbeiträge, begleitet von Gesten der Moderatorinnen, ohne die Intervention einer Lehrkraft. Für die Aufrechterhaltung des Diskurses, der hier nicht im Sinne strittiger Positionen erfolgt (vgl. Miller 1986), sondern eine Idee gemeinschaftlich weiterentwickelt (vgl. Schütte et al. 2021), sind nicht vordergründig die Beiträge wirksam, die als Begründung hervorgebracht werden. Vielmehr scheint insbesondere die Partizipationsform der Stabilisierung (d) den Weg zu einem *joint meaning making* zu ebnen und für ein tiefergehendes Verständnis der Struktur der Minustürme in der Lerngruppe zu sorgen.

Es zeigt sich an diesem Beispiel, wie vielschritig der Aushandlungsprozess gestaltet ist, der zu einer ko-konstruktiv entwickelten, argumentativ gestützten mathematischen Entdeckung führt. Anhand des Beispiels lassen sich drei Aspekte zusammenfassen:

- Lernende sind in der Lage, komplexe Argumentationsketten ko-konstruktiv auch ohne unmittelbare Intervention der Lehrkraft hervorzubringen.[11]
- Anspruchsvolle argumentative Verbalisierung gelingt insbesondere an einem einfachen musterhaften mathematischen Phänomen.
- Stabilisierende Wortbeiträge scheinen im ko-konstruktiven Argumentationsprozess besonders wirksam.

Insbesondere der Raum für das Wiedergeben der Beiträge anderer *in eigenen Worten* erscheint vor diesem Hintergrund lernförderlich. Ein Bewusstsein für den Wert solch selbstgesteuerter Fachgespräche und der unterschiedlichen

---

[11] Es ist interessant, dass sich in dem aufgezeigten Beispiel eine verdichtete und zielführende ko-konstruktive Aushandlung entwickelt, obwohl es sich um die erste Unterrichtseinheit im Rahmen des Forschungsprojektes handelt. Die präsentierenden Schüler*innen der Klasse 3a sind zwar bereits sensibilisiert für die Bedeutung der kollektiven Aushandlung im Mathematikunterricht, haben sich jedoch vor der Bearbeitung der Minustürme kaum kollektiv über strukturelle Entdeckungen ausgetauscht. Eine Gesprächskultur ist aber in beiden Lerngruppen auch durch den Unterricht in anderen Fächern grundsätzlich angelegt und wird durch die Struktur der Flexiblen Eingangsstufe unterstützt, in der jeweils die neu eingeschulten Kinder von den älteren in vielen Bereichen kommunikativ angeleitet werden.

Partizipationsformen kann Lehrkräften helfen, die Kommunikation und Argumentation, die laut Bildungsstandards zu fördern sind, in ihrer Komplexität besser zu verstehen und im Mathematikunterricht unterstützende Rahmenbedingungen zu etablieren.

Transkriptionslegende

<	Überschneidung/Simultansprechen
./../...	Pause für ein/zwei/drei Sekunden
/	stark steigende Intonation
[steht auf]	Handlung, Mimik, Gestik, Resonanz aus Plenum
Fett	Betonung durch Lautstärke

Literatur

Barnes, Douglas/Todd, Frankie (1995/2006): *Communcation and Learning Revisited. Making Meaning through Talk.* Portsmouth, NH: Boynton/Cook Heinemann.

Bezold, Angela (2012): Förderung von Argumentationskompetenz auf der Grundlage von Forscheraufgaben. Eine empirische Studie im Mathematikunterricht der Grundschule. In: *Mathematica Didactica* 35, S. 73–103.

Bezold, Angela (2010): *Mathematisches Argumentieren in der Grundschule fördern – was Lehrkräfte dazu beitragen können.* http://www.sinus-an-grundschulen.de/fileadmin/uploads/Material_aus_SGS/Handreichung_Mathe_Bezold.pdf [Zugriff 15.01.2025].

Bezold, Angela (2009): *Förderung von Argumentationskompetenzen durch selbstdifferenzierende Lernangebote. Eine Studie im Mathematikunterricht der Grundschule.* Hamburg: Kovac.

Böckmann, Rachel-Ann/Tewes, Ann-Kristin (2023): Multimodale Partizipationsmöglichkeiten an mathematischen Aushandlungsprozessen. In: Brandt, B./Gerlach, K. (Hrsg.): *Mathematiklernen aus interpretativer Perspektive II.* Waxmann, S. 89–116.

Brandt, Birgit (2004): *Kinder als Lernende. Partizipationsspielräume und -profile im Klassenzimmer. Eine mikrosoziologische Studie zur Partizipation im Klassenzimmer.* Frankfurt a. M.: Peter Lang.

Bräuning, Kerstin (2016): Mathematische Gespräche mit Kindern führen – Individuelle Diagnose und Förderung (MathKid). https://www.dzlm.de/files/uploads/DZLM_Diagnose_MathematischeGespraeche%2002-2016.pdf [Zugriff: 15.01.2025].

Brinker, Klaus/Sager, Sven F. (2010): *Linguistische Gesprächsanalyse. Eine Einführung* (5. Auflage). Berlin: Erich Schmidt.

Hessisches Kultusministerium (Hrsg.) (2011): Bildungsstandards und Inhaltsfelder. Das neue Lerncurriculum für Hessen. Primarstufe Mathematik. Wiesbaden. https://kultus.hessen.de/sites/kultus.hessen.de/files/2021-06/kc_mathematik_prst_2011.pdf [Zugriff: 12.08.2024].

Fetzer, Marei (2012): Wie argumentieren Grundschulkinder im Mathematikunterricht? https://wwwold.mathematik.tu-dortmund.de/ieem/bzmu2012/files/BzMU12_0101_Fetzer.pdf [Zugriff: 15.01.2025].

Hanna, Gila (2000): Proof, Explanation and Exploration: an Overview. In: *Educational Studies in Mathematics*, 44, 1, S. 5–23.

Höck, Gyde (2015): *Empirische Studien zur Didaktik der Mathematik: Ko-konstruktive Problemlösegespräche im Mathematikunterricht. Eine Studie zur lernpartnerschaftlichen Entwicklung mathematischer Lösungen unter Grundschulkindern*. Münster: Waxmann.

Huth, Melanie (2018): Die Bedeutung von Gestik bei der Konstruktion von Fachlichkeit in mathematischen Gesprächen junger Lernender. In: Martens, M./Rabenstein, K./Bräu, K./Fetzer, M./Gresch, H./Hardy, I./Schelle, C. (Hrsg.): *Konstruktion von Fachlichkeit. Ansätze, Erträge und Diskussionen in der empirischen Unterrichtsforschung*. Bad Heilbrunn: Julius Klinkhardt, S. 219–231.

Jablonski, Simone (2021): *Wie potenziell mathematisch begabte Kinder argumentieren: Eine Längsschnittstudie mit Kindern der Klassenstufen 3 bis 6 im Rahmen des Enrichmentprogramms „Junge Mathe-Adler Frankfurt"*. Wiesbaden: Springer.

KMK (2010): *Beschlüsse der Kultusministerkonferenz: Bildungsstandards im Fach Mathematik für den Primarbereich (Jahrgangsstufe 4)*. Beschluss vom 15.10.2004. München: Luchterhand.

Krauthausen, Günter (2001): Wann fängt das Beweisen an? Jedenfalls ehe es einen Namen hat. In: Weiser, W./Wollring, B. (Hrsg.): *Beiträge zur Didaktik der Mathematik für die Primarstufe. Festschrift für Siegbert Schmidt*. Hamburg: Verlag Dr. Kovac, S. 99–113.

Krummheuer, Götz (2010): Wie begründen Kinder im Mathematikunterricht der Grundschule? Ein Analyseverfahren zur Rekonstruktion von Argumentationsprozessen. https://primakom.dzlm.de/primafiles/uploads/Dokumente/Arg_Handreichung_Mathe_Krummheuer.pdf [Zugriff: 15.01.2025].

Krummheuer, Götz (1992): *Lernen mit „Format". Elemente einer interaktionistischen Lerntheorie. Diskutiert an Beispielen mathematischen Unterrichts*. Weinheim: Deutscher Studienverlag.

Krummheuer, Götz/Brandt, Birgit (2001): *Paraphrase und Traduktion. Partizipationstheoretische Elemente einer Interaktionstheorie des Mathematiklernens in der Grundschule*. Weinheim: Beltz.

Krummheuer, Götz/Voigt, Jörg. (1991): Interaktionsanalyse von Mathematikunterricht. Ein Überblick über Bielefelder Arbeiten. In: Maier, H./Voigt, J. (Hrsg.): *Interpretative Unterrichtsforschung*. Köln: Audius, S. 13–32.

Kumpulainen, Kristiina/Kaartinen, Sinikka (2000): Situational mechanisms of peer group interaction in collaborative meaning making. In: *European Journal of Psychology of Education*, XV, 4, S. 431–454.

Lorenz, Jens Holger (2002). Die Entwicklung von Zahlensinn als Ziel des Mathematikunterrichts. In: Schubert, A. (Hrsg.): *Mathematik lehren wie Kinder lernen*. Braunschweig: Westermann, S. 46–57.

Mayring, Philipp (2010): Qualitative Inhaltsanalyse. In: Mey, G./Mruck, K. (Hrsg.): *Handbuch Qualitative Forschung in der Psychologie*. Wiesbaden: VS, S. 601–613.

Meyer, Michael (2007): *Entdeckung und Begründen im Mathematikunterricht. Von der Abduktion zum Argument*. Hildesheim/Berlin: Franzbecker.

Miller, Max (1986): *Kollektive Lernprozesse. Studien zur Grundlegung einer soziologischen Lerntheorie*. Frankfurt a. M.: Suhrkamp.

Nührenbörger, Marcus/Schwarzkopf, Ralph (2019): Argumentierendes Rechnen: Algebraische Lernchancen im Arithmetikunterricht der Grundschule. In: Brandt, B./Tiedemann, K. (Hrsg.): *Mathematiklernen aus interpretativer Perspektive I. Aktuelle Themen, Arbeiten und Fragen.* Münster: Waxmann, S. 15–35.

OECD (2023): *PISA 2022 Ergebnisse (Band I): Lernstände und Bildungsgerechtigkeit.* Paris: OECD Publishing.

Schütte, Marcus/Jung, Judith/Krummheuer, Götz (2021): Diskurse als Ort der mathematischen Denkentwicklung – eine interaktionistische Perspektive. In: *Journal für Mathematik-Didaktik*, 42, S. 525–551.

Steinbring, Heinz (2005). *The Construction of New Mathematical Knowledge in Classroom Interaction. An Epistemological Perspective.* Heidelberg: Springer.

Vollrath, Hans-Joachim (1980): Eine Thematisierung des Argumentierens in der Hauptschule. In: *Journal für Mathematikdidaktik* 1, 1, S. 28–41.

Werner, Alissa (2021): *Begründungskompetenz im Mathematikunterricht der Grundschule fördern - Tipps für die Praxis.* Ruhr Universität Bochum, https://www.pse.rub.de/wp-content/uploads/Praxishilfe-fuer-Lehrer_innen_A_Werner-1.pdf [Zugriff: 15.01.2025].

Winter, Heinrich (1975): Allgemeine Lernziele für den Mathematikunterricht? In: *Zentralblatt für Didaktik der Mathematik* 7, 4, S. 106–116.

Wittmann, Erich Christian (1998): Design und Erforschung von Lernumgebungen als Kern der Mathematikdidaktik. In: *Beiträge zur Lehrerbildung* 16, 3, S. 329–342.

Wittmann, Erich Christian/Müller, Gerhard Norbert (1992): *Handbuch produktiver Rechenübungen.* Leipzig: Klett.

Anregung kollektiver mathematischer Fachgespräche durch den grundvorstellungsorientierten Einsatz von Material

Judith Jung, Alexander Salle und Marcus Schütte

Zusammenfassung

Kollektive Fachgespräche spielen beim Lernen von Mathematik eine wichtige Rolle. In solchen Gesprächen kommt haptischem Material, insbesondere beim frühen interaktionsbasierten Mathematiklernen in der Grundschule, eine zentrale Bedeutung zu. Anhand der videografierten Bearbeitung einer Lernumgebung, in der drei Zweitklässler*innen eine an Grundvorstellungen der Subtraktion orientierte Aufgabe mit Rechengeld bearbeiten, wird exemplarisch der Frage nachgegangen, welche Möglichkeiten zur gemeinsamen mathematischen Bedeutungsaushandlung in kollektiven Fachgesprächen durch die Nutzung von Material entstehen.

J. Jung (✉)
Mathematisch-Naturwissenschaftliche Fakultät, Institut für Mathematikdidaktik, Universität zu Köln, Köln, Deutschland
E-Mail: judith.jung@uni-koeln.de

A. Salle
Professur für Mathematik und ihre Didaktik, Fakultät für Mathematik, Institut für Didaktik der Mathematik (IDM), Universität Bielefeld, Bielefeld, Deutschland
E-Mail: alexander.salle@uni-bielefeld.de

M. Schütte
Professur für Didaktik der Mathematik – Primarstufe, Universität Hamburg, Hamburg, Deutschland
E-Mail: marcus.schuette@uni-hamburg.de

© Der/die Autor(en), exklusiv lizenziert an Springer Fachmedien Wiesbaden GmbH, ein Teil von Springer Nature 2025
H. de Boer, D. Merklinger (Hrsg.), *Dialog als interaktive Praxis*, Edition Fachdidaktiken, https://doi.org/10.1007/978-3-658-48376-0_14

Schlüsselwörter

Kollektive Fachgespräche · Material · Darstellungen · Grundvorstellungen · Interaktionistische Perspektive

1 Mathematiklernen durch Partizipation an kollektiven mathematischen Fachgesprächen

Ausgehend von einer humanistischen bzw. sozialkonstruktivistischen Perspektive auf Mathematik lassen sich mathematische Objekte als *intersubjektiv geteilte mentale Konzepte* und die Mathematik im Gesamten als eine *soziokulturelle Praxis* verstehen (vgl. Hersh 1997; Ernest 1998). Daraus folgt, dass Mathematik insbesondere durch Partizipation an Situationen erlernt werden kann, in denen diese Praxis mit anderen Menschen in gemeinsamen mathematischen Aushandlungsprozessen vollzogen wird (vgl. u. a. Sfard 2008). Interaktionistische Ansätze der Interpretativen (Unterrichts-)Forschung der Mathematikdidaktik (vgl. u. a. Schütte et al. 2021; Krummheuer und Brandt 2001) bauen auf diesen Annahmen über das Mathematiklernen auf. Die theoretischen Grundannahmen einer solchen Perspektive finden sich in der soziologischen Theorie des Symbolischen Interaktionismus[1] (Blumer 2013), woraus folgt, dass Interaktionen konstitutiv und als Ausgangspunkte für das Mathematiklernen anzusehen sind. Mathematiklernen lässt sich hiernach über das Zusammenspiel von Aktivitäten mehrerer sich gegenseitig interpretierender Individuen in kollektiven Aushandlungsprozessen beschreiben (vgl. Schütte et al. 2021).

Um den Prozess der mathematischen Bedeutungsaushandlung in kollektiven Fachgesprächen genauer beschreiben zu können, greifen wir auf folgende Begriffe der Interaktionstheorie mathematischen Lernens (Krummheuer 1992; Jung 2019) zurück: Zu Beginn eines Aushandlungsprozesses entwerfen die Lernenden auf Grundlage ihrer individuellen Erfahrungen und Kenntnisse erste vorläufige Deutungen der Situation, in der sie sich befinden, und von den Objekten des Aus-

---

[1] Für Blumer (2013) wird das menschliche Zusammenleben durch symbolische Interaktionen konstituiert, in welchen Handlungen stets auf der Basis von zuvor interpretierten Handlungen des Gegenübers ausgeführt werden. Bedeutungen von Objekten und insbesondere solche, die eine situationsüberdauernde Geltung bekommen, sind Blumer (2013) folgend weder in den Objekten noch in den Subjekten enthalten, sondern werden in einem intersubjektiven Raum gemeinsam konstruiert (vgl. Blumer 2013). So wird ein Würfel dadurch zum Würfel, dass die an der Interaktion beteiligten Personen seine Bedeutung als Würfel mit je spezifischen Eigenschaften wechselseitig aushandeln.

handlungsprozesses – diese Deutungen heißen *Situationsdefinitionen*. Diese individuellen Situationsdefinitionen erfolgen mit Bezug zu Blumer (2013) in Antizipation möglicher Deutungen der anderen und somit in interpretierender Anpassung an die weiteren, im kollektiven mathematischen Fachgespräch entstehenden Deutungen (vgl. Blumer 2013). Ein wechselseitiger Abgleich der individuellen Situationsdefinitionen in den Prozessen der *Bedeutungsaushandlung* zwischen den Lernenden kann im gelingenden Fall zur Hervorbringung einer gemeinsam geteilten Deutung, einem *Deutungsinterim* (Schütte et al. 2021), führen. Das Deutungsinterim ist sozial konstituiert und für das Individuum potenziell neuartig, wenn es die Deutungskapazität des Individuums – durch den vorherigen kollektiven Austausch initiiert – systematisch überschreitet. Wiederholt ausgehandelte Deutungsinterims in ähnlichen Situationen führen zu Verfestigungen der individuellen Situationsdefinitionen. Die Situationsdefinitionen der Lernenden „konvergieren" zu standardisierten und routinisiert aktivierbaren Deutungsschemata, die von ihnen in anderen Situationen erneut aktiviert werden können und als *Rahmungen* bezeichnet werden (Krummheuer 1992). Mathematiklernen lässt sich, so Schütte et al. (2021) folgend, als die durch kollektive mathematische Fachgespräche initiierte Neukonstruktion oder Modifikation von mathematischen Rahmungen, also situationsüberdauernden kognitiven Konstruktionen verstehen. Auf Basis neuer mathematischer Rahmungen wird es den Lernenden möglich, an künftigen Aushandlungsprozessen autonomer zu partizipieren – schlussendlich also aktiver an künftigen kollektiven mathematischen Fachgesprächen teilzuhaben. Es entsteht somit im gelingenden Fall eine positive „Entwicklungsspirale" aus zunehmend autonomerer Partizipation an kollektiven mathematischen Fachgesprächen und kognitiven Konstruktions- und Umstrukturierungsprozessen des lernenden Individuums (vgl. Schütte et al. 2021). Optimierte Bedingungen für die Initiierung solcher Neukonstruktionen oder Modifikationen von mathematischen Rahmungen in kollektiven mathematischen Fachgesprächen stellen sogenannte „interaktionale Verdichtungen" (Krummheuer und Brandt 2001, S. 56) dar, in denen eine vertiefende inhaltliche Auseinandersetzung, meist angezeigt durch schnelle, argumentativ aufeinander bezogene Wortwechsel, zwischen allen Beteiligten stattfindet. Eine Möglichkeit, solche interaktionalen Verdichtungen in mathematischen Fachgesprächen zu initiieren, stellt die Nutzung und Vernetzung verschiedener Darstellungsformen dar. Durch das In-Beziehung-Setzen von Sprache und anderen auch visuell erfassbaren Formen der Darstellung kann eine vertiefende inhaltliche thematische Aushandlung angeregt werden (vgl. Prediger und Wessel 2012).

2   Bedeutung von Darstellungen für kollektive Fachgespräche

Mit dem Verständnis von mathematischen Objekten als intersubjektiv geteilte mentale Konzepte stellt sich die grundlegende Frage, wie diese nicht empirisch wahrnehmbaren und fassbaren Konzepte in Interaktionsprozessen mit anderen ausgehandelt werden. Hierzu bedarf es je spezifische Formen von Darstellungen. Unter solchen Darstellungen kann „alles empirisch Wahrnehmbare verstanden werden, das auf mathematische Beziehungen, Objekte, Strukturen und Prozesse verweisen kann" (Salle et al. 2023, S. 437). Das können beispielsweise haptisch-fassbare Materialien wie Rechenrahmen und Rechengeld, grafisch bzw. schriftlich niedergelegte Bilder und Symbole sowie sprachliche Äußerungen, Gesten und Handlungen sein. Damit erlangen Darstellungen, die im Hinblick auf die Vermittlung spezifischer Begriffe von Lehrkräften bzw. Forschenden ausgewählt werden, in gemeinsamen mathematischen Aushandlungsprozessen eine fundamentale Rolle (Prediger und Wessel 2012).

Aufgrund der Vielfalt möglicher Darstellungen eines mathematischen Begriffs ist es für die Gestaltung von Lernumgebungen zentral zu wissen, welche begriffsspezifischen Darstellungen welche Aspekte des jeweiligen Begriffs hervorheben bzw. verdecken und welche Möglichkeiten sie für gemeinsame mathematische Aushandlungen bieten. Insbesondere in der Primarstufe sind aufgrund der Voraussetzungen der Lernenden haptisch-fassbare Materialien eine wichtige Gruppe von Darstellungen, da der Anschluss von mathematischen Begriffen an konkrete alltägliche Handlungen und Objekte für die mathematische Begriffsbildung zentral ist (vgl. Schulz und Wartha 2021). In Fallanalysen wurde für bestimmte Materialien bereits analysiert, welche Möglichkeiten sie bereitstellen. Bei der Bestimmung des Volumens eines Würfels geben Holzwürfelmodelle Lernenden die Möglichkeit, Ideen durch die Verknüpfung von Sprache und Gestik auszudrücken und zu vergleichen (Huth 2011). In Szenen mit verschiedenen fassbaren didaktischen Materialien (Würfel, Glücksrad) bestätigt Fetzer (2019) u. a. die Bedeutung von materiellen Dingen für die Aushandlung von Ideen und individuell unterschiedlichen Deutungen und zeigt, dass solche Materialien u. a. Argumentationsprozesse inhaltlich bereichern können (vgl. Fetzer 2019). Solche wünschenswerten Wirkungen auf Argumentationen zeigen sich insbesondere auch bzgl. der Erstellung und „Veröffentlichung" von Darstellungen durch Schülerinnen und Schüler in unterrichtlichen Interaktionssituationen (vgl. Fetzer 2006, 2019).

Obgleich sich in diesen Studien bereits wichtige Hinweise ergeben, auf welche Weise Materialien in gemeinsamen mathematischen Aushandlungsprozessen unter

Lernenden wirken können, ist für viele wichtige mathematische Begriffe der Primarstufe unklar, welchen Beitrag der Einsatz entsprechender Materialien für die gemeinsamen Aushandlungsprozesse in kollektiven Fachgesprächen leisten kann. Wir fokussieren im Folgenden auf das Material Rechengeld, welches im Mathematikunterricht der Grundschule häufig bei der Thematisierung von Addition und Subtraktion im Kompetenzbereich „Größen und Messen" eingesetzt wird. Anhand dieses Beispiels analysieren wir die kollektiven mathematischen Fachgespräche zwischen den beteiligten Kindern. Der vorliegende Beitrag fokussiert somit die Bearbeitung einer Lernumgebung, in der Geldbeträge von Zweitklässlerinnen und Zweitklässlern gegebenenfalls unter Zuhilfenahme von Rechengeld addiert bzw. subtrahiert werden. Die Kernfrage lautet:

Welche Möglichkeiten und Herausforderungen zur gemeinsamen Bedeutungsaushandlung in kollektiven mathematischen Fachgesprächen entstehen bei der Nutzung von Rechengeld?

3 Lernumgebung und methodisches Vorgehen

Die eingesetzte Lernumgebung soll mathematische Bedeutungsaushandlungen zu den Grundrechenarten Addition und Subtraktion initiieren, indem der Aufgabenkontext an Erfahrungen und Handlungen der Alltagswelt der Lernenden anknüpft. Um eine solche Orientierung an Vorerfahrungen und Anwendungen für mathematische Begriffe zu realisieren, wurde das Konzept der Grundvorstellungen genutzt (vom Hofe 1995). Grundvorstellungen sind als idealtypische Deutungen mathematischer Begriffe zu verstehen und ermöglichen u. a. die Abgrenzung strukturell unterschiedlicher Einsatzzwecke dieser Begriffe (vgl. Salle und Clüver 2021). Die Aufgaben der Lernumgebung thematisieren verschiedene Grundvorstellungen der Subtraktion und Addition[2] (vgl. Schulz und Wartha 2021). Der Einsatz des Rechengelds in diesem Sinne birgt die Vorteile, dass sich die Schülerinnen und Schüler an einem alltäglichen Kontext orientieren können, in dem sehr häufig be-

---

[2] Für die Addition natürlicher Zahlen sind die Grundvorstellungen des Hinzufügens und des Zusammenfassens zentral. Die Situation „ich habe vier Plättchen und bekomme drei hinzu" ist typisch für das Hinzufügen, da dynamisch eine Menge (3) zu einer vorhandenen Menge (4) hinzugelegt wird. Beim Zusammenfassen hingegen bleiben die Mengen in diesem Szenario getrennt, weil beispielsweise die 4 Plättchen und die 3 Plättchen in einem Bild räumlich getrennt dargestellt werden und dennoch nach der Gesamtzahl gefragt wird (vgl. Schulz und Wartha 2021). Für die Subtraktion natürlicher Zahlen werden die Grundvorstellungen des Abziehens/Wegnehmens, des Ergänzens, des Vergleichens und der Teilmengenbestimmung unterschieden (vgl. Selter und Zannetin 2018; Schulz und Wartha 2021).

reits Erfahrungen gesammelt wurden. Zudem führt die feste vorgegebene Struktur bzw. Stückelung der Geldbeträge zu dem Vorteil, dass zählendes Rechnen kaum möglich ist. Die festgelegte Stückelung des Geldes, die nicht ausschließlich an Zehnerpotenzen orientiert ist, kann jedoch die Abstraktion und den Transfer auf beliebige Zahlen und Teilmengen beeinträchtigen. Überdies müssen Lernende im Gegenzug die Eigenheiten der vorgegebenen Repräsentanten (physische Größe vs. Wert der einzelnen Münzen und Scheine) erlernen (vgl. Hasemann und Gasteiger 2014, S. 111 f.). Die im folgenden Transkript bearbeitete Aufgabenstellung orientiert sich an der Grundvorstellung des Wegnehmens, bei der mithilfe der Subtraktion derjenige Geldbetrag berechnet wird, der nach dem Wegnehmen eines bestimmten Geldbetrags von einem Startbetrag übrig bleibt.[3]

Aufgabenstellung: „Stellt euch vor: Ihr geht zu dritt einen Nachmittag auf den Hamburger Sommerdom.[4] Einer von euch hat einen Dom-Gutschein im Wert von 90 € im Radio gewonnen. Wie könnt ihr mit dem Gutschein einen tollen Nachmittag verbringen? Am Ende des Tages soll der gesamte Wert des Gutscheins (90 €) ausgegeben sein."

Die Lernenden erhalten eine Preisliste für Aktivitäten auf dem Hamburger Dom, eine Preisliste für Essen und Getränke (siehe Abb. 1), ein leeres Blatt für ihre Notizen und eine Kassette mit Rechengeld, in der sich Euromünzen und Euroscheine[5] (siehe Abb. 2) befinden.

Die Wahl des Materials ergibt sich unmittelbar aus dem gewählten Kontext. Die Lernenden wurden bei ihrer Bearbeitung aus zwei verschiedenen Perspektiven (Schrägsicht und Vogelperspektive) gefilmt. Damit wurden auch Details bei etwaigen Materialhandlungen aufgezeichnet, um sie später der Analyse zugänglich zu machen. Nach einer Sichtung der Videos wurden Episoden identifiziert, in denen kollektive mathematische Fachgespräche stattfanden. Diese Episoden wurden transkribiert und mithilfe der Methode der Interaktionsanalyse analysiert (vgl. Krummheuer 2012). Im Folgenden werden aufgrund der Umfangsbeschränkungen des Beitrags nur exemplarische Ausschnitte des Transkriptes für die zusammenfassende Analyse dargestellt.

---

[3] Es gibt grundsätzlich verschiedene Wege, diese Aufgabe zu lösen, unter anderem auch solche, die mehr von der Addition als der Subtraktion Gebrauch machen.
[4] Im Zentrum von Hamburg gibt es dreimal im Jahr eine Art großen „Jahrmarkt" mit Fahrgeschäften und Essensständen. Dieser heißt Hamburger Dom.
[5] In der Kasse befinden sich folgende Scheine: 20x 5 €; 30x 10 €; 20x 20 €; 20x 50 €; 20x 100 €; 20x 200 € und folgende Münzen: 10x 2 €; 15x 1 €; 20x 50 Cent; 20x 20 Cent; 20x 10 Cent; 25x 5 Cent; 25x 2 Cent; 25x 1 Cent.

Preisliste für Essen und Getränke

Zuckerwatte: 2,00€   Cola: 2,50€   Pizza: 4,00€

Abb. 1 Beispiel der Preislisten. (© Foto: Judith Jung)

Abb. 2 Foto der Rechengeldkassette. (© Foto: Judith Jung)

4 Empirisches Beispiel – „Drei Slush Eis"

4.1 Die Szene

In der hier dargestellten Szene bearbeiten drei Kinder einer zweiten Klasse einer Hamburger Grundschule (Lotta, Quinn und Benno) die oben aufgeführte Aufgabe. Sie handeln im Verlauf der Aufgabenbearbeitung, die circa 23 min andauert, ein stetig wiederkehrendes Handlungsmuster aus: (1) das nach einer ausgehandelten Reihenfolge bestimmte Kind sucht eine Aktivität oder Essen/Getränke aus, (2) sie entscheiden gemeinsam, ob und wenn ja, wie oft sie die Aktivität oder das Essen/die Getränke bezahlen und bestimmen einen Gesamtpreis, (3) Lotta und Quinn suchen den entsprechenden Betrag aus der Rechengeldkassette (im Weiteren RGK) heraus und legen das Geld auf den Geldhaufen, (4) Benno notiert währenddessen oder zeitlich leicht versetzt den entsprechenden Betrag auf dem Notizzettel, (5) sie bestimmen mit Hilfe von Bennos Notizen die aktuelle Zwischensumme und überlegen, wie viel Geld sie noch ausgeben können.

Die Szene des folgenden Transkriptausschnittes findet nach circa 13 min statt. Die drei Kinder entscheiden für alle ein „Slush Eis" zu kaufen. Ein Eis kostet laut Preisliste 2,50 €, sodass die Kinder den zu zahlenden Betrag mit 7,50 € bestimmen. Es entspinnt sich folgender Aushandlungsprozess (Abb. 3).

Gemeinsam entscheiden die Kinder im Weiteren, wie sie das übrige Geld noch ausgeben können. Nachdem sie der Meinung sind, nun alles Geld vollständig ausgegeben zu haben, sagt Benno „*jetzt rechne ich das zusamm*" und beginnt mithilfe seiner Notizen noch einmal alle Beträge zu addieren. Er kommt zu dem Ergebnis, dass sie 91 € und damit einen Euro zu viel ausgegeben haben, woraufhin das Gespräch wie folgt weitergeht (Abb. 4).

Benno und Lotta addieren nun beide noch einmal die notierten Beträge im Kopf, beziehen sich jedoch an unterschiedlichen Stellen auf nicht korrekte Zwischenergebnisse bzw. berücksichtigen nicht alle Beträge und erhalten unterschiedliche Ergebnisse. Benno schlägt daraufhin Folgendes vor (Abb. 5).

294		Quinn	sieben Euro fünfzig
295		Lotta	*[holt einen 5€-Schein aus der RGK und nimmt diesen in die Hand]*
296		Benno	können < wir das noch bezahlen/
297	<	Quinn	wir haben keine Einer m e h r *[schiebt ein AB, das Teile der RGK bedeckt von der RGK weg]*
298		Lotta	warte/ schau mal kurz/ *[greift in die RGK, holt einige 50-Cent-Münzen heraus]*
299		Benno	hier *[dreht Notizzettel leicht zu Lotta]* Aufgabe 1: 2 € 50 4,00 € 5,00 € 2,50 € 4,00 € 3,00 € 3,00 € = 22 € 3,00 € 4,00 13,50 € 9,00 15,00 10,50 €
300		Lotta	wie viel Geld haben wir jetzt/ noch
301		Benno	zweiundzwanzich plus < das sind
302	<	Lotta	nein wir hatten schon einundfünfzich
303		Benno	ja einundfünfzich hatten wir bis hier/ *[zeigt auf Notizzettel, fährt mit dem Stift in der Hand rechts vom Betrag 9,00 eine Klammer nach, die er aber nicht aufschreibt]* dann kamen fünfzehn dazu/ das warn dann/
304		Lotta	sechsundsechzich/
305		Benno	und dann zehn Euro fünfzich sechsundsechzich . < sechsundsiebzich sechsundsiebzich fünfzich *[zeigt dabei auf die notierten Beträge]* . das heißt/ es si#
306	<	Quinn	das warn dann
307	#	Lotta	sechsundsiebzich fünfzich/ *[hält 5€-Schein und vier 50-Cent-Münzen noch in den Händen, hält es Benno hin]*
308		Benno	und n und dann habt ihr noch zwa fünf *[zeigt auf das Geld in Lottas Händen]*
309		Lotta	sieben Euro
310		Benno	sieben Euro bezahlt\ das heißt/ nochmal sechsundsiebzich fünfzich *[schreibt auf den Notizzettel]*
311		Lotta	so *[legt das Geld aus ihren Händen auf den Geldhaufen]*

Abb. 3 Transkript 1 „Können wir das noch bezahlen?" (© Foto: Judith Jung)

442		Lotta	oh man\ dann müssen wir#
443	#	Benno	Moment\ oder hab ich mich um ein Euro verrechnet
444		Lotta	[*lacht*]
445		Benno	das [*lacht*]
446		Quinn	dann müssn wir ein Eis nehm [*tippt aus die Preisliste für Essen und Getränke*]
447		Lotta	also zweiundzwanzich/
448		Quinn	dann müssn wir ein Eis nehm weil das kostet nur eins fünfzig [*tippt auf die Preisliste für Essen und Getränke*] dann ham wir ja nur noch n Fünfziger übrig
449		Benno	aber zahln könn wir jetzt ja nichts mehr\ jetzt ist es mi < jetzt ist es mit > [*lacht*] ja [*lacht*] jetzt ist es mi\ jetzt ist unsere . Kasse tatsäch wirklich\
450	<	Lotta	nee [*lacht kurz*] a l s o . b i s da hattn wir/ bis da hattn wir/ bis da hattn wir wie viel/ [*beugt sich über den Tisch zeigt zwischen 9,00 und 15,00 und 2,50 auf den Notizzettel und schaut Benno an*]
451		Benno	bis bis dahin sind bei mir/ neunundsechzich rausgekomm [*zeigt mit seinem Stift auf den Notizzettel*]
452		Lotta	neunund#
453	#	Benno	und eigentlich durften da nur achtundsechzich rauskomm
454		Lotta	ja

Abb. 4 Transkript 2 „Haben wir zu viel Geld ausgegeben?" (© Foto: Judith Jung)

476		Benno	wir könnten ja hier das Geld\ < rechnen [*tippt auf den Geldhaufen neben der RGK und zieht dann einige Scheine und Münzen ein Stück zur Seite*]
477	<	Lotta	warte bei mir komm
478		Quinn	ja wir kö warum zähln wir nich < das Geld [*zeigt ebenfalls auf den Geldhaufen*]
479	<	Lotta	bei mir k o m m . achtzich
480		Quinn	das sind z e h n z w a n z i c h [*legt einen 10€-Schein zur Seite und nimmt danach einen 5€-Schein und legt diesen auch zur Seite auf einen separaten Haufen*] (fünfund) [*nimmt einen 10€-Schein in die Hand*] ne\ warte/

Abb. 5 Transkript 3 „Warum zählen wir nicht das Geld?"

4.2 Zusammenfassung der Interaktionsanalyse

Nachdem Quinn den nächsten zu bezahlenden Betrag verbalsprachlich festhält (Z. 294), beginnt Lotta diesen Betrag aus der RGK herauszunehmen und übersetzt die verbalsprachliche Äußerung in eine Materialhandlung (Z. 295), wobei sie eine notwendige Zerlegung des Betrages 7 € in 5 € + 4 • 50ct vornimmt (Z. 295, 298, 307), die in der Struktur des (noch in der RGK vorhandenen) Materials angelegt ist (Z. 297). Dass sie dabei am Ende statt des ursprünglichen Betrags von 7,50 € nur 7 € berechnet und herausnimmt, könnte daran liegen, dass sie in ihrer Handlung von Benno unterbrochen wird, der ihr die Frage stellt, ob sie diesen Betrag überhaupt noch bezahlen können (Z. 296) und den Notizzettel mit den symbolisch-schriftlichen Repräsentation der bereits „ausgegebenen" Beträge zu ihr dreht (Z. 299). Während Lotta und Benno dieser Frage nachgehen, indem sie gemeinsam anhand der Notizen den bereits ausgegebenen Betrag (ihrer Rechnung folgend 76,50 €) bestimmen (Z. 301–307), hält Lotta den Betrag von 7 € in Form von Rechengeld in ihrer Hand. Ohne dass Lotta oder Benno das Ergebnis explizit einordnen, scheinen sie gemeinsam ein Deutungsinterim für das Ergebnis der Rechnung ausgehandelt zu haben und gehen beide davon aus, dass sie die weiteren 7 € noch ausgeben können und das Limit von 90 € noch nicht erreicht haben. So zeigt Benno auf die 7 € in Lottas Hand und sagt, dass Quinn und Lotta dann noch „zwa fünf" haben. Ob er mit „zwa fünf" den tatsächlichen Betrag in Lottas Hand mit „zwei plus fünf Euro" beschreibt oder aber aufgrund des Betrages von 7,50 € davon ausgeht, dass Lotta zu den fünf Euro noch „zwei Euro fünfzig" in Münzen herausgeholt hat, bleibt unklar. Lotta deutet Bennos Aussage als Bestimmung des Gesamtbetrages in ihrer Hand und reagiert mit „sieben Euro". Benno wiederholt Lottas Äußerung (Z. 310) und stimmt ihr damit explizit zu. Sie betrachten dabei beide das Rechengeld in der Hand von Lotta, welches so die kollektive Aushandlung eines Deutungsinterims zu unterstützen scheint und benennen erneut den noch zu addierenden Betrag von 7 €. Dies führt an dieser Stelle allerdings auch dazu, dass der zu addierende Betrag durch seine materielle Gestalt in Form von Rechengeld nicht mehr hinterfragt wird. Benno hält also statt der ursprünglich berechneten 7,50 € schlussendlich den Betrag von 7 € auch symbolisch-schriftlich auf dem Notizzettel fest (Z. 310), während Lotta die Münzen zu dem Geldhaufen hinzufügt (Z. 311).

Nach noch zwei weiteren Bezahlvorgängen sind die Kinder der Meinung, all ihr zur Verfügung stehendes Geld (90 €) ausgegeben zu haben und Benno beginnt nun, vermutlich als Kontrolle, noch einmal alle von ihm notierten Beträge „zusammenzurechnen". Er kommt zu dem Ergebnis, dass es 91 € sind. Während Benno überlegt, ob er sich verrechnet haben könnte (Z. 443), beginnen Lotta und Quinn zu überlegen, was sie an ihrem Vorgehen ändern könnten, um auf das richtige Ergebnis von 90 € zu kommen (Z. 442, 446, 448). Es scheint ausgelöst von dem nicht erwarteten Ergebnis eine interaktionale Verdichtung mit unterschiedlichen Situationsdefinitionen zu emergieren. Quinns Äußerungen können als Vorschlag gedeutet werden, die zuletzt gekaufte Sache „auszutauschen", stattdessen ein günstigeres Eis zu kaufen und am Ende mit 50 Cent im Plus die Aufgabe bzw. die „Domrunde" zu beenden. Während Lotta – vermutlich als Reaktion auf Bennos Zweifel an seiner Rechnung – beginnt, selbst noch einmal nachzurechnen (Z. 447), ist Benno von Quinns Vorschlag irritiert, da er diesen so zu deuten scheint, als wolle Quinn das Eis noch zusätzlich kaufen. Benno macht noch einmal deutlich, dass sie alle nichts mehr kaufen können. Quinn widerspricht an dieser Stelle jedoch nicht, wodurch ihre Idee nicht weiterverfolgt wird. Lotta und Benno handeln gemeinsam aus, dass sie zunächst noch einmal das Ergebnis durch Nachrechnen der symbolisch notierten Beträge überprüfen und versuchen gemeinsam, sich an die bereits berechneten Zwischenergebnisse zu erinnern (Z. 450, 451), wobei Benno das auf dem Blatt notierte erste Zwischenergebnis von 22 € nicht hinterfragt und den Fehler im Zusammenrechnen der restlichen Beträge vermutet, deren „theoretisch" korrekte Summe er mit 68 € bestimmt. Benno und Lotta addieren nun beide noch einmal die notierten Beträge im Kopf, machen jedoch an unterschiedlichen Stellen Fehler bei der Addition bzw. berücksichtigen nicht alle Beträge und erhalten so auch unterschiedliche Ergebnisse. Benno schlägt daraufhin vor, das Rechengeld für die Kontrolle zu nutzen (Z. 476) und stellt damit eine direkte Verbindung zwischen seinen symbolisch-schriftlich notierten Beträgen und dem Geldhaufen aus Rechengeld her. Quinn, die die vorangegangene Berechnung der anderen beiden Kinder anscheinend weitgehend passiv beobachtet und sich aus der Interaktion etwas zurückgezogen hat, greift die Idee von Benno unmittelbar auf und steigt damit wieder in die interaktional verdichtete Sequenz mit ein (Z. 478, 480).

5 Ergebnishypothesen zum Einsatz von Rechengeld für das kollektive Lernen von Mathematik

Basierend auf der Analyse der obigen Sequenz werden im Folgenden exemplarisch Hypothesen zum gemeinsamen Lernen von Mathematik in kollektiven Fachgesprächen mit Rechengeld als Material herausgearbeitet.

In dem kollektiven mathematischen Fachgespräch zwischen Lotta und Benno zeigt sich, dass die Münzen als haptisches Material in der Hand Einfluss auf das ausgehandelte Deutungsinterim nehmen, nach welchem noch Geld auszugeben ist bzw. wie viel noch zu addieren ist. Dieser Einfluss wird durch die *Dauerhaftigkeit* des Materials möglich und stellt im Sinne von Latour eine Art dauerhaftes Angebot zur kollektiven argumentativen Aushandlung des Deutungsinterims „wir können die sieben Euro noch ausgeben" dar (vgl. Fetzer 2019, S. 151). Die Zerlegung bzw. Zusammensetzung des Geldbetrages in zwei und fünf Euro bleibt hierbei ebenfalls dauerhaft sichtbar, während die verbale Formulierung diese Zusammensetzung nur temporär und die schriftliche Notation diese gar nicht darstellt, wenn Benno sieben notiert. Die Dauerhaftigkeit des Materials führt vor allem dazu, dass das Rechengeld in der interaktiven Aushandlung eine Art „Warteposition" einnehmen kann. Das Geld verbleibt während der Berechnung des ausgegebenen Gesamtbetrags sozusagen als Verdinglichung des kollektiv ausgehandelten Deutungsinterims „Drei Eis kosten sieben Euro" in der Hand von Lotta und ermöglicht es den Kindern zunächst zu prüfen, ob sie diesen Betrag tatsächlich noch ausgeben können. Das Material – hier das Rechengeld – hat anders als ein schriftlich fixiertes Symbol auf dem Notizzettel, welches man ggf. durchstreichen müsste, so etwas wie einen Interims-Charakter, d. h. falls die Kinder feststellen sollten, dass sie doch schon zu viel ausgegeben haben, können sie ihre letzte Ausgabe durch das Zurücklegen des Geldes problemlos rückgängig machen. Das Symbol auf dem Papier verbirgt die Zusammensetzung und Struktur des Geldbetrages und stellt eher ein Produkt des Rechenprozesses dar, während die Geldmenge in der Hand die Prozesse des Hinzufügens oder Wegnehmens immer noch zugänglich macht und weitere Veränderungen ermöglicht. Mit einer interaktionistischen Perspektive auf die Materialverwendung dient dieses nicht vordergründig der Veranschaulichung des abgeschlossenen Aushandlungsprozesses – also im Sinne einer Fixierung des Ergebnisses. Vielmehr stellt die Verwendung von Material im intersubjektiven Raum einen physisch bestimmbaren und (be-)greifbaren Ort zur Verfügung, an dem durch Handlungen am und mit dem Material die jeweiligen individuellen Situationsdefinitionen auch non-verbal in die Interaktion eingebracht und so nachvollziehbarer für die anderen Kinder werden können. Wenn Benno dem vermeintlichen Deutungsinterim „Drei Eis kosten sieben Euro." nicht zustimmen würde, könnte er dies innerhalb des kollektiven mathematischen Fachgesprächs verbal tun; er könnte dies aber eben auch durch Handlungen mit dem Geld, durch Hinzufügen eines weiteren 50-Cent-Stücks oder durch Wegnehmen von Münzen für die anderen Beteiligten nachvollziehbarer gestalten. Solche Handlungen am Material konnten von uns in anderen Szenen mehrfach rekonstruiert werden. Das Material des Rechengeldes führt somit zu einer erhöhten *kollektiven Zugänglichkeit* im Moment des kollektiven mathematischen Fachgesprächs. Die Dauerhaftigkeit des Materials kann, wie die Analyse der ausgewählten Transkriptausschnitte zeigt, gegebenenfalls aber auch dazu führen, dass eine fehlerhafte kollektive ausgehandelte Materialhandlung bspw. beim Zusammenfügen verschiedener Münzen zur Repräsentation eines Beitrages in der weiteren Interaktion nicht noch einmal in Frage gestellt wird. Es führt also nicht zwingend zu einer korrekteren Lösung, aber zu einer Möglichkeit der verstärkten, materialgestützten kollektiven Aushandlung.

Ein weiterer Vorteil, der sich durch das Material in der Interaktion ergibt, ist die Möglichkeit zur *Unterstützung der Sprache*. Überschreiten Lernende in kollektiven Aushandlungsprozessen ihre kognitiven Grenzen, so stehen ihnen häufig noch keine ausreichenden verbalsprachlichen Beschreibungen zur Verfügung, um neue Erkenntnisse zu teilen oder Ideen zu beschreiben. Das Material – hier das Geld in der Hand von Lotta – ermöglicht allen beteiligten Kindern, ihre individuellen Situationsdefinitionen handelnd am Material oder deiktisch durch Zeigen auf das Material mit reduzierten sprachlichen Mitteln den anderen im Prozess der Bedeutungsaushandlung zugänglich zu machen. Auf diese Weise kann eine anspruchsvolle Aushandlung in einem multimodalen kollektiven mathematischen Fachgespräch auch mit geringeren sprachlichen Mitteln ermöglicht werden (vgl. Fetzer 2019), was die Hervorbringung von Deutungsinterims, die schlussendlich zur Konstruktion oder Modifikation von Rahmung führen könnten, erleichtert.

Die *Dauerhaftigkeit* des Materials ermöglicht es den Lernenden überdies, jederzeit einen Darstellungswechsel vorzunehmen und auf diese Weise insbesondere die symbolische Notation mit dem Rechengeld zu verbinden. Zu Beginn der Bearbeitung wird in der Aufgabenstellung auf die Nutzung des Rechengelds hingewiesen. Dieser Aufforderung kommen die drei Kinder nach. Indem Lotta und Quinn im beschriebenen Handlungsmuster bei jedem Schritt das abgezählte Geld aus der Geldkassette in die Mitte legen und Benno die Zahl auf einem Zettel notiert, nutzen sie die beiden Darstellungen bei jeder gewählten Aktivität zunächst parallel, ohne diese jedoch miteinander zu verknüpfen. Am Ende der oben analysierten Szene nehmen sie jedoch aufgrund der aufkommenden Irritationen bzgl. des Gesamtbetrags selbstständig eine Verknüpfung der symbolischen Darstellung mit dem Material vor und machen diese zum Gegenstand ihrer Interaktion. Aus der Arbeit mit Material in kollektiven Fachgesprächen ergibt sich somit eine *Anregung zum Darstellungswechsel/Darstellungsvergleich* (s. a. Fetzer 2019; Kuhnke 2013). Solche Verknüpfungen von Darstellungen, die die Kinder bereits kennen und adäquat deuten können, werden aus mathematikdidaktischer Sicht als lernförderliche Tätigkeit und daher als sehr wünschenswerter Inhalt für kollektive mathematische Fachgespräche angesehen (Kuhnke 2013).

Zuletzt führt in der von uns betrachteten Szene (vgl. Abb. 5) die begrenzte Verfügbarkeit des Materials dazu, dass ein wichtiger Aspekt der Größe Geld in die Interaktion eingeht, nämlich der der verschiedenen Stückelung von Geldbeträgen. Als in der Geldkassette keine 1 €-Münzen mehr zu finden sind, spricht Lotta dies an, woraufhin Quinn vorschlägt, 50 Cent-Münzen stattdessen zu nehmen. Zwar wird im Rahmen der abgebildeten Szene nicht mehr auf die Stückelung des Geldbetrags eingegangen, jedoch werden die Kinder im weiteren Verlauf aus dem gleichen Grund auch noch auf 20 Cent- und 10 Cent-Münzen ausweichen, um im Sinne ihres Handlungsmusters auch weiterhin die relevanten Geldbeträge auf dem „Haufen in der Mitte" zu sammeln.

6 Ausblick

Der Einsatz von Material kann, wie oben hergeleitet, nicht nur, wie bereits in verschiedenen Arbeiten vielfach postuliert, dazu führen, dass mathematische Deutungen veranschaulicht und so Rechnungen oder mathematische Handlungen besser nachvollziehbar sind, sondern hat auch Einfluss auf den Interaktionsverlauf und die Bedeutungsaushandlung in kollektiven Fachgesprächen, damit auf die Hervorbringung von kollektiven Deutungsinterims und schlussendlich auf die individuelle Konstruktion oder Modifikation von Rahmungen. Das Material kann in solchen Gesprächen durch seine *Dauerhaftigkeit* einen physisch bestimmbaren und (be-)greifbaren Ort zur Verfügung stellen an dem gehandelt werden kann und so Situationsdefinitionen mit anderen besser ausgehandelt und geteilt werden können, was eine verstärkte *kollektive Zugänglichkeit* zu den Deutungsprozessen aller schaffen. kann. Der Einsatz von Material kann überdies *sprachlich unterstützend* wirken und beispielsweise das Einbringen von Argumentationsideen deiktisch ermöglichen, welche sprachlich für die Beteiligten noch nicht formulierbar sind. Hierbei sollte jedoch in Betracht gezogen werden, dass der Einsatz von Material das Ziel einer sprachlich unterstützenden Bedeutungsaushandlung in der Situation erreicht, nicht aber zum Lernen de-kontextualisierter Sprache im Sinne des Aufbaus bildungssprachlicher Fähigkeiten dient. Durch *Darstellungswechsel* oder *Darstellungsvergleiche* kann der Fokus kollektiver mathematischer Fachgespräche mit Materialunterstützung aber auf wichtige Eigenschaften der verhandelten Begriffe gelenkt werden, die im Nachhinein begrifflich präziser gefasst werde sollten. So können auch *Grenzen des vorhandenen Materials* potenziell dazu führen, dass durch die dadurch notwendig werdende Thematisierung der Materialstruktur Eigenschaften der Begriffe in den Mittelpunkt der Interaktion rücken.

Inwieweit sich ähnliche oder neue Phänomene bei der Nutzung anderer Materialien zeigen, ist immer auch abhängig von der Beschaffenheit des Materials. Vor dem Hintergrund weniger existierender Studien zu dieser Frage ist hier reichlich Forschungsbedarf für zukünftige Arbeiten vorhanden. So wünschenswert die spontane und vielfältige Nutzung von Material in kollektiven Fachgesprächen ist, bleibt jedoch stets zu beachten, dass das Deuten von Materialien vor dem Hintergrund mathematischer Strukturen herausfordernd ist und von Kindern erst erlernt werden muss (vgl. Lorenz 1998; Söbbeke 2015). Eine Bereitstellung zur Anreicherung kollektiver mathematischer Fachgespräche sollte daher stets unterrichtlich vorbereitet und begleitet werden.

Transkriptionslegende

<	Überschneidung/Simultansprechen
#	ins Wort fallen, nahtloser Sprecherübergang ohne Pause
. / .. / ...	Pause für ein bis drei Sekunden
n e i n	Dehnung
\	stark sinkende Intonation
/	stark steigende Intonation
(doch)	nicht zweifelsfrei verstehbares Wort
(*unverständlich*)	unverständliche Äußerung
[*steht auf*]	Handlung, Mimik, Gestik, parasprachliche Äußerung (räuspern, …)

Literatur

Blumer, Herbert (2013): Der methodologische Standpunkt des Symbolischen Interaktionismus. In: Bude, H./Dellwing, M. (Hrsg.): *Symbolischer Interaktionismus.* Berlin: Suhrkamp, S. 63–140.

Ernest, Paul (1998): *Social Constructivism As a Philosophy of Mathematics.* Albany, New York: State University of New York Press.

Fetzer, Marei (2006): Veröffentlichen im Mathematikunterricht – ein Beitrag zu einer Interaktionstheorie grafisch basierten Lernens. In: H. Jungwirth/G. Krummheuer (Hrsg.): *Der Blick nach Innen. Aspekte der alltäglichen Lebenswelt Mathematikunterricht.* Band 1. Waxmann, S. 53–84.

Fetzer, Marei (2019): Gemeinsam mit Objekten lernen. Zur Rolle von Objekten im Rahmen kollektiver Lernsituationen. In: Brandt, B./Tiedemann, K. (Hrsg.): *Mathematiklernen aus interpretativer Perspektive.* Münster: Waxmann, S. 127–164.

Hasemann, Klaus/Gasteiger, Hedwig (2014): *Anfangsunterricht Mathematik.* Springer Spektrum.

Hersh, Ruben (1997): *What Is Mathematics, Really?* New York/Oxford: Oxford University Press.

Huth, Melanie (2011): Das Zusammenspiel von Gestik und Lautsprache in mathematischen Gesprächen von Kindern. In: Brandt, B./Vogel, R./Krummheuer, G. (Hrsg.): *Die Projekte erStMaL und MaKreKi.* Münster: Waxmann, S. 197–244.

Jung, Judith (2019): Möglichkeiten des gemeinsamen Lernens im inklusiven Mathematikunterricht. In: B. Brandt/K. Tiedemann (Hrsg.), *Mathematiklernen aus interpretativer Perspektive I.* Münster: Waxmann, S. 103–126.

Krummheuer, Götz (1992): *Lernen mit »Format«. Elemente einer interaktionistischen Lerntheorie*. Weinheim: Deutscher Studien Verlag.

Krummheuer, Götz (2012): Die Interaktionsanalyse. In: Heinzel, F. (Hrsg.): *Methoden der Kindheitsforschung*. Weinheim/Basel: Beltz Verlag, S. 234–247.

Krummheuer, Götz/Brandt, Birgit (2001): *Paraphrase und Traduktion*. Weinheim: Beltz Verlag.

Kuhnke, Katharina (2013): *Vorgehensweisen von Grundschulkindern beim Darstellungswechsel*. Wiesbaden: Springer Spektrum.

Lorenz, Jens Holger (1998): *Anschauung und Veranschaulichungsmittel im Mathematikunterricht*. Göttingen: Hogrefe.

Prediger, Susanne/Wessel, Lena (2012): Darstellungen vernetzen Ansatz zur integrierten Entwicklung von Konzepten und Sprachmitteln. In: *Praxis der Mathematik in der Schule* 54(45), S. 29–34.

Salle, Alexander/Clüver, Tomma (2021): Herleitung von Grundvorstellungen als normative Leitlinien. In: *Journal für Mathematik-Didaktik*, 42, S. 553–580.

Salle, Alexander/Schmidt-Thieme, Barbara/Schulz, Axel/Söbbeke, Elke (2023): Darstellen und Darstellungen verwenden. In: Bruder, R./Büchter, A./Gasteiger, H./Schmidt-Thieme, B./Weigand, H.-G. (Hrsg.): *Handbuch der Mathematikdidaktik*. Berlin/Heidelberg: Springer, S. 429–461.

Schulz, Axel/Wartha, Sebastian (2021): *Zahlen und Operationen am Übergang Primar-/Sekundarstufe*. Wiesbaden: Springer Spektrum.

Schütte, Marcus/Jung, Judith/Krummheuer, Götz (2021): Diskurse als Ort der mathematischen Denkentwicklung. In: *Journal für Mathematik-Didaktik*, 42, S. 525–551.

Selter, Christoph/Zannetin, Elena (2018): *Mathematik unterrichten in der Grundschule*. Seelze: Kallmeyer.

Sfard, Anna (2008): *Thinking as Communicating. Human Development, the Growth of Discourse, and Mathematizing*. New York u.a.: Cambridge University Press.

Söbbeke, Elke (2015): Language use, mathematical visualizations, and children with language impairments. In: Krainer, K./Vondrova, N. (Hrsg.): *CERME 9 – Proceedings of the ninth congress of the European society for research in mathematics education*. Prag: Charles University in Prague, S. 1497–1502.

vom Hofe, Rudolf (1995): *Grundvorstellungen mathematischer Inhalte*. Heidelberg: Spektrum-Verlag.

Kollektive Fachgespräche zwischen Schüler*innen im Sachunterricht und in überfachlichen Gesprächen

Kinder argumentieren – zum ko-konstruierten Begründen in Kleingruppendiskussionen

Judith Kreuz

Zusammenfassung

Der Beitrag zeigt, wie Kinder in Peer-Gesprächen zu einem kontroversen Thema diskutieren und u. a. durch die Praktik des „ko-konstruierten Begründens" gemeinsam Konsens entwickeln. In den Videodaten (Klasse 2 & 4) lässt sich gesprächsanalytisch rekonstruieren, wie Vorschläge durch argumentative Ko-Konstruktionen inhaltlich und sprachlich angereichert werden, indem die Kinder z. B. Meinungen anderer mit Begründungen stützen oder bei der Wortsuche helfen. Die Peer-Interaktion kann daher als Übungsmöglichkeit für sprachliches Lernen betrachtet werden und ein fruchtbares Lernsetting im Unterricht darstellen.

Schlüsselwörter

Argumentieren · Ko-Konstruktion · Peer-Interaktion · Begründen · Gesprächsanalyse

---

J. Kreuz (✉)
Zentrum Mündlichkeit, Pädagogische Hochschule Zug, Zug, Schweiz
E-Mail: judith.kreuz@phzg.ch

1 Argumentieren in Gruppengesprächen unter Peers

1.1 Einleitung

Dialogische Gespräche in der Schule können vielfältige Funktionen und Formen annehmen, wie die Beiträge des vorliegenden Bandes eindrücklich zeigen. Neben didaktisch konzipierten Gruppengesprächen, wie z. B. in kooperativen Lernsettings (vgl. Nell-Tuor/Schiesser in diesem Band), sind aber auch solche schulischen Gespräche aufschlussreich, in denen die Kinder in einem relativ freien Rahmen und ohne die Anwesenheit der Lehrperson interagieren. Solche Interaktionen können ergänzend Aufschluss geben, wie Kinder erlernte überfachliche Kompetenzen (z. B. methodische Kompetenzen) situativ anwenden, welche kinderkulturellen Praktiken und Strategien (Problemlösekompetenzen) sie verwenden, wie sie Gruppenidentitäten verhandeln und welche spontansprachlichen Fähigkeiten (Sprachkompetenzen) sie ohne *scaffolds* zeigen.

Der vorliegende Beitrag beschäftigt sich mit Beobachtungen solcher Peer-Gespräche, insbesondere mit den darin enthaltenen *argumentativen Sequenzen*. Die Kinder bearbeiten mündlich die Aufgabenstellung „Robinson-Crusoe – gestrandet auf einer einsamen Insel" und sollen sich in einer Vierergruppe auf drei Gegenstände einigen, die sie nach einem Schiffsunglück vom Meeresboden heraufholen wollen. Die Aufgabenstellung ist offen formuliert und gibt keine Lösungswege oder (sprachliche) Strategien sowie zeitliche Begrenzungen vor. Fokus der im Beitrag gezeigten Analyse (Abschn. 2) ist das sog. „ko-konstruierte Begründen". Das Begründen wird durch die Aufgabenstellung zwar provoziert, aber dort nicht explizit als solches benannt oder gefordert.[1] Ebenso wenig wurde es vorgängig im Unterricht besprochen oder gar eingeübt. Unter dem ko-konstruierten Begründen wird die „gemeinsame Arbeit an einem Argument durch mindestens

---

[1] Die Aufgabenstellung im Wortlaut: *Stellt euch vor: Nach einem Schiffsunglück ist euer Schiff gesunken, aber ihr Vier konntet euch retten und seid auf einer einsamen Insel gestrandet. Auf der Insel gibt es einen Bach mit Wasser und Früchte zum Essen. Vielleicht gibt es auch Tiere und in der Nacht könnte es kalt werden. Zum Glück habt ihr in eurem Rettungsboot eine Tauchausrüstung und eine Tasche. Welche Gegenstände braucht ihr nun am dringendsten? Ihr könnt genau 3 Gegenstände vom Meeresgrund heraufholen. Ich zeige euch jetzt eine Liste mit den Gegenständen, die auf dem Meeresgrund liegen.*

Ihr habt nun die Aufgabe miteinander zu diskutieren, welche 3 Gegenstände ihr heraufholen wollt. Ihr habt ungefähr 10 min. Zeit, miteinander darüber zu reden. Wir gehen raus, damit ihr euch in Ruhe besprechen könnt. Ihr könnt uns holen, wenn ihr fertig seid. Dann interessieren wir uns dafür, was euch überlegt habt.

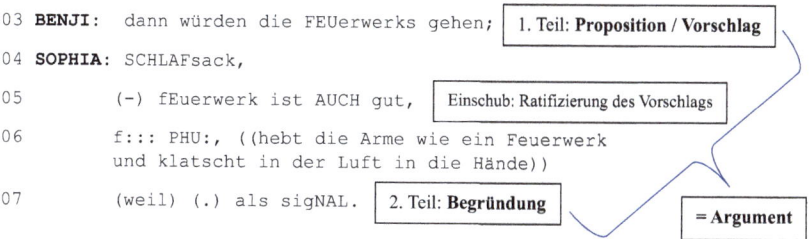

Abb. 1 Transkriptausschnitt ko-konstruiertes Argument (2. Klasse)

zwei Gesprächsteilnehmende verstanden" (Kreuz 2021, S. 140), welche sich bereits im frühen Grundschulalter zeigt, wie hier im Beispiel einer 2. Klasse (vgl. Abb. 1).

Es geht also darum, wie die Kinder ihre Meinungen gegenseitig mit einer Begründung stützen und damit eine geteilte Verantwortung beim kreativen Hervorbringen von Argumenten übernehmen. Mittels weiterer Begründungen und Stützen kann ein Ausbau dieser argumentativen Grundstruktur erfolgen und in die sog. „Erweiterte Struktur" münden (Kreuz 2021, S. 142), welche sich v. a. bei den etwas älteren Kindern (4. und 6. Klasse) finden lässt. Schematisch könnte dies wie in Abb. 2 aussehen.

Solche „argumentativen Ko-Konstruktionen" zeigen besonders gut die gemeinsame Arbeit an einem „konversationellen Projekt" (Kotthoff 2015, S. 76). Sie werden in Kontexten genutzt, in denen sich die Kinder z. B. ein Thema explorativ-argumentierend erschließen (Funktion der Wissensgenerierung), wenn sie eine Einigung erarbeiten oder sogar bereits gefunden haben (Funktion der Intensivierung von Konsens) oder auch, wenn sie Gruppenzugehörigkeiten und Gesprächspartnerschaften markieren (Funktion der Identitäts- und Beziehungsgestaltung).

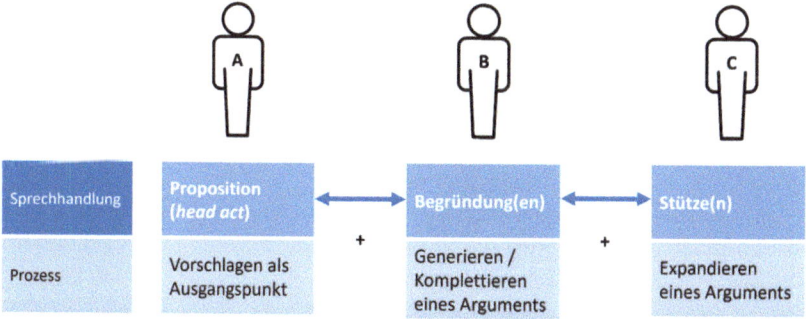

Abb. 2 Modell argumentativer Ko-Konstruktionen. (nach Kreuz 2021, S. 248)

Zunächst klärt der Beitrag in Kürze den Begriff des Argumentierens und verortet diesen im schulischen Kontext (Abschn. 1.2). Der Schwerpunkt liegt dann auf der Beschreibung von Gruppendiskussionen, welche mittels Kameras aufgenommen, transkribiert und gesprächsanalytisch ausgewertet wurden (Abschn. 2). Im Beitrag werden Sequenzen aus den Klassen 2 und 4 einer Schweizer Primarschule besprochen, die zeigen, wie Kinder die Aufgabenstellung ko-konstruiert begründend bearbeiten. Abschließend werden Überlegungen zur Nutzbarmachung dieser Beobachtungen für den schulischen Kontext angedeutet, z. B. hinsichtlich der Potenziale von Peer-Interaktionen als sprachlich-argumentative Lerngelegenheiten vor der Folie eines dynamischen Argumentationsverständnisses (Abschn. 3).

1.2 Argumentieren im Unterricht

Die im Beitrag fokussierten Gesprächssequenzen lassen sich dem Genre „Argumentieren", insbesondere dem Begründen als sog. Kernjob des Argumentierens (vgl. Heller 2012) zuordnen. Das dialogische Argumentieren, das bereits in der Schule mit dem Erwerb grundlegender sprachlicher Verfahren aufgebaut und in der beruflichen Bildung sowie im beruflichen Alltag (meist ungesteuert) weiterentwickelt wird (vgl. Pick und Bendel Larcher 2023, S. 1), stellt eine ganze Reihe von Herausforderungen an die Argumentierenden. Das Argumentieren als bildungssprachliche Praktik findet daher erst in der 4. Klasse Erwähnung im schweizerischen Lehrplan 21:

„Die Schülerinnen und Schüler können ihre Gedanken im Gespräch einbringen, im Austausch verdeutlichen und ihre Meinung mit einem Argument unterstützen." (D-EDK 2018, S. 95)

Argumentierende müssen neben den allgemeinen Gesprächsfähigkeiten, wie z. B. Beiträge thematisch passend beisteuern, anknüpfen, zuhören, die Sprechweise der Mitteilungsabsicht anpassen, also auch *spezifisch argumentative* Fähigkeiten besitzen. Dazu gehört es, *eigene Meinungen* entwickeln und diese *begründen* zu können. Dass dies kein monologischer Akt eines/einer Sprechenden sein muss, soll im Beitrag mittels gesprächsanalytischer Rekonstruktion von ‚argumentativen Ko-Konstruktionen' aufgezeigt werden.

Um die Vielfalt des Argumentationsbegriffs zu klären und das argumentative Ko-Konstruieren darin verorten zu können, soll auf die folgende Definition zurückgegriffen werden. Demnach ist Argumentieren

„ein sprachlich-kommunikatives Problemlösungsverfahren, das der Aushandlung *divergenter Positionen* zu einem *problematisierten Sachverhalt, einer strittigen Frage (der Quaestio) oder Unklarem* dient. In der Regel handelt es sich bei argumentativen Gesprächssequenzen um interaktionale Aktivitäten von *mindestens zwei Beteiligten*, die *mehrere Gesprächszüge* umfassen. Diese werden als *sprachliche und nichtsprachliche Handlungen* von den Interagierenden etabliert, aufeinander bezogen und bearbeitet, z. B. indem *Positionen erläutert und begründet* werden, die die jeweilige Position stützen." (vgl. u. a. Morek 2015, S. 34; Spranz-Fogasy 2006, S. 156; Herv. J.K.)

Diese Definition lässt erkennen, dass das Argumentieren zwar auf gegensätzlichen Positionen beruht, ihm aber nicht ausschließlich etwas „Strittiges" zu Grunde liegen muss, sondern dass damit auch eine allgemeine „Problemstellung" bzw. offene Frage mittels Begründungen bearbeitet werden kann (vgl. u. a. Grundler 2011, S. 47; Morek 2015; Heller 2012). In einem weiten Verständnis von Argumentieren kann dieses gemäß Hannken-Illjes (2018) sogar „auf der Annahme von Übereinstimmung" (Hannken-Illjes 2018, S. 20) beruhen. In Hinblick auf seine Funktionen dient es in diesem Fall der gemeinsamen Entdeckung neuer Wissensgegenstände, was als sog. „exploratives Argumentieren" (Ehlich 2014, S. 46 f.) bezeichnet werden kann und sich „im gemeinsamen, kooperativen Aufbau von Wissen" (Scarvaglieri 2017, S. 146) verorten lässt. Hier setzen auch die untersuchten Gesprächsausschnitte dieses Beitrags an (Abschn. 2).

Mit dieser Sichtweise auf das Argumentieren kann es im schulischen Kontext nicht nur als *Lerngegenstand* betrachtet werden, z. B. im Rahmen von Pro-Kontra-Debatten (Ziel: ‚learn to argue', Aufschnaiter et al. 2008), sondern auch als *Lernmedium* des (Fach-)Unterrichts, um kooperativ-diskutierend ein Thema zu erschließen (Ziel: ‚arguing to learn', vgl. Aufschnaiter et al. 2008). Forschungen belegen, wie durch das gemeinsame Argumentieren Wissensinhalte erarbeitet werden, die länger im Gedächtnis verankert bleiben und Problemlösefähigkeiten z. B. in den Fächern Mathe und Geschichte fördern (vgl. Aufschnaiter et al. 2008). Aber auch wenn sich primär der Deutschunterricht in der Aufgabe sieht, das Argumentieren didaktisch einzuüben, sollte auch der *Fachunterricht* das Argumentieren zum Reflexions- und Lerngegenstand machen. Hier kann das Argumentieren an ‚echten Fällen' erprobt und zweckorientiert sowie *fachspezifisch* thematisiert und angewendet werden. Einen Überblick über mögliche Formen des Argumentierens gibt Krelle (2014) (vgl. Abb. 3). Auch wenn sich die folgende Abbildung aus Untersuchungen des Deutschunterrichts speist, kann sie aus einer fächerübergreifenden Perspektive verstanden und auf eine Vielzahl von Anwendungskontexten im Unterricht bezogen werden.

Abb. 3 Argumentieren im Unterricht. (nach Krelle 2014, S. 33)

Die in diesem Beitrag fokussierten Gespräche verorten sich im Bereich des ‚Problemlösegesprächs'. Für dieses verfolgen die Interagierenden ein gemeinsames Ziel – nämlich eine Problemstellung durch einen Kompromiss oder einen Konsens zu lösen. Anders kann dies z. B. in Fishbowl-Diskussionen aussehen, in denen es darum geht, die eigene Position zu schärfen und begründeten Dissens aufrechtzuerhalten. Diese Differenzierungen sind für eine zielklare Planung von sprachlernförderlichem Unterricht und bei der Entwicklung von variantenreichen argumentativen Aufgabenstellungen von Bedeutung (im Sinne von: vielfältige dialogische Sprachlernsituationen ermöglichen).

Im folgenden Kapitel sollen nun Datenbeispiele aus den Klassen 2 und 4 vorgestellt werden, die sich primär in Kontexten des „explorativ-konvergenten Argumentierens" finden lassen. Der Fokus richtet sich auf die beiden argumentativen Jobs der *Proposition* (Meinung einbringen/Vorschlagen) und der *Begründung*, die die Kinder in wechselseitigen Partnerschaften übernehmen (vgl. Kreuz 2021; Abschn. 1.1). Außerdem zeigen die Beispiele, warum gegenseitige Begründungen überhaupt erforderlich werden können und auf welchen sprachlichen Ebenen die Kinder interagieren (z. B. Wort- und Satzebene, nonverbale Ebene), wenn sie ko-konstruierte Begründungen hervorbringen.

2 Kinder argumentieren – Fokus: ko-konstruiertes Begründen

Wie eingangs erwähnt, zeigen die Datenbeispiele, wie sich vier Kinder einer zufällig zusammengestellten Kleingruppe einer Klasse darauf einigen, welche Gegenstände sie nach einem Schiffsunglück vom Meeresgrund heraufholen wollen (sog.

"Robinson-Crusoe-Setting"). Dazu liegt ihnen eine beschriftete Bilderliste mit 12 Gegenständen (Schlafsäcke, Leuchtraketen, Buschmesser etc.) sowie eine kleine Inselabbildung vor. Weitere Hilfsmittel oder sprachliche *scaffolds* haben die Kinder nicht zur Verfügung. Sie sitzen ohne die Anwesenheit erwachsener Personen an einem Gruppentisch und werden von zwei Videokameras gefilmt. Im Anschluss an das Gespräch sollen sie den Forschenden erzählen, worauf sie sich geeinigt haben.

2.1 Beispiel 1: Ko-konstruiertes Begründen als Versprachlichung von „Unsagbarem" im Kontext von Mehrsprachigkeit

Das erste Beispiel ist dem Anfang eines Gesprächs einer 2. Klasse entnommen. Zwischen Natale und Dilan hat sich bereits zu Beginn eine Gesprächspartnerschaft gebildet,[2] die durch eine erste Ko-Konstruktion – sowohl auf der morphosyntaktischen als auch der argumentativ-inhaltlichen Ebene – etabliert wurde und sich durch eine enge Verwobenheit der Beiträge auszeichnet, z. B. durch gegenseitige Zustimmungen (Z. 02–03), die syntaktische Weiterführung von Satzteilen (Z. 06) und die Übernahme von Begrifflichkeiten und Prosodie („Empfang", Z. 09) (vgl. Abb. 4).

Klasse 2: Joel, Samanta, Dilan, Natale

```
   01 NAT: aso (.) HENdi sicher nIt, also handy sicher nicht
   02 DIL: [HANDdy,
→  03      ?hm?hm,        ] ((schüttelt leicht den Kopf))
   04 NAT: [will (.) will das] funktioNIERT dort nIcht; weil weil…
           ((schüttelt den Kopf))
   05      es hat kein [INternet;    ] ((imitiert Tippen auf einem Handy))
→  06 DIL:             [kein emPFANG;]
   07      es hat kein emPFANG;
   08 NAT: SIcher nicht;
→  09      (-) emPFANG;
```

Abb. 4 Transkriptausschnitt I: Joel, Samanta, **Dilan, Natale**

---
[2]Alle Namen wurden pseudonymisiert.

Abb. 5 Standbild „Melden": Joel, Samanta. (Foto: Judith Kreuz)

Die anderen beiden Kinder versuchen unterdessen, durch das schultypische „Melden" einen Beitrag anzukündigen (vgl. Abb. 5).

Joel und Samantha merken jedoch schnell, dass diese Form der Rederechtsorganisation für ihre Peer-Diskussion nicht angemessen ist, u. a. da sie von keinem der anderen beiden Schüler zum Sprechen aufgefordert werden. So weist Samantha Joel in der Konsequenz darauf hin: NICHT aufstrecken; ((zieht Joels Hand herunter)).

Ein etwas detaillierter Fokus wird auf die nun folgende Sequenz gelegt (vgl. Abb. 6), in der Dilan[3] als zweiter Sprecher das Wort ergreift. Es wird sich zeigen, wie die Kinder die bereits etablierte Gesprächspartnerschaft fortführen und sich bei „unzureichenden" Begründungen im Kontext von Mehrsprachigkeit gegenseitig argumentativ unterstützen.

Dilan äußert seine Meinung dazu, was auf einer einsamen Insel zum Überleben notwendig sei („man braucht sicher auf so einer Insel so Buschmesser für die", Z. 10–12). Seine Meinung expandiert er andeutungsweise durch eine Begründung: Diese wird hier zwar verbal eingeleitet („für die", Z. 12), dann aber mithilfe „*illustrierender Gesten*" (Heller 2012, S. 90) fortgeführt, die den Gebrauch des Buschmessers *nonverbal* darstellen. Dennoch scheint Dilans Vorschlag für Natale bereits ausreichend plausibilisiert worden zu sein, denn dieser wiederholt ihn bestätigend (Z. 13–14). Dilan bekräftigt seinen Vorschlag abschließend („das braucht man *sicher*", Z. 15) – der Konsens scheint erreicht und Dilan senkt den Blick auf das Blatt, um einen weiteren Gegenstand zu fixieren. Die Versuche Samanthas, sich hier in diese Gesprächspartnerschaft ‚einzumischen' (Z. 16–17) werden über-

---

[3] Dilans Erstsprache ist kurdisch.

```
10 DIL: okEE was man BRAUCHT,

11      man braucht sIcher auf SO einer Insel, ((zeigt auf Inselbild auf
        seinem Blatt))

→ 12    (-) so (-) BUSCHmesser [°h für die-] ((bewegt den Arm schnell hin
        und her, schaut zu Natale))

13 NAT:                        [busch?    ]

14      ja; ((nickt))

15 DIL: ja (.) das braucht man SIcher, (-) ((schaut auf Aufgabenblatt))

16 SAM: und-

17                  [und-  ]

→ 18 NAT: ja zum hOlz hAcken [und (.)] für FEUer. ((ahmt zunächst Dilans
        Geste nach, bewegt die Hand dann aber auf und ab wie zum
        Holzhacken, formt dann mit beiden Händen ein Feuer))

19 SAM: hey ICH bin dran nicht dU; ((schaut zu Natale))
```

Abb. 6 Transkriptausschnitt II: Joel, **Samanta, Dilan, Natale**

gangen. Dies mag daran liegen, dass es ihr offenbar nicht gelingt, plausible Argumente im Moment der Turnübergabe einzubringen, sondern lediglich Konjunktionen („und") mit erhöhter Lautstärke und übergebeugter Körperhaltung einzustreuen (Z. 16–17), was im Zuge einer sich entfaltenden und verdichteten argumentativen Sequenz von den Gesprächspartnern als unangemessen wahrgenommen werden könnte (vgl. situative ‚Angemessenheit' als Faktor für Gesprächskompetenz, Hauser und Luginbühl 2015; Abschn. 1.2).[4] Anders Natale, der sich – trotz vorheriger Zustimmung – weiterhin inhaltlich-argumentativ am Vorschlag von Dilan beteiligt: Er fügt eine *verbalsprachliche* Begründung an und nimmt auf die von Dilan gestisch angedeutete Gebrauchsweise des Buschmessers Bezug („ja zum Holzhacken und für Feuer", Z. 18). Seine Begründung stellt somit den zweiten Teil einer zwischen den Kindern „aufgeteilten" Behauptungs-Begründungs-Sequenz dar: 1. „Buschmesser braucht man" → 2. „zum Holzhacken". Sie ist zugleich eine verbale Explizierung der nonverbal hervorgebrachten Begründung von Dilan:1. *((bewegt die Hand schnell hin und her))* → 2. „zum Holzhacken".

Dieser Fall zeigt, wie sich Natale ko-konstruktiv am Turn von Dilan beteiligt und versprachlicht, was dieser nur vage mit seinem Argument des Brauchens andeutet bzw. durch nonverbale Illustrationen anzeigt. Natale nutzt direkt anschlie-

---

[4] Eine weitere Strategie zur Partizipation zeigt das Transkript in Z. 19, bei der Samantha dezidiert versucht, eine (selbst festgelegte) Gesprächsregel „durchzudrücken". Aber auch dieser Versuch scheitert (womöglich ebenfalls aus Gründen der fehlenden Angemessenheit).

ßend diesen Redezug, um additiv eine weitere Begründung („für Feuer", Z. 18) einzubringen. Dies, obwohl eine explizite „Begründungspflicht", wie es in strittigen Kontexten oft der Fall ist, in diesem Beispiel nie erhoben wurde (z. B. durch „warum"-Fragen). Auslöser für den ersten Teil der ko-konstruierten Begründung könnte die als unzureichend eingeschätzte *nonverbal und vage realisierte Begründung* von Dilan sein – „unzureichend" für eine *gesicherte* gegenseitige Verständigung mit der Funktion, gemeinsames Wissen zu explizieren. Dies möglicherweise auch vor dem Hintergrund des in Aussicht gestellten „prüfenden" Nachgesprächs mit den Forschenden sowie vor der Folie der sprachlichen Unterstützung im Kontext von Mehrsprachigkeit. Es geht in diesem argumentativen Kontext dann möglicherweise u. a. darum, eine Ansicht oder Entscheidung „zu einer fundierten, argumentativ gesicherten Entscheidung zu machen" (Hannken-Illjes 2018, S. 25).

2.2 Beispiel 2: Ko-Konstruiertes Begründen im fragend-entwickelnden Dialog

Ein weiteres Beispiel (vgl. Abb. 7), in dem ko-konstruierte Unterstützungsverfahren beim Argumentieren und Begründen ersichtlich werden, fokussiert auf die Praktik des Fragens, durch die sich – anders als in Beispiel 1 – eine deutliche ‚Begründungspflicht' etabliert. Diese Praktik zeigt besonders eindrücklich, wie sich Kinder gegenseitig sprachlich fordern können und welches Potenzial Peer-Gespräche als Überäume für sprachliches Handeln entfalten können (vgl. auch Arendt 2019a, b).

Klasse 4: Marius, Pal, Diana, Stefanie

Die Sequenz befindet sich ebenfalls in der Anfangsphase des Gesprächs. Diana hat bereits mehrmals das ‚Handy' eingeworfen („Handy", „Handy" …, „Handy das ist wirklich wichtig"), was jedoch nicht von den anderen Kindern zur weiteren Aushandlung aufgenommen wurde. Etwas später formuliert sie ihren Vorschlag als

```
01 DIA: aber HENdi; aber handy
02      das CHÖmer scho mal;= das können wir schon mal
03      =Oder? ((blickt vom Arbeitsblatt auf zu Marius)) oder
→ 04 MAR: ja well da chömer äig ehm:(-) ja weil da können wir eig ähm
→ 05 DIA: bi öppert [AA(lüte),] bei jemandem anrufen
06 MAR:           [HILF    ] hole; hilfe holen
```

Abb. 7 Transkriptausschnitt I: **Marius**, Pal, **Diana**, Stefanie

Frage um („aber Handy können wir schon mal, oder?", Z. 01–03), wodurch die Gesprächsteilnehmenden zu einer Stellungnahme „gezwungen" werden (sog. „Zugzwang", s. Mechanismus des Nachbarschaftspaars „Frage – Antwort"). Auch wenn die Frage eher konstatierend formuliert ist, eröffnet sie die Möglichkeit für die anderen Kinder Stellung zu beziehen. Diana gibt dazu das Rederecht mit dem Fragewort „oder?", mit einer steigenden Melodie und einem sich hebenden Blick jedoch nur an *einen* Gesprächspartner, nämlich an Marius, ab. Dieser sitzt ihr – im Gegensatz zu Stefanie – direkt gegenüber, weswegen möglicherweise nur er adressiert bzw. als Gesprächspartner ‚ausgewählt' wird (vgl. Abb. 8).[5] Die dadurch aufgebaute dyadische Gesprächspartnerschaft wird auch in den darauffolgenden argumentativen Episoden beibehalten, ohne dass Stefanie oder Pal das Rederecht erhalten bzw. übernehmen (können).

Nun befindet sich Marius im Zugzwang, eine Antwort zu liefern und setzt mit einer *Begründung* an, obwohl die „ja-nein"-Frage von Diana nicht zwingend eine elaborierte Begründung erforderlich machen würde. Möglicherweise wählt er das Begründen aber, um auf die antizipierte Rückversicherungsbitte seiner Gesprächspartnerin einzugehen und damit seine Verantwortlichkeit beim gemeinsamen

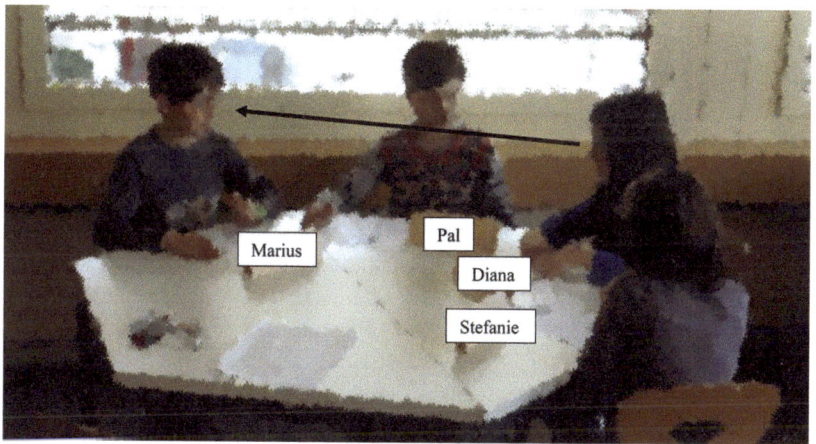

Abb. 8 Standbild „Adressierung mittels Blickkontakt": Diana, Marius. (Foto: Judith Kreuz)

---

[5] Die Erstsprache des vierten Kindes, Pal, ist Albanisch. Er scheint des Deutschen (produktiv) kaum mächtig. Pal äußert sich v. a. durch Ein-Wort-Sätze, Äußerungen auf albanisch, Zeigegesten, auffällige emotionsvermittelnde Körperbewegungen sowie Faxen. Vermutlich wird er deshalb kaum von den anderen Kindern adressiert und aktiv einbezogen.

Wissensaufbau wahrzunehmen. Exakt an der Stelle, an der er etwas ins „Straucheln" gerät („ähm", Pause, Z. 04) schaltet sich wiederum Diana durch eine kokonstruierte, sog. „helpful utterance completion" (Ferrara 1992, S. 207) ein und vervollständigt die begonnene Äußerung von Marius („bei jemandem anrufen", Z. 05). Zwar ist dies nicht die von Marius intendierte Begründung („Hilfe holen", Z. 06), jedoch benennt sie eine vergleichbare Tätigkeit und trägt ihrerseits zur gemeinsamen Wissenskonstruktion bei. Solche „morpho-syntaktischen Ko-Konstruktionen" (Günthner 2013, S. 14) verlangen eine hohe Aufmerksamkeit für die Äußerung des Gegenübers, denn Diana muss „im geeigneten Moment in den syntaktischen Prozess einsteigen und diesen übernehmen" (Günthner 2013, S. 14). Diese Komplettierungen gewährleisten damit nicht nur „talk's progressivity" (Stivers und Robinson 2006, S. 387), sondern auch, dass die offene Fragestellung in elaborierter Weise bearbeitet werden kann. Dabei geht es auch darum, eine gemeinsame *Wissens*konvergenz zu schaffen (vgl. Ehlich 2014, S. 46; vgl. auch „exploratives Argumentieren", Abschn. 1.2).

Die Sequenz wird unmittelbar mit einer neuen Behauptungs-Begründungsstruktur fortgesetzt, die die erste Frage-Antwort-Struktur (siehe Z. 01–06 im vorherigen Transkriptausschnitt) musterhaft imitiert, aber – im Gegensatz zur ersten Sequenz – lediglich eine frage*ähnliche* Äußerung zum Ausgangspunkt hat. Aber auch daran wird eine Antwort in Form einer Begründung von Marius angeschlossen (vgl. Abb. 9).

In diesem Ausschnitt lassen sich mehrere Parallelen zur obigen Sequenz finden: Es ist wiederum Diana, die in unmittelbarem Anschluss an die vorherige Sequenz einen neuen Vorschlag zur Diskussion stellt („und Verbandskasten", Z. 08). Sie verwendet diesmal zwar nicht die typische Frage-Markierung „oder?", aber sie markiert durch die fallende Melodie das Ende ihrer Äußerung. Außerdem adressiert sie (wieder) Marius mit ihrem Blick. Dieser gerät dadurch in Zugzwang, Dianas frageähnliche Äußerung zu beantworten. Dazu ko-konstruiert er wiederum eine Wenn-Begründung („wenn sich jemand verletzt", Z. 11) und leitet sie erneut mit einer zustimmenden Partikel ein („ja", Z. 09). Außerdem expandiert er diese Einleitung mit einer wertenden Stellungnahme („das ist auch noch wichtig", Z. 09) und expliziert damit seine Übereinstimmung zum Vorschlag seiner Gesprächspartnerin.

```
→ 08 DIA:   und verBANDSkasten; ((blickt vom Arbeitsblatt auf zu Marius))
   09 MAR:   jä das isch AU no wIchtig-
   (...)
→ 11        wenn öpper jemand sich verLETZT;
```

Abb. 9 Transkriptausschnitt II: **Marius**, Pal, **Diana**, Stefanie

```
→ 12 DIA:   dEnn no zum bischpil wOll näi es ZELT. ((blickt vom Arbeitsblatt
            auf zu Marius)) dann noch zum beispiel woll nein das zelt
→ 13 MAR:   es zElt wämmer (.) zum bischpil no e nAcht mün:d döt (.)
            überNACHte, das zelt wenn wir zum beispiel noch eine nacht dort
            übernachten müssen
```

Abb. 10 Transkriptausschnitt III: **Marius**, Pal, **Diana**, Stefanie

Es schließt sich eine dritte Sequenz an, die analog zu den beiden vorangegangenen Sequenzen gestaltet wird (vgl. Abb. 10).

Auch hier ist es wieder Diana, die die Kette von frageähnlichen Propositionen mit einem neuen Vorschlag weiterführt („dann noch zum Beispiel Woll nein das Zelt", Z. 12). Wie im Beispiel zuvor markiert sie hiermit und mit fallender Melodie sowie mit einem Blick zu Marius, dass sie eine Antwort verlangt. So wird ihr Gesprächspartner dazu eingeladen, einen nächsten responsiven Beitrag zu leisten und sich explorativ an der Suche nach einer Antwort zu beteiligen. Marius kommt seiner „Pflicht" nach und liefert eine Begründung zu Dianas Vorschlag. Er wiederholt diesen zunächst („Zelt", Z. 13), anschließend stabilisiert er durch die Ergänzung einer erneuten „Wenn"-Begründung den Vorschlag („wenn wir zum beispiel noch eine Nacht dort übernachten müssen", Z. 13). Auffallend ist auch, wie Marius Dianas Wortwahl übernimmt und seine Äußerung mit der Formulierung „zum Beispiel" (Z. 13) abschwächt.[6] Mit der Übernahme von Äußerungsteilen können womöglich Kooperationswille und Aushandlungsbereitschaft verdeutlicht werden (vgl. Kreuz und Luginbühl 2020). Zudem stellt Marius durch die Verwendung des Personalpronomens „wir" seine Begründung aus einer Gruppenperspektive dar und markiert damit seine Zugehörigkeit zur Gruppe.

Die erläuterten Beispiele haben gezeigt, wie durch das Muster „Frage-Antwort" ganz bestimmte Äußerungen im Gespräch – ko-konstruierte Begründungen – *explizit* projiziert werden. Frage-Antwort-Sequenzen scheinen v. a. dann „batterieähnlich" geäußert zu werden, wenn sie als bewährte Sprechhandlung etabliert und innerhalb einer stabilen Struktur „erprobt" wurden. Erstaunlich ist, dass es sich um geschlossene Fragen handelt, die dennoch durch eine elaborierte Begründung beantwortet werden. Die Sequenzen verdeutlichen, dass die Kinder womöglich Erfordernisse der Situation, wie z. B. die Bedürfnisse des Gegenübers erkennen und auch eigeninitiativ Verantwortung für die inhaltliche Tiefe des Gesprächs durch Begründungen übernehmen (sog. Kontextualisierungs- und Vertextungskompetenzen).[7]

---

[6] Zu „Beispielen" beim Argumentieren vgl. Kreuz 2021, S. 274.

[7] ‚Kontextualisierungskompetenz' meint, dass die Gesprächsbeteiligten u. a. erkennen müssen, wann die Produktion eines ‚größeren' Äußerungspakets (in dem Fall das Argumentieren) konditionell relevant gesetzt wird und wie/wo es global im Gespräch anzuschließen ist.

Das Argumentieren kann auf diese Weise auch als „Erklären" umgedeutet werden, gleichzeitig aber auch eine wichtige argumentative Funktion beibehalten, nämlich Wissen bei den Gesprächspartner*innen auf- und auszubauen. Bisher Fragliches kann somit in „kollektiv Geltendes" (Klein 1980) überführt werden. So können Peer-Interaktionen potenzielle Lerngelegenheiten für den diskursiven Erwerb von Sach- und Sprachwissen darstellen.

3 Diskussion und Fazit

Wie gezeigt werden konnte, nutzen Kinder im Peer-Gespräch vielfältige Praktiken für die koordinierte Entfaltung einer Interaktion. Dies wurde, neben allgemeinen gesprächsorganisatorischen Verfahren (z. B. Adressierungen, Verfahrensklärung), besonders an den *ko-konstruierten argumentativen Sequenzen* deutlich. Dass zwei Kinder ein Argument gemeinsam entwickeln – und dies teils ohne explizite Zugzwänge –, zeugt nicht nur von der gemeinsamen Verantwortungsübernahme für das Gespräch im Allgemeinen und die gemeinsame Wissens- und Verständniskonstruktion im Besonderen, sondern auch von hohen kognitiv-sprachlichen Synchronisationsleistungen. Diese setzen einerseits das genaue *Zuhören* voraus, andererseits auch die Fähigkeit, mit einem *inhaltlich und genrespezifisch* (also argumentativ) passenden Beitrag an einer geeigneten Stelle *anzuknüpfen* und den Beitrag sodann angemessen *sprachlich zu realisieren*. Damit besitzen (auch) Peer-Interaktionen Potenzial, diskursive Kompetenzen auf Kontextualisierungs-, Vertextungs- und Markierungsebene (vgl. Quasthoff et al. 2021) aufzubauen.[8]

Die lehrpersonenseitige Unterstützung beim Erwerb von argumentativer Kompetenz muss daher nicht nur auf arrangierten Settings (vgl. Abb. 3) oder auf ihrer Steuerung im Klassengespräch beruhen (z. B. durch sprachliche Unterstützungsverfahren für gegenseitige Bezugnahmen, Gesprächsstrukturierungshilfen, sprachliche *scaffolds* etc.), sondern kann sich auch die Potenziale von Peer-Interaktionen

---

‚Vertextungskompetenz' meint den sich daran anschließenden produktiven und rezeptiven Umgang mit den dazugehörigen gattungsbezogenen (hier: den argumentativen) Strukturierungsmustern (Quasthoff et al. 2021, S. 22), also den kohärenten Auf-/Ausbau der argumentativen Sequenz.

[8] Die Markierungskompetenz „beinhaltet die Fähigkeit, mittels sprachlicher, prosodischer und gestischer Formen die Gattung und die Struktur des jeweiligen Äußerungspakets für die Interaktionspartnerinnen und -partner erkennbar zu machen" (Quasthoff et al. 2021, S. 22).

nutzbar machen. Hierbei handelt es sich um sog. nicht-elizitierte Gesprächserfahrungen (z. B. Harren 2015), die sich in Kleingruppengesprächen, aber auch in Klassen- bzw. Unterrichtsgesprächen ergeben können. Man kann davon ausgehen, dass v. a. ein „hochfrequenter Gebrauch" (Arendt 2019b, S. 367 f.) sowie das „Anwenden und Ausprobieren" (Stude 2014; Arendt 2019a, b) von mündlicher Sprache (hier: Praktiken des Argumentierens) in möglichst vielfältigen Gesprächssituationen erwerbssupportiv sind.

Die folgenden „externen Ressourcen" (Quasthoff et al. 2021, S. 24) wurden in Erwachsenen-Kind-Interaktionen rekonstruiert (vgl. Quasthoff und Kluger 2021; Heller und Krah 2015; Stude 2014; Heller und Morek 2015), lassen sich aber auch auf die hier beleuchteten Peer-Interaktionen (vgl. z. B. Arendt 2019a, b) übertragen:

- *Raumlassen und Akzeptieren* (Bsp. 1)
- *Übergehen und Selberlösen* (Bsp. 1)
- argumentative und sprachliche *Vorbilder und Muster (Imitation & Adaption)* (Bsp. 1)
- gegenseitiges *Fordern* durch *(begründungspflichtige) Fragen* (Bsp. 2)
- Erfahrungen des *Scheiterns* (Bsp. 1) *mit Strategiewechsel* (Bsp. 2)
- argumentative und morpho-syntaktische *Ko-Konstruktionen (Unterstützungsverfahren)* (Bsp. 1 & 2).
- …

Diese Ressourcen sollten bewusst im Unterricht als Lerngelegenheiten genutzt und auch geplant werden, z. B. durch vielfältige Aufgabentypen und Sozialformen, (gemeinsame) Reflexionen der damit einhergehenden sprachlich-argumentativen Anforderungen sowie durch die Unterscheidung von fachspezifischem und fachübergreifendem Argumentieren und dessen Funktionen. Zudem muss auch ein dynamisches Normverständnis von ‚argumentativer Kompetenz' von der Lehrperson aufgebaut werden, das sich nicht (nur) an monologischen Äußerungen orientiert und auf abgeschlossene, vollständig und explizit hervorgebrachte Argumentationen abzielt (vgl. Hauser und Kreuz 2018, S. 188 f.), sondern die Bedingungen von ungeplanten, sich spontan-entwickelnden Argumentationen und soziale Dynamiken einbezieht. Ziel der Mündlichkeitsdidaktik könnte es sein, anhand der empirisch gewonnen Erkenntnisse, passende Lernarrangements und vielfältige Anwendungsmöglichkeiten zu konzipieren, diese weiterzuentwickeln und auf den sprachlernförderlichen Prüfstand zu stellen.

Transkriptionslegende (nach GAT 2)

Die folgende Legende beinhaltet eine Auswahl der verwendeten Transkriptionszeichen, die für das Verständnis zentral sind:

[ ] [ ]	Überlappungen
(.) / (-)	Pausen unterschiedlicher Dauer
=	schneller Anschluss neuer Sprecherbeiträge
: / ::	Dehnung unterschiedlicher Länge
akZENT	Fokusakzent
akzEnt	Nebenakzent
?	hoch steigende Tonhöhenbewegung (ThB)
,	mittel steigende ThB
–	gleichbleibende ThB
;	mittel fallende ThB
.	tief fallende ThB

Literatur

Arendt, Birte (2019a): Argumentationserwerb im Peer-Talk von Kindergartenkindern. Ausprobieren, fordern, recyceln. In: Bose, I./Hannken-Illjes, K./Kurtenbach, S. (Hrsg.): *Kinder im Gespräch – mit Kindern im Gespräch*. Berlin: Frank & Timme, S. 63–92.

Arendt, B. (2019b): *Argumentieren mit Peers. Erwerbsverläufe und -muster bei Kindergartenkindern*. Tübingen: Narr - Stauffenburg Linguistik.

Aufschnaiter, Claudia von/Erduran, Sibel/Osborne, Jonathan/Simon, Shirley (2008): Arguing to learn and learning to argue: Case studies of how students' argumentation relates to their scientific knowledge. In: *Journal of Research in Science Teaching* 45, 1, S. 101–131.

Deutschschweizer Erziehungsdirektoren-Konferenz (D-EDK) (2018): *Lehrplan 21*. Kanton Zug.

Ehlich, Konrad (2014): Argumentieren als sprachliche Ressource des diskursiven Lernens. In: Hornung, A./Carobbio, G./Sorrentino, D. (Hrsg.): *Diskursive und textuelle Strukturen in der Hochschuldidaktik. Deutsch und Italienisch im Vergleich*. Münster/New York: Waxmann, S. 41–54.

Ferrara, Kathleen (1992): The interactive achievement of a sentence: Joint productions in therapeutic discourse. In: *Discourse Processes* 15, 2, S. 207–228.

Grundler, Elke (2011): *Kompetent argumentieren. Ein gesprächsanalytisch fundiertes Modell*. Tübingen: Stauffenburg.

Günthner, Susanne (2013): Ko-Konstruktionen im Gespräch. Zwischen Kollaboration und Konfrontation. In: *Gidi-Arbeitspapier* 49.

Hannken-Illjes, Kati (2018): *Argumentation. Einführung in die Theorie und Analyse der Argumentation*. Tübingen: Narr Francke Attempto.

Harren, Inga (2015): *Fachliche Inhalte sprachlich ausdrücken lernen. Sprachliche Hürden und interaktive Vermittlungsverfahren im naturwissenschaftlichen Unterrichtsgespräch in der Mittel- und Oberstufe*. Mannheim: Verlag für Gesprächsforschung.

Hauser, Stefan/Kreuz, Judith (2018): Mündliches Argumentieren in der Schule zwischen pragmatischen Spielräumen und didaktischen Normsetzungen. In: Albert, G./Diao-Klaeger, S. (Hrsg.): *Mündlicher Sprachgebrauch. Zwischen Normorientierung und pragmatischen Spielräumen*. Tübingen: Stauffenburg, S. 179–199.

Hauser, Stefan/Luginbühl, Martin (2015): Aushandlung von Angemessenheit in Entscheidungsdiskussionen von Schulkindern. In: *Aptum. Zeitschrift für Sprachkritik und Sprachkultur* 11, 2, S. 180–189.

Heller, Vivien (2012): *Kommunikative Erfahrungen von Kindern in Familie und Unterricht. Passungen und Divergenzen*. Tübingen: Stauffenburg.

Heller, Vivien/Krah, Antje (2015): Wie Eltern und Kinder argumentieren. Interaktionsmuster und ihr erwerbssupportives Potenzial im längsschnittlichen Vergleich. In: *Mitteilungen des Deutschen Germanistenverbandes* 62, 1, S. 5–20.

Heller, Vivien/Morek, Miriam (2015): Unterrichtsgespräche als Erwerbskontext: Kommunikative Gelegenheiten für bildungssprachliche Praktiken erkennen und nutzen. In: *leseforum.ch* 3/2015, S. 1–23 https://www.forumlecture.ch/sysModules/obxLeseforum/Artikel/548/2015_3_Heller_Morek.pdf [Zugriff: 15.01.2025].

Klein, Wolfgang (1980): Argumentation und Argument. In: *Zeitschrift für Literaturwissenschaft und Linguistik* 38/39, S. 9–57.

Kotthoff, Helga (2015): Konsensuelles Argumentieren in schulischen Sprechstunden. In: Hauser, S./Mundwiler, V. (Hrsg.): *Sprachliche Interaktion in schulischen Elterngesprächen*. Bern: Hep, S. 72–94.

Krelle, Michael (2014): *Mündliches Argumentieren in leistungsorientierter Perspektive. Eine empirische Analyse von Unterrichtsdiskussionen in der neunten Jahrgangsstufe*. Baltmannsweiler: Schneider-Verlag Hohengehren.

Kreuz, Judith (2021): Ko-konstruiertes Begründen unter Kindern. Eine gesprächsanalytische Studie von Kleingruppeninteraktionen in der Primarschule. *Stauffenburg Linguistik*, Band 120. Stauffenburg: Tübingen.

Kreuz, Judith/Luginbühl, Martin (2020): From Flat Propositions to Deep Co-constructed and Modalised Argumentations: Oral Argumentative Skills among Elementary-school Children from Grades 2 to 6. In: *Research on Children and Social Interaction. Special Issue: Explaining and arguing: The role of coconstruction and multimodality* 4, 1, S. 93–114.

Morek, Miriam (2015): Dissensbearbeitung unter Gleichaltrigen – (k)ein Kontext für den Erwerb argumentativer Gesprächsfähigkeiten? In: *Mitteilungen des Deutschen Germanistenverbandes* 62, 1, S. 34–46.

Pick, Ina/Bendel Larcher, Sylvia (2023): Einleitung. In: Bendel Larcher, S./Pick, I. (Hrsg.): *Good practice in der institutionellen Kommunikation: Von der Deskription zur Bewertung in der Angewandten Gesprächsforschung*. Berlin/Boston: De Gruyter, S. 1–10. https://doi.org/10.1515/9783111010083-1

Quasthoff, Uta/Heller, Vivien/Morek, Miriam (2021): Diskurskompetenz und diskursive Partizipation als Schlüssel zur Teilhabe an Bildungsprozessen. In: Quasthoff, U./Heller, V./Morek, M. (Hrsg.): *Diskurserwerb in Familie, Peergroup und Unterricht. Passungen und Teilhabechancen*. Berlin/Boston: De Gruyter, S. 13–34.

Quasthoff, Uta/Kluger, Christian (2021): Familiale Interaktionsmuster als Erwerbsressource im längsschnittlichen Verlauf. In: Quasthoff, U./Heller, V./Morek, M. (Hrsg.): *Diskurserwerb in Familie, Peergroup und Unterricht. Passungen und Teilhabechancen.* Berlin/Boston: De Gruyter, S. 107–156.

Stude, Juliane (2014): The acquisition of discourse competence. Evidence from preschoolers' peer talk. In: *Learning, Culture and Social Interaction* 3, 2, S. 111–120.

Scarvaglieri, Claudio (2017): „I a hundred per cent agree". Konsensuelles Argumentieren in der interkulturellen Wissenschaftskommunikation. In: Bührig, K./Schlickau, S. (Hrsg.): *Argumentieren und Diskutieren.* Frankfurt a. M.: Peter Lang, S. 145–175.

Spranz-Fogasy, Thomas (2006): Alles Argumentieren oder was? Zur Konstitution von Argumentationen in Gesprächen. In: Deppermann, A./Hartung, M. (Hrsg.): *Argumentieren in Gesprächen. Gesprächsanalytische Studien.* Tübingen: Stauffenburg, S. 27–39.

Stivers, Tanya/Robinson, Jeffrey D. (2006): A Preference for Progressivity in Interaction. In: *Language in Society* 35, 3, S. 367–392.

„Was heißt eigentlich ‚profitieren'?" – Kooperative Klärung einer Aufgabenstellung

Nadine Nell-Tuor und Alexandra Schiesser

Zusammenfassung

Beim kooperativen Lernen organisieren und verantworten die Lernenden den Arbeits- und Lernprozess weitgehend selbst. Ausgehend von einer Videostudie zu kooperativen Settings fokussiert der vorliegende Beitrag die Frage, welche fachunabhängigen Aufgaben Lernende in der Interaktion wiederkehrend zu bewältigen haben. Am Beispiel einer Unterrichtssequenz wird illustriert, wie drei Lernende einer 5./6. Klasse miteinander eine Aufgabenstellung klären. Mit Rückgriff auf das Konzept *Jobs-Mittel-Formen* (Hausendorf und Quasthoff 2005) wird aufgezeigt, wie die Kinder zunehmend kooperativ zu einer Begriffsklärung gelangen. Der Beitrag schließt mit didaktischen Hinweisen zu Gesprächs- und Reflexionskompetenzen, die zum Gelingen kooperativer Sequenzen beitragen können.

Schlüsselwörter

Kooperatives Lernen · Mehrsprachigkeit · Gesprächsanalyse · Peer-Interaktion · Interaktiv zu bewältigende Aufgabe · Jobs

---

N. Nell-Tuor (✉)
Pädagogische Hochschule Zug, Zentrum Mündlichkeit, Zug, Schweiz
E-Mail: nadine.nell@phzg.ch

A. Schiesser
Pädagogische Hochschule Zug, Dozentur Deutsch als Zweitsprache, Zug, Schweiz
E-Mail: alexandra.schiesser@phzg.ch

© Der/die Autor(en), exklusiv lizenziert an Springer Fachmedien Wiesbaden GmbH, ein Teil von Springer Nature 2025
H. de Boer, D. Merklinger (Hrsg.), *Dialog als interaktive Praxis*, Edition Fachdidaktiken, https://doi.org/10.1007/978-3-658-48376-0_16

1 Einleitung

Kooperative Lernformen werden gemäß verbreiteten Definitionen als lerner*innenzentriert, aktiv, autonom und sozial beschrieben, so auch in der nachfolgenden Definition: Kooperatives Lernen ist

> „[…] gekennzeichnet durch einen relativ hohen Interaktionsanteil der Lernenden untereinander […]. Die Lernenden haben die Möglichkeit, weitgehend selbständig und gemeinsam Lerninhalte zu erarbeiten, Wissen auszutauschen und neues Wissen zu konstruieren" (Jurkowski und Hänze 2012, S. 260).

Diese beiden Aspekte – selbstständiges und gemeinsames Lernen – sind die mutmaßlichen Gründe dafür, dass kooperative Lernformen in der Schule häufig eingesetzt werden. Dahinter steckt die Überzeugung, dass Schüler*innen Lerninhalte vertiefter erwerben, wenn sie diese kooperativ erarbeiten. Es gibt auch erziehungswissenschaftliche Studien, die diese These stützen: Metaanalysen belegen positive Effekte von kooperativen Unterrichtsformen auf kognitive, soziale, motivationale und emotionale Lernziele der Schülerinnen und Schüler (vgl. Borsch 2019, S. 132). Zugleich wird eingeräumt, dass „verschiedene Bedingungen das Ausmaß der Effekte moderieren" (Borsch 2019, S. 133). Deiglmayr und Schalk (2015) etwa zeigen, dass Gruppenkonstellationen abhängig von der Verteilung des Wissens der Gruppenmitglieder unterschiedliche Grade von Interaktivität und Lernzuwachs mit sich bringen können (vgl. Deiglmayr und Schalk 2015). Der Interaktion beim kooperativen Lernen ist demnach ein hoher Stellenwert zuzuschreiben. So wird das Wissen in Lerngruppen „von den beteiligten Individuen durch soziale Transaktionen gemeinsam entwickelt (ko-konstruiert) und ausgetauscht – womit […] Lehr-Lerndialogen eine wichtige Bedeutung zukommt" (Reusser 2005, S. 162).

Aus gesprächslinguistischer Perspektive stellt sich vor diesem Hintergrund die Frage, wie die Beteiligten die Kommunikation konkret gestalten und wie sie eine kooperative Aufgabenstellung interaktiv bearbeiten. Denn damit ist eine anforderungsreiche Zielsetzung verbunden: Die Lernenden müssen die Aufgabenstellung miteinander klären, die Arbeit untereinander aufteilen und sie schließlich zu einem Abschluss bringen (vgl. z. B. Kumpulainen und Kaartinen 2000). Kooperative Lernformen halten für Schüler*innen also diverse interaktiv zu bearbeitende Aufgaben bereit, die von der Fachlichkeit des kooperativen Lerngegenstandes unabhängig sind. Für die Analyse von Interaktionsdaten in diesem Kontext erscheint das Konzept *Jobs-Mittel-Formen* (Hausendorf und Quasthoff 2005) geeignet: Kerngedanke des Konzeptes ist es, dass Interagierende „interaktiv konstituierte

Jobs oder Aufgaben" (Hausendorf und Quasthoff 2005, S. 122) gemeinsam zu erledigen haben. Dazu dienen „pragmatisch konstituierte Mittel" (Hausendorf und Quasthoff 2005, S. 122) wie z. B. Frage – Antwort (*Hast du den Auftrag verstanden? – Nein, nicht ganz.*). Die Mittel setzen sich wiederum aus konkreten sprachlichen Formen zusammen (*Hast, du, den, Auftrag, verstanden – Nein, nicht, ganz*).[1]

Im vorliegenden Artikel fokussieren wir die Frage, welche Jobs Lernende in kooperativen Lernsequenzen unabhängig von der Fachlichkeit des Gegenstandes zu bewältigen haben. Wir beziehen uns dabei auf eine am Zentrum Mündlichkeit der Pädagogischen Hochschule Zug durchgeführte Studie (vgl. auch Nell-Tuor 2019). In dieser Studie wurden Videodaten von Peer-Interaktionen beim kooperativen Lernen erhoben, und zwar in Primar- und Sekundarschulklassen im Kanton Zug.[2] Auf der Grundlage eines Transkripts wird exemplarisch gezeigt, wie drei Schüler*innen einer 5./6. Primarschulklasse kooperativ den Job *Aufgabenstellung klären* bewältigen (Abschn. 2). In Abschn. 3 werden übrige Jobs angeführt, die bei der Bewältigung kooperativer Lernsequenzen frequent sind. In Abschn. 4 formulieren wir didaktische Hinweise zur Förderung von Gesprächs- sowie Reflexionskompetenzen, die zum Gelingen kooperativer Lernsequenzen beitragen können. Im abschließenden Abschn. 5 ziehen wir ein Fazit.

2 Wie Schülerinnen und Schüler miteinander eine Aufgabenstellung klären

Ziel der nachfolgenden exemplarischen Analyse ist es, aufzuzeigen, welche pragmatischen Mittel und sprachlichen Formen (vgl. Hausendorf und Quasthoff 2005) Schülerinnen und Schüler einsetzen, um den Job *Aufgabenstellung klären* zu bearbeiten.

---

[1] Hausendorf und Quasthoff (2005) beziehen sich in ihrer Publikation auf Erzählinteraktionen und stellen Jobs als interaktive Aufgaben dar, die für die Gattung des Erzählens konstitutiv sind, also zwingend erfüllt sein müssen. Im Gegensatz dazu verwenden wir den Begriff Jobs für interaktiv zu bearbeitende Aufgaben, die in kooperativen Lernsequenzen häufig, aber nicht zwingend vorkommen.

[2] Das Datenkorpus umfasst 22 videografierte Lektionen in diversen Fächern (Deutsch, Mathematik, Natur-Mensch-Gesellschaft, Musik, Bildnerisches Gestalten, Englisch). Die Lektionen stammen aus einer 3. Primarklasse, zwei gemischten 5./6. Primarklassen sowie zwei 1. Sekundarklassen.

2.1 Kontextualisierung der Daten

Bei der analysierten Sequenz handelt es sich um einen Ausschnitt aus einer Mathematiklektion einer gemischten 5./6. Klasse im Kanton Zug. Drei Fünftklässler*innen – wir nennen sie Maria, Tobias und Finn – bearbeiten kooperativ das Thema *Brüche*. Auf dem Arbeitsblatt, das ihnen vorliegt, ist festgehalten, dass sie alle Lernziele als Mindmap notieren sollen, um sich damit auf die bevorstehende Lernzielkontrolle vorbereiten zu können. Für die Zusammenarbeit gibt die Lehrperson die Methode *think-pair-share* vor (vgl. auch Green und Green 2006, S. 130): Zunächst notiert jedes Kind für sich die Lernziele (*think*), anschließend tauschen sie sich zu den notierten Lernzielen aus (*pair*) und zuletzt vergleichen sie die Mindmaps in der Gruppe (*share*).

2.2 Transkript „profitieren"

Der an die *think-pair-share*-Sequenz anschließende Arbeitsschritt besteht aus einer (individuellen) schriftlichen Reflexion. Auf dem Arbeitsblatt steht: „Notiere, wie ihr in der Gruppe gearbeitet habt. Was konntest du in deiner Gruppe einbringen, wie konntest du profitieren?" Diese Anweisung bildet den Auftakt der Interaktion, die nachfolgend abgedruckt ist. Aufgrund eines Verständnisproblems wendet sich Maria, deren Erstsprache Englisch ist, mit der Frage *Was heißt profitieren?* an ihre beiden Mitschüler und lanciert damit ein Gespräch über die Bedeutung von *profitieren*[3] (vgl. Abb. 1).

2.3 Analyse

In der nachfolgenden Analyse wird dargestellt, wie die drei Schüler*innen Maria, Finn und Tobias (zunehmend) gemeinsam eine Begriffsklärung vornehmen und so miteinander die an sie gerichtete Aufgabenstellung besprechen.

---

[3] Es wird kontrovers diskutiert, wie wichtig Bedeutungsaushandlungssequenzen für den Erwerb einer Zweitsprache sind (vgl. z. B. Edmondson 2001, S. 1686). Der Fokus liegt im vorliegenden Beitrag allerdings nicht auf der Frage nach der sprachdidaktischen Relevanz von Bedeutungsaushandlungen, sondern vielmehr auf der Frage, wie die Bedeutung eines Begriffes in der Gruppe gemeinsam ausgehandelt wird.

Abb. 1 Transkript „profitieren"

```
135 MARw:   <<von Blatt ablesend> was heisst profiTIEren und (.)
136         was heisst? [<<zu Tobias schauend> profitie>]
137 TOBm:               [profiTIEren              ] ist so;
138         (-) weisst du was proFIT ist;
139 MARw:   (--) pro[FIT,]
140 TOBm:           [aso;]
            also
141         proFIT ist eigentlich;
142 FINm:   [((ruft etwas laut dazwischen))   ]
143 TOBm:   [(--) profit ist eigentlich PLUS,]
144         FINN lass mich bitte churz erkläre;
            finn lass mich bitte kurz erklären
145 FINm:   du dusch DIN teil ich mach mine;
            du machst deinen teil ich mach meinen
146 TOBm:   em profit isch zum bispiil (.) wenn ich profiTIEre,
            profit ist zum beispiel wenn ich profitiere
147         (.) mh eschs min proFIT,
            ist es mein profit
148         aso wies PLUS eigentlich;
            also wie das plus eigentlich
149         was hesch du deZUEglernt eigentlich;
            was hast du dazugelernt eigentlich
150         oder was hesch du dezue (XXX xxx);
            oder was hast du dazu
151         (.) im gschäftsläbe wär zum bispiil proFIT,
            im geschäftsleben wäre zum beispiel profit
152         was häsch du äm;
            was hast du
153         (.) was häsch (.) <<zögerlich> du >;
            was hast du
154         wie d Inahme zum bispiil;
            wie die einnahmen zum beispiel
155         (-)aber da ide schuel ischs jo Eigentlich nöd profitiert was (.)
            aber hier in der schule ist es ja eigentlich nicht profitiert
            was
156         [was heisst deZUEglernt;            ]
            was heisst dazugelernt
157 FINm:   [vergleichemers mit de immoBIlie;]
            vergleichen wir es mit der immobilie
158         also (.) me hett en immoBIlie,
            also man hat eine immobilie
159         me wett die verCHAUfe zum bispiil,
            man möchte diese verkaufen zum beispiel
160         und du häsch än Abieter wo das wo du chaufisch;
            und du hast einen anbieter der das bei dem du kaufst
161         und de verchauft dir zum bispiil s DOPpelte,
            und der verkauft dir zum beispiel das doppelte
162         (-) dasch en proFIT;
            das ist ein profit
163         (.) du häsch meh geld verDIENT;
            du hast mehr geld verdient
164         wie (.) en erFOLG;
            wie ein erfolg
165 MARw:   <<auf den Satz zeigend> okay es hat (.) es es hat;
166         (.) was ist den SATZ>;
167 TOBm:   was hast du profitiert (.) plu aso;
168         (.) was hast du daZUgelernt oder;
169 FINm:   [was hast du geLERNT;]
170 TOBm:   [(--) was wa;        ]
171         was ist das PLUS jetzt;
172 MARw:   (--) Okay.
173         (-) so (.) den (.) SATZ ist;
174         <<den Satz vorlesend> was könntest du in der gruppe EINbringen,
175         wie könntest du profiTIEren>;
176 TOBm:   (.) aso wie,
            also wie
177         (.) wie [konntest du profiTIEren;  ]
178 FINm:           [wie konntest du was LERnen;]
179         [(-) ja (.)                        ]
180 TOBm:   [wie konntest du was LERnon;]
181 FINm:   wie konntest du em MEHR lernen als du jetzt schon;
182 MARw:   [(--) okay;         ]
183 FINm:   [(--) DAS ist profitieren;]
184 TOBm:   (.) oder was;
185 MARw:   wir haben in der gruppe gut geARbeitet;
186 FINm:   mir händ <<kopfschüttelnd> gar nöd>
            wir haben gar nicht
187         mir händ eifach im moment grad <<lachend> gsproche>
            wir haben einfach im moment gerade gesprochen
188         ((Kinder schmunzeln und arbeiten individuell weiter))
```

Individuelle Begriffserklärungen: ökonomische Bedeutung von *profitieren*

Maria eröffnet die Gesprächssequenz mit der Frage nach der Bedeutung von *profitieren*. Die Schülerin bezieht sich dabei auf die schriftliche Reflexionsaufgabe: „Was konntest du in der Gruppe einbringen? Wie konntest du profitieren?" Als interaktiv zu bewältigenden Job lässt sich demnach das Klären der Wortbedeutung (und der damit verbundenen Aufgabenstellung) identifizieren. Maria ersucht Tobias und Finn um Hilfe, indem sie die Aufgabenstellung vorliest und fragt: „was heisst profiTIEren und (.)"/„was heisst profitie" (Z. 135 f.). Sie nimmt keine direkte Adressierung der Mitschüler vor, sondern schaut während der Formulierung der Frage auf das Arbeitsblatt. Dass Tobias sogleich zu einer Erklärung ansetzt (Z. 137) und sich auch Finn zu Wort meldet (Z. 142), weist darauf hin, dass sich beide als Gesprächspartner adressiert fühlen (vgl. Brandt 2015, S. 55). Was die sprachlichen Formen betrifft, so formuliert Maria ihre Frage in Standarddeutsch, was darauf hindeutet, dass sie Deutsch als Zweitsprache erwirbt.[4] Tobias setzt zu einer Erklärung an („profiTIEren ist so;", Z. 137), wobei er vage formuliert (Partikel *so*) und gleich wieder abbricht. Nach dem eigens initiierten Gesprächsabbruch setzt er mit der Rückfrage „weisst du was proFIT ist;" (Z. 138) zu einem neuen Turn an. Er formuliert ihn in Standarddeutsch, womit er sich Marias Varietätengebrauch anpasst. Maria übernimmt das Wort *Profit*, spricht es aber fragend aus, womit sie zum Ausdruck bringt, dass es für sie weiterer Klärung bedarf. Tobias fährt in seiner Erklärungshandlung fort, wobei er dieses Mal „eigentlich" ergänzt (Z. 141) und damit das Gesagte relativiert. Nach der Unterbrechung durch Finns Zwischenruf führt Tobias einen Vergleich über das Tertium Comparationis des Mehrwerts an („(--) profit ist eigentlich PLUS,", Z. 143). In den Zeilen 144 f. klären die beiden Jungen, wer das Rederecht für sich in Anspruch nehmen darf. Dass Tobias Finn um das Rederecht bittet und Finn eine Aufteilung vorschlägt, impliziert, dass sich beide als gleichberechtigte Gesprächspartner verstehen (vgl. Brandt 2015, S. 55). Tobias bemüht sich abermals um die Beantwortung von Marias Frage, wobei er sich zunächst semantisch am Wortfeld *Profit* orientiert (Z. 146–148). Erst in Zeile 149 fügt er inhaltlich etwas Neues hinzu („was hesch du deZUEglernt eigentlich;"), was nun auch Bezug zur Aufgabenstellung hat. Allerdings bezieht er sich mit „gschäftläbe" (Z. 151) sogleich erneut auf die ökonomische Bedeutung von *Profit*. Diese führt er noch weiter aus, stellt dann aber die Diskrepanz zur Schule fest (Z. 155) und wiederholt seine Erklärung mit Rückgriff auf *dazulernen*. Finn, der nach Abschluss von Tobias' Beitrag das Wort ergreift, bezieht sich in seinen

---

[4] Deutschschweizer Schüler*innen sprechen typischerweise Dialekt untereinander, wenn sie in Gruppen arbeiten (vgl. z. B. Luginbühl und Schmidlin 2024).

Ausführungen – in gewisser Hinsicht auch als Fortführung der Erläuterungen von Tobias – ebenfalls auf ökonomische Konzepte und führt das Beispiel der „immoBIlie;" (Z. 157) an. Auch er bemüht das Tertium Comparationis des Mehrwerts („und de verchauft dir zum bispiil s DOPpelte,", Z. 161) und bringt zudem noch den Bedeutungsaspekt des Fortschritts ein („wie (.) en erFOLG; ", Z. 164).

Bis hierhin liefern Tobias und Finn individuelle Begriffserklärungen: Die Jungen nehmen lediglich auf einer Meta-Ebene aufeinander Bezug (Beanspruchung des Rederechts, Z. 144 f.). Die Schüler sind ausdrücklich nicht um die gemeinsame Hervorbringung einer Erklärung bemüht, positionieren sich aber beide als helfend, wie in den Zeilen 144 und 145 zum Ausdruck kommt („FINN lass mich bitte churz erkläre;"/„du dusch DIN teil ich mach mine;").

Zunehmende Ko-Konstruktion: kontextbezogene Bedeutung von *profitieren*

Maria unterbricht die Erläuterungsversuche ihrer Mitschüler mit dem Einschub „okay" (Z. 165), was nur teilweise als Affirmation gelesen werden kann, da sie im gleichen Atemzug anfügt „es hat […] was ist den SATZ;" (Z. 165 f.) und damit weitere Klärung – mit Bezug auf die vorliegende Aufgabenstellung – einfordert. Tobias und Finn deuten Marias Reaktion als Unzufriedenheit respektive Unverständnis gegenüber den dargebotenen Erläuterungen. Beide reagieren unverzüglich und in Standarddeutsch, was – wie bereits angemerkt – nicht dem typischen Schweizer Varietätengebrauch entspricht. Der Wechsel der Varietät lässt vermuten, dass die Jungen den Dialektgebrauch als (eine) Ursache für die wiederholte Nachfrage von Maria identifizieren. Sie wählen nun die Varietät des Standarddeutschen, um auf der Ebene der Varietät bestmögliche Voraussetzungen für das Verstehen zu schaffen.[5]

Tobias reagiert auf Marias Aufforderung, indem er abermals auf *Plus* verweist, allerdings mitten im Wort abbricht (Z. 167), um dann seine Definition „daZUgelernt" (Z. 168) zum wiederholten Mal anzubringen. Finn bestärkt Tobias, indem er dessen Äußerung inhaltlich, aber sprachlich leicht modifiziert wiederholt (Z. 169, Paraphrasieren nach Krummheuer und Brandt 2001[6]). Maria reagiert erneut mit

---

[5] Rellstab (2021, S. 264) arbeitet in seinen Interaktionsanalysen zu Peergesprächen zwischen mehrsprachigen Schülerinnen und Schulern heraus, dass sie zuweilen Englisch einsetzen, um Verständnisprobleme in der Gruppe zu lösen. Diese Option wählen die Schüler*innen im vorliegenden Beispiel dagegen nicht.

[6] Krummheuer und Brandt (2001) schlagen die Sprechendenkategorien *Imitieren, Paraphrasieren* und *Traduzieren* vor. Diese unterscheiden sich danach, wie eigenständig die Sprechenden ihre Beiträge sprachlich realisieren und wie stark sie Verantwortung für das Gesagte übernehmen.

„Okay." (Z. 172) im Sinne einer teilweisen Affirmation respektive eines Turn-Taking-Signals und liest daraufhin die Aufgabenstellung laut vor: „so (.) den (.) SATZ ist;/was könntest du in der gruppe EINbringen,/wie könntest du profiTIEren;" (Z. 173–175). Während Tobias als Erster auf den etablierten Zugzwang reagiert, indem er Marias Äußerung imitiert (Z. 177), gibt Finn seine in Zeile 169 geäußerte Erklärung leicht modifiziert wieder („wie könntest du was LERnen; ", Z. 178). Tobias imitiert darauf Finns Formulierung (Z. 180), während Finn seine eigene Erklärung erweitert („wie könntest du em MEHR lernen als du jetzt schon;", Z. 181). Die beiden Jungen nähern sich somit einer kontextbezogenen Begriffserklärung. Während sie zu Beginn des Gesprächs auf Marias Frage dezidiert individuell reagiert haben, nehmen sie im zweiten Teil des Gesprächs (nach Z. 167) vermehrt aufeinander Bezug. Dies wird u. a. an den häufigeren Turn-Wechseln deutlich, aber auch an der Übernahme inhaltlich gleicher Aussagen bei leicht modifizierter Wortwahl (Paraphrasieren nach Krummheuer und Brandt 2001; vgl. Z. 169) und an Aussagen mit inhaltlicher *und* sprachlicher Übereinstimmung (Imitation nach Krummheuer und Brandt 2001; vgl. Z. 177, 180). Dass es in dieser Erklärsequenz keinen Wechsel der Varietät gibt – bis Z. 181 sprechen alle Beteiligten Standarddeutsch –, ist überdies Ausdruck einer stark ausgeprägten Adressat*innenorientierung. Im Vergleich zum Beginn, in welchem Maria, Finn und Tobias bei der Bedeutungsaushandlung nur teilweise aufeinander Bezug genommen haben, stellt die Kooperation nun deutlicher eine Ko-Konstruktion dar: Die gemeinsam ausgehandelte Bedeutung beinhaltet „für alle Beteiligten neue Deutungsaspekte" und eröffnet dabei „potenziell individuelle Lernprozesse" (Brandt und Höck 2011, S. 250).

Individuelle Reflexion

Maria reagiert im Gespräch schließlich zum dritten Mal mit „okay;" (Z. 182), das hier als affirmatives Signal gelesen werden kann, da sie daraufhin resümiert „wir haben in der gruppe gut geARbeitet;" (Z. 185) und sich anschließend der individuellen Reflexion widmet. Auch Tobias und Finn betrachten den interaktiv zu bewältigenden Job *Klären der Aufgabenstellung* als abgeschlossen, was sich einerseits an Finns Wechsel der Varietät und seiner Bemerkung zeigt („mir händ <<kopfschüttelnd> gar nöd>/mir händ eifach im moment grad <<lachend> gsproche> ", Z. 186 f.), die Marias Äußerung relativiert und ein Schmunzeln provoziert. Andererseits wird es darin deutlich, dass Tobias und Finn anschließend individuell weiterarbeiten. An Letzterem lässt sich ferner die implizite Übereinkunft ablesen, dass die Kinder die Bearbeitung der Reflexionsfrage *Was konntest du in deiner Gruppe einbringen, wie konntest du profitieren?* als (auch so vorgegebenen) individuellen Arbeitsauftrag verstehen und entsprechend keine kollektive Reflexion vornehmen. Demgegenüber – und dies hat die Analyse des Transkripts ebenfalls gezeigt – fassen die Kinder die (begriffliche) Klärung der Aufgabenstellung diskussionslos als gemeinsam zu bearbeitenden Job auf.

Zusammenfassung der Transkriptanalyse
Resümierend lässt sich festhalten, dass die Schüler*innen im angeführten Ausschnitt eine gemeinsame Begriffsklärung vornehmen. In der Interaktion wird eine Verschiebung von individuellen Erkläransätzen hin zu ko-konstruiertem Erklären sichtbar, das sich in zunehmender Interaktivität sowie größerer Adressat*innen- und Kontextorientierung manifestiert. Auf der Ebene der dafür eingesetzten pragmatischen Mittel (vgl. Hausendorf und Quasthoff 2005) zeigt sich:

- häufiges Turn-Taking, wiederholt mittels Frage – Antwort
- starke Bezugnahme aufeinander: Imitieren respektive Paraphrasieren (Krummheuer und Brandt 2001)
- adressat*innenorientiertes Code-Switching: Wechsel von Dialekt zu Standardsprache
- Anführen von (zunehmend auf die Aufgabenstellung bezogenen) Beispielen

3 Weitere interaktiv zu bearbeitende Jobs beim kooperativen Lernen

Nebst dem *Klären der Aufgabenstellung* können wir in unseren Daten weitere interaktiv zu bearbeitende Jobs rekonstruieren. Die fragmentarische Wabenstruktur soll illustrieren, dass diese Jobs für die Konstitution von kooperativen Lernsequenzen nicht zwingend sind (vgl. Fußnote 1) und dass es mutmaßlich weitere Jobs gibt, die in den vorliegenden Daten nicht oder zu wenig sichtbar werden (vgl. Abb. 2).

Einen Job möchten wir weiter besonders hervorheben: Wie unsere Daten zeigen, verbringen die Lernenden einen erheblichen Teil der Zeit damit, das Vorgehen zu thematisieren und zwar nicht nur zu Beginn, sondern auch während der kooperativen Arbeitsphase (vgl. auch Höck 2015, S. 218–221). Entgegen der verbreiteten Auffassung, dass Schüler*innen in kooperativen Settings möglichst wenig Zeit für Organisatorisches verwenden sollten (vgl. Patterson 2018; Pratt 2006), vertreten wir die Ansicht, dass gerade solche kommunikativen Handlungen für die Sprachentwicklung produktiv sein können: Das kooperative Klären von Organisatorischem hat das Potenzial, dass die beteiligten Schüler*innen bei entsprechender didaktischer Rahmung ihre kommunikativen Kompetenzen weiterent-

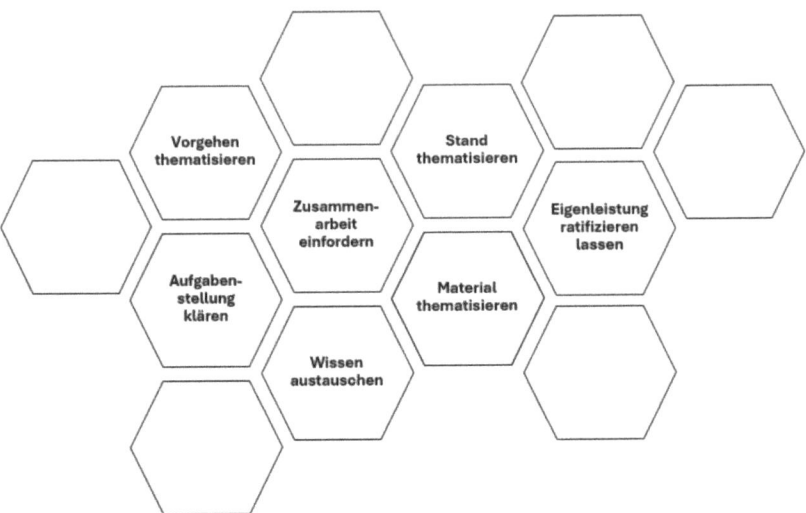

Abb. 2 Frequente interaktiv zu bewältigende Jobs in Gruppeninteraktionen zum kooperativen Lernen. (© Nell-Tuor/Schiesser)

wickeln (vgl. zu lernförderlichen Gesprächstechniken z. B. Michaels et al. 2010; Heller und Morek 2019).

4 Die Interaktion in kooperativen Lernsequenzen unterstützen

Das Gelingen von Gruppenarbeitsprozessen wird auf verschiedene kommunikative Faktoren zurückgeführt. Barnes und Todd nennen die folgenden:

- Initiierung und Verantwortungsübernahme,
- Nachfragen und Entlocken einer Position,
- Aufgreifen von Beiträgen und Weiterentwickeln,
- Würdigung und Einordnung für die weitere Aufgabenbearbeitung (Barnes und Todd 1995/2000, zit. nach de Boer 2015, S. 25).

Die kommunikativen Kompetenzen, die von den Autor*innen als Bedingung formuliert werden, werden im von uns analysierten Beispiel auf der sprachlichen Oberfläche sichtbar: Maria initiiert die Interaktionssequenz mit ihrer Frage nach der Bedeutung von *profitieren*, Finn und Tobias reagieren darauf. Zunehmend werden die Beiträge ko-konstruktiv gebildet, hauptsächlich über Bezugnahmen und Weiterentwicklungen, und letztlich wird die Sequenz gewürdigt (wobei dieser Aspekt vergleichsweise schwach ausgeprägt ist).

Um die Schülerinnen und Schüler bei der Bearbeitung der vielfältigen Jobs in kooperativen Settings zu unterstützen, lohnt sich ein zweifacher Zugriff: einer, der die Sprachhandlungskompetenz anvisiert, sowie einer, der die Sprachreflexion fokussiert. Ein denkbares Setting für die Förderung spezifischer Gesprächskompetenzen ist beispielsweise das Einüben von Phrasen über Modelling bzw. Scaffolding, die für die Bearbeitung der vier oben genannten Bereiche (vgl. Barnes und Todd 1995/2000, zit. nach de Boer 2015, S. 25) wichtig sind (vgl. etwa Schlatter et al. 2016, S. 48–49). Anschließend folgt die Anwendung dieser Phrasen in Kleingruppen. Möchte die Lehrperson auf die sprachreflexive Ebene abzielen, kann beispielsweise die Fishbowl-Methode (vgl. Lindauer und Senn 2010, S. 91–92) auf das Format kooperativer Lernsequenzen übertragen werden: Dabei bearbeitet eine kleine Gruppe von Lernenden eine kooperative Lernsequenz, während sie von einer größeren Gruppe von Lernenden beobachtet wird, die anschließend Feedback geben. Das Gespräch wird unter Anleitung der Lehrperson ausgewertet. Auf diese Weise mit den Schüler*innen darüber nachzudenken, was erfolgreiches Bewältigen einer kooperativen Lernsequenz ausmacht und wie gut man darin reüssiert, stellt eine Möglichkeit dar, um Gesprächskompetenz in schulischen Gruppeninteraktionen zu fördern. Dienlich hierbei können auch Selbsteinschätzungsbögen sein, welche die vielseitigen Anforderungen kooperativer Lernsettings berücksichtigen (vgl. z. B. Klein 2013, S. 22–26).

5 Fazit

Kooperative Lernsequenzen stellen hohe kommunikative Anforderungen an Schülerinnen und Schüler: Die Lernenden sollen gemeinsam ein fachliches Problem lösen und diesen Problemlöseprozess als Gruppe weitgehend selbstständig organisieren. Der vorliegende Beitrag fokussiert interaktiv zu bearbeitende Jobs und geht insbesondere auf die kooperative Begriffsklärung ein: Am Transkript wird beispielhaft gezeigt, wie Tobias, Finn und Maria miteinander die Bedeutung von *profitieren* aushandeln, um so die an sie gerichtete Aufgabenstellung zu klären. Dabei zeigt sich eine Entwicklung von zunächst individuellem Erklären hin zu ko-konstruktivem Erklären, das u. a. auf eine stärkere Bezugnahme der Kinder untereinander zurückzuführen ist. Was hier passiert, ist aus Sicht der Institution Schule mehr als erwünscht: Die Kinder bemühen sich als Gruppe selbstständig um eine gemeinsame Begriffsklärung. Begünstigt wird die Interaktion durch das in der Gruppe unterschiedlich verteilte Wissen: Tobias und Finn verfügen über die erforderliche lexikalische Kompetenz, die Maria für das Verstehen der Aufgabenstellung fehlt (vgl. dazu auch Deiglmayr und Schalk 2015). Voraussetzung für die gelingende Interaktion ist, dass die Schüler*innen über fachunabhängige pragmatische Mittel und sprachliche Formen verfügen, um die für kooperative Lernsequenzen zentralen interaktiv zu bearbeitenden Jobs zu bewältigen: z. B. Hilfe respektive Klärung einzufordern und auch anzubieten (Maria signalisiert durch Fragen ihr Nicht-Verstehen, Tobias und Finn reagieren darauf). Als ein Auftrag der Schule kann somit festgehalten werden, die Lernenden darin zu unterstützen, kompetente Gesprächspartner*innen zu werden (vgl. z. B. Michaels et al. 2010; Heller und Morek 2019). Welche spezifischen Kommunikationskompetenzen es braucht, um kooperative Lernsequenzen erfolgreich zu meistern, muss allerdings weiter untersucht werden. Nur so wird es möglich sein, konkrete handlungsleitende Hinweise für die didaktische Rahmung kooperativer Lernsequenzen zu formulieren.

Transkriptionslegende:

akZENT	Fokusakzent
(.) / (-) / (--) / (---)	Mikropause / kurze Pause / mittlere Pause / lange Pause
? / , / ; / .	Intonation: hoch steigend / mittel steigend / mittel fallend / tief fallend
[ ] [ ]	Überlappung
<<lachend> also nein>	Paraverbales
(XXX xxx)	unverständlich
(( ))	Kommentierender Einschub der Transkribierenden zu Handlungen

Literatur

Brandt, Birgit (2015): Partizipation in Unterrichtsgesprächen. In: de Boer, H./Bonanati, M. (Hrsg.): *Gespräche über Lernen – Lernen im Gespräch*. Wiesbaden: Springer, S. 37–60.

Brandt, Birgit/Höck, Gyde (2011): Ko-Konstruktion in mathematischen Problemlöseprozessen – partizipationstheoretische Überlegungen. In: Brandt, B./Vogel, R./Krummheuer, G. (Hrsg.): *Die Projekte erSTMaL und MaKreKi. Mathematikdidaktische Forschung am „Center for Individual Development and Adaptive Education" (IDeA)*. Münster: Waxmann, S. 245–284.

Borsch, Frank (2019): *Kooperatives Lernen. Theorie – Anwendung – Wirksamkeit*. 3., aktualisierte Auflage. Stuttgart: Verlag W. Kohlhammer (= Lehren und Lernen).

de Boer, Heike (2015): Lernprozesse in Unterrichtsgesprächen. In: de Boer, H./Bonanati, M. (Hrsg.): *Gespräche über Lernen – Lernen im Gespräch*. Wiesbaden: Springer, S. 17–36.

Deiglmayr, Anne/Schalk, Lennart (2015): Weak versus strong knowledge interdependence: A comparison of two rationales for distributing information among learners in a collaborative learning setting. In: *Learning and Instruction*, 40, S. 69–78.

Edmondson, Willis J. (2001): Conversation Analysis and Language Teaching. In: Brinker, K./Antos, G./Heinemann, W./Sager, S. F. (Hrsg.): *Text- und Gesprächslinguistik. Ein internationales Handbuch zeitgenössischer Forschung*. Berlin: Walter de Gruyter, S. 1691–1689.

Green, Norm/Green, Kathy (2006): *Kooperatives Lernen im Klassenraum und im Kollegium. Das Trainingsbuch*. Kallmeyer.

Hausendorf, Heiko/Quasthoff, Uta M. (2005): *Sprachentwicklung und Interaktion. Eine linguistische Studie zum Erwerb von Diskursfähigkeiten*. Radolfzell: Verlag für Gesprächsforschung.

Heller, Vivien/Morek, Miriam (2019): Fachliches und sprachliches Lernen durch diskurs(erwebs)orientierte Unterrichtsgespräche. Empirische Evidenzen und Desiderate mit Blick auf inklusive Settings. In: *Didaktik Deutsch*, 24/46, S. 102–121.

Höck, Gyde (2015): *Ko-Konstruktive Problemlösegespräche im Mathematikunterricht der Grundschule. Eine mikrosoziologische Studie zum Zusammenspiel lernpartnerschaftlicher Ko-Konstruktion und individueller Partizipation*. Münster/New York: Waxmann.

Jurkowski, Susanne/Hänze, Martin (2012): Kooperatives Lernen aus dem Blickwinkel sozialer Kompetenzen. In: *Unterrichtswissenschaft – Zeitschrift für Lernforschung*, 40, S. 259–276.

Klein, Kerstin (2013): *Unterrichtsmethoden klipp und klar. Praxishandbuch individuelles, gemeinsames und kooperatives Lernen*. Hamburg: AOL-Verlag.

Krummheuer, Götz/Brandt, Birgit (2001): *Paraphrase und Traduktion. Partizipationstheoretische Elemente einer Interaktionstheorie des Mathematiklernens in der Grundschule*. Weinheim und Basel: Beltz.

Kumpulainen, Kristiina/Kaartinen, Sinikka (2000): Situational mechanisms of peer group interaction in collaborative meaning making. In: *European Journal of Psychology of education*, XV (4), S. 431–454.

Lindauer, Thomas/Senn, Werner (2010): *Die Sprachstarken 6. Deutsch für die Primarschule*. Kommentarband mit CD-ROM. Zug: Klett und Balmer Verlag.

Luginbühl, Martin/Schmidlin, Regula (2024): „Müemer jetz würklich Hochdütsch rede?" Sprachwahl und Sprachwechsel in schulischen Gruppengesprächen. In: Hauser, St./Schiesser, A. (Hrsg.): *Standarddeutsch und Dialekt in der Schule*. Bern: hep, S. 106–134.

Michaels, Sarah/O'Connor, Mary C./Williams Hall, Megan/Resnick, Lauren B. (2010): *Accountable Talk® Sourcebook: For Classroom Conversation that works*. Institute for Learning. University of Pittsburgh.

Nell-Tuor, Nadine (2019): Sprache und Partizipation in kooperativen Lernsettings. In: Hauser, St./Nell-Tuor, N. (Hrsg.): *Sprache und Partizipation im Schulfeld*. Bern: hep, S. 132–161.

Patterson, Eira W. (2018): Exploratory talk in the early years: Analysing exploratory talk in collaborative group activities involving younger learners. In: *Education 3–13*, 46/3, S. 264–276.

Pratt, Nick (2006): *Interactive Maths Teaching in the Primary School*. London: Paul Chapman Publishing.

Rellstab, Daniel H. (2021): *Legitime Sprachen, legitime Identitäten. Interaktionsanalysen im spätmodernen „Deutsch als Fremdsprache"-Klassenzimmer*. Reihe Interkulturalität: Studien zu Sprache, Literatur und Gesellschaft. Bielefeld: transcript.

Reusser, Kurt (2005): Problemorientiertes Lernen – Tiefenstruktur, Gestaltungsformen, Wirkung. In: *Beiträge zur Lehrerbildung*, 23(2), S. 159–182.

Schlatter, Katja/Tucholsky, Yvonne/Curschellas, Fabiola (2016): *DaZ unterrichten. Ein Handbuch zur Förderung von Deutsch als Zweitsprache in den Bereichen Hörverstehen und Sprechen*. Bern: Schulverlag plus.

„Aber mit Fahrrädern halt und aus Plastemüll" – Die Erfindung eines Wasserfahrzeugs im kollektiven Gespräch

Matthea Wagener

Zusammenfassung

Unter dem Gesichtspunkt der (fachlichen) Bezugnahme aufeinander wird in diesem Beitrag das gemeinsame Bearbeiten einer Sachunterrichtsaufgabe im Lerntandem beleuchtet. Übereinstimmend mit den wenigen Forschungen zum kollektiven Fachgespräch zwischen Schüler*innen im Sachunterricht kann die Analyse eines Transkripts Aufschlüsse über individuelle Lernzugänge, Aneignungsprozesse und die Komplexität der spezifischen Handlungsmuster von Schüler*innen beim Zusammenarbeiten geben. Diese können wiederum zum Verständnis des Lernens im Sachunterricht beitragen.

Schlüsselwörter

Kollektives Fachgespräch · Lernpartnerschaft · Sachunterricht · Wasserfahrzeug · Videostudie

---

M. Wagener (✉)
Institut für Erziehungswissenschaft, Technische Universität Dresden,
Dresden, Deutschland
E-Mail: matthea.wagener@tu-dresden.de

© Der/die Autor(en), exklusiv lizenziert an Springer Fachmedien Wiesbaden GmbH, ein Teil von Springer Nature 2025
H. de Boer, D. Merklinger (Hrsg.), *Dialog als interaktive Praxis*, Edition Fachdidaktiken, https://doi.org/10.1007/978-3-658-48376-0_17

1 Überlegungen zur Relevanz des kollektiven Fachgesprächs im Unterricht

Betrachtet man die Fachliteratur zum kollektiven Gespräch im Grundschulunterricht, so zeigt sich eine Vielfalt an Ausprägungen in der Sozial- und Kooperationsform (vgl. Brandt 2015, S. 37). Das kollektive Fachgespräch kann zwischen Lehrer*innen und Schüler*innen im Klassenplenum, zwischen Lehrer*in und Schüler*in mit und ohne Klassenöffentlichkeit, zwischen Schüler*innen in Form einer Gruppenarbeit, aber auch in Lernpartnerschaften stattfinden. Gespräche haben eine wichtige Bedeutung für das Lernen (vgl. de Boer und Bonanati 2015) und benötigen Zeit im Unterricht, damit Schüler*innen aus Erfahrungen und Informationen Bedeutung entwickeln können (vgl. Barnes und Todd 1995). Mit theoretischem Bezug auf Wygotski (1987) wird dem Gespräch im Unterricht eine hohe Lernwirksamkeit zugeschrieben, die sich daraus ergibt, dass individuelle „höhere geistige Funktionen" (Wygotski 1987, S. 83) wie z. B. logisches Denken ihren Ursprung in Formen sozialer Interaktion haben. Mercer und Littleton (2007, S. 58 f.) heben in ihrer Entwicklung einer Gesprächstypologie den *exploratory talk* als besonders lernförderlich hervor (vgl. ausführlich die Beiträge von de Boer und von Twiner in diesem Band). Dieser ist dadurch charakterisiert, dass sich die Gesprächspartner*innen kritisch-konstruktiv mit ihren jeweiligen Ideen auseinandersetzen. Aussagen und Vorschläge werden angeboten, ihnen kann zugestimmt, aber auch widersprochen werden, Informationen werden zusammengeführt, um neue Bedeutungen, Wissen und Verständnis zu schaffen (vgl. Mercer und Littleton 2007, S. 58 f.).

Hänze und Jurkowski (2022) verdeutlichen mit dem Begriff der *transaktiven Kommunikation* die fachliche Bezugnahme der Lernpartner*innen aufeinander. Unter transaktiver Kommunikation verstehen sie, dass die Gesprächspartner*innen mit ihren fachlichen Beiträgen diese wechselseitig aufgreifen und weiterentwickeln, sodass im Gesprächsverlauf eine gemeinsame Aufgabenlösung entsteht (vgl. Hänze und Jurkowski 2022, S. 144). Den Autor*innen zufolge lassen sich niedrig-transaktive Äußerungen, in denen die Lernenden die Ideen ihrer Lernpartner*innen mit eigenen Worten wiedergeben und veranschaulichen und dadurch ihr gegenseitiges Verständnis sichern, von hoch-transaktiven Äußerungen unterscheiden, bei denen Lernende die Gedanken ihrer Gruppenmitglieder weiterentwickeln hin zu einer vollständigeren Aufgabenlösung. Die beiden Bereiche transaktiver Kommunikation unterscheiden sich in der Intensität, in der Lernende auf die Ideen ihrer Gruppenmitglieder Bezug nehmen und darauf aufbauend kognitiv und kommunikativ operieren (vgl. Hänze und Jurkowski 2022, S. 145). Diese Bezugnahme der Lernenden aufeinander, die sich nicht nur als eine wechselseitige

Koordination individueller Konstruktionen, sondern als sozialer Aushandlungs- und Kooperationsprozess vollzieht, wird im Folgenden als Ko-Konstruktionsprozess verstanden (vgl. Brandt und Höck 2011, S. 247 f.). Dieser drückt sich nicht nur auf der fachlichen Ebene aus, sondern basiert auf einer engen Wechselwirkung mit der organisatorischen Ebene (Anforderungen der Aufgabe klären) und der sozialen Ebene (Aushandlung der Rolle der Lernenden) (vgl. Last 2025, S. 56–64). Die Ausdifferenzierung der drei Ebenen ermöglicht, Aushandlungs- und Kooperationsprozesse von Schüler*innen (Ko-Konstruktionsprozesse) bei der Aufgabenbearbeitung zu rekonstruieren (vgl. Abschn. 3).

2 Forschung zum Gespräch zwischen Schüler*innen im Sachunterricht

Für den Grundschulbereich lässt sich feststellen, dass Studien zum Gespräch bzw. zum Lernen in Lernpartnerschaften im Sachunterricht noch äußerst selten sind. Gertrud Beck hat bereits 2002 darauf aufmerksam gemacht, dass es keine Forschung zu Aneignungs- und Erwerbsprozessen von Kindern im Sachunterricht gäbe (vgl. Beck 2002). In der Sachunterrichtsdidaktik wird zwar die Bedeutung von Sprache für den Erwerb von Fachwissen und fachbezogenen Kompetenzen zunehmend diskutiert, aber „dennoch fehlt es an einer systematischen sachunterrichtsdidaktischen Forschung, die diese Zusammenhänge differenziert thematisiert" (Giest et al. 2021, S. 11). Inzwischen gibt es jedoch Studien zum Philosophieren mit Kindern, die sich im Kontext des Sachunterrichts mit den entwicklungs- und lernförderlichen Wirkungen des Philosophierens auseinandersetzen (vgl. Michalik 2018, S. 27). Den Fokus auf die Prozessqualität des Philosophierens mit Kindern legt de Boer (2018), indem sie mit Blick auf das ‚joint meaning making' beim Philosophieren im Sachunterricht herausarbeitet, welche Bedingungen für ein kollektives Argumentieren gegeben sein müssen, das zu einer gemeinsam geteilt geltenden Bedeutung führt (vgl. de Boer 2018, S. 33).

Insgesamt sind Untersuchungen im Sachunterricht, die das Lernen im Gespräch zwischen Schüler*innen aus einer mikrosoziologischen Perspektive in den Blick nehmen, immer noch sehr selten und sollen daher in den beiden folgenden Abschnitten umrissen werden. Dabei werden Studien, die das (angeleitete) Peer-Tutoring untersuchen, von Beiträgen unterschieden, die aufgabenbezogene Lernprozesse von Schüler*innen in Lernpartnerschaften in den Mittelpunkt des Forschungsinteresses stellen.

2.1 Peer-Tutoring im Sachunterricht

Das Forschungsprojekt „Das Miteinander lernen – frühe politisch-soziale Bildungsprozesse" (Kaiser und Lüschen 2014) fokussiert im Rahmen des Übergangs von der Kindertagesstätte zur Grundschule das altersgemischte Lernen zwischen Peers. In sogenannten Peer-Tutorings wird untersucht, „inwiefern es bereits Kindern des Primar- und Elementarbereichs gelingt, selbstständig im Tandem an sachunterrichtsrelevanten Inhalten zu arbeiten und welche Aspekte bezüglich Aufgabenstellungen, Hilfen und Interventionen zu beachten sind" (Lüschen und Kaiser 2014, S. 170). Die Autorinnen belegen, dass Peer-Tutoring eine erfolgreiche Lernform für die Auseinandersetzung mit politisch-sozialen Themen sein kann, jedoch einer gezielten Vorbereitung bedarf (vgl. Kaiser und Lüschen 2014, S. 170 f.).

Ähnliche Aussagen trifft Kordulla (2017) im Rahmen ihres Forschungsprojektes, in welchem Erstklässler*innen mit Vorschulkindern zu naturwissenschaftlich-technischen Themen zusammenarbeiten: Sie resümiert in ihrer Untersuchung, dass die Kinder über das vorgegebene Thema hinaus Bedeutung und Wissen ko-konstruierten. Die Befunde aus der Befragung der Kinder zu ihren Erfahrungen mit dem Peer-Lernen verweisen auf die bedeutende Rolle der Lernbegleitung (vgl. Kordulla 2017, S. 232).

Auch international spielt das gemeinsame Arbeiten im Sachunterricht in Form von Peer-Tutoring in der Forschung eine wichtige Rolle. So untersuchten Topping et al. (2004) bereits vor 20 Jahren im Rahmen eines „Paired Sciene"-Programms altersübergreifende Interaktionen und stellten fest, dass die Tutees (jüngere Kinder) größere kognitive Zugewinne erzielten als ihre älteren Tutor*innen (vgl. Topping et al. 2004).

2.2 Aufgabenbearbeitung in Lernpartnerschaften

Aktuell finden sich im Sammelband „Beobachten im fachdidaktischen Kontext" (de Boer et al. 2022) Beiträge, die sich mit Gesprächen bei der Aufgabenbearbeitung von Kindern im Sachunterricht auseinandersetzen und deren Ko-Konstruktionsprozesse im Hinblick auf den sachlichen Gegenstand beleuchten.

De Boer und Breuning (2022) rekonstruieren ein dyadisches Gespräch, in dem zwei Schüler*innen mit Lupen eine Gerbera-Topfpflanze untersuchen, und differenzieren die Relevanz von Schüler*innenfragen für den Sachunterricht aus (vgl. de Boer und Breuning 2022, S. 135–147). Die rekonstruierte Interaktion expliziert die von den Schüler*innen hervorgebrachten Fragen, die von den Autor*innen als komplex und tiefgründig eingeordnet werden. Sie machen sichtbar, „wie weitreichend bereits die Fragen von Kindern im Anfangsunterricht sein können, wenn ihnen Spielräume eröffnet werden, Fragen gemeinsam zu entwickeln" (de Boer und Breuning 2022, S. 145). Diese können entstehen, wenn keine vorschnellen Interventionen vonseiten der Lehrperson erfolgen.

Bonanati und Skorsetz (2022) rekonstruieren in ihrem Beitrag, wie eine Gruppe von vier Viertklässlern in einem interaktiven Austausch die Frage nach den Bedeutungsdimensionen des Begriffs „Hindernis" im Kontext der Radfahrausbildung aushandelt (vgl. Bonanati und Skorsetz 2022, S. 149–163). Die Autorinnen stellen in ihrer Analyse unterschiedliche Perspektiven der beobachteten Schüler und der Lehrerin auf das Verständnis des Begriffs „Hindernis" fest, was jedoch im Unterricht nicht thematisiert wird. Die Verfasserinnen regen dazu an, eine „*perspektivensensible* Begriffsarbeit" (Bonanati und Skorsetz 2022, S. 161; Hervorh. i. O.) zu leisten, um zu einer Begriffserweiterung beizutragen und den Blick auf situative Aushandlungen am fachlichen Gegenstand zu richten.

Jähn und Wagener (2022) stellen in ihrem Beitrag einen Ausschnitt aus ihrer Videostudie zur gemeinsamen Aufgabenbearbeitung von Grundschulkindern in jahrgangsübergreifenden Lerntandems vor (vgl. Jähn und Wagener 2022, S. 101–115). Anhand einer videografierten Unterrichtssequenz wird rekonstruiert, welche eigenen Vorstellungen und Deutungen die beiden gefilmten Schüler im Gespräch hervorbringen und wie sie ihr Thema vorantreiben. Durch die Ko-Konstruktion wird nicht nur Wissen generiert, sondern auch eine Haltung zur Welt zum Ausdruck gebracht. Gerade diese Wahrnehmung der Schülerperspektiven ermöglicht die Konzeptionierung fachlicher Anschlussaufgaben.

Auch wenn die einzelnen Beiträge unterschiedliche Kontexte des Sachunterrichts in den Blick nehmen, so ist ihnen dennoch gemeinsam, dass sie vom Lernen der Schüler*innen selbst ausgehen, um deren Perspektiven auf die gemeinsame Bedeutungsaushandlung zu rekonstruieren und damit zum Verständnis von kollektiven Lernprozessen beizutragen.

3 Jana und Fine im kollektiven Fachgespräch

Im folgenden Abschnitt werden zunächst Überlegungen angestellt, wie *Momente des kollektiven Fachgesprächs* identifiziert werden können. Anschließend wird der Forschungskontext (*Entstehung des Transkripts, Beschreibung der Aufgaben, Fragen zum Bearbeitungsprozess*) beschrieben, in dem Jana und Fine während des kollektiven Fachgesprächs videografiert wurden. Schließlich werden die *Transkripte* dargestellt und gedeutet.

Momente des kollektiven Fachgesprächs
Um Momente des kollektiven Fachgesprächs bestimmen zu können, werden die bereits in Abschn. 1 benannten Interaktionsebenen in den Blick genommen. Die *soziale Ebene* umfasst die Art der Beziehung, in der die Schüler*innen zueinander stehen. Kinder agieren im Unterricht nicht nur als Schüler*innen, sondern auch in ihrer Rolle als Peers. Das bedeutet, dass Praktiken der Selbstdarstellung, der Positionierung sowie der Adressierung zum Ausdruck gebracht werden, durch die Kinder Bilder von sich selbst und von anderen entwerfen (vgl. de Boer 2006, S. 202 f.). Diese können sich in der Interaktion als Symmetrie aber auch als Asymmetrie in Form von Konflikten äußern. Insofern stellt sich bei der Rekonstruktion des Transkripts auch die Frage nach den Positionierungen und dem Rollenverhältnis der beiden Schüler*innen. Die *organisatorische Ebene* zeigt sich insbesondere bei der Bearbeitung einer Aufgabe im Lerntandem, da die Lernpartner*innen Handlungsabfolgen und Tätigkeiten, die zur Lösung der Aufgabe führen, koordinieren und abstimmen müssen (vgl. Höck 2015, S. 220). Die *fachlich-inhaltliche Ebene* fokussiert auf fachliche Themen, sodass es zu einer Auseinandersetzung mit einem inhaltlichen Gegenstand kommt und soziale und organisatorische Themen eher zurückgestellt werden (vgl. Last 2025, S. 62). Die getrennt beschriebenen drei Ebenen sind in enger Wechselwirkung zu sehen, was sich auch in den Gesprächssequenzen dieses Beitrags zeigt und im Verständnis des *joint meaning making* (Kumpulainen und Kaartinen 2000, S. 432) zum Ausdruck kommt: die gemeinschaftlich gelingende Bedeutungsaushandlung im Problemlöseprozess. Als Bedingungen für eine ko-konstruktive Aufgabenlösung können folgende Kriterien gelten: „Wechselseitigkeit des Austauschs (Reziprozität), gemeinsame Aufgabenfokussierung, Koordination der (gemeinsamen) Zielsetzung" (Barron 2009, S. 403, zitiert nach Höck 2015, S. 106). Darauf wird an späterer Stelle noch näher eingegangen.

Entstehung des Transkripts
Das Transkript entstand im Rahmen eines Forschungsprojektes, das unter Leitung der Autorin zusammen mit Daniela Jähn und Tina Walther an der Technischen Universität Dresden durchgeführt wurde. Im Mittelpunkt stand die auf Kooperation angelegte Bearbeitung von Aufgaben im Sachunterricht. Dabei wurden jahrgangsübergreifende Schüler*innentandems über einen Zeitraum von zwei Schuljahren in etwa vierwöchigen Abständen bei der gemeinsamen Arbeit gefilmt. Eine Besonderheit lag darin, dass den Schüler*innen jeweils zu zweit ein Aufgabenblatt vorlag. Insgesamt wurden sechzehn jahrgangsübergreifende Tandems an vier verschiedenen Grundschulen in Berlin und Sachsen videografiert (vgl. Wagener 2022). Die Untersuchung zielte unter anderem darauf ab, Erkenntnisse über die Er-

möglichung jahrgangsübergreifenden Lernens im Sachunterricht zu gewinnen. Gefragt wurde, wie Schüler*innen die Aufgaben bearbeiten, wie ihnen ein fachlicher Austausch gelingt und welche Lernpotenziale sich durch die Jahrgangsmischung ergeben.

Beschreibung der Aufgaben
Im Rahmen der im Unterricht behandelten Sachunterrichtsthemen erhielten die Kinder ein Aufgabenblatt, das in Absprache mit der jeweiligen Lehrkraft thematisch gestaltet wurde. In der hier ausgewählten Unterrichtssequenz bearbeiteten Jana (2. Jahrgang) und Fine (3. Jahrgang) ein Aufgabenblatt zum Thema „Wasserfahrzeug im Spreewald", das im Zusammenhang mit dem geplanten Klassenausflug stand.
Folgende Fragen sollten bearbeitet werden:

1. Tauscht euch aus: Welche Möglichkeiten gibt es, Dinge oder Personen über das Wasser durch den Spreewald zu transportieren?
2. Erfindet gemeinsam ein Wasserfahrzeug. Schreibt dazu oder zeichnet.
3. Warum sollte es euer Fahrzeug unbedingt geben? Begründet gemeinsam.

Fragen zum Bearbeitungsprozess
Auf der Grundlage einer transkribierten Gesprächssequenz wird der Frage nachgegangen, wie sich der Bearbeitungsprozess zwischen den beiden Gesprächspartner*innen vollzieht. Gefragt wird nach den Ko-Konstruktionsprozessen, d. h. wie die Schüler*innen ihre Ideen zur Erfindung eines Wasserfahrzeugs aushandeln, wie sie ihre Arbeit organisieren und wie sie sich bei der Aufgabenbearbeitung sozial positionieren.

Transkript mit Deutungen
Das Transkript umfasst zwei Sequenzen, in der die Aufgabe 2 (Erfindung eines Wasserfahrzeugs, s. o.) von den beiden Mädchen bearbeitet wird. Die erste Sequenz umfasst die Interaktionseinheit (vgl. Krummheuer 2011, S. 236), in der die beiden Mädchen die Idee eines Wasserfahrzeugs aushandeln. Die zweite Sequenz fokussiert die Darstellung der Idee in Form einer beschrifteten Skizze auf dem Arbeitsblatt. Das Transkript der ersten Sequenz beginnt damit, dass Jana die Aufgabe vorliest (vgl. Abb. 1).

Jana liest die zweite Aufgabe vor und lenkt damit den bevorstehenden Arbeitsprozess. Mit dem Akt des Vorlesens teilt Jana die Aufgabenstellung mit Fine und eröffnet auf der organisatorischen Ebene die gemeinsame Grundlage für die

```
001  Jana:   < liest vor > ERFINDET gemeinsam ein wasserfahrzeug schreibt dazu oder zeichnet
002  Fine:   okay gut
003          ((räuspert sich))
004          ich WEISS es
005          ein TRETBOOT
006          kennst du so ne tretböter?
007  Jana:   nein
008          ja=aber wir sollen ja selber eins erfinden
009  Fine:   ja
010  Jana:   das gibt es ja schon
011  Fine:   ich WEISS
012          nein=ich meine ich hab schon eine richtig gute idee
013          so ein tretboot
014  Jana:   hm_hm?
015  Fine:   mit so nem mit so zwei fahrrädern wo man dann so draufsitzt und dann so treten muss
016          und unten ist dann so ein teil dran ähm an an dem fahrradrad unten und das dreht sich
017          dann mit und dann dreht und das sind dann so ne dinger und dann dreht sich das halt
018          so
019  Jana:   na=das gibt es aber schon
020          tretboot ist ja
021  Fine:   ja
022  Jana:   [im prinzip dasselbe]
023  Fine:   [aber mit FAHRRÄDERN] (.) halt und aus plastemüll
024          aus (.) ganz vielen (2.0) flaschen
025  Jana:   [nein ich] (2.0)
026          ah warte mal
027          <das Blatt umdrehend> darf ich mal
028          warte
029          kannst du mir mal kurz einen bleistift zum zeichnen geben danke
030  Fine:   aber dann ((unverständlich))
031  Jana:   irgendwie so
032  Fine:   nein=wir können ja erstmal auf hier aufzeichnen und das dann wegradieren
033  Jana:   warte ich hab ne idee
034  Fine:   nein=hier oben müssen wir ja vielleicht noch schreiben
035          <das Blatt umdrehend> wir können es doch dann eh hierhin schreiben
036  Jana:   ja stimmt ja ja hier
037  Fine:   aber leicht
```

Abb. 1 Transkriptausschnitt I

Aufgabenbearbeitung: die gemeinsame Fokussierung auf die Erfindung. Fine zeigt sich damit einverstanden (Z. 002: „okay gut"). Nach einem kurzen Räuspern stellt sie ihre Idee vor, wobei sie sich als Schülerin positioniert, die „etwas weiß" (Z. 004). Mit der Frage, ob Jana „solche Tretböter" (Z. 006) schon kennt, lässt Fine ihre Lernpartnerin an ihrer Idee teilhaben. Jana verneint dies zunächst (Z. 007), wobei dieses „Nein" bereits auf Fines Idee der Erfindung verweist, denn Jana lehnt Fines Vorschlag mit der Begründung ab, dass dies keine Erfindung sei (Z. 010: „das gibt es ja schon"). Damit positioniert Jana ihre Lernpartnerin als diejenige, die die Aufgabe der Erfindung (noch) nicht erfüllt. Fine widerspricht, indem sie zu verstehen gibt, dass sie dieses Wissen hat (Z. 011) und ihren neuen Vorschlag als „schon eine richtig gute Idee" (Z. 012) bezeichnet. Damit erweitert sie ihre ursprüngliche Idee um die Kombination mit Fahrrädern und versucht, ihr Wissen mitzuteilen, indem sie Jana den Antrieb erklärt (Z. 015–018).

Jana widerspricht erneut mit dem Argument, dass es „das" schon gäbe (Z. 019) und beurteilt den Antrieb des Tretboots im Vergleich zum Fahrrad als „im Prinzip dasselbe" (Z. 022). Fine setzt erneut an und ergänzt ihre Idee mit „Plastemüll aus ganz vielen Flaschen" (023–024), womit sie ihre Idee als Erfindung legitimiert. Jana widerspricht zunächst mit einem „nein, ich" (Z. 025), dreht dann aber das Arbeitsblatt um und bittet Fine um einen Stift zum Zeichnen (Z. 027–029). Jana will die Idee „irgendwie so" (Z. 031) auf dem Arbeitsblatt umsetzen. Diesem Vorschlag widerspricht Fine auf arbeitsorganisatorischer Ebene mit der Begründung, so zu zeichnen, dass man wegradieren kann (Z. 032). Jana geht auf diesen Widerspruch nicht ein, sondern erwidert, dass sie eine Idee hat (Z. 033). Fine widerspricht erneut und begründet ihren Vorschlag der Blattaufteilung damit, dass sie so genug Platz zum Schreiben haben. Dabei verwendet sie das Personalpronomen „wir", mit dem sie die kooperative Bearbeitung der Aufgabe mit Blick auf die gemeinsame Lösungsfindung unterstreicht (Z. 034–035). Jana zeigt sich mit Fines Vorschlag einverstanden (Z. 036), wobei Fine die Aufforderung „aber leicht" (Z. 037) hinzufügt, um offenbar die Möglichkeit des sauberen Radierens zu gewährleisten. Damit positioniert sich Fine als Schülerin, die die schulische Ordnung der übersichtlichen Bearbeitung eines Arbeitsblattes aufrechterhalten möchte.

In der nun folgenden zweiten Sequenz werden die Ideen zur Erfindung des Wasserfahrzeugs in Form einer Skizze aufgezeichnet (vgl. Abb. 2).

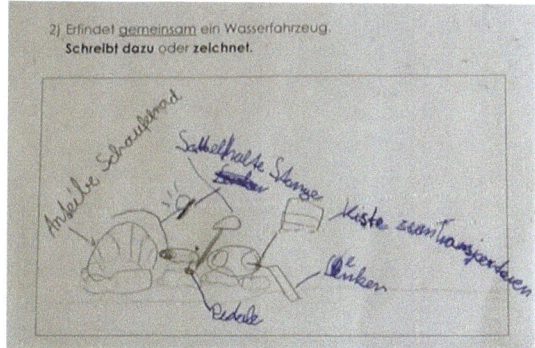

Abb. 2 Skizze eines Wasserfahrzeugs. (© Matthea Wagener)

```
038   Jana:   also vielleicht so (.) dass wir hier irgendwie FLASCHEN (2.0) machen (2.0)
039           so plastemüll oder so
040   Fine:   hm_hm (3.0)
041           ja (2.0)
042           also gut?
043   Jana:   ja und ähm also DAS so an beiden seiten (.) hier
044           hier hinten ist auch noch eine flasche
045   Fine:   hm_hm
046           ja? (2)
047   Jana:   und hier in der mitte ist halt so nen großes rad (2.0)
048           das hat hier also das hat im prinzip so wie bei nem schaufelradschiff so ungefähr
049           hier oben also hier sind halt immer flaschen die sind mit luft gefüllt und dann müsste
050           es normalerweise schwimmen können dazu müsste es eigentlich AUCH aus HOLZ
051           sein, weil das ja dann (.) ziemlich leicht ist
052           also hier sind dann überall flaschen (2.0) halt und dann (.)
053   Fine:   ja?
054   Jana:   hinten ist AUCH noch so ein rad und das ist halt betrieben wie n fahrrad mit der
055           KETTe und
056   Fine:   ja=würd ich auch machen
```

Abb. 3 Transkriptausschnitt II

Die Skizze des Wasserfahrzeuges wird im Entstehen von Jana und Fine in dem nachfolgenden dokumentierten Gesprächsausschnitt gemeinsam erklärt und beschriftet (vgl. Abb. 3).

Ohne organisatorische Absprache übernimmt Jana wie selbstverständlich die zeichnerische Umsetzung. Sie erklärt – einem lauten Denken ähnlich – die Funktionen der von Fine vorgeschlagenen Erfindung während des Zeichenprozesses. Dabei spricht sie in Wir-Form und beginnt auf ihrer Zeichnung mit dem Kern der Erfindung, den „Flaschen aus Plastemüll" (Z. 038–039). Damit hat sie die von Fine vorgeschlagene Erfindung offensichtlich „nonverbal" akzeptiert, sodass die weitere Bearbeitung in gegenseitigem Einverständnis erfolgen kann. Fine bestätigt zunächst Janas Vorgehen und Erklärungen (Z. 040–041: „hm, hm, ja"), stellt dann aber die Frage „also gut?" (Z. 042), mit der sie offenbar nicht nur auf der fachlichen, sondern auch auf der sozialen Ebene nach der Anerkennung bzw. Wertschätzung ihrer Idee fragt. Jana beantwortet die Frage mit einem kurzen „ja" (Z. 043) und fokussiert mit dem Zeichnen der Flaschen (Z. 043–044) weiter auf den fachlichen Aspekt der Aufgabe. Dabei wird sie von Fine bestätigt (Z. 045–046: „hm, hm, ja").

Jana verwendet beim Zeichnen Fachsprache wie „das Rad in der Mitte" (Z. 047) und zieht den Vergleich zum Antrieb des „Schaufelradschiffes" (Z. 048). Hinzu kommt die Nutzung von Plastikflaschen, die „mit Luft gefüllt" sind, damit das Fahrzeug schwimmen kann (Z. 049–050). Außerdem merkt Jana an, dass ihr Transportmittel „aus Holz" bestehen sollte, da dieses „ziemlich leicht" ist (Z. 050–051).

Im Anschluss bezieht sie sich wieder auf die Zuordnung der Flachen auf der Zeichnung und scheint in weiteren Überlegungen begriffen zu sein (Z. 052: „und dann"), da eine kurze Pause erfolgt. Fine zeigt mit ihrem „ja?" ihre Aufmerksamkeit an und Jana beendet ihren Gedanken, indem sie ein weiteres Rad mit Fahrradantrieb anfügt (Z. 054–055).

In diesem Gesprächsabschnitt zeigt sich das bereits erworbene Fachwissen insbesondere im Themenbereich Bootsantrieb und Schwimmfähigkeit eines Wasserfahrzeugs, dass Luft für Auftrieb sorgen kann und Holz als leichtes Material hierfür geeignet ist. Allerdings scheint Jana Holz per se für schwimmfähig zu halten. Der Zusammenhang zwischen Material und Dichte, Gewicht und Auftrieb scheint noch nicht geklärt zu sein. Inwieweit Fine diese Zusammenhänge kennt, bleibt an dieser Stelle offen, da sie Janas Ausführungen nicht widerspricht, sondern im Konjunktiv mit ihrem „Ja, würd ich auch machen" (Z. 056) möglicherweise eher auf sozialer Ebene ihre Zustimmung zu Janas Überlegungen ausdrückt.

4 Zusammenfassung und Ausblick

Die beiden beschriebenen Sequenzen zeigen eine intensive Aufgabenfokussierung der beiden Mädchen. In der ersten Sequenz wird Fines Idee vor der Frage ausgehandelt, ob es sich dabei tatsächlich um eine Erfindung handelt. Im Sinne des *exploratory talk* (Mercer und Littleton 2007, S. 58 f.) macht Fine zunächst Vorschläge, denen Jana widerspricht. Dieser Widerspruch erfolgt ausschließlich fachlich begründet. Fine erweitert ihre Idee insgesamt dreimal, bis sie Jana offensichtlich überzeugen kann. Auch wenn sich durch den Widerspruch kurzfristig eine asymmetrische Beziehungsstruktur einstellen kann, gelingt es den beiden Mädchen, sich als gleichberechtigte Lernpartnerinnen zu positionieren, indem Jana zwar zunächst die Position der Evaluierenden einnimmt (Z. 010: „das gibt es ja schon"), Fine sich aber ebenso als Wissende positioniert, die sich als Ideengeberin im Prozess befindet (Z. 012: „habe schon eine gute Idee"). Widerspruch erfolgt auch von Fine, als Jana ihre Idee auf dem Arbeitsblatt festhalten will. Auch hier ist festzustellen, dass Fines Begründung, die sich auf die gemeinsame Weiterarbeit bezieht, dazu beiträgt, dass Jana sich einverstanden zeigt.

Während sich in der ersten Sequenz Jana als Ideengeberin positioniert, entsteht der Eindruck, dass sie in der zweiten Sequenz Jana diese Rolle für die Skizze mit den technischen Details überlässt. Gleichzeitig übernimmt Jana mit dieser Aufgabenübernahme den Versuch, das gegenseitige Verständnis zu sichern. Allerdings formuliert Jana ihr Einverständnis mit Fines Idee nicht explizit, sodass Fines Rückfrage (Z. 042: „also gut?") und Janas kurzes „ja" (Z. 43) als Bestätigung der gemeinsamen Aushandlung gelten kann. Jana befasst sich mit den technischen Details, indem sie zeichnet und zugleich spricht, sodass Fine an der Entstehung der Skizze teilhaben kann.

Mit Blick auf die eingangs genannten Gelingensbedingungen für eine ko-konstruktive Aufgabenlösung wird deutlich, dass es Jana und Fine gelingt, kurzfristig asymmetrische Rollenkonstellationen auszugleichen, indem sie gegenseitig Widersprüche zulassen, diese aber sachlich begründet hervorbringen. Die Rollenverteilung scheint in Bezug auf die Position der Ideengeberin ausgeglichen zu sein, da die Schülerinnen sich gegenseitig zuhören und handeln lassen können, ohne zu intervenieren, sodass von Reziprozität gesprochen werden kann. Beim Versuch, die Arbeitsorganisation ohne Absprache zu übernehmen, erfährt Jana Widerspruch von Fine, die diesen aber begründet äußert und so zur Verständigung beiträgt. Auf der fachlich-inhaltlichen Ebene findet eine intensive Aufgabenfokussierung und Auseinandersetzung statt, obwohl die Idee nur von Fine hervorgebracht wurde. Diese wurde jedoch von Jana und Fine gemeinsam ausgehandelt und im Sinne des *joint meaning making* (Kumpulainen und Kaartinen 2000, S. 432) zu einer Erfindung weiterentwickelt.

Aus den Erkenntnissen zum ko-konstruktiven Schülerinnenhandeln ergeben sich Forschungsfragen, die sich aus dem Forschungsdesiderat ergeben, nach der Ermöglichung von Lernprozessen im kollektiven Gespräch im Sachunterricht zu fragen und somit die Perspektive auf das Schüler*innenhandeln zu richten. Dabei wäre nach dem Zusammenhang der Qualität von Aufgaben mit der fachlich-inhaltlichen Aushandlung (vgl. Last 2025, S. 394) zu fragen sowie nach der Entwicklung von Aufgaben, die kollektive Fachgespräche anregen. Schließlich wäre für das oben dargestellte kollektive Fachgespräch interessant zu erfahren, inwiefern die Haltung der Lehrperson im Unterricht zur Ermöglichung des ko-konstruktiven Fachgesprächs beigetragen hat.

Transkriptionslegende
(vgl. Selting et al. 2009, S. 359–369)

Erste Spalte: durchgehende Nummerierung
Zweite Spalte: veränderte Namen der beiden beteiligten Mädchen
Minimaltranskript: Kleinschreibung
Bei Akzentuierung: Großschreibung, z.b. ich WEISS es
Außersprachliches Ereignis: z.b. ((räuspert sich))
Beschreibung von Tätigkeiten: z.b. <das Blatt umdrehend>
schneller Anschluss eines neuen Turns z.b.: ja=aber wir sollen ja selber eins erfinden
[ ] Überlappungen von Sprechbeiträgen, Überschneidung der Beiträge in den Klammern
Zweisilbige Signale: z.b. hm_hm
Pausen: geschätzte Pausenlänge von ca. 1 Sek.: (.), von ca. 2 Sek.: (2.0) etc.

Literatur

Barnes, Douglas/Todd, Frankie (1995): *Communication and Learning Revisited. Making meaning through talk.* Portsmouth, NH: Boynton/Cook Heinemann.

Barron, Birgid (2009): Achieving Coordination in Collaborative Problem-Solving Groups. In: *Journal of the Learning Science 9*, 4, S. 403–436. https://doi.org/10.1207/S15327809JLS0904_2 [Zugriff: 15.01.2025].

Beck, Gertrud (2002): Erwerbsforschung als Desiderat der Sachunterrichtsforschung. In: *Sache(n) des Sachunterrichts, Dokumentation einer Tagungsreihe 1997–2000.* Frankfurt am Main: Johann-Wolfgang-Goethe-Universität/Fachbereich Erziehungswissenschaft, S. 135–144.

Bonanati, Marina/Skorsetz, Nina (2022): „Ein Schild kann ein Hindernis sein, wenn du darauf nicht guckst" – Aufgabenbearbeitungsprozesse im Kontext der Radfahrausbildung beobachten. In: de Boer, H./Merklinger D./Last, S. (Hrsg.): *Beobachten im fachdidaktischen Kontext. Schülerinnen- und Schülerperspektiven auf die Bearbeitung von Aufgaben.* Wiesbaden: Springer VS, S. 149–163.

Brandt, Birgit (2015): Partizipation in Unterrichtsgesprächen. In: de Boer, H./Bonanati, M.: *Gespräche über Lernen – Lernen im Gespräch.* Wiesbaden: Springer VS, S. 37–60.

Brandt, Birgit/Höck, Gyde (2011): Ko-Konstruktion in mathematischen Problemlöseprozessen – partizipationstheoretische Überlegungen. In: Brandt, B./Vogel, R./Krummheuer, G. (Hrsg.): *Die Projekte erStMaL und MaKreKi: Mathematikdidaktische Forschung am „Center for Individual Development and Adaptive Education" (IDeA).* Münster: Waxmann, S. 245–284.

de Boer, Heike (2006): *Klassenrat als interaktive Praxis. Auseinandersetzung – Kooperation – Imagepflege*. Wiesbaden: Springer VS.
de Boer, Heike (2018): Joint meaning making im Forschungdiskurs zu philosophischen Gesprächen mit Kindern. In: de Boer, H./Michalik, K. (Hrsg.): *Philosophieren mit Kindern – Forschungszugänge und -perspektiven*. Opladen: Barbara Budrich, S. 33–45.
de Boer, Heike/Bonanati, Marina (2015): *Gespräche über Lernen – Lernen im Gespräch*. Wiesbaden: Springer VS.
de Boer, Heike/Breuning, Marek (2022): „Wie kommt der Honig in die Blumen?" – Die Entstehung von Kinderfragen im Gespräch beobachten. In: de Boer, H./Merklinger, D./Last, S. (Hrsg.): *Beobachten im fachdidaktischen Kontext. Schülerinnen- und Schülerperspektiven auf die Bearbeitung von Aufgaben*. Wiesbaden: Springer VS, S. 135–147.
de Boer, Heike/Merklinger, Daniela/Last, Sandra (2022): *Beobachten im fachdidaktischen Kontext. Schülerinnen- und Schülerperspektiven auf die Bearbeitung von Aufgaben*. Wiesbaden: Springer VS.
Giest, Hartmut/Michalik, Kerstin/Franz, Ute/Haltenberger, Melanie/Kantreiter, Julia/Hartinger, Andreas (2021): Editorial. In: Franz, Ute/Giest, Hartmut/Haltenberger, Melanie/Hartinger, Andreas/Kantreiter, Julia/Michalik, Kerstin (Hrsg.): *Sache und Sprache. Probleme und Perspektiven des Sachunterrichts*, Band 31. Bad Heilbrunn: Klinkhardt, S. 9–14.
Hänze, Martin/Jurkowski, Susanne (2022): Das Potenzial kooperativen Lernens ausschöpfen: Die Bedeutung der transaktiven Kommunikation für eine lernwirksame Zusammenarbeit. In: *Zeitschrift für Pädagogische Psychologie* 36, 3, S. 141–152. https://doi.org/10.1024/1010-0652/a000335 [Zugriff: 15.01.2025].
Höck, Gyde (2015): *Empirische Studien zur Didaktik der Mathematik: Ko-konstruktive Problemlösegespräche im Mathematikunterricht. Eine Studie zur lernpartnerschaftlichen Entwicklung mathematischer Lösungen unter Grundschulkindern*. Münster: Waxmann.
Jähn, Daniela/Wagener, Matthea (2022): „Dass der Mensch nicht mehr atmen müsste" – Grundschulkinder im Fachgespräch über den Menschen beobachten. In: de Boer, H./Merklinger, D./Last, S. (Hrsg.): *Beobachten im fachdidaktischen Kontext. Schülerinnen- und Schülerperspektiven auf die Bearbeitung von Aufgaben*. Wiesbaden: Springer VS, S. 101–115.
Kaiser, Astrid/Lüschen, Iris (2014): *Das Miteinander lernen. Frühe politisch-soziale Bildungsprozesse. Eine empirische Untersuchung zum Sachlernen im Rahmen von Peer-Education zwischen Grundschule und Kindergarten*. Baltmannsweiler: Schneider.
Kordulla, Agnes (2017): *Peer-Learning im Übergang von der Kita in die Grundschule. Unter besonderer Berücksichtigung der Kinderperspektiven*. Bad Heilbrunn: Klinkhardt.
Krummheuer, Götz (2011): Interaktionsanalyse. In: Heinzel, F. (Hrsg.): *Methoden der Kindheitsforschung. Ein Überblick über Forschungszugänge zur kindlichen Perspektive*. 2. Auflage. Weinheim: Beltz Juventa, S. 234–247.
Kumpulainen, Kristiina/Kaartinen, Sinikka (2000): Situational mechanisms of peer group interaction in collaborative meaning-making. In: *European Journal of Psychology of Education* XV, 4, S. 432–454.
Last, Sandra (2025): *Interaktive Aufgabenbearbeitung im sprachlichen Anfangsunterricht. Eine videografische Studie über die Bearbeitung von Lese- und Schreibaufgaben in Klasse 1*. Opladen/Berlin/Toronto: Budrich Academic Press https://shop.budrich.de/wp-content/uploads/2024/05/9783966659123.pdf [Zugriff: 15.01.2025].

Lüschen, Iris/Kaiser, Astrid (2014): Gemeinsam „Das Miteinander lernen" – Sachlernen in altersübergreifenden Lernsettings. In: Kopp, B./Martschinke, S./Munser-Kiefer, M./Haider, M./Kirschrock, E.-M./Ranger, G./Renner, G. (Hrsg.): *Individuelle Förderung und Lernen in der Gemeinschaft*. Wiesbaden: Springer VS, S. 170–174.

Mercer, Neil/Littleton, Karen (2007): *Dialogue and the Development of Children's Thinking. A Sociocultural Approach*. London: Routledge.

Michalik, Kerstin (2018): Empirische Forschungen zu Wirkungen des Philosophierens mit Kindern auf die Entwicklung von Kindern, Lehrkräften und Unterricht. In: de Boer, H./Michalik, K. (Hrsg.): *Philosophieren mit Kindern – Forschungszugänge und -perspektiven*. Opladen: Barbara Budrich, S. 13–32.

Selting, Magret/Auer, Peter/Bart-Weingarten, Dagmar/Bergmann, Jörg/Bergmann, Pia/Birkner, Karin/Couper-Kuhlen, Elizabeth/Deppermann, Arnulf/Gilles, Peter/Günthner, Susanne/Hartung, Martin/Kern, Friederike/Mertzlufft, Christine/Meyer, Christian/Morek, Miriam/Oberzaucher, Frank/Peters, Jörg/Quasthoff, Uta/Schütte, Wilfried/Stukenbrock, Anja/Uhmann, Susanne (2009): Gesprächsanalytisches Transkriptionssystem 2 (GAT 2). In: *Gesprächsforschung – Zeitschrift zur verbalen Interaktion 10*, S. 353–402. http://www.gespraechsforschung-ozs.de/heft2009/px-gat2.pdf [Zugriff: 15.01.2025].

Topping, Keith James/Peter, Carolyn/Stephen, Pauline/Whale, Michelle (2004): Cross-Age Peer Tutoring of Science in the Primary School: Influence on scientific language and thinking. In: *Educational Psychology 24*, 1, S. 57–75. https://doi.org/10.1080/0144341032000146449 [Zugriff: 15.01.2025].

Wagener, Matthea (2022): *Jahrgangsübergreifender Unterricht. Didaktische Grundlagen und Konzepte*. Stuttgart: Kohlhammer.

Wygotski, Lew S. (1987): *Ausgewählte Schriften. Band 2: Arbeiten zur psychischen Entwicklung der Persönlichkeit*. Köln: Pahl-Rugenstein.

„Kendrick musst du fragen!" – Die Vernetzung von sprachlichem und fachlichem Lernen in der gemeinsamen Wissenskonstruktion

Vera Beckmann

Zusammenfassung

Der Erfolg von Schüler*innen im Schulsystem ist eng verknüpft mit ihren sprachlichen Fähigkeiten. In diesem Beitrag wird ein ausgewählter Ausschnitt einer erziehungswissenschaftlichen Videostudie vorgestellt, in dem das kollektive Gespräch zwischen Schüler*innen zentral ist. Die eingeübten Rollen und Routinen unterstützen die Schüler*innen darin, ihre bildungssprachlichen Kompetenzen zu entwickeln und die komplexen sprachlichen wie inhaltlichen Anforderungen zu bewältigen.

Schlüsselwörter

Bildungssprache · Videoanalyse · Unterrichtsgespräche · Schülerpräsentation · Educated Discourse · Revoicing

V. Beckmann (✉)
Hermann-Gmeiner-Schule, Hamm, Deutschland
E-Mail: beckmannvera@googlemail.com

1 Einleitung: Sprachliche Bildung im Kontext von sprachlicher und soziokultureller Diversität

Die Teilhabe an Wissen und Bildung ist Voraussetzung wie Ziel allen Lernens in der Schule. Wissen wird aus sozialkonstruktivistischer Perspektive immer im Austausch miteinander entwickelt und ausgebaut, daher herrscht Einigkeit bezüglich der Annahme, dass Sprache und Denken auf das Engste miteinander verknüpft sind und daher „Unterrichtsinteraktionen eine zentrale Stellschraube für fachliches und/ oder sprachliches Lernen darstellen, die als solche genutzt und optimiert werden sollte" (Heller und Morek 2019, S. 102). Das Bildungssystem Schule stellt alle Lernende vor die Herausforderung, sich in den spezifischen sprachlichen Handlungssituationen kontextangemessen auszudrücken, um sich gemeinsam mit den fachlichen Inhalten auseinanderzusetzen, Bedeutungen auszuhandeln und Aufgaben zu lösen.

In diesem Zusammenhang wird seit einigen Jahren und in unterschiedlichen wissenschaftlichen Disziplinen der Begriff der Bildungssprache heterogen diskutiert (vgl. z. B. Lange 2020; Morek und Heller 2012; Gogolin und Lange 2011). Aus erziehungswissenschaftlicher Perspektive wird Bildungssprache im Minimalkonsens aktuell als Ausschnitt aus dem gesamtsprachlichen Repertoire (sog. *Register*) konzipiert, welcher in Bildungskontexten verwendet wird und damit die gesellschaftliche Teilhabe an Wissen und Bildung eröffnet. Nicht alle Schüler*innen erleben bereits in ihren Familien Zugänge zu diesem sprachlichen Register und erleben somit Barrieren, an Unterrichtsgesprächen zu partizipieren. Insbesondere diese Schüler*innen sind auf die Unterstützung durch ihre Lehrkräfte angewiesen, um Inhalte fachlich wie sprachlich zu durchdringen und ihre Gedanken in den Austausch zu bringen. Im Kontext der Debatte um Lernvoraussetzungen und Bildungsgerechtigkeit in einer sprachlich und soziokulturell vielfältigen Gesellschaft ist daher weiterhin und zunehmend eine zentrale Forschungsfrage, wie Lehrkräfte in ihrem Unterricht mit bildungssprachlichen Anforderungen umgehen und alle Schüler*innen – unabhängig von ihrer sprachlichen Sozialisation – darin stärken, sich in dialogisch-kollektiven Gesprächen an der gemeinsamen Wissenskonstruktion sprachlich beteiligen und ihre diesbezüglichen Kompetenzen ausbauen zu können.

Im Folgenden wird eine Sequenz vorgestellt, die im Kontext einer erziehungswissenschaftlichen Videostudie entstanden ist. Im ausgewählten Fallbeispiel treten Schüler*innen einer 3. Klasse während einer Posterpräsentation im Klassenplenum miteinander in ein kollektives Fachgespräch. Die Forschungsbefunde sollen im Rahmen dieses Bandes einen Beitrag zu der Frage leisten, wie die Gesprächssituation im klassenöffentlichen Setting gestaltet ist und welche Handlungsstrategien der Lehrkräfte in diesem Rahmen ein dialogisch-kollektives Fachgespräch der Schüler*innen untereinander anregen und sprachlich unterstützen.

2 Sprachbildendes Lehrkräftehandeln in Unterrichtgesprächen – Einblicke in eine videobasierte Unterrichtsstudie

2.1 Kurzporträt zur videobasierten Studie und den Filmdaten

Die in diesem Beitrag vorgestellte Sequenz wurde in einem Dissertationsprojekt im Rahmen des erziehungswissenschaftlichen Projektes „Bildungssprachförderliches Lehrerhandeln. Eine videobasierte Unterrichtsstudie in migrationsbedingt mehrsprachigen Schulklassen (BilLe)" analysiert. Ziel der BilLe-Studie war es, videobasiert schulform-, schulstufen- und fächerübergreifend zu untersuchen, wie Lehrkräfte den Lernenden in ihrem Regelunterricht einen Zugang zum bildungssprachlichen Register ermöglichen und sprachlich unterstützen. Gefilmt wurden ausgewählte Lehrkräfte, die Erfahrungen und Erfolge mit Sprachlicher Bildung im (Fach-)Unterricht nachweisen konnten.[1]

Da sprachdidaktischer Konsens darüber besteht, dass Lernende insbesondere dann (bildungs)sprachliches Handeln einüben können, wenn sie sprachlich beteiligt sind (u. a. Ehlich 2009, S. 11), wurden zunächst die Redeanteile der Schüler- bzw. Lehrkräfte sowie die Verteilung der Sozialformen (öffentlicher Klassenunterricht bzw. nicht-öffentliche Gruppen-, Partner- und Einzelarbeitsphasen) sekundengenau erfasst und die jeweiligen Anteile prozentual ermittelt. Im Spiegel bisheriger Unterrichtsstudien zeigen sich über den gesamten BilLe-Korpus hinweg vergleichsweise hohe Redeanteile der Schüler*innen sowie vielfältig gestaltete Unterrichtsphasen (vgl. Lange et al. 2017, S. 221 ff.):

- Es ist beobachtbar, dass die Lehrkräfte ihren Schüler*innen in nicht-öffentlichen Unterrichtsphasen (Einzel-, Partner-, Gruppenarbeiten) immer wieder eigene Entscheidungen in Bezug auf kooperative Lernformen ermöglichen. Die Schüler*innen bevorzugen es überwiegend, in Partner- und Gruppenarbeiten miteinander ins Gespräch zu gehen und sprachlich aktiv zu werden (vgl. Lange et al.

---

[1] Ausführlich zu der Anlage der Studie und Auswahl der Lehrkräfte siehe Fürstenau et al. 2015; Lange et al. 2017 sowie Fürstenau und Lange 2013.

2017, S. 221). Die Lehrkräfte ermutigen sie in diesen Entscheidungen und ziehen sich dann nicht zurück, sondern sind weiterhin in diesen Phasen als Ansprechpersonen präsent.
- In den Unterrichtsgesprächen der öffentlichen Unterrichtsphasen, wenn die gesamte Klasse im Plenum ist, sind unterschiedliche Settings zu beobachten, in denen die Lehrkräfte den Schüler*innen hohe Verantwortung für die gemeinsame Wissenskonstruktion übertragen (vgl. Beckmann 2022, S. 81 ff.). Die Lehrkräfte ermöglichen z. B. über vorgestellte Projektarbeiten, Schreibkonferenzen oder gemeinsame Reflexionsphasen allen Lernenden, untereinander in reziproke Interaktionsmuster zu treten, die fachlichen Inhalte sprachlich zu durchdringen und angepasst an die jeweiligen Settings und Rollen bildungssprachliches Handeln zu erproben und zu reflektieren.

Die Ergebnisse boten daher fruchtbare Anknüpfungsmöglichkeiten für vertiefende Analysen zu der zentralen Frage, wie Schüler*innen an bildungssprachlichen Praktiken beteiligt und damit zu einem dialogischen Gesprächshandeln untereinander angeregt werden. Für diesen Beitrag wurde gezielt eine Sequenz ausgewählt, in der die Schüler*innen hohe Redeanteile haben. Diese wird sequenzanalytisch, Äußerung für Äußerung im Gesprächsverlauf, rekonstruiert, um zu beleuchten, wie die Lehrkräfte diese Situationen konkret herstellen, organisatorisch gestalten und die Lernenden währenddessen flexibel bei der Aushandlung von Bedeutungen und bei Problemlösungen unterstützen.

2.2 Theoretische Rahmung: Ausgewählte Konzepte zur Erfassung und Analyse von sprachbildendem Lehrkräftehandeln in Unterrichtsgesprächen

Für die in diesem Beitrag vorgestellten Analysen wurde die praxisbezogene Konzeption sog. *bildungssprachlicher Praktiken* zugrunde gelegt, die mündliche oder geschriebene Verfahren der Wissenskonstruktion und -vermittlung in schulischen Kontexten fokussiert (Morek und Heller 2012, S. 92). Damit rücken die Akteure in den Fokus, die mit ihrem Handeln die Unterrichtssituation gestalten. Für die Analyse der Filmdaten unter dem Schwerpunkt der sprachlichen Bildung konnten zudem Konzepte und Perspektiven aus der Forschung zum Classroom Discourse (u. a. Mercer 2008) und zur Wissenskonstruktion im Unterricht fruchtbar gemacht werden. Diese bieten ein Set an Ansätzen für die vertiefte sequenzanalytische Untersuchung mit Blick darauf, wie die gefilmten Lehrkräfte sprachliches und fachliches Lernen miteinander vernetzen.

In qualitätsvollen Unterrichtsgesprächen, in denen Wissen vermittelt sowie auf-, aus- und umgebaut und somit Lernen ermöglicht wird, wird für Schüler*innen Raum gestaltet, damit diese „collectively and actively construct their own understandings through interactions with others who may be more experienced" (Walsh 2011, S. 62). Lehrkräfte nehmen in der gemeinsamen Wissenskonstruktion als „more experienced" Gesprächspartner*innen eine bedeutsame Rolle ein (Walsh 2011, S. 62). Mercer (2008) zufolge erhalten Schüler*innen über Lehrkräfte „access to existing knowledge" (Mercer 2008, S. 2). Wissen wird aber nicht ausschließlich und einseitig über die Lehrkräfte an die Schüler*innen weitergegeben. Es ist stattdessen Aufgabe der Lehrkräfte, den Gesprächsrahmen so zu gestalten, dass „jedes Mitglied Verantwortung für die Entwicklung der besten Lösung trägt und aktiv zur Generierung von Wissen und zur konstruktiven Diskussion beiträgt" (Pauli 2010, S. 148).

Für die Analyse, wie die Lehrkräfte in den vorliegenden Unterrichtsgesprächsdaten Zugänge zum bildungssprachlichen Register eröffnen, hat sich ergänzend Mercers Konzeption zur Untersuchung des Discourse im Unterricht erwiesen, also zum im Unterricht genutzten sprachlichen Repertoires. Mercer (2008) differenziert die Formen *Educational* Discourse und *Educated* Discourse, die beide ihren funktionalen Platz im Unterricht hätten und vielfache Übergänge aufweisen können (Mercer 2008, S. 79 ff.):

- Der *Educational* Discourse bezeichnet demzufolge das sprachliche Repertoire im Unterricht, mit dem der organisatorische Rahmen geschaffen und aufrechterhalten werde, wie beispielsweise das vielfach untersuchte IRE-Muster und lehrkraftseitige Techniken der Reformulierung und des Elizitierens von Wissen (Mercer 2008, S. 83). Dieses Repertoire diene zur Organisation des Lernens, aktualisiere gleichzeitig jedoch beständig die Rollenhierarchien, in denen sich Lehrkraft und Lernende befinden.
- Der *Educated* Discourse sei demgegenüber die Form von Discourse, die (gleichberechtigte) Mitglieder einer Gesellschaft verwenden, um Wissen gemeinsam zu konstruieren, sich darüber auszutauschen – „to develop new ways of using language to think and communicate" (Mercer 2008, S. 80).

Mercer (2008) sieht in allen Kommunikations- und Sozialformen im Unterricht deutliche Gestaltungsspielräume auf Seiten der Lehrkraft, einen *Educated* Discourse im Unterricht zu etablieren und entwirft den Gedanken, im Rahmen von Unterricht immer wieder „local mini-communities" für den *Educated* Discourse zu etablieren (Mercer 2008, S. 83). Er bezieht sich jedoch explizit auf lehrergelenkte Unterrichtsgespräche im Unterricht, wenn er die Problematik formuliert, dass die meisten „only offer students the opportunity to make brief responses – there is a mismatch between the educational discourse they are engaged in and the educated discourse they are meant to be entering" (Mercer 2008, S. 82). Mercers Konzeption erlaubt es, die Unterrichtsgespräche in der hier vorliegenden Untersuchung mit Blick auf die Gestaltung des Discourse zu analysieren. Schüler*innen können ihre bildungssprachlichen Kompetenzen entwickeln und ausbauen, indem sie über Praktiken im Umgang mit Bildungssprache aktiv sprachlich an der Wissenskonstruktion beteiligt werden (Morek und Heller 2012). Im Anschluss an diese Erkenntnis lässt sich die Annahme formulieren, dass sich sprachbildendes Lehrkräftehandeln u. a. darin zeigt, dass die Lehrkraft einen Educated Discourse etabliert und aufrechterhält, an dem sich möglichst alle Gesprächsteilnehmenden beteiligen können.

Für das Anwenden und Einüben zahlreicher sog. bildungssprachlicher Praktiken (Morek und Heller 2012, S. 92), wie beispielsweise das Präsentieren von fachlichen Inhalten oder das Diskutieren und Debattieren, besitzt das öffentlich geführte Unterrichtsgespräch im Vergleich zu anderen Arbeitsformen im Unterricht ein besonderes und einzigartiges Potenzial. Bildungsinstitutionelle Rahmenbedingungen wie Ziel- und Zeitgebundenheit, Rollenerwartungen erfordern ein kontextentbundeneres Register als das Sprechen in einem weniger öffentlichen Kontext wie einem Partnerarbeitsgespräch oder einer Einzelberatung der Lehrkraft. Zudem ist die Lehrkraft anwesend, kann über eigenes Handeln und Nicht-Handeln im Gespräch entscheiden und die Schüler*innen bei komplexen sprachlichen Handlungen ggf. unterstützen (Beckmann 2022, S. 22 ff.; Heller und Morek 2015; Bittner 2006, S. 24 f.).

Schüler*innen stellt es vor besondere sprachliche Herausforderungen, als „members" von „communities of educated discourse" (Mercer 2008, S. 83) sprachlich angemessen zu agieren. O'Connor und Michaels (1993, 1996) haben in den 90er-Jahren mit dem Konzept Revoicing ein sprachliches Handlungsmuster identifiziert und beschrieben, das Schüler*innen nach dem „Prinzip der minimalen Hilfe" (Aebli 1983, S. 300) aktive sprachliche Beteiligung an der Wissenskonstruktion im „process of intellectual socialization" (O'Connor und Michaels 1993, S. 319) ermöglicht. In O'Connors und Michaels' Unterrichtsbeobachtungen haben die Lehrkräfte Schüler*innenbeiträge auf unterschiedliche Weise aufgegriffen, paraphrasiert, akzentuiert oder mit Ergänzungen versehen und damit für die übrigen Schüler*innen und für den weiteren Verlauf der Diskussion verfügbar gemacht. Indem Lehrkräfte ihren Schüler*innen zum einen sprachlichen Raum überlassen und zum anderen gezielt deren Beiträge als wirksam in der Wissenskonstruktion positionieren, können sie die Schüler*innen darin unterstützen, sowohl sich selbst als auch sich gegenseitig als kompetente Wissensproduzent*innen wahrzunehmen und ernstzunehmen. Lernende werden darin bestärkt und ermutigt, ihre „roles and identities in intellectual discourse" (O'Connor und Michaels 1993, S. 318; vgl. 1996, S. 65) anzunehmen. Vor dem Hintergrund dieser Konzepte soll im folgenden Fallbeispiel analysiert werden, wie die Lehrkräfte im Rahmen eines Unterrichtsgesprächs einen Raum für *Educated* Discourse etablieren, in dem die Schüler*innen das dazu benötigte (bildungs)sprachliche Repertoire im Unterricht aktiv einsetzen, erproben und entwickeln können.

2.3 Analyse eines Fallbeispiels: Schüler*innen im Fachgespräch im Rahmen einer Posterpräsentation in der Grundschule Kranichstieg[2]

In den fächerübergreifenden Projektzeiten der 3. Klasse der Grundschule Kranichstieg werden in Kleingruppen regelmäßig selbst gewählte Themen zu Präsentationen aufbereitet und im Klassenplenum vorgetragen. Laut der Lehrkräfte Frau Ulrich und Frau Reif, die die Klasse im Team-Teaching unterrichten, sei es in der Klasse das Ziel, dass jede Schülerin bzw. jeder Schüler pro Halbjahr mindestens ein niedrigschwelliges „Forscherprojekt" im Plenum vorstellt. Dafür werde einmal pro Woche eine „Präsentationszeit" eingeräumt, in der sich die Klasse in einem Sitzkreis vor der Tafel versammelt. Es seien stets selbst gewählte Themen, das Format der Präsentation könne unterschiedlich sein:

> „Das [ist] aber manchmal auch nur ne kleine Geschichte. Die sie gelesen haben oder irgendwas anderes. Also das sind nicht immer große Vorträge, nicht so ein lang erarbeitetes Thema, sondern irgendwas einfach, was sie gemacht haben oder was sie erarbeitet haben."[3]

Es ist in den Daten beobachtbar, dass die Präsentationen regelmäßig während des Unterrichts von den Schüler*innen gemeinsam mit den Lehrkräften intensiv vorbereitet, im Plenum durchgeführt und über abschließende Reflexionsphasen mit Blick auf das Ausfüllen der Rollen als Vortragende und Zuhörende auch klassenöffentlich nachbereitet werden.[4] Zum Zeitpunkt der klassenöffentlichen Präsentation haben die vortragenden Schüler*innen ihr Thema bereits auf vielfältige Weise inhaltlich und sprachlich vorbereitet. Die Vorbereitung bewegt sich zum einen im

---

[2] Vgl. zum gesamten Fallbeispiel Beckmann 2020; Beckmann 2022, S. 110 ff. Alle Namen zur Schule, den Lehrkräften und Schüler*innen sind aus Datenschutzgründen Pseudonyme.
[3] Vgl. Interview Frau Reif/Frau Ulrich, siehe BilLe-Archiv.
[4] Vgl. zu den Reflexionsphasen im gefilmten BilLe-Unterricht Lange 2023.

nicht-öffentlichen Unterricht innerhalb der Forscher*innengruppe bzw. dann auch in Anwesenheit einer Lehrkraft. Zum anderen bewegen sich Recherche und Vorbereitung zwischen konzeptioneller wie medialer Schriftlichkeit (eigenes Verfassen der Texte für das Poster) und Mündlichkeit (Vorbereitung der Formulierungen für den Vortrag)[5]. Die Schüler*innen knüpfen mit den selbstgewählten Themen an eigenes Vorwissen und Interesse an und können auf ein erarbeitetes sprachliches Repertoire für die Vermittlung ihrer Inhalte im Rahmen des Unterrichtsgesprächs zurückgreifen. Insgesamt acht bildungssprachliche Praktiken unter Schülerbeteiligung wurden im Unterrichtsgespräch identifiziert, die jeweils in situ spezifische sprachliche Anforderungen an die Schüler*innen, die Vortragenden wie die Schüler*innen im Sitzkreis, stellen. Diese verdeutlichen, welche sprachlichen Herausforderungen in der gemeinsamen Wissenskonstruktion von den Schüler*innen bewältigt und damit von den Lehrkräften unterstützt werden müssen:

- fachliche Inhalte öffentlich präsentieren
- die Gesprächsorganisation übernehmen
- (Rück-)Fragen formulieren
- fachliche Inhalte im sprachlichen Ausdruck präzisieren oder definieren
- fachliche Inhalte erklären
- zwischen Registern oder Sprachen übersetzen
- eigene Erlebnisse oder fachliche Inhalte (nach)erzählen
- Hypothesen zu einem fachlichen Inhalt formulieren

In dem hier vorgestellten Fallbeispiel stehen die Schüler Kendrick, Ahmed und Hasan vor der Klasse und stellen das Thema „Planeten" anhand eines erarbeiteten Plakates samt Vortrag vor. Frau Ulrich und Frau Reif, die die Klasse im Team-Teaching unterrichten, sitzen im Sitzkreis zwischen den übrigen Lernenden. Frau Ulrich nickt den Schülern zu und übergibt auf diese Weise die Gesprächsorganisation an die Vortragenden. Ahmed, Kendrick und Hasan werden somit nicht nur als Experten über den vorgetragenen Inhalt positioniert, sondern gleichsam als Gesprächsorganisatoren. Damit bestehen für die Vortragenden auf zwei Ebenen sprachliche Herausforderungen: Sie haben die Verantwortung für die metakommunikative Gestaltung der Gesprächssituation. Ebenso gestalten sie als Experten das Vermitteln des fachlichen Inhalts. Diese Rollenaufteilung wird während der gesamten Präsentationszeit räumlich sowie durch eingeübte Routinen unterstützt: Die drei Vortragenden stehen vor ihrem Poster, das an der Tafel hinter ihnen auf-

---

[5] Zu Mündlichkeit und Schriftlichkeit im Nähe-/Distanzmodell siehe Koch und Oesterreicher 1985.

gehängt ist, und mit Blickrichtung zu ihrem Publikum. Die Lehrkräfte sitzen unter den übrigen Schüler*innen und werden auf diese Weise formal als Zuhörende positioniert. Nach Hasans Einleitung tritt dieser zur Seite (immer noch räumlich exponiert im Vergleich zum Publikum) und überlässt damit Kendrick als erstem Vortragenden den Raum im Mittelpunkt vor der Tafel und dem Poster. Auch während der übrigen Vortragsteile steht der Vortragende bis auf wenige Ausnahmen jeweils mittig vor dem Plakat. Die Schüler sprechen beobachtbar frei. Sie wenden sich nur kurz für inhaltliche Rückversicherungen zwischendurch zum Plakat und setzen den Vortrag stets erst fort, sobald sie wieder ins Publikum schauen. Die eigentlichen Rollen der Lehrkräfte und Schüler*innen werden demgegenüber vorübergehend in den Hintergrund gerückt, wodurch die klassischen und in Unterrichtsstudien oft kritisierten Machtverhältnisse in Bezug auf das sprachliche Handeln zugunsten der gemeinsamen Wissenskonstruktion in dieser Vortragssituation aufgebrochen werden. Die Autonomie der Vortragenden zeigt sich beobachtbar darin, dass Kendrick, Ahmed und Hasan nach den Vortragsteilen miteinander aushandeln (müssen), wann und wie viele Fragen nach den jeweiligen Vortragsteilen beantwortet werden, und den jeweiligen Personen aus dem Publikum das Rederecht erteilen. Sie entscheiden sogar selbst, Fragen aus dem Plenum direkt zu den Vortragsteilen zuzulassen und damit die Vortragssituation hin zu einer Gesprächssituation zu öffnen. Die Lehrkräfte zeigen ebenfalls auf, wenn sie etwas zum Inhalt fragen möchten, und formulieren an wenigen Stellen offene Vorschläge an die Vortragenden zur Gesprächsgestaltung. Dass Schüler*innen hier selbst die Praktik der Gesprächsorganisation übernehmen („autonomous pupil-led discussion"; vgl. Alexander 2012, S. 14), erweitert das sprachliche Repertoire im Unterrichtsgespräch und ist ein Lernziel, dem die Lehrkräfte vorrangige Bedeutung einräumen. Frau Ulrich und Frau Reif führen dazu im Interview aus[6]:

> „[W]ir versuchen, den Kindern auch Gesprächsführung beizubringen, also dass wir zum Beispiel [den] Klassenrat von Kindern leiten lassen. Oder auch, wenn sie [einen] Vortrag halten, dann nehmen sich natürlich die Kinder selbst dran." Es sei explizit das Ziel, dass die Schüler*innen dabei „sprachlich weiterkommen". Es gäbe dazu auch teilweise sprachliche Hilfen wie Kärtchen mit Formulierungsbausteinen, damit die „Kinder so ein Gerüst haben, an dem die sich entlang hangeln können, weil es natürlich eine schwierige Aufgabe ist, ein Gespräch zu leiten."

Hasans, Ahmeds und Kendricks zuhörende Mitschüler*innen zeigen während der Präsentation deutliches Interesse an dem Thema und zeigen immer wieder auf,

---

[6] Die folgenden Zitate entstammen dem Interview mit Frau Reif und Frau Ulrich, siehe BilLe-Archiv.

um Fragen oder Kommentare äußern zu dürfen. Werden Fragen zu einem bestimmten Vortragsaspekt gestellt, tritt der jeweils für das Unterthema verantwortliche Schüler aus der Präsentationsgruppe in die Mitte, direkt vor das Plakat, und wird damit in seiner Expertenrolle gestärkt. Im folgenden Beispiel regt Hasans Anmerkung im Rahmen der Beantwortung einer Frage, dass der Saturn nicht der größte Planet im Sonnensystem sei (Z. 233) eine Schülerin dazu an, nachzufragen (vgl. Abb. 1, Transkriptionskonventionen siehe Ende des Beitrags).

Hasan beantwortet die Frage seiner Mitschülerin hier nicht selbst oder lässt einen sich anbietenden Mitschüler antworten (Z. 235), sondern verweist darauf, dass die Antwort später durch Ahmed gegeben werde (Z. 236). Damit stellt Hasan zum einen sicher, dass die Reihenfolge der Themen eingehalten wird, zum anderen schafft er Transparenz über die thematische Anordnung der Themen und Sicherheit für die Zuhörenden, dass zu dieser Frage später eine Antwort folgen wird. Er überlässt damit Ahmed den sprachlichen Raum, die Frage später aufzugreifen, und etabliert diesen als Experten über den entsprechenden inhaltlichen Teil. Alle drei Mitglieder der Präsentationsgruppe haben offenbar einen sicheren Überblick über die Unterthemen und Inhalte des Vortrags, was sich daran zeigt, dass sie immer wieder gegenseitig auf sich verweisen und darauf achten, wer den sprachlichen Raum für die Beantwortung von Fragen erhält. Im folgenden Beispiel zeigt Carolyn auf, Ahmed erteilt ihr das Rederecht (vgl. Abb. 2).

Nach Ahmeds Erlaubnis, noch etwas zum Neptun zu ergänzen (Z. 1089 f.), fragt diese, warum der Planet einen Riss habe, und es folgt eine kurze Klärung, was genau sie meine (Z. 1091–1094). Ahmed antwortet daraufhin, dass das kein Riss sei (Z. 1095). Als er offenlegt, dass er die Frage nicht beantworten könne, mischt sich Samir aus dem Publikum ein und gibt Carolyn den Hinweis, Kendrick zu fragen (Z. 1096–1099). Ahmed greift den Hinweis unmittelbar auf, woraufhin sich Kendrick unmittelbar einschaltet und um kurze inhaltliche Orientierung bittet (Z. 1100 f.). Offenbar war er einen kurzen Moment unaufmerksam. Er wird von Samir auf den aktuellen Stand gebracht, der ihn auf das Thema hinweist, was Ahmed wiederholt (Z. 1102 f.). Als Kendrick noch einmal nachfragt, worum es

233	Hasan:	er ist nicht der größte planet
234	Muhammed:	wer ist der größte [planet?]
235	Samir:	[ich weiß (es)]
236	Hasan:	wird ahmed gleich sagen
237		{Ahmed deutet auf das Plakat; Frau Ulrich zeigt auf}
238	Muhammed:	der mond glaub ich
239	Samir:	nein

Abb. 1 Transkript 1

1088	Ahmed:	carolyn
1089	Carolyn:	darf ich was zum neptun noch sagen
1090	Ahmed:	ja
1091	Carolyn:	ähm wieso hat der da so nen riss
1092	Ahmed:	(meinst du) das hier
1093		{Ahmed zeigt auf das Plakat}
1094	Carolyn:	ja
1095	Ahmed:	das ist kein riss
1096		( )
1097		da so einfach
1098		weiß nicht warum
1099	Samir:	frag kendrick
1100	Ahmed:	kendrick musst du fragen
1101	Kendrick:	was?
1102	Samir:	wegen neptun
1103	Ahmed:	über den neptun
1104	Kendrick:	ja was neptun
1105	Samir:	(warum) [da so nen riss ist]
1106	Ahmed:	[ja dieser punkt hier]
1107	Muhammed:	ja das hab ich auch gefragt
1108	Carolyn:	ach so
1109	Kendrick:	welcher riss
1110		{Kendrick geht zur Tafel}
1111	Ahmed:	( )
1112		{Ahmed zeigt auf das Plakat}
1113	Kendrick:	ach so

Abb. 2 Transkript 2

geht, reformuliert Samir die Frage. Ahmed bestätigt gleichzeitig die Frage und weist auf die Darstellung des Neptuns hin, die die Frage aufgeworfen hat (Z. 1106). Kendrick fragt noch einmal nach, „welcher Riss" (Z. 1109) gemeint sei, und stellt sich mittig vor die Tafel. Ahmed reformuliert (vermutlich) die Frage und zeigt ihm die Stelle noch einmal auf dem Plakat, woraufhin Kendrick nun mit „ach so" (Z. 1113) sein Verstehen verdeutlicht.

Samir zeigt sich die ganze Zeit über sehr interessiert an dem Präsentationsthema und er bringt auch eigenes Wissen ein. Aus den Unterrichtsbeobachtungen geht hervor, dass Ahmed ein eher zurückhaltender Schüler ist. Dieses Gesprächsverhalten führt möglicherweise auch dazu, dass Samir aus dem Publikum eingreift und Hinweise zum verantwortlichen Kendrick gibt. Samir zeigt jedoch die Fähigkeit, sich auf das Gegenüber einzustellen und zu erkennen, welche weiteren Handlungen im Rahmen der kommunikativen Situation nötig sind, um das Verständnis herzustellen. Er spricht Ahmed direkt an und richtet den Blick auf mögliche Lösungswege. Es ist beobachtbar, dass Ahmed zunächst dessen Antworten wiederholt (Z. 1100, 1103) bzw. auch zeitgleich mit Samir reagiert (Z. 1106) und schlussendlich alleine mit Kendrick die gestellte Frage klärt (Z. 1111 f.). Eine alternative

Handlungsoption der Schüler*innen hätte sein können, die Lehrkräfte hinzuzuziehen und diese entweder um die Beantwortung der Frage oder um eine Klärung der Zuständigkeiten zu bitten. Dass dies nicht geschieht, untermauert den Eindruck, dass sich alle Teilnehmenden an den etablierten Routinen und Rollen orientieren und den Expertenstatus der Vortragenden anerkennen. Die dazu nötige kognitive wie sprachliche Anstrengung, sich gegenseitig mit Fragen und Antworten verständlich zu machen und Lösungen zu finden, ist deutlich zu beobachten. Die Lehrkräfte greifen jedoch über das gesamte Unterrichtsgespräch hinweg ausschließlich nach dem „Prinzip der minimalen Hilfe" (Pauli 2010, S. 149) ein, um Gesagtes zu reformulieren und im sprachlichen Ausdruck zu präzisieren. In einer früheren Sequenz übersetzt Frau Reif beispielsweise zwischen den Registern und stellt dadurch in situ eine Problemlösestrategie mitsamt sprachlichen Formulierungsbausteinen bereit. Der Vortrag und das öffentliche Gespräch um die Inhalte dauern insgesamt ca. 48 min, das Reflexionsgespräch im Anschluss ca. 8 min. Das Interesse der Schüler*innen bleibt die gesamte Zeit über erkennbar hoch. Immer wieder werden die Zeigefinger gehoben, um sich zu den Inhalten zu äußern und Rückfragen an die Expert*innen zu stellen. Mit dem Verweis auf das Ende der Projektzeit muss dann die Präsentation schließlich beendet werden.

3   Zusammenfassung und Schlussbetrachtung

Diese Einblicke in die gefilmte Posterpräsentation zeigen ein komplex gestaltetes klassenöffentliches Setting, in dem alle Schüler*innen für die gemeinsame Wissenskonstruktion hohe Verantwortung übernehmen und die damit verbundenen bildungssprachlichen und inhaltlichen Erwartungen beständig einüben und reflektieren können. Zusammenfassend sollen abschließend die Gesprächs- und Handlungsmuster der Lehrkräfte herausgestellt werden, die das Setting rahmen und den Schüler*innen ermöglichen, im kollektiven Fachgespräch einen Educated Discourse nach Mercer (2008, S. 80) zu etablieren und an den bildungssprachlichen Praktiken zu partizipieren:

Die Routinen sowie intensive Vor- und Nachbereitung der Präsentation, unterstützt durch die Lehrkräfte, bieten den Schüler*innen beobachtbar genug Orientierung, um in diesem öffentlichen Rahmen ihrer komplexen Rollenverantwortung als Vortragende und Moderierende gerecht zu werden. Die Rollen werden beobachtbar von allen Teilnehmenden, Lehrkräften wie Mitschüler*innen, im Publikum aufrechterhalten. Alle Schüler*innen kennen die öffentlichen Vortragssituationen und verweisen gegenseitig auf die Rolle des jeweiligen Experten, um die Antworten auf die fachlichen Fragen auszuhandeln. Die Lehrkräfte halten sich ihrerseits während der Präsentation zurück und überlassen den Schüler*innen weitestgehend den sprachlichen Raum, um ihr Repertoire im Miteinander zu erproben und zu entwickeln.[7] Auf diese Weise verbleibt die inhaltliche Verantwortung bei Ahmed, Hasan und Kendrick. Sowohl die Vortragenden als auch die Lernenden aus dem Publikum klären Fragen selbst untereinander und lernen dabei, Situationen der Unsicherheit zu bewältigen. Als wesentlicher Aspekt der Unterstützung wird von Frau Ulrich und Frau Reif im Interview angesprochen, dass die Schüler*innen voneinander lernen würden: „Mit der Zeit lernen sie es und es machen ja immer wieder andere. Die einen machen es besser als die anderen und es gibt Tipps von den anderen, was [man] hätte […] besser machen können."

Mit Blick auf die Ergebnisse der BilLe-Studie lässt sich abschließend konstatieren, dass vielfältige Handlungssituationen, in denen Schüler*innen selbstständig Wissen vermitteln und durchdenken können, in jeder Schulstufe für vertiefte Lernprozesse in einer dialogischen Gesprächskultur genutzt und gestaltet werden können. Insbesondere die herausgestellte „supportive" Gesprächsatmosphäre (Alexander 2012, S. 38) im Klassenplenum trägt in situ dazu bei, dass allen Schüler*innen die Möglichkeit eröffnet wird, sich an Unterrichtsgesprächen zu beteiligen und als kompetente Sprechende wie Akteure in der gemeinsamen Wissenskonstruktion zu erleben. Es obliegt den Lehrkräften, mit ihrem pädagogischen und fachlichen Wissen maßgeblich die Lernprozesse in diesen Settings und Gesprächsatmosphären für ihre Lerngruppe zu gestalten. In dieser Hinsicht ist es weiterhin von großer Forschungsbedeutung, konstruktives Lehrkräftehandeln im Umgang mit bildungssprachlichen Anforderungen in den Blick zu nehmen, um die Potenziale für qualitätsvolle ko-konstruktive Gespräche der Schüler*innen untereinander ausschöpfen zu können.

Transkriptionslegende (nach GAT 2)[8]

[ ] Überlappungen und Simultansprechen
{ } beobachtbare Handlungen
(….) vermuteter Wortlaut

---

[7] Die Redeanteile in der öffentlichen Unterrichtsphase mit dem Unterrichtsgespräch verteilen sich wie folgt: Die beiden Lehrkräfte haben einen Redeanteil von insgesamt ca. 14 %, die Schüler*innen einen Redeanteil von ca. 82 %. Die restlichen 3 % verteilen sich auf die Zeit, in der kein Redeanteil verzeichnet und die als sog. Denk-Zeit identifiziert wurde.
[8] vgl. Selting et al. (2009). Diese Konventionen stellen eine Auswahl nach GAT2 dar. Im Rahmen der hier vorliegenden Untersuchung wurde auf das Minimaltranskript zurückgegriffen, die Transkripte wurden nur punktuell bei Mehrwert für die Analyse in Bezug auf die Fragestellungen um die Darstellung ausgewählter Phänomene erweitert.

Literatur

Aebli, Hans (1983): *Zwölf Grundformen des Lehrens.* Stuttgart: Klett-Cotta.

Alexander, Robin (2012): *Towards Dialogic Teaching. Rethinking classroom talk.* York: Dialogos.

Beckmann, Vera (2020): Sprachbildendes Lehrkräftehandeln im Unterricht. In: *DGSS @ktuell* 2020, 2, S. 4–13. https://www.dgss.de/service/bibliothek/dgssktuell/ [Zugriff: 15.01.2025].

Beckmann, Vera (2022): *Bildungssprachliche Praktiken in Unterrichtsgesprächen. Analysen aus einer videobasierten Unterrichtsstudie zu sprachbildendem Lehrerhandeln im Regelunterricht sprachlich heterogener Schulklassen.* Diss. Hamburg: Universität Hamburg. Diss. URN: urn:nbn:de:gbv:18-ediss-101633. https://ediss.sub.uni-hamburg.de/handle/ediss/9693 [Zugriff am 15.01.2025].

Bittner, Stefan (2006): *Das Unterrichtsgespräch. Formen und Verfahren des dialogischen Lehrens und Lernens.* Bad Heilbrunn: Verlag Julius Klinkhardt.

Ehlich, Konrad (2009): Sprechen im Deutschunterricht – didaktische Denkanstöße. In: Krelle, M./Spiegel, C. (Hrsg.): *Sprechen und Kommunizieren: Entwicklungsperspektiven, Diagnosemöglichkeiten und Lernszenarien in Deutschunterricht und Deutschdidaktik.* Baltmannsweiler: Schneider Verlag Hohengehren, S. 8–14.

Fürstenau, Sara/Lange, Imke (2013): Bildungssprachförderliches Lehrerhandeln. Einblicke in eine videobasierte Unterrichtsstudie. In: Gogolin, I./Lange, I./ Michel, U./Reich, Hans H. (Hrsg.): *Herausforderung Bildungssprache – und wie man sie meistert.* Münster u.a.: Waxmann, S. 188–219.

Fürstenau, Sara/Beckmann, Vera/Galling, Isabella (2015): Bildungssprachförderliches Lehrerhandeln und Sprachbetrachtung. Eine empirische Analyse sprachlichen Handelns im Lateinunterricht. In: Fernàndez-Ammann, Eva Maria, Kropp, Amina & Müller-Lancé, Johannes (Hrsg.): Herkunftsbedingte Mehrsprachigkeit im Unterricht der romanischen Sprachen (Romanistik, Band 17). Berlin: Frank & Timme, 253–278.

Gogolin, Ingrid/Lange, Imke (2011): Bildungssprache und Durchgängige Sprachbildung. In: Fürstenau, S./Gomolla, M. (Hrsg.): *Migration und schulischer Wandel: Mehrsprachigkeit.* Wiesbaden: VS-Verlag, S. 107–127.

Heller, Vivien/Morek, Miriam (2015): Unterrichtsgespräche als Erwerbskontext: Kommunikative Gelegenheiten für bildungssprachliche Praktiken erkennen und nutzen. In: *Literalität im Schnittfeld von Familie, Frühbereich und Schule. Leseforum.ch* 3, S. 1–23.

Heller, Vivien/Morek, Miriam (2019): Fachliches und sprachliches Lernen durch diskurs(erwerbs)orientierte Unterrichtsgespräche. Empirische Evidenzen und Desiderata mit auf inklusive Settings. In: *Didaktik Deutsch* 46, S. 102–121.

Koch, Peter/Oesterreicher, Wulf (1985): Sprache der Nähe – Sprache der Distanz. Mündlichkeit und Schriftlichkeit im Spannungsfeld von Sprachtheorie und Sprachgeschichte. In: *Romanistisches Jahrbuch* 36, S. 15–43.

Lange, Imke (2020): Bildungssprache. In: Gogolin, Ingrid et al. (Hrsg.): *Handbuch Mehrsprachigkeit und Bildung.* Wiesbaden: VS Verlag für Sozialwissenschaften, S. 53–58.

Lange, Imke/Beckmann, Vera/Galling, Isabella (2017): Teaching Academic Discourse Practices in multilingual classrooms. Insights into coding results and qualitative analyses of a Video Study. In: Peukert, H./Gogolin, I. (Hrsg.): *Dynamics of Linguistic Diversity.* Hamburg: John Benjamins, S. 217–234.

Mercer, Neil (2008): *The guided construction of knowledge. Talk amongst teachers and learners.* Clevedon u.a.: Multilingual Matters.

Morek, Miriam/Heller, Vivien (2012): Bildungssprache. Kommunikative, epistemische, soziale und interaktive Aspekte ihres Gebrauchs. In: *Zeitschrift für Angewandte Linguistik* 57, 1, S. 67–101.

O'Connor, Mary Catherine/Michaels, Sarah (1993): Aligning academic task and participation status through Revoicing: Analysis of a classroom discourse strategy. In: *Anthropology & Education Quarterly* 24, 4, S. 318–335.

O'Connor, Mary Catherine/Michaels, Sarah (1996): Shifting participant frameworks: Orchestrating thinking practices in group discussion. In: Hicks, D. (Hrsg.): *Discourse, learning and schooling.* Cambridge: Cambridge University Press, S. 63–103.

Pauli, Christine (2010): Klassengespräche – Engführung des Denkens oder gemeinsame Wissenskonstruktion selbstbestimmt lernender Schülerinnen und Schüler? In: Bohl, Th./Kansteiner-Schänzlin, K./Kleinknecht, M./Kohler, B./Nold, A. (Hrsg.): *Selbstbestimmung und Classroom-Management. Empirische Befunde und Entwicklungsstrategien zum guten Unterricht.* Bad Heilbrunn: Klinkhardt, S. 145–161.

Selting, Margret et al. (2009): Gesprächsanalytisches Transkriptionssystem 2 (GAT 2). In: *Gesprächsforschung – Online-Zeitschrift zur verbalen Interaktion* 10, S. 353–402.

Walsh, Steve (2011): *Exploring Classroom Discourse. Language in Action.* London & New York: Routledge.

MIX
Papier aus verantwortungsvollen Quellen
Paper from responsible sources
FSC® C105338

If you have any concerns about our products,
you can contact us on
ProductSafety@springernature.com

In case Publisher is established outside the EU,
the EU authorized representative is:
**Springer Nature Customer Service Center GmbH
Europaplatz 3, 69115 Heidelberg, Germany**

Printed by Libri Plureos GmbH
in Hamburg, Germany